# SOCIOLOGIA GERAL

VOL. 4: PRINCÍPIOS DE VISÃO

Dados Internacionais de Catalogação na Publicação (CIP)
(Câmara Brasileira do Livro, SP, Brasil)

Bourdieu, Pierre, 1930-2002
  Sociologia geral, vol. 4 : curso no Collège de France (1984-1985) / Pierre Bourdieu ; tradução de Fábio Ribeiro. – Petrópolis, RJ : Vozes, 2023.

  "Edição estabelecida por Patrick Champagne e Julien Duval, com a colaboração de Franck Poupeau e Marie-Christine Rivière."
  Título original: Sociologie générale – Vol. 4 – Cours au Collège de France (1984-1985)

  Bibliografia.
  ISBN 978-65-5713-934-9

  1. Sociologia – Estudo e ensino I. Champagne, Patrick. II. Duval, Julien. III. Poupeau, Franck. IV. Rivière, Marie-Christine. V. Título.

23-157669                                                              CDD-301.7

Índices para catálogo sistemático:
1. Sociologia : Estudo e ensino   301.7

Aline Graziele Benitez – Bibliotecária – CRB-1/3129

# Pierre Bourdieu

# SOCIOLOGIA GERAL

VOL. 4: PRINCÍPIOS DE VISÃO

Curso no Collège de France
(1984-1985)

Edição estabelecida por
Patrick Champagne e Julien Duval, com a colaboração de
Franck Poupeau e Marie-Christine Rivière

Tradução de Fábio Ribeiro

EDITORA VOZES

Petrópolis

© Éditions Raison d'Agir/Éditions du Seuil, Novembro 2016.

Tradução do original em francês intitulado *Sociologie générale – Vol. 4 – Cours au Collège de France (1984-1985)*
Esta edição segue a divisão proposta pela edição em inglês publicada em cinco volumes pela Polity Press.

Direitos de publicação em língua portuguesa – Brasil:
2023, Editora Vozes Ltda.
Rua Frei Luís, 100
25689-900 Petrópolis, RJ
www.vozes.com.br
Brasil

Todos os direitos reservados. Nenhuma parte desta obra poderá ser reproduzida ou transmitida por qualquer forma e/ou quaisquer meios (eletrônico ou mecânico, incluindo fotocópia e gravação) ou arquivada em qualquer sistema ou banco de dados sem permissão escrita da editora.

**CONSELHO EDITORIAL**

**Diretor**
Volney J. Berkenbrock

**Editores**
Aline dos Santos Carneiro
Edrian Josué Pasini
Marilac Loraine Oleniki
Welder Lancieri Marchini

**Conselheiros**
Elói Dionísio Piva
Francisco Morás
Gilberto Gonçalves Garcia
Ludovico Garmus
Teobaldo Heidemann

**Secretário executivo**
Leonardo A.R.T. dos Santos

*Editoração*: Maria da Conceição B. de Sousa
*Diagramação*: Raquel Nascimento
*Revisão gráfica*: Fernando Sergio Olivetti da Rocha
*Capa*: Editora Vozes

ISBN 978-65-5713-934-9 (Brasil)
ISBN 978-2-02-127978-8 (França)

Este livro foi composto e impresso pela Editora Vozes Ltda.

Os editores agradecem a Bruno Auerbach, Amélie e Louise Bourdieu, Pascal Durand, Johan Heilbron, Remi Lenoir, Amín Perez, Jocelyne Pichot e Louis Pinto por sua colaboração.
Eles agradecem em particular a Bernard Convert e Thibaut Izard por sua ajuda constante e com frequência decisiva[1].

---

1. O tradutor gostaria de agradecer a Maël Brustlein o auxílio com questões que surgiram nesta tradução [N.T.].

# Sumário

*Nota dos editores,* 11

**Ano letivo 1984-1985,** 15

Aula de 7 de março de 1985, 17
 Balanço dos resultados, 17
 O capital e o poder sobre o capital, 19
 O processo de diferenciação, 21
 Objetivismo e perspectivismo, 23

Aula de 14 de março de 1985, 31
 Primeira hora (aula): a elasticidade das estruturas objetivas, 31
 Um programa para as ciências sociais, 33
 Reintroduzir o ponto de vista, 36
 Reintroduzir o espaço objetivo, 41
 Uma sociologia política da percepção, 43
 O efeito de teoria, 45
 A ciência social e a justiça, 46
 Segunda hora (seminário): a invenção do artista moderno (1), 48
 O programa dos pintores futuros, 50
 O que está em jogo na luta, 54
 Uma revolução nos princípios de visão, 57
 Os artistas de escola, 60

Aula de 28 de março de 1985, 66
 Primeira hora (aula): a superação do perspectivismo e do absolutismo, 66
 Categorias científicas e categorias oficiais, 71
 A luta entre as perspectivas, 73
 As lógicas práticas, 76
 A criação política, 81
 O efeito de teoria e os mestres pensadores, 83
 Segunda hora (seminário): a invenção do artista moderno (2), 88
 Os escritores não deveriam falar para não dizer nada?, 89

O mestre e o artista, 92
Uma revolução simbólica, 94
Uma pintura histórica, 96
Uma pintura de *lector*, 98
O efeito de desrealização, 101

## Aula de 18 de abril de 1985, 105

Primeira hora (aula): a relação sociológica com o mundo social, 105
Uma visão materialista das formas simbólicas, 107
A percepção como sistema de oposições e de discernimento, 110
Investimento no jogo das *libidines*, 114
A passagem da ação para o discurso sobre a ação, 118
A luta política pela visão correta, 121
Segunda hora (seminário): a invenção do artista moderno (3), 122
Fazer a história de uma revolução simbólica, 125
A superprodução de diplomados e a crise acadêmica, 128
O sistema escolar e os campos de produção cultural, 131
Os efeitos morfológicos, 135
Os efeitos da crise morfológica sobre o campo acadêmico, 137

## Aula de 25 de abril de 1985, 141

Primeira hora (aula): pensar o já pensado, 141
Liberdade e autonomia de um campo, 145
Pergunta sobre o poder simbólico, 146
A luta política como a luta pela visão legítima, 149
Capital simbólico e ordem gnosiológica, 154
O direito, maneira direita de dizer o mundo social, 158
O veredito do Estado na luta pela identidade, 159
Segunda hora (seminário): a invenção do artista moderno (4), 161
O poder psicossomático da instituição, 163
O trabalho simbólico do herege, 166
A conversão coletiva, 169
As estratégias do heresiarca, 171
Uma revolução na escala do conjunto dos campos de produção cultural, 174

## Aula de 2 de maio de 1985, 177

Primeira hora (aula): má-fé coletiva e lutas de definição, 177
A justificação de uma decisão de compra e a concorrência dos pontos de vista, 178
Separar, juntar, 181
Manipulações subjetivas e estruturas objetivas, 186

A gestão do capital simbólico do grupo, 191
Efeitos de corpo, 195
Segunda hora (seminário): a invenção do artista moderno (5), 199
A aliança entre os pintores e os escritores, 205
O modo de vida artístico e a invenção do amor puro, 207
A transgressão artística hoje em dia e um século atrás, 212
O artista mercenário e a arte pela arte, 214

## Aula de 9 de maio de 1985, 217

Primeira hora (aula): certificação e ordem social, 217
O princípio e a justiça das distribuições, 220
Caridade privada e assistência pública, 221
Os três níveis de análise de uma distribuição, 223
Onde está o Estado?, 227
Os vereditos e os efeitos de poder, 229
O campo da certificação, 232
Segunda hora (seminário): a invenção do artista moderno (6), 235
A pintura acadêmica como universo teológico, 237
A institucionalização do perspectivismo, 241
A invenção do personagem do artista, 242
O par pintor-escritor, 247

## Aula de 23 de maio de 1985, 253

Primeira hora (aula): as intuições de Paul Valéry, 253
Amador e profissional, 257
A burocracia como enorme fetiche, 260
A mediação categorial, 262
A percepção homologada, 264
Ciência e ciência de Estado, 267
Segunda hora (seminário): a invenção do artista moderno (7), 269
O policentrismo e a invenção de instituições, 273
A falsa antinomia entre a arte e o mercado, 276
O juízo coletivo da crítica, 279
As três críticas, 281

## Aula de 30 de maio de 1985, 287

Um resumo das perspectivas teóricas, 287
A tradição kantiana: as formas simbólicas, 290
As formas primitivas de classificação, 297
Das estruturas históricas e performativas, 301

Os sistemas simbólicos como estruturas estruturadas, 304
A lógica marxista, 308
Integrar o cognitivo e o político, 310
A divisão do trabalho de dominação simbólica, 313
O Estado e Deus, 318

*Situação do quarto volume do Curso de Sociologia Geral em sua época e na obra de Pierre Bourdieu*, 323

Uma coerência na escala de cinco anos, 324
Os *"impromptus"* da segunda hora, 328
O anúncio de trabalhos posteriores, 333
O quadro do Collège de France, 336
O campo intelectual na primeira metade da década de 1980, 338
O subespaço da sociologia, 340
O contexto político, 343

*Anexo* – Resumo dos cursos publicados no Anuário do Collège de France, 347

*Índice de nomes*, 351

*Índice de conceitos*, 357

# Nota dos editores

Este livro se inscreve na empreitada de publicação dos cursos de Pierre Bourdieu no Collège de France. Alguns meses depois de sua última aula nessa instituição em março de 2001, Bourdieu publicara com o título *Ciência da ciência e reflexividade*[2] uma versão condensada de seu último ano de ensino (2000-2001). Depois de seu falecimento, dois livros foram publicados: *Sobre o Estado*, em 2012, e *Manet – Uma revolução simbólica*, em 2013, que correspondem aos cursos que ele lecionou, respectivamente, nos períodos 1989-1992 e 1998-2000[3]. A publicação do Curso de Sociologia Geral que Pierre Bourdieu lecionou durante seus cinco primeiros anos letivos no Collège de France, entre abril de 1982 e junho de 1986, foi empreendida em seguida. Os três volumes anteriores da série reuniram as aulas realizadas nos anos letivos de 1981-1982, 1982-1983 e 1983-1984. Este quarto volume reúne o ano seguinte, 1984-1985, e consiste em nove aulas de cerca de duas horas cada uma. O ano final será publicado posteriormente em outro volume.

A edição do Curso de Sociologia Geral conforma-se às escolhas editoriais que foram definidas quando da publicação do curso sobre o Estado que visavam conciliar a fidelidade e a legibilidade[4]. O texto publicado corresponde à retranscrição das aulas tais como elas foram ministradas. Na imensa maioria dos casos, a retranscrição foi feita a partir das gravações no quadro deste projeto de publicação. Entretanto, para algumas aulas não foi possível encontrar gravações, e o texto publicado aqui baseia-se nas retranscrições integrais que Bernard Convert realizou para seu uso pessoal. Amavelmente, ele as disponibilizou para nós e agra-

---

2. *Para uma sociologia da ciência.* Trad. de Pedro Elói Duarte. Lisboa: Ed. 70, 2004 [*Science de la science et réflexivité.* Paris: Raisons d'Agir, 2001].
3. *Sobre o Estado.* Trad. de Rosa Freire d'Aguiar. São Paulo: Companhia das Letras, 2014 [*Sur L'État: cours au Collège de France 1989-1992.* Paris: Seuil, 2012]. • *Manet – Une révolution symbolique.* Paris: Seuil, 2013.
4. Cf. a nota dos editores em *Sobre o Estado. Op. cit.*, p. 13-15 [7-9].

decemos-lhe muito calorosamente. Em apenas um caso (uma parte da aula de 7 de março de 1985), devido à ausência de qualquer gravação ou retranscrição, o discurso de Pierre Bourdieu foi reconstituído a partir do único elemento disponível: as notas de aula de Bernard Convert.

Como nos volumes anteriores, a passagem do oral ao escrito foi acompanhada por uma leve reescrita que buscou respeitar as disposições que Bourdieu aplicava quando ele próprio revisava suas conferências e seminários: correções estilísticas, suavização dos resíduos do discurso oral (repetições, tiques de linguagem etc.). Em casos muito excepcionais, suprimimos certas digressões quando o estado das gravações não permitia reconstituí-las de maneira satisfatória. As palavras ou passagens que estavam inaudíveis ou que correspondiam a uma interrupção momentânea das gravações são assinaladas por [...] quando se mostraram impossíveis de restituir e foram colocadas entre colchetes quando não puderam ser reconstituídas com segurança.

A divisão em seções e parágrafos, os subtítulos e a pontuação são dos editores. Os "parênteses" nos quais Bourdieu se afasta de sua proposta principal são tratados de maneiras diferentes, dependendo de sua extensão e da relação que têm com o contexto. Os mais curtos são colocados entre hífens. Quando esses desenvolvimentos adquirem uma certa autonomia e implicam uma ruptura no fio do raciocínio, eles são assinalados entre parênteses e, quando são muito longos, podem tornar-se o objeto de uma seção inteira.

As notas de rodapé são, em sua maioria, de três tipos. O primeiro indica, quando foi possível identificá-los, os textos aos quais Bourdieu se referiu explicitamente (e às vezes implicitamente); quando pareceu útil, adicionamos curtas citações desses textos. O segundo visa a indicar aos leitores os textos de Bourdieu que, anteriores ou posteriores aos cursos, contêm aprofundamentos sobre os pontos abordados. O último tipo de notas fornece elementos de contextualização; por exemplo, em relação a alusões que poderiam ser obscuras para leitores contemporâneos ou pouco a par do contexto francês.

As aulas apresentadas neste volume diferem levemente em sua forma das que foram reunidas nos dois primeiros volumes: enquanto a primeira hora é dedicada ao curso propriamente dito e inscreve-se na continuidade direta das aulas publicadas nos volumes anteriores, a segunda aula se parece mais com um "seminário" em que Pierre Bourdieu escolheu apresentar suas pesquisas em curso (neste ano letivo, sobre Manet, a revolução impressionista e a formação do campo da pintura). Para conservar uma linha editorial homogênea com os volumes já publicados, e para preservar as "pontes" que Pierre Bourdieu estabelece regularmente entre suas análises teóricas e suas pesquisas em curso, o volume respeita a ordem na qual as horas de ensino foram dadas. De certa maneira, os leitores ficarão livres para abordar essas lições como desejarem. Eles poderão realizar uma leitura linear que lhes aproximará da situação na qual a plateia do curso estava colocada, mas, se a alternância entre aulas "teóricas" e análises vindas de pesquisas em curso que representam um "seminário" incomodar, eles poderão "pular" os estudos de caso para ler continuamente a exposição do sistema teórico ou, inversamente, ler de uma só vez as horas relativas a uma mesma pesquisa em curso, deixando de lado a aula propriamente dita.

Em anexo, foi reproduzido o resumo do curso como publicado em *L'Annuaire du Collège de France – Cours et travaux* [*O anuário do Collège de France – Cursos e trabalhos*].

\* \* \*

### Nota do tradutor

Reforçando o que foi dito pelos editores, gostaria de fazer uma observação sobre o caráter deste texto, que é razoavelmente diferente de um livro acadêmico tradicional. Pierre Bourdieu é conhecido por um estilo um tanto obscuro de redação, especialmente em suas primeiras obras, sobre as quais ele dizia que "o que é complexo só se deixa dizer de maneira complexa" (*Choses dites*, p. 66). Este curso de sociologia, por ser uma transcrição de suas aulas com uma intenção didática muito mais preponderante, é uma mudança radical para Bourdieu. Os editores franceses escolheram manter grande parte da oralidade dessas aulas, opção que segui na tradução e que considero ser a grande virtude deste texto para um público mais geral (e também especializado): um Bourdieu mais claro e até mais "humanizado". Assim, peço que se tenha isso em mente durante a leitura: neste texto há gírias, construções verbais não eruditas, piadas, trocadilhos, jogos de palavras, próclises no lugar de ênclises e outros traços de oralidade. No que concerne à tradução, sempre que possível adicionei referências a edições em língua portuguesa nas notas de rodapé. Algumas dessas edições não foram encontradas devido à dificuldade de acesso a bibliotecas decorrente da pandemia da Covid-19 em 2021 e 2022 – nesses casos, indiquei a falta de localização e traduzi eu mesmo as citações. As referências aos originais estão sempre entre colchetes. Também acrescentei notas de esclarecimento de contexto para um público brasileiro quando julguei necessário. Em algumas passagens, o próprio Bourdieu comenta citações de outros autores. Quando isso acontece, acrescentei "P.B." ao final dos colchetes das intervenções de Bourdieu para diferenciá-las das minhas.

# Ano letivo

# 1984-1985

# Aula de 7 de março de 1985

> Balanço dos resultados – O capital e o poder sobre o capital – O processo de diferenciação – Objetivismo e perspectivismo

## Balanço dos resultados

Eu gostaria de apresentar brevemente a vocês a forma que as aulas deste ano terão. Vou terminar a longa maratona que realizo há quatro anos. Chego ao final do conjunto de aulas que propus a vocês, ou seja, ao ponto em que as coerências talvez aparecerão melhor, em que a lógica do conjunto aparecerá. Na primeira hora, continuarei este curso, e, na segunda hora, a partir da segunda de Páscoa, proporei a vocês uma série de análises das relações entre o campo literário e o campo artístico, na verdade essencialmente o campo da pintura e secundariamente o campo da música no século XIX[5].

Hoje, vou relembrar rapidamente o balanço dos resultados [...] e tentar chegar ao terceiro momento de minha proposta, ou seja, ao momento em que se colocam em relação as disposições dos agentes e os espaços sociais dentro dos quais eles agem.

Nos anos anteriores, explicitei o que entendo por "*habitus*" e sobretudo as funções teóricas que faço esse conceito desempenhar. Tentei demonstrar como a noção de *habitus* permitia escapar de um certo número de alternativas nas quais a ciência social se prende, em particular a alternativa entre o subjetivismo e uma forma de objetivismo mecanicista. Não voltarei a esse ponto. Em seguida, tentei

---

5. Na realidade, P. Bourdieu dedicará a segunda hora a esse tema já na próxima aula, de 14 de março.

expor o que me parecia ser a lógica do funcionamento daquilo que chamo de "campo". Formulei um certo número de proposições gerais sobre os campos de forças com exemplos emprestados particularmente do campo literário. Tentei fazer o que poderíamos chamar de uma espécie de física social que descreveria as relações sociais como relações de força dentro das quais as condutas dos agentes se encontram definidas. A estrutura desses espaços que chamo de "campos" poderia ser captada sob a forma de uma estrutura de distribuição de poderes ou de diferentes espécies de capital. Assim, para caracterizar campos tais como os campos literário, universitário ou político, é preciso, empregando um certo número de indicadores, determinar como se distribui essa força que está no princípio da estrutura do campo em questão entre os diferentes agentes ou as diferentes instituições. Parece-me que também podemos chamar essa força de "capital". Estudar essa estrutura é captar as restrições que vão incidir sobre os agentes que entram no espaço em questão.

Um problema da pesquisa empírica é obviamente definir os indicadores corretos dessa força que jamais se exibe diretamente, apenas em suas manifestações. Farei uma especificação aqui para aqueles que têm uma representação ingenuamente substancialista da noção de poder. A análise científica se distingue da experiência ordinária porque esta tende a agir como se o poder fosse alguma coisa que se encontraria em algum lugar e que seria possuída por pessoas poderosas. A experiência com pretensão científica nem sempre é separada claramente da experiência comum; assim, um dos livros mais célebres em sociologia política chama-se *Quem governa?*[6], pergunta que pressupõe que as pessoas detêm o poder. Na própria intenção da noção de campo está a ideia de que a questão de saber quem governa é ingênua; o que importa é conhecer o espaço dentro do qual se define alguma coisa como um poder de governar e, portanto, captar a distribuição desses atributos de poder através dos quais se manifesta uma estrutura de distribuição dos poderes. [...]

Depois de definir a estrutura dos campos, estrutura que se apreende através da estrutura da distribuição de poderes ou de espécies do capital, foi preciso definir as diferentes formas que esse poder ou esse capital podem assumir, em nome de uma proposição que me parece fundamental, a de que existem tantas espécies de capital ou formas de poder quanto existem espaços dentro dos quais essas es-

---

6. DAHL, R.A. *Who Governs?* New Haven: Yale University Press, 1961.

pécies de capital e essas formas de poder podem se manifestar. Compreender um poder é portanto inseparavelmente compreender um espaço dentro do qual ele se manifesta e fazer uma sociologia dos espaços, dos campos e das espécies de poder. Tentei descrever as espécies de poder ou de capital que me pareciam fundamentais, lembrando sempre que essas espécies fundamentais se especificam, de alguma maneira, em formas ainda mais especiais de capital ou de poder. Distingui duas grandes espécies, o capital econômico e o capital cultural, deixando de lado uma forma de capital que cheguei a constituir e sobre a qual agora tenho dúvidas, o capital social. (Voltarei a esse ponto: numa das próximas aulas[7], tentarei mostrar como aquilo que chamei de "capital social" e que isolei como uma espécie particular de capital talvez seja algo completamente diferente. Às vezes nos enganamos, e isso é ótimo... Parece-me que o capital social é um efeito daquilo que chamarei de um efeito de corpo. Voltarei a isso depois, menciono isso apenas para aqueles que ficariam surpresos por não encontrar essa forma de capital na enumeração que fiz.) Distingui portanto duas espécies fundamentais de capital, o capital econômico e o capital cultural, e tentei definir suas propriedades específicas, as leis de transformação através das quais uma forma de capital pode ser transformada, convertida em outra. Rapidamente, também descrevi o processo de codificação e de formalização através dos quais as formas de capital ou de poder tendem a ser construídas juridicamente.

## O capital e o poder sobre o capital

Era aqui que estava [no final do ano passado]. Um dos prolongamentos possíveis da análise seria uma teoria daquilo que podemos chamar de campo do poder (melhor do que "classe dominante"). Hesitei por bastante tempo antes de escolher aquilo que proporei a vocês [agora]. Uma das interseções lógicas poderia ser tirar partido imediatamente do que expliquei sobre as espécies de capital para tentar retirar um certo número de propriedades, que me parecem trans-históricas, dos campos do poder e das classes dominantes como conjunto de agentes que ocupam

---

7. Cf. a aula de 2 de maio de 1985. Sobre a noção de capital social, cf. BOURDIEU, P. "O capital social – Notas provisórias". *In*: NOGUEIRA, M.A.; CATANI, A. (orgs.). *Escritos de educação*. Trad. de Denice Barbara Catani e Afrânio Mendes Catani. Petrópolis: Vozes, 1998, p. 73-78 ["Le capital social – Notes provisoires". *Actes de la Recherche en Sciences Sociales*, n. 31, p. 2-3, 1980]. • "The Forms of Capital" ["As formas do capital"]. *In*: RICHARDSON, J.G. (org.). *Handbook of Theory and Research for the Sociology of Education*. Nova York: Greenwood Press, 1986, p. 241-258.

posições no campo do poder. Faço aqui uma distinção entre "campo do poder" e "classe dominante". É uma distinção que nunca tinha feito, mas não a estabelecer leva a erros importantes do ponto de vista das pesquisas empíricas, dos tipos que estão implicados na pergunta "Quem governa?"

Acredita-se que basta estudar as pessoas que ocupam as posições de poder para estudar a estrutura do poder. É verdade que, na pesquisa empírica, quase sempre só podemos estudar as estruturas do poder através da estrutura de distribuição do poder entre os poderosos. Assim, só podemos estudar o poder universitário através do estudo das propriedades dos universitários que detêm poder universitário. Mas isso não quer dizer que a estrutura do poder, ou seja, a estrutura do campo universitário, se identifique com o conjunto dos universitários ou daqueles que chamamos de "mandarins". A distinção que acabo de fazer rapidamente entre "campo do poder" e "classe dominante" lembra a propriedade que mencionei agora há pouco: a estrutura de um campo não é redutível ao espaço das distribuições de propriedades entre os agentes que ocupam posições nessa estrutura. Como consequência, se, para estudar um campo universitário, preciso fazer com que apareça a distribuição dos universitários nesse campo, apesar disso a estrutura do poder universitário não é equivalente à sua manifestação nas distribuições dos universitários segundo seu poder no campo universitário. Isso pode parecer uma distinção sutil, mas levei anos para fazê-la e acho que ela é útil tanto teórica quanto empiricamente para saber melhor o que fazemos quando estudamos espaços sociais.

Na lógica de minha proposta, seria portanto lógico, depois de ter estudado as diferentes espécies de capital, examinar esse espaço dentro do qual essas espécies de capital se distribuem, ou seja, o campo do poder que se define, precisamente, pela estrutura da distribuição do poder sobre as diferentes espécies de capital. A definição rigorosa do campo do poder seria mais ou menos esta: é um espaço cujo princípio de estruturação é a distribuição não do capital (um tal espaço seria o espaço social em seu conjunto), mas do poder sobre as diferentes espécies de capital. A diferença corresponde à distinção que os economistas estabelecem rotineiramente entre os detentores de capital, por exemplo, os pequenos acionistas, e os detentores de tanto capital que conseguem poder sobre o capital. Seria a mesma coisa no campo cultural: por exemplo, todos os professores de ensino secundário são detentores de capital cultural, sem que sejam, entretanto, detentores de poder sobre o capital, ou seja, do poder dado por um certo tipo, uma certa quantidade de capital ou uma certa posição de poder sobre as instâncias que dão poder sobre o capital. Assim, um grande editor pode ter um poder sobre o capital sem necessariamente deter um grande capital cultural. Da mesma forma, um diretor de uma revista semanal cultural, ou um jornalista responsável por um programa de televisão, podem ter um poder sobre o capital cultural que não implica necessariamente a posse de um grande capital cultural. Dou esses exemplos para fazer com que vocês compreendam uma distinção que acho ser importante.

Eu esboço aqui alguma coisa que retomarei em seguida [...]. Eu mencionei um processo histórico de evolução e gostaria de retomá-lo rapidamente mais uma vez para favorecer a compreensão da noção de espécie de capital e da noção de campo. Eu disse há pouco que todo campo implicava uma forma particular de capital, e que toda forma particular de capital estava ligada a um campo: por exemplo, o capital de tipo universitário vale nos limites de um certo estado de um campo e existem crises do capital universitário, assim como há crises do capital financeiro, quando um campo dentro do qual o capital se constitui, circula e produz lucros desaba. Tentei assim mostrar que a crise de maio de 1968 era, por um lado, o efeito do desabamento das condições de funcionamento de um certo tipo de capital universitário, com um certo número de mudanças de estrutura do mercado universitário etc.[8]

## O processo de diferenciação

Esse elo entre um campo e uma espécie de capital leva a pensar que a especificação do capital, em outras palavras, a diferenciação dos poderes, das formas de poder, corresponde a um processo de diferenciação do mundo social. Acho que isso é importante. Todos os grandes sociólogos repararam nesse processo de diferenciação. Ele foi sem dúvida melhor nomeado por Durkheim, que insistia sempre no fato de que as sociedades arcaicas (que lhe interessavam em particular) eram especialmente indiferenciadas, ou melhor, indivisas, ou seja, de que elas não estabeleciam as diferenças que estabelecemos entre as ordens que distinguimos[9]: a arte, a religião, a economia, o ritual etc. eram profundamente indistintos, de

---

8. BOURDIEU, P. *Homo academicus*. Trad. de Ione Ribeiro Valle e Nilton Valle. Florianópolis: Ed. da UFSC, 2011 [Paris: Minuit, 1984].
9. Ao voltar a essas análises de Durkheim no ano seguinte, P. Bourdieu remeterá a uma passagem de *Sociologia, pragmatismo e filosofia*. Trad. de Evaristo Santos. Porto: Rés, 1988, p. 159 [*Pragmatisme et sociologie*. Paris: Vrin, 1955, p. 192].

modo que, por exemplo, as práticas que poderíamos chamar de religiosas tinham ao mesmo tempo uma dimensão econômica ou que os atos de troca de dívidas muitas vezes eram pensados na lógica do sacrifício. Tudo se passa como se saíssemos progressivamente dessa "indiferenciação" inicial através da constituição de universos relativamente autônomos com suas leis próprias de funcionamento. Essa é uma outra maneira de apresentar a noção de campo: os campos sociais, o campo econômico, o campo religioso etc. são os produtos jamais terminados de um processo de diferenciação em cujo término cada universo tem sua lógica própria e, poderíamos dizer, sua lei fundamental.

O campo econômico será assim um universo dentro do qual a lógica da economia se imporá o mais completamente possível. A lei fundamental de um campo é aquilo que faz o campo ser o que é, é o "enquanto": por exemplo, é a economia enquanto economia. As leis fundamentais muitas vezes são enunciadas sob a forma de tautologias – dizemos: "Negócios são negócios", o que quer dizer que nos negócios não há sentimentos. A lei fundamental do campo econômico é, por exemplo, o princípio de maximização dos lucros. Um campo econômico se constitui quando essa lei fundamental se separa de todas as suas aderências, por exemplo de todos os laços entre as relações econômicas e as relações de parentesco, entre o que vale entre trocadores, entre agentes econômicos e o que vale entre parentes, quando a lógica do mercado se dissocia da lógica das relações pessoais. Podemos dizer a mesma coisa para o campo artístico. O que mencionarei nas aulas que dedicarei ao século XIX é o processo através do qual a lei fundamental do campo artístico se constituiu, que é o que chamamos de "A arte pela arte". Observamos um processo análogo para a economia. Assim como passamos a dizer "Negócios são negócios", passamos a dizer "A arte é feita pela arte", o que quer dizer que a arte não é a política, não é a moral, não é a educação. Esse foi um trabalho extraordinariamente difícil. Artistas morreram, de certa forma, para inventar essa especificidade, essa lei fundamental da arte enquanto arte. Portanto, o processo de diferenciação e a noção de campo estão ligados. Um campo é o resultado de um processo histórico de autonomização em cujo término um espaço se torna autônomo (a palavra "autonomia" expressa tudo isso que eu disse), ou seja, independente em relação às forças externas e, ao mesmo tempo, assume uma forma tal que tudo que se passa nele obedece a uma lei que lhe é própria, a lei "Negócios são negócios", "A arte é feita pela arte" etc.

Ligada à análise que acabo de fazer do processo de diferenciação, a análise que fiz das diferentes espécies de capital levaria a uma teoria das formas que o campo do poder pode assumir em diferentes sociedades. A história comparada das "classes dirigentes", ou seja, dos campos do poder, deveria com certeza se perguntar imediatamente sobre o grau de diferenciação dos diferentes campos do poder. É provável que os campos do poder nas sociedades muito antigas ou nas sociedades contemporâneas mas ainda relativamente pouco diferenciadas não seriam do mesmo tipo do que aquele que conhecemos: como os campos diferentes são menos diferenciados, os poderes diferentes serão menos diferenciados e teremos, por exemplo, os cesaropapismos, ou seja, os universos nos quais a posse de um capital econômico ou de um capital militar implica uma autoridade religiosa, uma autoridade cultural ou um poder estético. Se nos interessamos por formas mais diferenciadas (eu ia dizer "mais evoluídas", mas a palavra "evoluída" é perigosa) dos espaços sociais, vamos na direção dos campos do poder, e portanto das classes dominantes (como universos dos agentes que ocupam posições no campo do poder), muito mais diferenciados, e aparecerão relações complexas entre os detentores de espécies de capital diferentes. Assim, um aspecto importante de toda a história da arte do século XIX será a relação entre burgueses e artistas, como enfrentamento dos detentores de um poder econômico e dos pretendentes a detentores de um poder cultural.

A partir dessas análises das espécies de capital, poderíamos chegar (é o que farei mais tarde) a uma análise da estrutura do campo do poder e das formas de lutas internas do campo do poder. Muitas vezes pensamos em termos de luta de classes, mas acho que não conseguimos compreender grande coisa da história se não enxergarmos que existem lutas dentro do campo do poder, e acho que confundimos com muita frequência as lutas internas do campo do poder com as lutas de classes. As lutas internas do campo do poder, por exemplo para impor uma espécie de capital como a espécie dominante, ou para inverter a hierarquia, só podem ser compreendidas a partir das espécies de capital e da estrutura específica do campo do poder [...].

## Objetivismo e perspectivismo

Agora vou passar a algo completamente diferente. Num primeiro momento formulei uma teoria do *habitus* e num segundo momento uma teoria do campo como campo de forças. Num terceiro momento, vou agora interrogar as relações entre o *habitus* e o campo a partir da ideia de que a teoria do campo como campo de forças, como estrutura de forças possíveis dentro da qual todo agente se encontra preso, é abstrata e incompleta porque ela abstrai o fato de que os agentes sociais que entram nesses campos têm aquilo que chamo de *habitus*, isto é, disposições constituídas socialmente para perceber e apreciar aquilo que se passa no campo e que, ao mesmo tempo, as ações sociais não podem ser descritas como o efeito mecânico das forças do campo. Não podemos descrever agentes sociais como limalhas que seriam sacudidas à mercê das relações de força, das forças polares que estruturam o campo. Para as necessidades de minha análise, eu poderia no fundo apresentar tudo que direi este ano como uma espécie de comentário da frase célebre de Pascal: "O universo me [compreende] e traga como um ponto; pelo pensamento, eu o [compreendo]"[10].

Na verdade, eu acho que a ciência social está presa numa espécie de pêndulo. Ela pode ser uma espécie de topologia social ou, para falar a linguagem empregada pelos filósofos do século XVIII como Leibniz, uma *analysis situs*[11], ou seja, uma análise de uma estrutura de posições. A análise do campo como campo de forças é assim uma espécie de física social. Esse fisicalismo abstrai a propriedade dos agentes sociais de perceber e representar o mundo social para si próprios. Portanto, o mundo social não pode se reduzir a uma *analysis situs*. Os agentes têm pontos de vista sobre o mundo que habitam. Nesse objeto, há uma pergunta a se fazer sobre a percepção desse objeto pelas partes desse objeto. A visão correta desse objeto é um objetivo de lutas entre as partes constitutivas desse objeto. A sociologia não deve, em nome do fisicalismo, dissolver e esvaziar esse aspecto específico que caracteriza o mundo social.

---

10. "L'univers me comprend et m'engloutit comme un point; par la pensée, je le comprends" (PASCAL, B. *Pensamentos*. Trad. de Sérgio Milliet. *In*: *Os pensadores*. Vol. XVI. São Paulo: Abril, 1973, 348, p. 128 [*Pensées*. Ed. Lafuma, 113]). • A tradução de Sérgio Milliet escolhe a palavra "abarcar" em vez de "compreender", sentido que Bourdieu deseja utilizar em seu curso [N.T.].

11. Mais ou menos sinônimo de "topologia", o termo *"analysis situs"*, ou "característica universal", designava para Leibniz o projeto de um simbolismo geométrico que seria o mais parcimonioso possível.

Para pensar esse problema[12], podemos mencionar o paralelo que existe entre a sociologia e a teoria do conhecimento (cf. *Questões de sociologia*[13]). Constatamos, sobre a questão do conhecimento do mundo social, a existência de duas posições. Há uma posição objetivista, materialista e realista que seria representada por Marx e Durkheim. Ela consiste em estudar o mundo social em si, em considerá-lo como uma coisa[14] (aliás, é isso que fiz até agora no meu curso). O mundo social é considerado como existindo independentemente das representações que fazem dele tanto os cientistas quanto os agentes sociais profanos, ordinários. Nessa abordagem, o cientista se coloca na posição do Deus leibniziano: ele é o "geometral de todas as perspectivas"[15]. Ele descarta os pontos de vista particulares que percebe como sendo representações interessadas, o que Marx chama de ideologias e que define como universalização dos interesses particulares[16] e que Durkheim chamará de pré-noções que o cientista deve descartar para estabelecer a atividade científica[17]. A ciência, segundo essa abordagem, deve descartar desde o começo esses pontos de vista particulares para construir uma topologia social (ou seja, o espaço das posições próprias a um campo). Essa visão das coisas reduz as representações sociais dos agentes a ilusões ou à produção de justificações (Weber fala da religião como teodiceia[18], como justificação da posição ocupada e, para além

---

12. O final da aula não foi gravado por motivos técnicos. O texto a seguir é uma reconstituição do final da aula a partir das notas tomadas por Bernard Convert, que ele amavelmente nos transmitiu. Nós lhe agradecemos.

13. "O paradoxo do sociólogo". In: *Questões de sociologia*. Trad. de Fábio Creder. Petrópolis: Vozes, 2019, p. 84-91 ["Le paradoxe du sociologue". In: *Questions de sociologie*. Paris: Minuit, 1980, p. 86-94].

14. Cf. DURKHEIM, É. *As regras do método sociológico*. Trad. de Paulo Neves. São Paulo: Martins Fontes, 2007, p. 15. Aqui Durkheim coloca como regra de método o fato de considerar os fatos sociais "como coisas" (e não que os fatos sociais "são coisas", como se atribui a ele, transformando assim um simples princípio de método numa afirmação ontológica) [*Les Règles de la méthode sociologique*. Paris: PUF, 1981 (1895), p. 108].

15. Maurice Merleau-Ponty emprega essa frase num comentário de Leibniz em *Fenomenologia da percepção*. Trad. de Carlos Alberto Ribeiro de Moura. São Paulo: Martins Fontes, 1999, p. 71 [*Phénoménologie de la perception*. Paris: Gallimard, 1974 (1945), p. 81].

16. MARX, K.; ENGELS, F. *A ideologia alemã*. Trad. de Rubens Enderle, Nélio Schneider e Luciano Cavini Martorano. São Paulo: Boitempo, 2007 [*Die deutsche Ideologie*, 1845-1846].

17. DURKHEIM, É. *As regras do método sociológico. Op. cit.*, p. 15-32 [108-120].

18. "Quem é feliz raramente se contenta com o simples fato de ter felicidade. Além de possuí-la, sente necessidade de *ter direito* a ela. Quer convencer-se de que a 'merece' e principalmente que a merece em comparação com os demais. Daí querer também poder acreditar que quem é menos feliz que ele, quem não tem uma felicidade comparável à dele, também está, tanto quanto ele,

disso, como justificação de ser quem é). As perspectivas individuais são interessadas e subjetivas.

Se a psicanálise é menos insuportável do que a posição antipersonalista do sociólogo, é porque ela garante a unidade de perspectiva e o respeito, enquanto a sociologia situa o ponto de vista como vista tomada a partir de um ponto e portanto dissolve o ponto de vista e sua pretensão de objetividade. A sociologia assim concebida institui uma ruptura epistemológica que consiste em passar do simples ponto de vista do agente social ordinário para o ponto de vista sobre os pontos de vista que é a posição do cientista. Ela implica uma ruptura entre o cientista e o profano porque pressupõe uma iniciação que separa o cientista do profano. É sem dúvida por essa razão (entre outras) que a sociologia fascina os jovens. Mas para que a sociologia se constitua como ciência, é absolutamente preciso passar por essa fase objetivista que realiza uma ruptura com o senso comum.

A segunda posição quando se trata do conhecimento do mundo social é simétrica e inversa à posição objetivista. É a posição idealista, perspectivista, fenomenológica, posição que será representada por Nietzsche[19] e, nos contemporâneos, pelos interacionistas e pelos etnometodólogos. Ela consiste em dizer que não existe mundo social em si (ou seja, que seria objetivo, independentemente dos agentes sociais). O mundo social não é mais do que minha representação e minha vontade segundo a frase de Schopenhauer[20]. Ele só é o que acredito que seja, o que enxergo nele, o que quero fazer dele. Em outros termos, a realidade é construída pelas percepções dos agentes sociais.

---

recebendo em troca a parte que lhe cabe. A felicidade quer ser 'legítima'. Quando na expressão genérica 'felicidade' se encerram todos os bens da honra, do poder, da posse e do gozo, eis-nos diante da fórmula mais geral daquele serviço de legitimação – a teodiceia da felicidade – que cabe à religião prestar aos interesses externos e internos de todos os poderosos, todos os proprietários, todos os vitoriosos, todos os sadios; numa palavra, de todos os felizardos" (WEBER, M. "Religiões mundiais: uma introdução". In: *Ética econômica das religiões mundiais – Vol. 1: Confucionismo e taoismo*. Trad. de Antonio Luz Costa. Petrópolis: Vozes, 2016, p. 25-26 ["Die Wirtschaftsethik der Weltreligionen", 1915]). Cf. tb. WEBER, M. "O problema da teodiceia". In: *Economia e sociedade*. Vol. 1. Trad. de R. Barbosa e K. Elsabe Barbosa. Brasília: UnB, 1991, p. 350-355 [*Wirtschaft und Gesellschaft*. Tübingen: Mohr, 1922].

19. Sobre o perspectivismo em Nietzsche, cf. BOURDIEU, P. *Sociologia geral – Vol. 1: Lutas de classificação*. Trad. de Fábio Ribeiro. Petrópolis: Vozes, 2020, p. 157-158 [*Sociologie générale*. Vol. 1. Paris: Seuil, 2015, p. 185-187]. • *Sociologia geral – Vol. 2: Habitus e campo*. Trad. de Fábio Ribeiro. Petrópolis: Vozes, 2021, p. 85 [*Sociologie générale*. Vol. 1. Paris: Seuil, 2015, p. 275].

20. SCHOPENHAUER, A. *O mundo como vontade e representação*. Trad. de M.F. Sá Correia. Rio de Janeiro: Contraponto, 2007 [*Die Welt als Wille und Vorstellung*, 1818].

Podemos distinguir duas posições dentro do subjetivismo. Existe um subjetivismo solipsista para o qual o mundo é minha representação, meu discurso é um discurso particular que pretende se universalizar (aquilo para o qual o senso comum pode responder, por exemplo: "Não, mas existem ricos e pobres, todo mundo sabe disso"). Para a segunda posição, que podemos designar pela expressão "subjetivismo marginalista", o mundo social não é minha representação. É a integração do conjunto das representações e das vontades que faz o mundo social. Entretanto, o mundo social só existe através de suas representações individuais. Por exemplo, o respeito constatado no mundo social não passa da integração de todos os atos de respeito observados num mundo social dado. Devido a esse fato, o mundo social pode ser modificado por uma decisão contrária, ou seja, neste caso ao não se produzir atos de respeito[21].

Para o subjetivismo marginalista, o mundo social é uma criação contínua. É um teatro no qual os agentes sociais encenam o espetáculo de sua identidade, blefam, dão crédito, fazem acreditar nas coisas mais favoráveis para si e desacreditam os *shows* das outras pessoas, como analisado por Goffman[22]. A filosofia idealista do mundo social é inseparável de uma recusa da ruptura epistemológica (cf. Schütz[23]). Para o subjetivismo, não existe um corte que instaura a empreitada sociológica: a ciência está em continuidade com o senso comum, o sociólogo faz apenas um relato de relatos[24], a ciência social conta o que contam os agentes sociais, que são informantes bem-informados. O sociólogo, por fim, é um fenomenólogo que explicita a experiência vivida do mundo social pelos agentes sociais, o que resulta em menos satisfação para o cientista do que o objetivismo, porque não

---

21. Provável alusão ao tema da vulnerabilidade da ordem social em Erving Goffman.
22. Cf. GOFFMAN, E. *A representação do eu na vida cotidiana*. Trad. de Maria Célia Santos Raposo. Petrópolis: Vozes, 1995. Nesta obra a analogia com o teatro é explícita: "[...] o relacionamento social comum é montado tal como uma cena teatral, resultado da troca de ações, oposições e respostas conclusivas dramaticamente [exageradas]. [...] [Obviamente, o mundo não é um] palco, mas não é fácil especificar os aspectos essenciais em que não é" (p. 71 – tradução modificada) [*The Presentation of Self in Everyday Life*. Nova York: Doubleday, 1959, p. 72].
23. SCHÜTZ, A. "Common-Sense and Scientific Interpretation of Human Action" ["O senso comum e a interpretação científica da ação humana"]. In: *Collected Papers 1*. Den Haag: Martinus Nijhoff, 1964. Segundo uma frase de Schütz, citada com frequência pela etnometodologia (que P. Bourdieu tem em mente durante toda a sequência desse parágrafo), "todos nós somos sociólogos no estado prático".
24. Alusão a GARFINKEL, H. *Estudos de etnometodologia*. Vários tradutores. Petrópolis: Vozes, 2018 [*Studies in Ethnomethodology*. Englewood Cliffs: Prentice-Halll, 1967].

há um corte entre saber científico e saber profano. O objetivismo é mais elitista, o cientista é aquele que descobre as verdades ocultas (Bachelard), que sabe aquilo que os agentes sociais comuns ignoram.

(Parêntese de passagem: enquanto na filosofia a teoria do conhecimento *stricto sensu* se inscreve no céu puro das ideias – cf. Kant, Hume etc. –, quando se trata do mundo social, a teoria do conhecimento sempre tem colorações políticas. O objetivismo é a tendência na qual se reconhecem os mais científicos e anda de mãos dadas com uma preferência política pelo centralismo, enquanto o subjetivismo marginalista é mais o refúgio dos menos científicos e anda de mãos dadas com as tendências esquerdistas. Encontramos aqui a oposição Marx/Bakunin[25]).

A abordagem subjetivista coloca o sociólogo numa posição de alguma forma mais próxima da posição do escritor ou do criador do que da posição do cientista que está separado do profano pela ruptura epistemológica. Dito isso, o sociólogo subjetivista transforma apesar de tudo o não tético em tético [quer dizer, ele revela processos sociais que os agentes sociais comuns ignoram e aos quais se submetem]. Ele está na situação da parteira[26].

Essas duas posições levam a apreender o mundo social de maneira muito diferente. Se tomarmos, por exemplo, o problema das classes sociais, os objetivistas dirão que as classes sociais existem na objetividade enquanto os perspectivistas dirão que são uma construção ou científica (nominalista) ou política. Ora, essas duas posições tomadas separadamente são falsas, a não ser que consigamos integrá-las sem ecletismo. Essas duas posições opostas constituem com efeito uma alternativa falsa na medida em que essas duas formas de análise são necessárias e estão necessariamente ligadas. A topologia social consiste em construir a rede na qual estão situados os agentes sociais e portanto a construir os pontos a partir dos quais toma-se os pontos de vista. Convém então integrar os dois pontos de vista, fazer uma análise das posições (abordagem objetivista) e depois das visões tomadas a partir dessas posições (abordagem subjetivista). É preciso registrar a existência das posições e das tomadas de posição cujo princípio está nas posi-

---

25. Referência ao conflito, dentro da Primeira Internacional, entre o "autoritarismo" de Marx e o socialismo "libertário" de [Mikhail] Bakunin. Esse conflito devia ser bem conhecido pelos ouvintes do curso, pois fora mencionado e comentado muitas vezes na década de 1970.
26. Sobre a figura do sociólogo como "sociólogo-parteiro", cf. *A miséria do mundo*. Trad. de Mateus S. Soares Azevedo *et al*. Petrópolis: Vozes, 1997 [*La misère du monde*. Paris: Seuil, 2015 (1993)], esp. o último capítulo, intitulado "Compreender".

ções. Dito isso, mesmo que essas tomadas de posição sejam determinadas pelas posições – posições que são postas em evidência pela topologia social –, também acontece das tomadas de posição serem irredutíveis às posições porque as tomadas de posição buscam (na maior parte das vezes) transformar as posições em sua definição objetiva ao mudar a visão (subjetiva) que os agentes sociais têm dessas posições (objetivas). Temos aqui os prolegômenos de uma análise das lutas no mundo social, especialmente as lutas políticas.

A posição objetivista é fascinante porque demonstra, especialmente com a ajuda de estatísticas, mas não somente, que os profanos veem o mundo social às avessas[27] (é o caso, por exemplo, da pessoa culta que numa entrevista diz ao entrevistador, sem enxergar contradição alguma, que "A educação é inata"); mas, na sociologia, não basta colocar o mundo social do jeito certo, é preciso também explicar por que o enxergamos às avessas.

A sociologia deve construir o espaço social – espaço das posições onde se definem as tomadas de posição –, mas ela não deve esquecer que os pontos de vista individuais, que são parciais e incompletos [*partiels et partiaux*], contribuem para fazer esse espaço, para fazer o que ele é e para transformá-lo. Cada campo se caracteriza por uma estrutura da distribuição dos trunfos (espécies de capital) para jogar nesse campo. Cada campo gera uma discussão sobre o estado da distribuição atual do capital, sobre o fato de saber se essa distribuição é justa ou injusta. Há uma contestação permanente dessa distribuição, e às vezes uma contestação do próprio jogo – o que, entretanto, é bastante raro, já que essa recusa do próprio jogo é algo improvável e constituiria uma verdadeira revolução.

Poderíamos dizer, para terminar e para que vocês compreendam metaforicamente o problema colocado pela análise do mundo social, que a posição objetivista é a posição de Deus pai, pois ele sabe tudo e se situa do lado de fora de um mundo que conhece objetivamente (especialmente através da análise estatística que permite por exemplo colocar em evidência a eliminação escolar); que a posição subjetivista é a posição de Deus filho, o Deus que desceu à terra, e o sociólogo se serve de sua encarnação e de sua imanência para analisar um mundo no qual ele mesmo está preso (ele pratica a autoanálise e a abordagem compreensiva mais

---

27. Referência à imagem da *camera obscura* utilizada por Marx e Engels em *A ideologia alemã. Op. cit.*, p. 94: "Se, em toda ideologia, os homens e suas relações aparecem de cabeça para baixo como numa câmara escura, este fenômeno resulta do seu processo histórico de vida, da mesma forma como a inversão dos objetos na retina resulta de seu processo de vida imediatamente físico".

do que as pesquisas estatísticas). Seria então a abordagem que integra as duas posições a do Espírito Santo? Vemos que a sociologia, quando não sabe o que é, torna-se uma teologia. E vice-versa.

# Aula de 14 de março de 1985

> Primeira hora (aula): a elasticidade das estruturas objetivas – Um programa para as ciências sociais – Reintroduzir o ponto de vista – Reintroduzir o espaço objetivo – Uma sociologia política da percepção – O efeito de teoria – A ciência social e a justiça – Segunda hora (seminário): a invenção do artista moderno (1) – O programa dos pintores futuros – O que está em jogo na luta – Uma revolução nos princípios de visão – Os artistas de escola

## Primeira hora (aula): a elasticidade das estruturas objetivas

Retomarei minha proposta onde a deixei. Lembro apenas que o problema próprio da sociologia tem a ver com o fato de que ela deve estabelecer o conhecimento científico de um mundo que, primeiro, é objeto de atos de conhecimento (de reconhecimento ou de desconhecimento, voltarei a esse ponto) realizados por aqueles que fazem parte desse mundo e que, segundo, é em parte o produto desses atos de conhecimento (de reconhecimento ou desconhecimento). Explicarei um pouco o segundo ponto ao indicar que as proposições que tento fazer sobre o espaço social em seu conjunto me parecem valer para toda espécie de campo, portanto para este ou aquele subespaço particular: o campo universitário, o campo intelectual, o campo literário ou o campo religioso etc. Essa invocação da generalidade das proposições que faço me obriga a especificar: parece-me que um dos princípios de diferenciação mais importantes está no grau em que os atos de conhecimento (de reconhecimento ou desconhecimento) contribuem para fazer o mundo social em sua objetividade.

Explico em duas palavras, lembrando das coisas ditas ano passado[28]. A elasticidade das estruturas objetivas dos campos sociais depende do grau em que os capitais específicos ou os poderes específicos característicos do universo em questão são objetivados em mecanismos ou em instituições garantidas socialmente (e no limite juridicamente). A parte das representações na constituição do mundo social ou do campo em questão será portanto tanto maior quanto menor a objetivação dos poderes nele. Assim, o campo intelectual se caracteriza por um baixo grau de institucionalização, de objetivação nos mecanismos, dos poderes específicos. Ao mesmo tempo, ele é um dos campos que deixa um dos espaços mais amplos para as estratégias simbólicas que buscam transformar as estruturas. Isso é importante para compreender certas de suas propriedades e, por exemplo, a analogia que ele apresenta com as sociedades pré-capitalistas nas quais os poderes são igualmente pouco objetivados... No limite, podemos imaginar universos sociais em que não existiria nenhum capital. O jogo seria um pouco como o da roleta, em que cada jogada é independente da anterior, enquanto no pôquer, por exemplo, os ganhos acumulados numa jogada podem contribuir para determinar ou orientar as estratégias da jogada seguinte.

Nos campos em que os poderes ou os princípios de dominação estão relativamente pouco objetivados nos mecanismos (e em particular nos mecanismos que tendem a reproduzir a estrutura do campo) ou nas garantias jurídicas (direitos de propriedade, títulos acadêmicos etc.), a parte deixada para as estratégias e, por exemplo, para as estratégias de blefe, de desafio simbólico ou de subversão que tendem a desacreditar os detentores de capital tem maior eficácia. Não estamos distantes dos universos sociais "a-estruturados" regidos por uma espécie de revolução permanente, onde cada agente social pode, no limite, impor sua própria representação sem ser desmentido pelas estruturas. Poderíamos qualificar esses universos como "anárquicos", ainda que a analogia seja muito ruim.

Essa observação sobre as propriedades diferenciais dos diferentes campos dependendo do grau em que eles estão estruturados de modo geral é importante que se tenha em mente que as análises que proponho valem para o campo social em geral (e, por exemplo, para aquilo que normalmente chamamos de lutas de classe),

---

28. A questão do baixo grau de institucionalização do campo intelectual foi assunto das três primeiras aulas do ano anterior (1°, 8 e 15 de março de 1984) sobre a "parada de sucessos dos intelectuais"). Cf. BOURDIEU, P. *Sociologia geral – Vol. 3: As formas do capital*. Trad. de F. Ribeiro. Petrópolis: Vozes, 2023 [*Sociologie générale*. Vol. 2. Paris: Seuil, 2016].

mas também dentro dos campos particulares. De passagem, encontramos um indicador dessa elasticidade particular do campo intelectual ou do campo artístico no fato das jogadas de força simbólica poderem agir realmente sobre as estruturas. Por exemplo, o "efeito de lista" que consiste em tornar pública uma lista de vencedores é um efeito simbólico que pode contribuir para transformar as estruturas na medida em que exatamente as hierarquias e os poderes forem relativamente pouco visíveis, relativamente pouco constituídos. Eu poderia mencionar aqui a ação (que foi estudada por um pesquisador cujo nome me fugiu) de uma espécie de empresário artístico alemão que, ao publicar a pedido de alguns conhecedores uma espécie de lista de melhores pinturas, contribuiu para estruturar com muita força o mercado da pintura[29], de modo que seus veredictos não são simplesmente descritivos e sim constitutivos da realidade. Para que vocês compreendam bem o que digo, imaginem que o universo social fosse completamente não estruturado. Bastaria então que eu dissesse: "Eis como é o mundo social, existem três classes...", e ele seria como eu digo.

É verdade, e desejo demonstrar isso, que o mundo social é muito mais elástico do que acreditamos. Ele sempre deixa espaço para esse tipo de injunções simbólicas, ele se presta a ser constituído simbolicamente, mas é claro que em graus extremamente diferentes dependendo dos momentos da história e das regiões do espaço social. É preciso sempre ter em mente que se existem propriedades invariantes dos campos, existem também variações nos princípios segundo os quais os funcionamentos gerais se organizam em cada caso. Este foi um parêntese, mas acho que é importante para que vocês enxerguem os objetivos do que proponho.

## Um programa para as ciências sociais

Se, portanto, for verdade o que acabo de dizer: primeiro, que o mundo social se caracteriza pelo fato de ser o local de atos de conhecimento realizados pelos agentes inscritos nesse mundo e que, segundo, esses atos de conhecimento contribuem para fazer esse próprio mundo, segue-se que as tarefas da ciência social são de um tipo bem particular: compreender, conhecer ou analisar o mundo social é levar em conta esses atos de conhecimento cuja verdade só podemos conhecer se conhecermos seus determinantes sociais. As coisas são muito difíceis de dizer e

---

29. P. Bourdieu talvez pense no *Kunstkompass* ["Bússola da arte"], a classificação anual dos artistas vivos de maior reputação estabelecida pela primeira vez em 1970 pelo jornalista econômico alemão Willi Bongard.

vocês talvez tenham a impressão de circularidade, mas esses atos de conhecimento não se realizam no vazio (é isso o que separa o que proponho das visões de tipo subjetivista que analisei na última aula). Eles são realizados por agentes que estão eles mesmos inseridos no espaço; são portanto pontos de vista que só podemos compreender a partir de um conhecimento do ponto a partir do qual eles são tomados. Conhecer o mundo social é portanto conhecer ao mesmo tempo o espaço social, como estrutura objetiva, e os pontos de vista sobre esse espaço que devem uma parte do que são à posição daqueles que os tomam nesse espaço.

(Não sou eu que sou complicado, acho que é o mundo social que é complicado. Como acabo dizendo com frequência, sempre tenho a impressão de estar aquém da complicação do real e penso mais uma vez que uma das razões – existem mil – do atraso particular das ciências sociais tem a ver com o fato de que, para as necessidades da vida, como dizia Descartes, precisamos de uma espécie de sociologia provisória relativamente simples[30] que permita funcionarmos no mundo; é claro que o gênero de coisas que tento elaborar complicaria demais a vida, e talvez a tornaria até "invivível", daí uma série de tentativas para construir representações do mundo social que se inspiram inconscientemente nessa necessidade de simplificação, de estruturação etc.)

Como é difícil ver o mundo social, é muito fácil exercer a seu respeito aquilo que chamo de "efeito de teoria", dando à palavra "teoria" seu sentido etimológico[31]: é fácil fazer as pessoas acreditarem que enxergam o que lhes dizemos para enxergar. Darei um exemplo: vocês muito provavelmente ficariam bastante envergonhados se eu pedisse a vocês para desenharem o mundo social num papel, e vocês provavelmente recorreriam a formas simples, e a mais frequente sem dúvida seria a pirâmide... O problema da representação do mundo social se coloca a todos os universos sociais e, como eu dizia na última aula, uma história comparada das figurações que os universos sociais, os universos históricos, dão do mundo social seria interessante. A dificuldade de construir uma imagem simples do mundo

---

30. Paralela à "moral provisória" que Descartes adota ("a fim de não permanecer irresoluto em minhas ações, enquanto a razão me obrigasse a sê-lo, em meus juízos") comparando-a com o alojamento provisório de que precisamos enquanto construímos nossa casa (DESCARTES, R. "Discurso do método". In: *Os pensadores*. Vol. XV. Trad. de J. Guinsburg e Bento Prado Júnior. São Paulo: Abril, 1973, Terceira parte, p. 49 [*Discours de la méthode*, 1637]).

31. Em grego, a palavra *theôria* (Θεωρία) significa "contemplação", "visão de um espetáculo", "visão intelectual".

social favorece esse efeito de teoria: se alguém apresenta uma estrutura do mundo social que parece valer, vocês a considerariam aceitável muito facilmente. Em outras palavras, pelo menos hoje em dia o efeito de teoria exerce-se de modo muito mais fácil no plano do mundo social do que no plano do mundo físico. (Isso justifica as complexidades que introduzi e deverá ajudá-los a aceitá-las porque apesar de tudo eu as considero aceitáveis...)

A análise dos pontos de vista é portanto inseparável da análise das posições e a *analysis situs*, ou seja, a análise das estruturas espaciais, das estruturas de posição, é a fundamentação das análises das visões do mundo. Mais exatamente, a análise das posições é a fundamentação da análise dos *habitus* como princípios de estruturação do mundo. Eu poderia ter dito *analysis visus*, mas digo *analysis habitus* porque me parece que, quando queremos estudar essas visões de mundo, descrever as visões importa menos do que descrever os princípios a partir dos quais se constituem as visões, e um dos objetos da sociologia é captar não somente o espaço das posições e as representações que os agentes têm dessas posições mas [também] as estruturas de percepção a partir das quais os agentes têm essas visões.

Nesse nível, a questão é saber como se constroem as estruturas da construção do mundo social. O mundo social é em parte minha construção, mas podemos pensar que essa construção encontra seus princípios primeiramente na objetividade do mundo: por mais elástico que seja, o mundo resiste, ele não se deixa nomear ou construir de qualquer forma, não se pode colocar não importa o que com não importa o que, é mais difícil associar os patrões e os trabalhadores do que o conjunto dos trabalhadores. Há portanto limites do lado do objeto [...].

Há também limites do lado do sujeito, ou seja, do lado das categorias de percepção que os agentes sociais empregam para construir essas visões. Essas propriedades do lado do sujeito estão inscritas na noção de *habitus*. Elas são estruturas estruturantes da percepção do mundo e me parece que é preciso se interrogar sobre a gênese dessas estruturas estruturantes. A hipótese que formularei (voltarei a ela) é que há uma relação entre as estruturas objetivas do mundo social e as estruturas através das quais os agentes constroem o mundo social. É a hipótese clássica de Durkheim segundo a qual a lógica, tal como a conhecemos, encontra sua origem na estrutura dos grupos[32].

---

32. DURKHEIM, É. *As formas elementares da vida religiosa*. Trad. de Paulo Neves. São Paulo: Martins Fontes, 1996, esp. p. 479ss. [*Les Formes élémentaires de la vie religieuse*. Paris: PUF, 1912,

Portanto, defino uma espécie de programa para a ciência social. A ciência social não pode ser um estruturalismo totalmente objetivista, cuja expressão-limite (que tem o mérito, pelo menos, de ser explícita) encontraríamos sem dúvida nos althusserianos, que reduzem os sujeitos sociais a simples suportes da estrutura: é a condição que, por um efeito de sobretradução, eles designaram à palavra *Träger*, traduzida como "portador", "portador da estrutura"[33]. Contra essa visão que, de certa forma, aniquila os agentes sociais em favor da estrutura, eu acho que é preciso reintroduzir os agentes, não como sujeitos singulares ou consciências, mas como "produtores" de pontos de vista.

## Reintroduzir o ponto de vista

Vou explicitar essa definição do agente social. O agente social é produtor de um ponto de vista, quer dizer, ele está situado, está num *situs* e a estrutura está de alguma forma presente em suas representações e suas práticas através da própria posição que ele ocupa. No fundo, o que acabo de dizer não passa de uma explicitação da noção de ponto de vista. Isso marca uma separação muito clara com a visão que podemos chamar de interacionista. Eu a mencionei na última aula: ela concede muita importância a esses pontos de vista que os sujeitos sociais tomam uns sobre os outros e, no limite, descreve o mundo social como o simples universo das perspectivas. Assim, Anselm Strauss fala do *awareness context*[34] [contexto de percepção]: ele busca o princípio explicativo das práticas sociais no universo das representações que os agentes sociais têm das representações que os agentes sociais têm de suas práticas e de suas representações. Para Strauss, o princípio determinante de minha ação será a ideia que tenho da ideia que os outros formarão do que faço e da ideia que tenho do que faço... O princípio explicativo, portanto,

---

p. 616ss.]. • DURKHEIM, É.; MAUSS, M. "Algumas formas primitivas de classificação". In: RODRIGUES, J.A. (org.). *Durkheim: sociologia*. Trad. de Maria Isaura Pereira de Queiroz. São Paulo: Ática, 1995, p. 183-203 [tradução parcial de "De quelques formes primitives de classification – Contribution à l'étude des représentations collectives". In: *L'Année Sociologique*, v. 6, p. 1-72, 1901].

33. Os neomarxistas franceses reunidos desde a década de 1960 ao redor de Louis Althusser (*Ler O Capital*. Trad. de Nathanael C. Caixeiro. Rio de Janeiro: Zahar, 1979 [*Lire Le Capital*. Paris: Maspero, 1965]) fizeram da palavra *Träger*, que Marx empregou ocasionalmente, um dos termos-chave de sua perspectiva "anti-humanista", na qual os agentes sociais não passavam de suportes ou portadores do papel que lhes foi designado no processo de produção.

34. GLASER, B.G.; STRAUSS, A.L. *Awareness of Dying* [*Percepção da morte*]. Chicago: Aldine, 1965.

seria de alguma forma completamente mental: sou movido em minhas ações pela imagem antecipada da recepção que minha ação terá...

Isso não é insignificante, e dizer isso não é falso, mas acho que não é suficiente. Reduzir a eficácia (as palavras corretas são difíceis de encontrar...) ou a "influência" (coloco essa palavra entre aspas porque ela é muito ruim) do social, reduzir o que faz os agentes agirem (a questão de saber por que os agentes agem é fundamental na sociologia, porque isso não é nada óbvio, eles poderiam não fazer nada, poderiam não se mexer...), reduzir o princípio da ação dos agentes à ideia que os agentes têm da ideia que os outros agentes têm de sua ação é portanto esquecer aquilo que acabo de mencionar ao dizer que os agentes estão situados. O que os move não é somente a representação das outras representações, é tudo aquilo que, através do fato de que sua representação está presa num ponto, está ligado à ocupação desse ponto, por exemplo os interesses associados à posição. Assim, quando ocupamos uma posição dominante num espaço, temos uma vista de cima. Eu sempre cito esta frase muito bela que lembra o laço entre certas estruturas cognitivas e as posições sociais a partir das quais elas são constituídas: "As ideias gerais [*générales*] são ideias de general"[35].

No ponto de vista, há portanto o ponto, quer dizer, toda a estrutura, porque falar de campo é dizer que em cada ponto existe de certa maneira todo o campo e toda a estrutura já que, por definição, uma posição só se define em relação a outras. Por exemplo, uma posição dominante só é dominante em relação a uma posição dominada, o que Marx enxergou bem: "Os dominantes são dominados por sua dominação"[36], o que é uma belíssima frase para compreender as relações entre os sexos. Portanto, a estrutura objetiva não é redutível a essa perspectiva das perspectivas. Uma outra formulação: a verdade do ponto de vista não está no próprio ponto de vista, nem em sua relação com outros pontos de vista; ela está em parte no ponto a partir do qual a vista é tomada, portanto, na estrutura.

---

35. P. Bourdieu normalmente atribui essa frase a Virginia Woolf. A ideia está expressa numa frase da novela *A marca na parede*, mas a formulação parece vir de um livro de Maxime Chastaing: *La philosophie de Virginia Woolf* [*A filosofia de Virginia Woolf*]. Paris: PUF, 1951, p. 48. Para especificações, cf. *Sociologia geral*. Vol. 2. *Op. cit.*, p. 222, nota 275 [441-442, nota 2].

36. P. Bourdieu talvez reformule observações de Marx como esta: "O capitalista só é respeitável como personificação do capital. Como tal, ele partilha com o entesourador o impulso absoluto de enriquecimento. Mas o que neste aparece como mania individual, no capitalista é efeito do mecanismo social, no qual ele não é mais do que uma engrenagem" (MARX, K. *O capital*. Livro I. Trad. de Rubens Enderle. São Paulo: Boitempo, 2013, p. 666 [*Das Kapital*, 1890]).

O que ainda está implicado no fato de levar em conta o ponto de vista enquanto tal? O ponto de vista é um ponto de vista estruturado, é uma das mediações através das quais se exerce o efeito de posição. Essa frase aparentemente simples é na verdade muito complicada, ela contém muitas coisas implícitas. O ponto de vista e a vista são o produto de um agente que ocupa uma certa posição, mas também dotado de uma certa estrutura de disposições... Aquilo que estava implícito no que eu disse há pouco é a relação entre a posição e as disposições, um problema que já abordei muitas vezes aqui e que não retomarei. De maneira geral, num campo tende a se estabelecer (através de mecanismos extremamente complicados) uma correspondência entre as posições e as disposições dos ocupantes dessas posições. Estou apenas lembrando esse ponto que creio já ter desenvolvido no passado... Dito isso, as vistas são estruturadas pelo fato de que aqueles que tomam essas vistas têm lentes que, para dizer as coisas de maneira simples, são suas estruturas cognitivas, que estão ligadas em parte ao efeito de posição que se exerce sobre eles ao lhes impor as estruturas de percepção, assim como ao efeito de toda sua experiência social que pode implicar, por exemplo, mudanças de posição.

Um paradoxo do mundo social é portanto que a vista que os agentes sociais tomam do mundo social é estruturada segundo princípios de estruturação que são eles mesmos sociais. Ilustrarei isso com dois exemplos que já analisei. Tentei demonstrar num trabalho antigo, "A produção da crença"[37], que de modo geral a oposição entre a margem direita e a margem esquerda [do rio Sena, em Paris], tal como ela se manifesta objetivamente no espaço (por exemplo, na distribuição dos teatros, na distribuição das galerias etc.) e que pode-se captar na objetividade (sob a forma de mapas, de planos, da estrutura de distribuições estatísticas retraduzida na estrutura espacial), funciona ao mesmo tempo como estrutura subjetiva e como categoria de percepção do mundo: percebemos, por exemplo, as peças de teatro ou os teatros através de categorias de percepção que estão pelo menos em correspondência com a estrutura objetiva das produções teatrais ou de seus locais de difusão; percebemos os romances através das estruturas de percepção que correspondem à estrutura da distribuição dos editores etc.

---

37. BOURDIEU, P. *A produção da crença*. Trad. de Maria da Graça Jacintho Setton. Porto Alegre: Zouk, 2004 ["La production de la croyance". *Actes de la Recherche en Sciences Sociales*, n. 13, p. 3-43, 1977].

Essas análises, que apenas relembro rapidamente, também valem num contexto completamente diferente, como as famosas oposições dualistas que os etnólogos descobrem na maioria das sociedades: no caso da Cabila, que estudei, a oposição entre direita e esquerda etc. tem uma correspondência evidente com a oposição fundamental da estrutura social entre masculino e feminino. Em outras palavras, a divisão do trabalho entre os sexos, que, nesse tipo de sociedades, é um dos princípios mais poderosos de divisão, se não for o mais poderoso, encontra seu correspondente nas estruturas através das quais ela será percebida. Da mesma maneira, essa correspondência entre as estruturas objetivas do mundo social e as estruturas subjetivas através das quais o mundo social é percebido leva a uma experiência do mundo como sendo autoevidente.

Podemos ver como a análise que acabo de fazer fundamenta aquilo que os fenomenólogos e os subjetivistas aceitam como o alfa e o ômega de suas análises, quer dizer, a descrição da experiência do mundo ordinário como experiência do isso-é-autoevidente. Em Schütz, por exemplo, a análise fenomenológica da experiência ordinária do mundo social começa na constatação da evidência do mundo social: a experiência vivida do mundo social é a experiência do mundo como dado, que não causa problemas. A análise que proponho de alguma forma fundamenta essa análise ao dizer no começo que essa experiência só vale nos casos em que há correspondência entre as estruturas objetivas e as estruturas incorporadas, o que não é de forma alguma universal: os agentes sociais não são sempre o produto, em suas estruturas de percepção, das estruturas objetivas às quais aplicam essas estruturas de percepção. Nos períodos revolucionários, por exemplo, as estruturas objetivas podem mudar enquanto as estruturas de percepção, que têm uma inércia, podem continuar a ser aplicadas. É o "efeito Dom Quixote": Dom Quixote aplica ao mundo as estruturas de percepção que são o produto de um mundo que desapareceu. Essa inércia particular das estruturas de percepção em relação às estruturas das quais elas são o produto é o que chamo de problema da histerese dos *habitus*[38].

---

38. Como os físicos ou os economistas, P. Bourdieu utiliza o termo "histerese" (formado a partir de um verbo grego que significa "estar atrasado") para designar um fenômeno que persiste quando sua causa desapareceu. Ele o aplica, em particular em *A distinção: crítica social do juízo* (Trad. de Daniela Kern e Guilherme J.F. Teixeira. Porto Alegre: Zouk, 2006 [*La Distinction: critique sociale du jugement*. Paris: Minuit, 1979]), ao *habitus* e às categorias de percepção para expressar uma ideia muito próxima dessa ilustrada pelo "efeito Dom Quixote": a lacuna entre as condições de aquisição e de ativação das disposições.

Isto posto, nas sociedades pré-capitalistas, pouco diferenciadas em campos (e pouco diferenciadas em classes), essa espécie de correspondência entre as estruturas objetivas e as estruturas incorporadas me parece ser muito mais fundamental; daí, acho, o charme que esses universos exercem sobre os etnólogos. Esses são universos nos quais os agentes sociais, de certa maneira, se sentem bem... Ao mesmo tempo, são universos formidavelmente fechados. Esses universos onde as estruturas de percepção estão ajustadas objetivamente às estruturas objetivas produzem uma espécie de autorreforço permanente da percepção. Por exemplo, a estrutura da divisão do trabalho entre os sexos é constantemente reforçada e reforçadora: não enxergamos o que poderia surgir para desmenti-la quando a evidência da divisão é tão reforçada pela aplicação a essa divisão de princípios de divisão estruturados segundo essa divisão. Quando todos os provérbios dizem que "A mulher é menos boa que o homem", que "A mulher é o torto e o homem é o direito", que "Uma mulher não pode ser direita, ela pode no máximo ser endireitada", as mulheres acabam ficando conformes à definição, não há outra questão a não ser tirar partido da definição para se virar na vida. As estratégias dos dominados consistem em utilizar as estratégias dos mais fracos que os dominantes concedem aos dominados: a artimanha, enganação, trapaça, segredo etc.

(Estou abordando um problema muito geral: ele se observa na Cabila mas também em nosso universo... Não quero fechar este parêntese sem sublinhar as consequências sobre o trabalho do antropólogo ou do sociólogo sobre si mesmo. Tudo isso que acabo de dizer significa com efeito que as estruturas que ele [o antropólogo ou o sociólogo] descreve como existentes no estado incorporado nos agentes sociais também existem nele. Ele jamais deveria se esquecer – infelizmente, como digo com frequência, muitas vezes fazemos sociologia para poder esquecer – que as estruturas incorporadas que analisa também estão inscritas no seu cérebro. Como consequência, o trabalho de objetivação dessas estruturas incorporadas é constitutivo do trabalho científico, e essa espécie de psicanálise da mente do pesquisador faz parte das condições de realização da pesquisa. Voltarei a esse ponto.)

Assim, os pontos de vista são estruturas, lentes, categorias de percepção, sistemas de classificação, e vemos portanto que a sociologia não deve apenas estudar, para falar a linguagem ordinária, as classes sociais, no sentido de divisões que existiriam objetivamente na realidade (se é que isso existe...), mas também princípios de classificação, estruturas classificatórias, taxonomias (taxonomias [de orientação (?)], taxonomia de cores, taxonomias dos sexos etc.), formulando a hipótese de que as estruturas captadas através de suas manifestações nas classificações têm alguma coisa a ver com as estruturas objetivas.

Volto um instante para as alusões que fiz sobre o problema da divisão do trabalho entre os sexos como princípio de visão da divisão do trabalho entre os sexos. Um texto muito célebre e muito belo de Simmel[39] diz que seria preciso descrever o mundo social no qual vivemos como um universo sexualizado no sentido que esse universo é constantemente construído, na objetividade, segundo a divisão entre masculino e feminino. E ele observa todos os signos sociais, todos os lugares que são marcados como masculinos e femininos, todas as hierarquias objetivas do masculino e do feminino. É preciso ver que nascemos de alguma forma dentro desse universo sexualizado, não no sentido de Freud, mas no sentido em que o universo no qual nascemos está dividido segundo a divisão sexual (as roupas etc.). Nós incorporamos esse mundo que se torna constitutivo de nossas estruturas mentais e somos portanto sujeitos moldados de tal maneira a aplicar uma divisão de tipo sexual a um mundo estruturado segundo essa divisão. Daí o fato das estruturas objetivas e as estruturas incorporadas não pararem de se reforçar mutuamente. Segue-se, entre outras coisas, que é extremamente difícil de agir, de alguma maneira, sobre essas estruturas formidavelmente autorreprodutoras em razão precisamente desse efeito de reforço circular. Haveria mais a desenvolver, mas pararei por aqui.

## Reintroduzir o espaço objetivo

Uma sociologia que supere a alternativa entre o idealismo e o realismo, entre o objetivismo e o subjetivismo que mencionei na última aula deve, portanto, num primeiro momento, como acabei de dizer, reintroduzir os agentes, mas enquanto pontos de vista situados e estruturados. Em seguida, ela deve reintroduzir o espaço objetivo enquanto fundamentação dos pontos de vista e enquanto objeto de

---

39. Sem dúvida, trata-se de "Cultura feminina". *In*: SIMMEL, G. *Cultura filosófica*. Trad. de Lenin Bicudo Bárbara. São Paulo: Ed. 34, 2020, p. 289-332: "[...] a cultura da humanidade não é, digamos, nem um pouco assexuada, nem sequer se considerarmos os seus conteúdos substantivos puros, ou seja, não está de forma nenhuma situada por sua objetividade além do masculino e do feminino" (p. 291) ["Weibliche Kultur". *Neue Deutsche Rundschau*, XIII, p. 504-515, 1902].

pontos de vista. Vocês podem se referir ao que eu disse ano passado sobre o efeito da lista de vencedores; para compreender esse efeito era preciso ao mesmo tempo se basear nas propriedades objetivas do espaço dos escritores e nas propriedades incorporadas dos agentes sociais que percebem esse espaço. Eu acho que em qualquer análise de um fato social devemos abordar esses dois aspectos, juntando a eles a questão da relação entre os dois. Em outras palavras, é porque o espaço social tem uma forma, uma estrutura relativamente estável, que ele não é totalmente elástico, que não muda a todo instante, que não é qualquer coisa, que tem leis de continuação correta: a partir do que acontece no instante $t$, podemos ter uma ideia bastante precisa do que pode acontecer e, sobretudo, do que não pode acontecer de jeito nenhum. Existem essas leis da continuação correta, e o espaço social tem uma forma, uma ação informadora, ele informa a percepção desse espaço, contribuindo assim para garantir sua própria estabilidade. É porque existe uma forma do mundo que a visão do mundo é informada, estruturada, e em certa medida, aquilo que chamo, ao generalizar a noção de capital cultural para nela englobar várias propriedades que a noção de capital cultural excluía, de "capital informacional"[40] está, em parte, inscrito no inconsciente, por exemplo sob a forma de esquemas classificatórios ou de princípios de visão que são a incorporação, muitas vezes inconsciente, de divisões objetivas do mundo social.

Poderíamos também mencionar essa espécie de estatística espontânea que todos praticamos e que nos faz adquirir de alguma forma aquilo que Goffman chama de "senso de colocação"[41], ou seja, o senso do "lugar correto", o senso de posição no mundo social: nós sabemos, de modo geral, onde estamos no mundo social. Assim, num campo particular, no espaço dos escritores, todo escritor, querendo ou não, sabe mais ou menos onde está. O fato de que ele aceitará, como [Gérard] de Villiers, o autor [da série de romances populares de espionagem] S.A.S, posar diante do Arco do Triunfo ao lado de sua Mercedes (um exemplo absolutamente real?) é, de alguma forma, ensinado a ele por seu senso social, enquanto se você telefonar para um autor da [editora voltada ao público intelectual e acadêmico] Éditions de Minuit (vocês podem fazer a experiência), ele não aceitará: ele não tem uma Mercedes e, mesmo se tivesse, não gostaria de posar com ela, sobretudo

---

40. P. Bourdieu desenvolveu esse ponto no ano anterior, especialmente na aula de 10 de maio de 1984.
41. Referência à noção de *"sense of one's place"* (cf. em particular GOFFMAN, E. "Symbols of Class Status" ["Símbolos de estatuto de classe"]. *British Journal of Sociology*, v. 2, n. 4, p. 297, 1951).

diante do Arco do Triunfo [*risos na sala*]! Isso quer dizer que existe uma espécie de senso do que é conveniente numa posição determinada... Esse senso do conveniente não tem nada a ver com a moral; o conveniente para alguém é aquilo que convém à sua posição, aquilo que ele aceita tacitamente sem sequer formular pelo fato de ocupar sua posição (por exemplo, no caso de um escritor, o fato de publicar nesta ou naquela editora, ou de ser publicado nesta ou naquela editora, o que resulta na mesma coisa mas seria muito complicado demonstrar por que isso resulta na mesma coisa...).

O capital informacional, essa espécie de senso do jogo que os agentes sociais engajam em sua prática, é o produto de um jogo que é relativamente estruturado, ao contrário de um jogo absolutamente anárquico no qual isso mudaria o tempo todo. Deleuze, no seu belíssimo livro sobre Hume[42], diz que no fundo o único axioma, o único postulado antropológico que Hume formula é o fato de que as pessoas (ele não fala de agentes sociais) são condicionáveis. Não podemos nos dar menos do que a condicionabilidade. A sociologia se dá um pouquinho mais porque se as pessoas são condicionáveis, isso quer dizer que se você lhes fizer várias vezes a mesma coisa, elas aprendem, elas não recomeçam mais se for desagradável e recomeçam se for recompensado. Esse princípio de condicionabilidade, que é obviamente pressuposto pela teoria do *habitus*, é o que faz com que os sujeitos sociais sejam produtos históricos. Portanto, eu adiciono ao axioma da condicionabilidade a ideia de que os agentes sociais são estruturáveis e que o fato de que eles possuem estruturas cognitivas está ligado, em parte (não pretendo dar conta da totalidade das estruturas cognitivas), ao fato de que o mundo social é estruturado, que existe uma ordem social e oposições na objetividade. Esse capital de informação é portanto um conjunto de saberes, de competências, de estruturas de percepção; um agente social está equipado ao mesmo tempo com saberes e estruturas de percepção dos saberes e das competências.

## Uma sociologia política da percepção

Depois de reintroduzir os pontos de vista num primeiro momento e o espaço num segundo momento, no terceiro momento trata-se (eu poderia ter feito um prolongamento do segundo momento, mas prefiro isolá-lo para fazê-lo aparecer

---

42. DELEUZE, G. *Empirismo e subjetividade*. Trad. de Luiz B.L. Orlandi. São Paulo: Ed. 34, 2001 [*Empirisme et subjectivité*. Paris: PUF, 1953].

mais claramente) de reintroduzir o fato de que os agentes sociais estão em competição pelo ponto de vista correto sobre o espaço. Há uma espécie de política da percepção do mundo social, e a política é a luta pela percepção legítima do mundo social. Em outras palavras, não podemos, como ainda fazem os fenomenólogos (Schütz, Garfinkel etc.) fazer uma fenomenologia da experiência vivida do mundo social no vazio. Vocês sabem como os fenomenólogos agem? Um ótimo exemplo é um dos mais belos textos de Schütz, "Fazendo música juntos"[43], que trata da experiência que consiste em agir em concerto, de maneira orquestrada. É uma belíssima análise, mas é evidente que, para ter a experiência de fazer música juntos, é preciso um certo número de condições sociais muito particulares, e isso fica entre parênteses. Schütz jamais se coloca a pergunta...

(Eu ao mesmo tempo celebro [e formulo críticas]. Sabem, se eu contribuí um pouquinho para a sociologia, é porque acho que tentei introduzir uma relação muito respeitosa para tudo aquilo que poderia contribuir para ajudar a pensar melhor o mundo social. Eu respeito muito as pessoas que pareço criticar e uma parte do que digo só é possível porque elas existiram. Enfatizo isso porque esse não é de modo algum o estilo neste país, onde sempre é preciso parecer esperto, parecer ter encontrado tudo sozinho, a ponto de que acabamos sendo originais quando não buscamos ser... Eu preciso dizer isso porque [se eu não disser, não consigo parar de] pensar que vocês pensam que estou sendo espertinho em relação a Schütz, e então fico muito infeliz e não consigo mais falar [*risos na sala*].)

Essas pessoas, portanto, fizeram análises notáveis. É extraordinário ter a ideia de analisar essas coisas que são autoevidentes. A ideia de que a experiência ordinária do mundo, o isso-é-óbvio, é uma coisa que não é óbvia. Elas fizeram um trabalho considerável, incrível. Isto posto, elas não levam em conta um monte de coisas. (Uma infelicidade do trabalho intelectual é que, com muita frequência, para enxergar uma coisa é preciso perder outra. Isso é muito agradável porque faz com que sobre trabalho para os sucessores [*risos na sala*], mas é verdade que é muito difícil ter tudo ao mesmo tempo numa empreitada intelectual.) O que lamento no trabalho deles é que eles analisam um ponto de vista como se fosse universal. Eu acho que os fenomenólogos cometem o erro que

---

43. SCHÜTZ, A. "Making Music Together: A Study in Social Relationship" ["Fazendo música juntos: um estudo de relação social"]. *In: Collected Papers 2.* Den Haag: Martinus Nijhoff, 1976, p. 159-178. P. Bourdieu já havia discutido este texto antes (cf. *Sociologia geral*. Vol. 3. *Op. cit.*, aula de 19 de abril de 1984).

chamo de erro da universalização do caso particular: inconscientemente, eles universalizam o seu vivido. Ao tomar como objeto sua experiência vivida e ao abstrair o fato de que ela é uma experiência particular (de um professor, de um professor de filosofia etc.) eles colocam entre parênteses aquilo que a ideia de *situs* permite reintroduzir.

Os fenomenólogos pretendiam fazer uma sociologia da percepção do mundo social, mas me parece que fazer uma sociologia rigorosa da percepção é saber que ela implica uma política da percepção ou numa sociologia política da percepção. Não podemos descrever corretamente a lógica da construção do mundo social (remeto vocês ao livro de Schütz[44]) se esquecermos que existe uma luta quanto à construção do mundo social. O mundo social, sua percepção, sua nomeação, sua explicitação são objetivos de lutas nas quais existem relações de força de um tipo particular, nas quais, por exemplo, os detentores de um capital cultural que permite explicitar a experiência do mundo social têm uma vantagem formidável.

## O efeito de teoria

Uma coisa fundamental que eu disse no começo (talvez para vocês tenha parecido trivial...) é o efeito de teoria... Se é que eu já fiz uma pequena descoberta, são essas três palavras: "efeito de teoria". O efeito de teoria é difícil de descobrir porque ele é o lucro específico de quem quer que pretenda falar teoricamente sobre o mundo social. É o efeito que estou exercendo neste exato momento. Ele consiste em dizer, com uma autoridade social mais ou menos grande, como é o mundo social, como se deve enxergá-lo... É claro que, quando exercemos um efeito de teoria, não dizemos que o estamos exercendo, não dizemos: "Eu estou dizendo para vocês como se deve enxergar o mundo social", e sim "Eis como é o mundo social: existem três classes, isso é a realidade, faço apenas uma constatação". Assim, não levamos em conta o fato fundamental de que afirmar essa constatação ("Existem três classes") já é uma jogada de força extraordinária, e uma jogada de força que só é possível para aqueles que podem ter a ideia de que há alguma coisa a se dizer sobre o mundo social e que é legítimo dizer coisas desse tipo, o que é uma intenção, em si só, absolutamente extraordinária... (Para não falar da intenção de nos analisarmos em nossa experiência ordinária do mundo social: ela pareceria

---

44. SCHÜTZ, A. *A construção significativa do mundo social*. Trad. de Tomás da Costa. Petrópolis: Vozes, 2018 [*Der sinnhafte Aufbau der sozialen Welt*. Viena: Julius Springer, 1932].

completamente louca para três quartos da humanidade, o que não quer dizer que não seja interessante.) Estou fazendo essa espécie de *excursus* um pouco exaltado, dramatizei um pouco, porque acho que se trata de um ponto muito importante e que ao mesmo tempo pode parecer banal.

Fazer uma sociologia da percepção é portanto fazer uma sociologia política da percepção, é reintroduzir o espaço como objetivo de lutas que pretendem transformar o mundo ao transformar a visão do mundo. Isso se torna possível através do segundo princípio que enunciei logo no começo: o mundo social é, em parte, o produto dos atos de conhecimento. É porque os pontos de vista contribuem para fazer o espaço que as lutas para fazer enxergar o espaço e fazer acreditar na visão do espaço que propomos não são loucas, não são absurdas. Elas são objetivamente fundamentadas: elas têm chances de serem compreendidas (os outros compreendem muito bem de que se trata) e têm chances de produzir efeitos.

## A ciência social e a justiça

Vou terminar dizendo algumas palavras sobre a noção de previsão. Talvez eu já tenha contado isso para vocês, mas é relativamente importante. Vocês conhecem o papel enorme desempenhado pelas previsões na luta política e as duas grandes estratégias que consistem uma em repensar o passado em função do presente, a outra em dizer o que será o futuro. Essas duas estratégias são típicas da luta política porque a previsão que se apresenta como uma predição é uma ação sobre o mundo social que se apresenta como uma constatação. Em outras palavras, é uma forma do efeito de teoria que consiste em dizer: "Isso é assim"... Esse efeito de teoria (é extremamente complicado) será tanto mais forte quanto mais aquele que o exercer for alguém além de um simples teórico. Se o efeito de teoria é exercido *ex cathedra* numa situação como esta [isto é, a situação de aula], ele tem uma parte apropriada de efeito simbólico, mas se ele é exercido por alguém que tem um poder sobre um grupo de crentes (e portanto uma espécie de poder estatutário de fazer crer), que tem um ponto de vista "autorizado", como se diz, ou seja, um ponto de vista que é o ponto de vista correto (o ponto de vista jurídico será o ponto de vista por excelência), ele é autoverificador... Se sou autorizado e digo que amanhã todo mundo estará na Bastilha, haverá gente na Bastilha (mais ou menos: veremos... [*risos na sala*]). Enquanto se digo isso aqui, há poucas chances... Não, mas isso é muito sério.

A previsão como profecia autoconfirmadora, aquilo que Popper descreve[45], a *self-fulfilling prophecy*, a profecia que se autoconfirma, tem bases sociais, isso não é uma fantasia. Um líder de seita, por exemplo, passa seu tempo fazendo profecias autoconfirmadoras dentro de certo limites e numa certa medida que, como sempre, é preciso medir. A luta pelo sentido do mundo social é portanto uma luta pela percepção legítima na qual os diferentes agentes sociais engajam – é preciso lembrar do que eu dizia sobre os dois pontos precedentes – o capital que adquiriram nos estados anteriores dessa luta. Quando eu disse no começo que as relações simbólicas eram relações de força de um tipo particular, era a isso que aludia.

No resumo que fiz dos cursos anteriores na aula passada, eu disse que a estrutura de um campo poderia ser captada através da estrutura da distribuição, no sentido estatístico, do capital ou do poder específico que é eficaz e está em jogo nesse campo (a palavra "distribuição" é um termo-chave). Talvez tenha sido a articulação entre os dois pontos que desenvolvi hoje: a estrutura de um campo é uma certa distribuição; esse campo é o objeto de percepção. Em outras palavras, os agentes sociais vão perceber e apreciar essa distribuição e vão percebê-la e apreciá-la como justa ou injusta. Reencontramos, então, o sentido e o contexto aristotélico do uso da noção de distribuição[46]. A ciência social, que descreve distribuições tomando a decisão de abstrair (essa seria a definição do positivismo) de qualquer juízo de valor sobre essa distribuição, essa ciência divina que diz: "Eis como é a distribuição, não há o que discutir, ela é desse jeito e aliás também é autorreprodutora, não há nada a mudar..." abstrai o fato de que sempre se pode questionar a distribuição no espaço estruturado segundo essa distribuição. Sempre se pode questionar a justiça ou a injustiça da distribuição no espaço estruturado segundo a distribuição do poder econômico, do poder simbólico ou do poder religioso... O fato de que a distribuição está em questão na estrutura é um

---

45. "É antiga a ideia de que [uma] predição pode exercer influência sobre o evento predito. O Édipo da lenda mata o pai que nunca havia visto – resultado direto da profecia que tinha levado o pai a abandoná-lo. Esse [é] o motivo por que sugiro a denominação '*efeito de Édipo*' para indicar a influência da predição sobre o acontecimento predito [...]" (POPPER, K.R. *A miséria do historicismo*. Trad. de Octanny S. da Mota e Leonidas Hegenberg. São Paulo: Cultrix, 1980, p. 14 – tradução modificada [*The Poverty of Historicism*. Londres: Routledge & Kegan Paul, 1957, p. 13]).

46. Alusão ao fato de que, ao abordar as questões de justiça, Aristóteles trata dos problemas de distribuição simultaneamente em termos aritméticos e em termos de justiça: "Acerca da justiça e da injustiça temos de apurar primeiramente qual é o seu âmbito de ação, de que espécie de disposição intermédia é a justiça e de que extremos é o justo meio-termo" [ARISTÓTELES. *Ética a Nicômaco*. Livro V. Trad. de António de Castro Caeiro. Rio de Janeiro: Forense, 2017].

dos fatores que fazem com que a distribuição possa ser transformada, que possa haver revoluções da distribuição. Essa questão da justiça, portanto, não é a que a sociologia deve abstrair para ser científica.

Faz parte de uma ciência social incluir a questão da justiça. Não no sentido de Durkheim, "Moral teórica e ciência dos costumes"[47]: essas ideias ultrapassadas não são o aspecto mais novo do durkheimianismo, são o que está mais ligado a um contexto histórico, político etc. O que digo não significa de maneira nenhuma dizer que podemos tirar de uma ciência das distribuições uma ciência da distribuição justa. Trata-se simplesmente de dizer que, não importa o que façamos, a legitimidade da distribuição será questionada na própria estrutura da distribuição. Podemos até pensar que a posição na estrutura da distribuição contribui para determinar a probabilidade de perceber a distribuição como justa ou injusta. Tentarei demonstrar para vocês como essas análises em termos de campos podem levar a reformular de maneira muito nova – isso me surpreendeu, em relação a meus hábitos de pensamento – esse problema tradicional da justiça e da injustiça que voltou à moda com um certo número de livros publicados nos Estados Unidos...[48] Voltarei a esse problema.

## Segunda hora (seminário): a invenção do artista moderno (1)

Vou retomar um problema que mencionei de passagem há dois anos[49], o problema [...] do nascimento do artista moderno no século XIX, através do problema dos impressionistas. Especifico imediatamente que o que digo não tem nada a ver com a atualidade e a moda do impressionismo[50] e que já trabalho sobre esse assunto há pelo menos três ou quatro anos. Há portanto um interesse de certa

---

47. Cf. DURKHEIM, É. "Determinação do fato moral" [1906]. In: Sociologia e filosofia. Trad. de Marcia Consolim. São Paulo: WMF Martins Fontes, 2020 ["Détermination du fait moral". In: Sociologie et philosophie. Paris: PUF, 1924].
48. P. Bourdieu talvez pense especialmente em RAWLS, J. Uma teoria da justiça. Trad. de Almiro Pisetta e Lenita M.R. Esteves. São Paulo: Martins Fontes, 2000 [A Theory of Justice. Cambridge, MA: Harvard University Press, 1971].
49. No ano 1982-1983 (Sociologia geral. Vol. 2. Op. cit.).
50. O museu de Orsay [especializado em obras impressionistas] seria inaugurado em 1986. Na ocasião em que o curso ocorria, uma exposição chamada "O impressionismo e a paisagem francesa" aconteceu por algumas semanas no [museu e centro de eventos] Grand Palais que, após o sucesso da exposição dedicada ao centenário do impressionismo ocorrida em 1974, gerou um verdadeiro entusiasmo.

forma substancial, e o interesse metodológico está em fazer vocês enxergarem mais precisamente o que não fiz no passado, o que uma análise em termos de campo pode trazer para o conhecimento de uma corrente artística. O que quero fazer é relacionar a história do campo da pintura e a história do campo da literatura no século XIX a partir, digamos, do romantismo[51]. Parece-me que um certo número de fenômenos fica ininteligível enquanto permanecemos na escala de um único campo, porque um certo número de invenções, em particular aquelas que tenho como projeto analisar, só são inteligíveis na escala de vários campos. Eu não falei do campo da música e farei apenas algumas alusões a ele, porque meu trabalho está muito menos avançado nesse terreno[52], mas também porque acho que as conexões entre o campo da pintura e o campo da literatura são muito mais importantes e significativas. Além disso, os trabalhos utilizáveis sobre a música (obviamente, do ponto de vista que me interessa) são muito mais raros, o que obriga a voltar a fontes de primeira mão com mais frequência – o que faz com que o trabalho seja muito mais longo...

Meu projeto é tentar compreender essa espécie de invenção histórica que ignoramos porque ela se tornou instituição, e portanto banal, invisível. É um efeito de isso-é-óbvio. Como nossas mentes foram estruturadas conforme estruturas que foram inventadas no século XIX, não enxergamos esses fenômenos que foram inventados no século XIX nem, *a fortiori*, as estruturas através das quais nós os enxergamos, que são seu produto[53]. É uma ilustração do que eu disse agora há pouco. No fundo, poderíamos chamar minha proposta de "A invenção do artista" ou "Como o artista moderno se inventou?"[54]

---

51. Sobre os esboços e a elaboração das pesquisas de P. Bourdieu sobre o campo artístico, cf. CHARLE, C. "*Opus infinitum:* genèse et structure d'une œuvre sans fin" ["*Opus infinitum*: gênese e estrutura de uma obra sem fim"]. *In*: BOURDIEU, P. *Manet – Une révolution symbolique. Op. cit.*, p. 529-545.

52. P. Bourdieu não parece ter prosseguido com esse trabalho sobre a música, um universo artístico sobre o qual ele publicou pouco, apenas: "Bref impromptu sur Beethoven, artiste entrepreneur" ["Breve impromptu sobre Beethoven, artista empreendedor"]. *Sociétés & Représentations*, 11, p. 13-18, 2001 [1981], p. 13-18. • "Les mésaventures de l'amateur" ["As desventuras do amador"]. In: SAMUEL, C. (org.). Éclats/Boulez. Paris: Centre Georges Pompidou, 1986, p. 74-75. Apesar disso, sua revista *Actes de la Recherche en Sciences Sociales* publicou o número "Música e músicos" (110, 1995) e alguns artigos esparsos, especialmente de Alfred Willener sobre Haydn (75, 1988) e Carl E. Schorske sobre Mahler (100, 1993).

53. Essa questão estará no centro do curso do Collège de France, de P. Bourdieu em 1998-1999.

54. P. Bourdieu já abordara essa questão em "L'invention de la vie d'artiste" ["A invenção da vida de artista"] (*Actes de la Recherche en Sciences Sociales*, n. 2, p. 67-94, 1975), artigo que será um dos

## O programa dos pintores futuros

Para formular o problema, lerei para vocês um texto [do poeta] Jules Laforgue cuja data ignoro[55]. Ele foi reeditado com um prefácio onde se discute psicanálise etc., mas sem especificar a data da edição original (essa é uma típica edição francesa...) e não tive tempo de pesquisá-la para a aula. Ele se encontra no livro *Mélanges posthumes* [*Miscelânea póstuma*] que foi reeditado pela Editora Slatkine, que reeditou textos raríssimos com um prefácio magnífico que não diz estritamente nada durante trinta páginas.

Laforgue escreve o seguinte: "Programa dos pintores futuros. – O grupo dos pintores mais vivazes e mais audaciosos que jamais existiu, e os mais sinceros (eles vivem no ridículo ou na indiferença, ou seja, quase na miséria), juntos à voz de uma certa imprensa minoritária, exige que o Estado pare de se ocupar com a Arte, que se venda a École de Rome (Villa Médicis) [isso é bastante atual – P.B.[56]], que se feche o Institut de France, que não existam mais medalhas nem nenhuma outra recompensa, que os artistas vivam na anarquia, que é a vida, que é cada um deixado a suas próprias forças em vez de ser aniquilado ou entravado pelo ensino acadêmico que vive do passado. Sem nenhum Belo oficial, o público sem guias aprenderá a enxergar por si mesmo e irá naturalmente para os pintores que lhe interessem de maneira moderna e viva, e não grega ou renascentista. Chega de salões oficiais e de medalhas que não existem para os literatos. Assim como estes trabalham para si mesmos e buscam colocar sua obra à mercê dos editores, eles também trabalharão por seu gosto e buscarão expor nas vitrines dos comerciantes de telas. Esse será seu salão"[57].

Suponho que vocês não compreendam todas as implicações desse texto. Eu só o encontrei depois de ter feito minha pesquisa e, como acontece com as frases

---

pontos de partida para *As regras da arte*. Trad. de Maria Lucia Machado. São Paulo: Companhia das Letras, 1996 [*Les Règles de l'art*. Paris: Seuil, 1992]. Cf. tb. BOURDIEU, P.; DELSAUT, Y. "Pour une sociologie de la perception" ["Para uma sociologia da percepção"]. *Actes de la Recherche en Sciences Sociales*, n. 40, p. 3-9, 1981.

55. Talvez 1883.

56. A Villa Médicis, que abriga a Academia da França em Roma, não depende mais do Instituto da França, mas permanece sob a tutela do Estado, como lembrara, algumas semanas antes do curso, em dezembro de 1984, a nomeação de um novo diretor pelo presidente da República.

57. LAFORGUE, J. *Œuvres complètes – Vol. III: Mélanges posthumes*. Paris: Mercure de France, 1903 [reed. Genebra: Slatkine, 1979, p. 144-145].

que muitas vezes colocamos em destaque, só enxergamos o interesse depois de termos encontrado o que ela continha, o que aliás coloca o problema das fontes de maneira absolutamente particular... Seria preciso refletir sobre isso, para aqueles que procuram influências... É uma banalidade, Baudelaire disse isso cem vezes a propósito de Edgar [Allan] Poe: "Se traduzi Edgar Poe, é porque há muito tempo escrevia como Edgar Poe..."[58] Esse texto é interessante porque acho que ele diz duas coisas. Primeira proposição: "Libertemos os artistas do Estado através das instâncias específicas que expressam o poder do Estado dentro do campo artístico". Peguem o campo científico e façam o exercício de tradução: "Libertemos o campo científico das instâncias específicas através das quais o Estado exerce seu poder..." Não continuarei, isso é muito, muito subversivo... Segunda proposição: "Façamos isso à maneira dos escritores..." ("Chega de salões oficiais e de medalhas que não existem para os literatos.")

Uma das ideias centrais que quero comunicar está no texto: simplificando, enquanto o campo literário estava livre das restrições acadêmicas desde o século XVIII, o campo artístico continuava, no século XIX, submetido aos cânones da Academia, através do Salão e de todas as escolas que preparavam para as Belas--Artes. Num certo momento, os pintores conseguiram então encontrar na situação dos literatos um modelo para fazer de alguma forma sua revolução. Num outro momento, a revolta dos pintores contra sua tirania específica ("tirania específica" quer dizer tirania dentro de seu campo: o poder temporal é exercido numa ordem que recusa o poder temporal) serviu de modelo para os literatos realizarem sua liberação, que era muito menos avançada do que os pintores, para quem os literatos eram um modelo, acreditavam... Eis o esquema, de modo geral... Nos detalhes, é mais complicado.

Um segundo texto interessante é uma carta [do pintor Gustave] Courbet (23 de junho de 1870) endereçada a Maurice Richard, ministro das Belas-Artes, que lhe oferecia [a condecoração] Legião de Honra. É um belíssimo texto: "O Estado é incompetente em matéria de Arte. Quando ele pretende recompensar, usurpa o gosto público. Sua intervenção é completamente desmoralizante, [...] funesta para

---

58. Por exemplo: "Você sabe por que eu traduzi Edgar Poe tão pacientemente? Porque ele se parecia comigo. A primeira vez que abri um livro dele eu vi, com terror e exaltação, não apenas assuntos sonhados por mim, mas frases pensadas por mim e escritas por ele vinte anos antes" (Carta para Théophile Thoré, 20 de junho de 1864. *In*: BAUDELAIRE, C. *Correspondance*. Vol. II. Paris: Gallimard, 1973, p. 386).

a arte, que ele prende nas conveniências oficiais e condena à mediocridade mais estéril. A sabedoria, para ele, seria se abster. No dia em que ele nos deixar livres, para nós ele terá cumprido todos os seus deveres"[59]. Aqui, eu reitero... É meu viés pessoal nessa empreitada: essa história me interessa porque enxergo nela a história de um processo de autonomização cujos produtos, digamos, são o intelectual e o pesquisador modernos, mas essa história não termina nunca; ela não é linear, tem voltas e recuos e portanto sempre é bom se interessar por ela, para compreender, mas também, talvez, para encontrar armas nessa compreensão.

Gostaria agora de tentar mostrar como, num primeiro momento, os pintores, em luta contra o Salão, conquistaram sua autonomia e ao mesmo tempo aquilo que consideramos a definição universal da arte, apesar de se tratar de uma invenção histórica ou, em todo caso, historicamente situada, o que não quer dizer – esse é um problema que tentarei formular se tiver tempo – que uma instituição como o artista moderno ou um conjunto de estruturas cognitivas, como a ciência moderna, não sejam universais ainda que sejam históricas. Parece-me que um dos problemas colocados pelas análises que tento fazer é a questão das condições históricas dentro das quais se constituem as estruturas provisoriamente universais. É um problema difícil. Eu apenas o menciono para que vocês saibam que ele está subjacente ao que digo.

O primeiro momento é o da arte de escola que chamam de *"art pompier"*[60]. Há uma belíssima conferência [do historiador da arte] Jacques Thuillier publicada pela editora do Collège de France sobre a *art pompier*[61], e também um livro de James Harding[62], *Os pintores pompiers*, que é mais interessante por suas ilustrações do que pelo seu texto, o qual, sem querer ser malvado, não é nem muito original nem muito bem-informado. O livro tem o mérito de reunir de maneira documen-

---

59. COURBET, G. "Lettre à Maurice Richard" ["Carta para Maurice Richard"]. *Le Siècle*, 23 de junho de 1870.

60. Literalmente, "arte de bombeiro", referência um tanto irônica à semelhança dos elmos gregos com capacetes de bombeiros franceses. Essa escola neoclássica pintava com muita frequência temas greco-romanos e era considerada afetada e insincera por seus críticos. O termo *"pompier"* também remete a Pompeia e a *pompeux*, "pomposa" [N.T.].

61. THUILLIER, J. *Peut-on parler d'une peinture "pompier"?* [*Pode-se falar de uma pintura "pompier"?*] Paris: PUF, 1984. P. Bourdieu, sem dúvida, fala da editora do Collège de France porque o livro foi publicado na Coleção Ensaios e conferências do Collège de France.

62. HARDING, J. *Artistes Pompiers: French Academic Art in the 19th Century* [*Artistas pompiers: a arte acadêmica francesa no século XIX*]. Nova York: Rizzoli, 1979.

tada um conjunto de reproduções úteis para acompanhar o que direi, tendo em vista que não jogarei o joguinho da projeção de *slides*... O que desejo mostrar num primeiro momento é que seria melhor chamar a *art pompier* de "arte acadêmica" na medida em que me parece que uma boa análise do funcionamento das estruturas do universo acadêmico no qual se produzem e se reproduzem os pintores acadêmicos fornece os princípios a partir dos quais podemos compreender as propriedades mais específicas da pintura em questão. Isso é um pouquinho forçado... A análise que fiz levou um tempo enorme e é claro que não cheguei imediatamente ao que digo. Esse é o perigo da apresentação de trabalhos terminados como os que apresentei na primeira hora, em oposição aos trabalhos em elaboração (e aliás esse é um dos termos do debate entre os *pompiers* e os impressionistas: "terminado"/"não terminado"): os trabalhos apresentados na forma mais terminada possível têm uma aparência dogmática, exercem um efeito de fechamento, de conclusão, que certamente é um dos efeitos desejados... Estas são artes da ordem, que apresentam mundos fechados, em oposição aos mundos abertos. O debate entre o esboço e o terminado é um dos grandes debates dentro da ordem acadêmica e não é acaso que ele seja ao mesmo tempo estético e político.

No século XIX, a pintura está portanto identificada com a pintura acadêmica. Os pintores estão de alguma forma completamente submetidos à autoridade da Academia, que detém o monopólio da formação dos pintores e também o monopólio da consagração de seus produtos. Em consequência, ela pode lhes impor, através da própria forma de prática artística que ela lhes impõe, uma definição implícita da pintura que, em sua forma mais simples e provisoriamente mais geral, consiste em dizer que a pintura é uma linguagem, que não existe pintura que não diga nada; a pintura deve dizer alguma coisa. As definições implícitas são as mais poderosas simbolicamente porque não são nem sequer contestáveis. É o que dizia a oposição que fiz no passado entre *doxa* e ortodoxia: a *doxa* é aquilo que nem sequer precisa ser afirmado porque é autoevidente. Uma definição implícita é portanto, por assim dizer, ideologicamente imbatível já que ela nem sequer precisa se afirmar de maneira explícita. Ela é, como diriam os fenomenólogos, pré-tética. Ela não é formulada como tal, ela não precisa ser constituída como tal e portanto não engendra uma antítese.

O que é interessante nesse caso que estudo é que essa definição implícita se explicita no momento em que uma definição antitética aparece. A história, com efeito, tem uma função de análise e é isso que explica em parte, pelo menos no caso em questão, essa constatação que Marx fez seguindo Hegel (a coruja de Minerva[63] etc.) segundo a qual a consciência vem depois. A história age como analista, e o interesse dessa história da pintura no momento crítico em que a pintura acadêmica será confrontada ao desafio impressionista (na verdade, muito mais ao desafio de [Édouard] Manet do que ao desafio impressionista) é que a história faz um trabalho de sociólogo: ela faz aparecer um implícito.

## O que está em jogo na luta

Para que vocês compreendam o que está em jogo na luta, não há documento melhor do que o famoso texto de [Émile] Zola publicado em *Meus ódios*. Nessa coletânea de artigos de crítica que Zola escreveu, na qual se encontra uma série de textos dedicados a Manet, há um texto dedicado a Courbet que lerei para vocês. Ele é, de certa maneira, um protesto contra a definição proudhoniana da arte[64]. No século XIX, os escritores como Flaubert se encontraram numa situação em que (demonstrei isso em outra ocasião[65]) precisavam lutar em dois frontes, um contra a arte social que exigia que a arte servisse a causas, o outro contra a arte burguesa que exigia que a arte cumprisse funções de conservação ou pelo menos de distração dos conservadores... Essa oposição dupla também está presente na pintura, e é nesse espaço que Zola vai definir uma espécie de arte pela arte contra, por um lado, os proudhonianos e Courbet, defensores da arte social, e, pelo outro, os Salões e a Academia. O texto é importante porque ele diz muito do que quero dizer: "Como! Você tem a escrita, você tem a palavra, você pode dizer tudo que quiser, e você vai designar à arte linhas e cores para ensinar e instruir. Ora! Por

---

63. Alusão a duas frases citadas com frequência: "A coruja de Minerva somente começa seu voo com a irrupção do crepúsculo" (HEGEL, G.W.F. *Filosofia do direito*. Trad. de Paulo Meneses *et al.* São Leopoldo: Unisinos, 2010, p. 44 [*Grundlinien der Philosophie des Rechts*, 1821]) e "Os homens fazem a sua própria história; contudo, não a fazem de livre e espontânea vontade, pois não são eles quem escolhem as circunstâncias sob as quais ela é feita" (MARX, K. *O 18 de brumário de Luís Bonaparte*. Trad. de Nélio Schneider. São Paulo: Boitempo, 2011, p. 25 [*Der achtzehnte Brumaire des Louis Bonaparte*, 1852]) – muitas vezes apresentada através do aforismo "Os homens fazem a história mas não sabem a história que fazem".
64. O filósofo e ativista social Pierre-Joseph Proudhon (1809-1865), hoje em dia associado às origens do socialismo utópico e do anarquismo, foi amigo do pintor Gustave Courbet e publicou um livro chamado *Do princípio da arte e sua destinação social* (Trad. de Antonio de Padua Danesi. São Paulo: Autores Associados, 2009 [*Du principe de l'art et de sa destination sociale*, 1865]) em que defendia uma arte engajada pela mudança social [N.T.].
65. BOURDIEU, P. "L'invention de la vie d'artiste". *Art. cit.*

piedade, lembre-se que não somos apenas razão. Se você é prático, deixe que o filósofo do direito nos dê aulas, deixe para o pintor o direito de nos dar emoções. Eu não creio que você deva exigir do artista que ele ensine e, de qualquer forma, nego formalmente a ação de um quadro sobre os costumes da massa"[66].

O texto é muito complicado, muito confuso... Mas como, *ex post*, podemos ver a estrutura do campo, os objetivos das lutas, é muito fácil esclarecer: a característica dos debates em seu começo é justamente que aquilo que opomos a um adversário muitas vezes é imposto pelo adversário a que lhe opomos; e encontramos no discurso a presença do discurso dominante do momento. Para mim, o que Zola quer dizer, e que dirá muito melhor sobre Manet, é: "Parem de exigir que a pintura diga alguma coisa. Parem de tratá-la como uma linguagem". Ele diz "emoções" para dizer alguma coisa, mas acho que o importante é: "Não exijam que ensinemos" (a palavra "ensinar" é importante), "Não exijam que cumpramos funções acadêmicas"... Ele diz isso contra Proudhon, quer dizer, contra a arte social, mas também poderia ter dito isso contra o Salão. Num livro muito interessante sobre a revolução de 1848 de [*o nome do autor é quase inaudível*][67], vemos o ministro da Cultura da época criar um concurso para o retrato da República: os premiados são os mais acadêmicos dos pintores que, por terem o hábito de fazer perfis reais, perfis de medalhas, adaptam-se imediatamente à República, enquanto os pintores mais avançados não estão no jogo porque recusam a própria ideia de que a arte possa ser uma linguagem... Enxergamos bem que o que está em jogo é a própria ideia de que a arte teria uma função, e a função mínima seria dizer alguma coisa, a função comunicativa.

De passagem, quando dizemos "leitura de um quadro", como se dizia muito há alguns anos com a moda da "semiologia" ("líamos" tudo, incluindo os quadros...), usamos a metáfora da leitura que é uma metáfora acadêmica. (Não é por acaso que a semiologia tenha tido tanto sucesso no mundo acadêmico: ela permitia – *aggiornamento*...[68] – reabilitar as antigas técnicas de leitura, leitura de textos,

---

66. ZOLA, E. *Mes Haines – Causeries littéraires et artistiques* [*Meus ódios – Conversas literárias e artísticas*]. Paris: Achille Faure, 1866, p. 33-34.

67. Parece que ouvimos "Rewald", mas [o historiador da arte] John Rewald é especialista num período posterior. Talvez P. Bourdieu tivesse lido: BOIME, A. "The Second Republic's Contest for the Figure of the Republic" ["A competição da Segunda República pela figura da República"]. *The Art Bulletin*, v. 53, n. 1, p. 68-83, 1971.

68. Esse termo, utilizado para designar a "modernização" da Igreja Católica por ocasião do Concílio Vaticano II (1962-1965) significa "atualização" em italiano.

explicação de textos etc. É um parêntese um pouco maldoso, mas eu seria capaz de argumentar...) A percepção da obra como leitura compreende a tese implícita segundo a qual as obras são feitas para serem lidas e portanto para serem ensinadas e serem assuntos de discurso. O que Zola diz, e que os pintores não vão parar de dizer em seguida, é: "Nós não escrevemos, nós pintamos", o que consiste em afirmar a especificidade da pintura. Isso é muito importante. Como a arte dominante era a poesia, ou seja, a arte da linguagem, a pintura era sempre dominada por essa definição dominante ("*ut pictura poesis*"[69] [feito pintura, a poesia]) e é em relação a essa definição dominante que ela foi condenada a ser uma escrita destinada a ser lida. Essa afirmação da autonomia da pintura é portanto afirmação da autonomia da pintura em relação a todas as funções, aquelas designadas pela Academia ou pelo movimento socialista, e também em relação ao modelo dominante da literatura (é o segundo plano... é surpreendente porque, além de tudo, é um escritor que fala)...

O que quero demonstrar é portanto que a revolução em cujo término a pintura será constituída como pintura, *enquanto* pintura (lembrem-se do que disse na última aula: a constituição de um campo é a afirmação de um "enquanto"), distinta da literatura, acontecerá em dois momentos. Primeiro, ela se liberta das funções externas – a linguagem deve dizer alguma coisa, deve defender o movimento do progresso, ou então deve descrever as civilizações antigas, deve dar lições de moral, o que será a definição acadêmica. Segundo, ela se liberta do segundo implícito para o qual a arte deve dizer alguma coisa – pouco importa o que ela diga, mas enquanto exigirmos que a arte diga alguma coisa, ela permanece subordinada à definição dominante que é a da literatura.

Como essa revolução acontecerá em dois momentos, os escritores puderam ser heróis libertadores (parece-me que esse é o paradoxo de Zola). Eles representam em relação aos pintores um papel análogo àquele desempenhado pelos intelectuais em certos movimentos de libertação nacional (acho que a analogia é realmente fundamental): eles fornecem um discurso a pessoas que, por razões sociais, não possuem realmente as capacidades de produção de

---

69. Começo de uma estrofe de Horácio transformada em princípio acadêmico às custas de um desvio de sentido: "Feito pintura, a poesia: pois uma vista de perto mais nos cativa, e outra é melhor se vista de longe; esta adora o escuro, aquela nas luzes se mostra, pois não teme o aguilhão agudo de quem a critica" (HORÁCIO. *Arte poética*. Trad. de Guilherme Gontijo Flores. Belo Horizonte: Autêntica, 2020, p. 65 [*Ars poetica*, v. 361-364]).

discurso sobre sua própria produção etc.; eles fornecem um discurso, portanto uma legitimidade; eles produzem categorias de percepção... Dito isso, pouco a pouco, eles realizam uma segunda libertação ao re-importá-la para seu próprio terreno. Mas esse não é o caso de Zola e é um dos paradoxos: Zola foi capaz de escrever muito jovem (esses são textos de juventude) sobre Manet que estava muito adiante dele e desenvolver uma teoria da pintura como escrita específica que acabaria levando-o a contestar a escrita literária em sua própria função de linguagem; Zola não fará o que Mallarmé fará... Hesito constantemente sobre a ordem do que digo. Assim, o texto de Zola me parece resumir, em antecipação, tudo aquilo que está em jogo nessa luta.

## Uma revolução nos princípios de visão

Agora gostaria de demonstrar que a revolução impressionista é uma revolução contra a dominação das estruturas acadêmicas que se realiza graças a uma crise objetiva das bases da ordem acadêmica. (Eu acho que podemos dizer "revolução" se a pensarmos dentro de um campo relativamente autônomo – existem revoluções específicas, revoluções parciais na escala de um campo e aqui podemos tirar as aspas; só é absurdo quando dizemos "a revolução impressionista" sem a noção de campo...) Para demonstrar isso será preciso, por um lado, que eu explicite o que era a arte acadêmica e os laços entre a arte acadêmica e as estruturas acadêmicas e, pelo outro, que eu demonstre como a transformação das estruturas acadêmicas e a crise específica da ordem acadêmica fornecem as condições favoráveis para uma subversão da dominação das estruturas acadêmicas.

Anuncio as teses que desenvolverei. A revolução específica portada pelos supostos heróis libertadores, os hereges, encontra suas condições sociais de possibilidade numa crise específica da ordem acadêmica, de maneira análoga a maio de 1968, quer dizer, é uma crise *específica* que deve sua forma à estrutura apropriada do subespaço acadêmico. Eu acho que os impressionistas (pelo menos, é a tese que proponho) não teriam conseguido impor sua definição herética da pintura como pintura sem nenhuma função que não fosse ser pintura, como nada mais do que um jogo de cores (Zola diz isso muito bem sob a influência de Manet), se a própria estrutura do universo acadêmico que fundamentava seu adversário, ou seja, a pintura acadêmica, não tivesse sido sacudida por uma crise específica do universo acadêmico. Eis a tese.

Primeiro ponto: a pintura acadêmica, quer dizer, o que chamamos de pintura *pompier*, deve suas propriedades à lógica da instituição universitária. É uma pintura acadêmica, uma pintura universitária. É o produto pictórico do *homo academicus*. Se o *homo academicus* pinta, ele pinta como *pompier*, o que quer dizer que, quando ele não pinta... ele também age como *pompier* [*risos na sala*]! Como haveria uma analogia (interessante de fazer) entre a pintura *pompier* e a tese, não é tão simples falar aqui da pintura *pompier*. Crio aqui um efeito de "escada"[70] para mostrar que os obstáculos para o pensamento sociológico são quase sempre sociais. Certas coisas não são difíceis de pensar em si mesmas, as dificuldades para pensá-las são sociais porque muitas vezes é preciso se pensar como participante do objeto que pensamos, e além disso através do que consideramos mais desagradável de pensar... Vocês enxergam o que quero dizer? Quero dizer que precisamos pensá-lo através do que menos gostamos de pensar... (O que gostamos de pensar é: "Sou uma pessoa", "Sou único" etc.)

Fico um pouco envergonhado de enunciar que "propriedades da instituição = propriedades da pintura", isso tem um ladinho dogmático... A primeira propriedade da arte acadêmica e de forma mais geral, acho, de toda estética ou produção de instituição (isso é muito mais geral do que a arte *pompier* – isso seria importante, por exemplo, para compreender o jdanovismo[71]), é que o produtor cultural, enquanto pessoa singular e original ou enquanto temperamento (é a frase de Zola que, contra a pintura *pompier*, invoca a ideia de temperamento numa frase que sempre aparece nas provas de bacharelado[72]), deve se apagar diante do sujeito – "sujeito" entendido no sentido de "aquilo que será pintado".

Estamos completamente dentro dos problemas de visão; tudo o que eu disse de manhã sobre a luta pela visão se aplica à pintura, que também participa da luta pela visão do mundo e pelo princípio legítimo da visão do mundo. Num certo sentido, quando os pintores vivem como se fossem revolucionários, eles não estão errados e, no fundo, as revoluções específicas (eu disse antes que eram "específicas") participam muito mais da política do que pensamos. É preciso lembrar que

---

70. "*Faire-valoir*" no original. No teatro, especialmente nas comédias, o termo se refere a uma personagem secundária cuja função é valorizar a personagem principal [N.T.].
71. Referência à doutrina estética de Andrei Jdanov, que estabeleceu os parâmetros da produção cultural na União Soviética na década de 1950 [N.T.].
72. Sem dúvida, trata-se da frase "Uma obra de arte é um canto da criação visto através de um temperamento" (ZOLA, É. "Les réalistes du Salon" ["Os realistas do Salão"]. *L'Événement*, 11/05/1866).

estamos lidando com um campo relativamente autônomo porque a ideologia da vanguarda dos campos relativamente autônomos consiste em identificar as revoluções específicas com as revoluções gerais. O caso mais típico é o da alta-costura: quando fazemos a alta-costura descer para a rua, fazemos a revolução[73]. Contra essa propensão das vanguardas a identificar o vanguardismo específico com um vanguardismo político, essa propensão que leva a alianças (isso é muito importante: Mallarmé era muito ligado aos anarquistas, isso surpreende...), é preciso lembrar que é uma revolução específica num espaço relativamente autônomo.

Dito isso, depois de fazer essa reserva e definir os limites de validade da ação revolucionária específica, podemos dizer que ela é apesar de tudo muito mais revolucionária do que acredita, por exemplo, um marxismo pesado que diria: "Eles apenas contam histórias; é uma revolução num espaço super-superestrutural que não alcança nada de importante". Se vocês pensarem no que eu disse de manhã, uma revolução que trata da visão, dos princípios de visão, dos princípios de divisão do mundo social é sempre muito mais importante do que poderíamos acreditar e, em última instância, os pintores são muito mais revolucionários do que imaginam. O que explica as reações formidavelmente reacionárias suscitadas pelas revoluções específicas. Uma coisa que temos dificuldade de compreender depois de ir três anos [ao museu impressionista da] Orangerie é que a pintura impressionista tenha sido capaz de suscitar furores tão formidáveis. O fato de simplesmente pintar uma árvore foi capaz de suscitar textos inacreditáveis, de uma violência terrível, incrível... como em maio de 1968. Essa violência, e o laço que ela tem com as posições no espaço social em seu conjunto não seriam explicáveis se essas revoluções, por mais parciais e específicas que sejam, não tivessem algo a ver com as estruturas mentais, com a visão do mundo. Em última instância, dizer que a pintura pode existir sem estar ao serviço de alguma causa (no fundo, era isso que se dizia) é uma revolução muito mais formidável do que imaginamos.

Volto à minha proposta. O próprio sujeito é o produto de toda a história específica do campo. A cada momento, a característica de um campo é dizer o que é preciso ver, o que merece ser visto. A característica de um campo de produção

---

73. Sobre os costureiros que, nos anos de 1960 e 1970, diziam que "desciam para a rua", cf. BOURDIEU, P.; DELSAUT, Y. "O costureiro e sua grife: contribuição para uma teoria da magia". In: *A produção da crença*. Trad. de Maria da Graça Jacintho Setton. Porto Alegre: Zouk, 2001, esp. p. 124 ["Le couturier et sa griffe: contribution à une théorie de la magie". *Actes de la Recherche en Sciences Sociales*, n. 1, p. 13, 1975].

cultural, qualquer que seja (isso seria verdade para o campo sociológico hoje em dia) é dizer aquilo que merece ser estudado, pesquisado, pintado, fotografado. Dizer para as pessoas: "Isso é bom de pintar, aquilo não é bom de pintar" quer dizer "Isso é bom de ver, e de fazer ver", e fazer ver é constituir como digno de ser visto e, além disso, como digno de ser representado. Ora, o "digno de ser representado" é fundamental: é o monopólio da definição da reprodução simbólica legítima. É um poder tipicamente da realeza: o rei diz que, no limite, a única coisa digna de ser representada é o rei. No fundo, o campo acadêmico diz antes de tudo que é preciso ter um sujeito e, em seguida, que há sujeitos bons e outros inaceitáveis ou insignificantes; assim, o que se exige do pintor é se apagar enquanto sujeito diante desse sujeito designado, ou seja, diante das regras sociais que, num certo momento, definem os objetos legítimos e a maneira legítima de tratá-los.

## Os artistas de escola

Então quem são os pintores *pompiers*? Os pintores *pompiers* são os artistas de escola. Eles aprendem seu ofício em grande parte através da cópia. Se pensarmos sobre isso, a cópia é ao mesmo tempo um objeto designado e um objeto já pintado: o objeto é designado ao mesmo tempo enquanto sujeito e enquanto maneira. Formados pela escola da cópia, instruídos quanto ao respeito aos mestres, os pintores de escola são fundamentalmente executores, no sentido em que falamos sobre um artista, na música, ser um executor e elogiamos sua execução ("A execução foi magnífica"). Para compreender essa pintura (que poderíamos observar com outros cânones), para compreender por que ela é o que é, é preciso compreender que toda a arte consistia na execução. Todo o ponto de honra do pintor estava no virtuosismo da execução. Como toda a ênfase estava na execução, o ato da pintura exigia um enorme trabalho destinado a atingir a perfeição na execução sem nenhuma preocupação de originalidade na invenção. O problema não era inventar, e sim executar bem. Eu acho que essa é uma propriedade universal das tradições letradas, das tradições acadêmicas: pouco importa o assunto, o que conta é a maneira impecável de tratá-lo... As artes acadêmicas são quase sempre artes de virtuosismo, menos destinadas a fazer ver alguma coisa do que fazer ver sua maneira excelente de fazer ver. Em outras palavras, são artes de forma.

Darei alguns exemplos. O pintor, no fundo, só conta como mestre que possui o mais perfeitamente possível uma maestria que não se trata de superar (isso não é nem sequer pensável...). Trata-se simplesmente de se erguer à altura dos grandes mestres e de dominar [*maîtriser*] de maneira excelente uma maestria herdada. Num livro célebre, Levenson, um especialista sobre a China, descreve em relação à pintura chinesa coisas parecidas com as que digo agora[74]. Ele fala sobre uma espécie de expressionismo da execução que pode levar a jogos acadêmicos com a regra acadêmica, e numa ocasião fala do "academicismo antiacadêmico": ser antiacadêmico faz parte do academicismo; é por isso que é muito difícil ser subversivo com as instituições universitárias porque isso está previsto em certas circunstâncias, em certas situações, até um certo ponto... Assim, os pintores acadêmicos não buscavam de jeito nenhum existir enquanto sujeitos originais, pelo assunto ou por novas maneiras; eles queriam a excelência de uma maneira excelente.

Uma prova do que digo: eles mesmos produziam cópias de suas obras mais bem-sucedidas. Um caso típico, um certo [Charles] Landelle, na época muito conhecido e cujas obras valiam quantias astronômicas, produziu acho que trinta e duas cópias de uma pintura, a *Femme fellah* [mulher camponesa], que fez muito sucesso no Salão de 1866. Essa é uma espécie de prova da ideia de que a raridade não estava associada à originalidade, e muito menos à singularidade, da pintura. O que será inventado pelos hereges é a ideia de que é a obra única que vale, enquanto para os pintores acadêmicos a execução de cópias não é de forma alguma uma atividade inferior, e sim uma atividade altamente valorizada, existindo um mercado para as cópias da mesma forma que para as obras originais. Elas podiam ser cópias de obras originais de pintores contemporâneos, mas também cópias de obras clássicas do passado que tinham um local de destaque nas coleções particulares, nos museus, nas igrejas da província. A boa cópia era valorizada como igual ao original. Aqui, o livro de Lethève, *A vida cotidiana dos artistas franceses no século XIX*, é uma boa fonte, apesar de um pouco anedótica[75]. O livro não é desenvolvido, mas é uma mina de informações como essas que acabo de contar para vocês.

Vemos portanto que a invenção do artista como artista único e a invenção da obra como obra única andam de mãos dadas. Isso é relativamente importante na medida em que, como tentei demonstrar num outro trabalho, o que hoje em dia

---

74. LEVENSON, J.R. *Modern China and Its Confucian Past* [*A China moderna e seu passado confuciano*]. Nova York: Doubleday, 1964 [1958].
75. LETHÈVE, J. *La Vie quotidienne des artistes français au XIX<sup>e</sup> siècle*. Paris: Hachette, 1968.

constitui a raridade da obra não é sua unicidade (ainda que sua unicidade faça parte da definição implícita da obra de arte), mas a unicidade do artista constituído enquanto artista único que faz obras únicas[76]. Em outras palavras, para produzir a obra de arte como objeto raro, no sentido moderno do termo, é preciso produzir o artista como objeto raro. As condições sociais da produção da obra de arte são coextensivas às condições sociais de produção do artista, no sentido moderno do termo. Essa tese, que estabeleci a propósito da pintura atual, parece-me já encontrar uma verificação no fato de que foi, portanto, preciso inventar o artista único para que a obra única fosse inventada.

Uma outra prova (não vou ficar listando provas sem parar, mas isso é importante para ilustrar a relação do artista com seu objeto): a maioria dos trabalhos dos artistas *pompiers* é encomenda, e encomenda de precisão extraordinária. Posso novamente citar Lethève, que mostra que um pintor secundário, absolutamente desconhecido, e que foi encarregado de representar a Festa da Federação[77], foi obrigado a refazer seu quadro várias vezes para incluir as observações que foram feitas [*o nome não está audível, trata-se sem dúvida da imperatriz Eugênia*[78]], que achava que a verdade histórica não estava sendo respeitada. Um outro exemplo: um pintor encarregado de fazer uma pintura chamada *O gênio da navegação* que deveria ser exposta em Toulon, recebeu um programa extraordinariamente preciso, mas só me lembro do comecinho: "Ela segura com a mão direita a barra do leme que dirige a concha marinha sobre a qual a estátua está erguida, o braço esquerdo, apontando para a frente, segura um sextante etc."[79] Não há lugar nenhum para a liberdade. Tudo que o pintor pode fazer é executar um programa o melhor possível. Essas análises mostram que ser pintor é aceitar essa definição do papel segundo a qual a única coisa possível é executar.

Elas também são importantes em relação ao problema eterno de saber em que época nasceu o artista (no *Quattrocento*? No *Cinquecento*? etc.). Podemos perceber o que há de mítico na ideia segundo a qual o artista aparece num certo

---

76. Cf. BOURDIEU, P. *A produção da crença*. Op. cit.

77. Festival realizado em 14 de julho de 1790 para comemorar o primeiro aniversário da Revolução Francesa [N.T.].

78. Esposa de Napoleão III, imperador da França de 1853 a 1870 [N.T.].

79. LETHÈVE, J. *La Vie quotidienne des artistes français au XIX*ᵉ *siècle*. Op. cit. • Diferente do que diz P. Bourdieu, e como fica claro na própria citação, a obra *O gênio da navegação* é uma escultura, não uma pintura [N.T.].

momento, e de uma vez por todas, ao se distinguir do artesão. Um outro exemplo, o mesmo Landelle que citei agora há pouco foi encarregado de representar a visita da imperatriz à Manufatura de Saint-Gobain em 1859: como ele não consegue fazer com que seus personagens venham posar, é obrigado a trabalhar com fotografias e, na última hora, precisou mudar toda a composição porque ela não agradou à imperadora. Isso foi em 1859, não no Renascimento... a autonomia do artista não havia sido adquirida de forma alguma.

Vou estender um pouquinho... Na medida em que a arte está na execução, o lugar da originalidade por excelência só pode ser a técnica. O que distingue execuções diferentes é a virtuosidade ou a técnica. Isso explica uma propriedade observada por [Ernst] Gombrich, que fala (acho que a respeito dos *pompiers*) sobre o erro do "bem-feito demais"[80]. O erro do "bem-feito demais" é aquela espécie de busca patética do acabado na qualidade histórica do tratamento, mas também na própria técnica do tratamento. O erro resulta do fato de que a virtuosidade técnica é a única maneira de afirmar a maestria. Percebe-se bem que o exercício acadêmico é o limite da situação na qual se encontram os pintores: há o sujeito imposto ("Vocês dissertarão sobre..."), essas espécies de problemas da academia que só existem para serem resolvidos, essas dificuldades criadas completamente a partir de uma cultura acadêmica, de forma que a própria superação dos problemas anteriores está inscrita em toda a história das problemáticas anteriores. Eu acho que isso é muito importante para se ver o que é uma cultura letrada, uma cultura acadêmica, por exemplo quando nos perguntamos por que as humanidades não são científicas etc. Nesse momento, falo constantemente por analogia com coisas que vocês conhecem muito bem... Falo por analogia sobretudo sobre a "história da arte" que tem os cânones da pintura acadêmica que ela não estudava e que começa a estudar.

Os problemas da escola, por exemplo, só existem em relação a uma tradição de problemas de escola e só podem aparecer como problemas para alguém que tenha passado pela escola, de forma que os autodidatas às vezes têm vantagens porque os ignoram. Essa será uma das virtudes de [Claude] Monet – ele tinha a menor formação possível para um pintor; a ignorância relativa pode ser, em con-

---

80. GOMBRICH, E.H. *Arte e ilusão: um estudo da psicologia da representação pictórica*. Trad. de Raul de Sá Barbosa. São Paulo: Martins Fontes, 1977 [*Art and Illusion: A Study in the Psychology of Pictorial Representation*, 1960].

junturas como essas, uma vantagem. Isso também vale do lado dos consumidores: por exemplo, se a grande maioria dos quadros impressionistas está atualmente nas coleções americanas ou nos museus americanos, é porque os americanos, por não terem os conhecedores e os colecionadores, por estarem menos submissos aos cânones acadêmicos, tinham de certa maneira seu gosto libertado dos cânones da escola e podiam portanto ser avançados, de forma torta. Isso é muito raro historicamente, mas pode acontecer da falta de capital ser uma vantagem.

O erro do bem-feito demais é o estilo *pompier*, essa espécie de perfeição gelada que encontramos no famoso quadro de [Thomas] Couture no Louvre, *Os romanos da decadência*, essa espécie de frieza e de irrealidade por excesso de perfeição. O quadro é brilhante como exemplo de insignificância e impessoalidade. Uma coisinha, por analogia: sugiro a vocês o livro muito célebre de [Nikolaus] Pevsner, *Os pioneiros do desenho moderno: de William Morris a Walter Gropius*[81]. Nesse livro, há uma descrição das obras e dos objetos apresentados no Palácio de Cristal em Londres em 1851 por pessoas que adotavam esse estilo *pompier*. Ele descreve um tapete de ilusionismo extraordinário, que dava a ilusão completa de volume, tínhamos a impressão de andar sobre um edifício... Em vez de jogar com o achatamento da superfície, ele criava um volume, uma espécie de espaço extraordinário... São esses tipos de proezas, esses exemplos de bravura, de escola, que são encorajados pelos exercícios de escola. No limite, a obra de arte é sempre um exercício de escola, e uma propriedade dos *pompiers* é estarem sempre na escola. Eles nunca saem dela: eles a frequentam por muito tempo, passam por concursos por anos e anos, depois tornam-se professores nas aulas que preparam para concursos e, ainda mais tarde, são membros de júris de concursos, criam os tópicos dos concursos etc.

Antes de terminar, apenas assinalo analogias muito chocantes com a música. Há um personagem cujo nome pelo menos vocês conhecem, Ambroise Thomas. Nos concursos de música havia as cantatas... É o equivalente do estilo *pompier*: há convenções sobre os temas, os ritmos, as rimas... Eis o que uma *História da música* muito erudita [quer dizer, acadêmica – P.B.] diz sobre Ambroise Thomas (que foi aluno de [Jean-François] Lesueur, sucessor de [Adolphe] Adam no Instituto [Imperial da França]): "Poderíamos dizer que ele foi um sábio, aplicando a ele tudo

---

81. Trad. de João Paulo Monteiro. São Paulo: Martins Fontes, 2002 [*Pioneers of the Modern Movement from William Morris to Walter Gropius*. Londres: Faber & Faber, 1936].

que tal palavra pressupõe de grande prudência, autoridade, saber útil e moderação. Quando vivo, ele já era um homem do passado enquanto ao seu redor a arte era renovada por belas audácias [ele foi contemporâneo de (Eugène) Delacroix, de (Hector) Berlioz etc. – P. B.]. Sobre seus envios de Roma, o Instituto emitiu um juízo sobre o qual nada precisamos mudar se quisermos aplicá-lo ao conjunto de suas obras: 'uma melodia suave sem esquisitices, e expressiva sem exageros [*risos na sala*], uma harmonia sempre correta, uma instrumentação escrita com elegância e pureza'"[82] [*risos na sala*]... Eis o que eu queria mostrar: as mesmas causas produzem os mesmos efeitos; a estrutura acadêmica produz os mesmos efeitos em campos relativamente diferentes.

Eu não terminei de expor as propriedades da arte *pompier*, farei isso na próxima aula.

---

82. COMBARIEU, J.; DUMESNIL, R. *Histoire de la musique* [*História da música*]. Vol. 3. Paris: Armand Colin, 1955, p. 467-468.

# Aula de 28 de março de 1985

> Primeira hora (aula): a superação do perspectivismo e do absolutismo – Categorias científicas e categorias oficiais – A luta entre as perspectivas – As lógicas práticas – A criação política – O efeito de teoria e os mestres pensadores – Segunda hora (seminário): a invenção do artista moderno (2) – Os escritores não deveriam falar para não dizer nada? – O mestre e o artista – Uma revolução simbólica – Uma pintura histórica – Uma pintura de *lector* – O efeito de desrealização

## Primeira hora (aula): a superação do perspectivismo e do absolutismo

Gostaria de retomar a sequência do que tentei fazer nas últimas duas aulas e tentar mostrar como a oposição entre uma visão perspectivista e uma que podemos chamar de realista, objetivista ou absolutista pode ser superada por aquilo que creio ser uma verdadeira síntese.

Eu disse que a propósito do mundo social os agentes sociais podiam assumir uma infinidade de pontos de vista. Eu também disse que, na tradição objetivista, essas perspectivas são redutíveis ao ponto a partir do qual são tomadas e podem portanto ser consideradas nulas e inválidas e de alguma forma ser descartadas em favor da perspectiva única e legítima que o cientista estabelece. Portanto, há de um lado uma espécie de relativismo e, do outro, um cientismo que pretende se situar no único ponto de vista legítimo. Aqui se coloca um problema extremamente difícil: o problema da relação entre o ponto de vista científico e o ponto de vista legítimo tal como ele se expressa no próprio mundo social. O problema é difícil (e, obviamente, como eu acho que encontrei a solução, é difícil para mim formulá-lo sem anunciar a solução).

Eu gostaria de mencionar um texto de Durkheim que li há muito tempo. (Infelizmente, não consegui encontrar a citação exata e se, por acaso, algum de vocês conseguir fazer isso, seria um grande serviço para mim...) Durkheim disse mais ou menos isto: diante do mundo social, os agentes sociais têm pontos de vista enviesados, interessados, que devem seus limites exatamente aos interesses e aos pressupostos que os agentes sociais investem nele...[83] A esses pontos de vista irredutíveis, Durkheim opõe aquele que lhe parece ser o ponto de vista da ciência, uma espécie de ponto de vista absoluto que se distingue dos pontos de vista dos indivíduos ordinários exatamente por ser um ponto de vista sobre os pontos de vista que escapa – como isso me parece absolutamente espinosista, vou usar a linguagem de Espinosa – desse princípio de erro constitutivo dos pontos de vista particulares que é a privação da visão global dos pontos de vista. Em outras palavras, segundo Durkheim, o erro é privação (poderíamos dizer isso nos próprios termos de Espinosa) e o ponto de vista singular dos agentes singulares se deve ao fato de que eles são localizados e não sabem disso. Vocês encontrarão a mesma afirmação no tratado de economia de Samuelson[84]: ao se perguntar sobre a diferença entre um economista científico e os agentes econômicos, Samuelson diz que os patrões e os sindicatos, por exemplo, estão situados, têm pontos de vista particulares e, *eo ipso*, por isso mesmo enviesados, enquanto o cientista tem uma espécie de ponto de vista absoluto a partir do qual consegue perceber os pontos de vista particulares como pontos de vista.

Como eu disse no começo, existem portanto duas filosofias diante do mundo social. Podemos dizer que a primeira é de tipo nietzscheano porque Nietzsche está

---

83. Esse texto de Durkheim não foi identificado. Em seu curso de 1913-1914 sobre o pragmatismo, ele disse uma coisa próxima: "Os espíritos particulares terminaram, nem um só existe que se possa situar simultaneamente em todos os pontos de vista", e a "verdade científica" (que "não é incompatível com a diversidade dos espíritos"), permitia totalizar as "verdades parciais" (DURKHEIM, É. *Sociologia, pragmatismo e filosofia*. Trad. de Evaristo Santos. Porto: Rés, 1988, p. 153-154 [*Pragmatisme et sociologie*. Paris: Vrin, 1955, p. 186].

84. "Por ter negociado com sucesso muitas convenções coletivas, o chefe sindical pode ter a impressão errônea de ser um perito em matéria de economia salarial. Um empresário que cumpriu a folha de pagamento pode achar que suas opiniões sobre controle de preços são definitivas. Um banqueiro que consegue equilibrar as contas pode concluir que sabe tudo o que há para se saber sobre a criação de dinheiro. [...] Quando ele compõe um tratado geral para fins de iniciação, o economista se preocupa com o funcionamento da economia em seu conjunto, mais do que do ponto de vista deste ou daquele grupo ou unidade" (SAMUELSON, P.A. *Economics: An Introductory Analysis* [*Economia: uma análise introdutória*]. Nova York: McGraw-Hill, 1948).

na moda[85] (há alguns anos não poderíamos dizer isso, mas agora podemos porque todo mundo acha que conhece pelo menos um pouquinho do pensamento de Nietzsche). Esse ponto de vista nietzscheano (no sentido da teoria do conhecimento de Nietzsche) é perspectivista ou fenomenista: não há uma verdade absoluta sobre o mundo social[86]. Para Nietzsche, essa espécie de ambição ontológica ou mesmo crítica (à maneira de Kant) é um vestígio teológico, são ilusões do "grande chinês de Königsberg" (era assim que ele chamava Kant[87]): não se deve, quando se trata da verdade, pretender ao saber absoluto. Sobre o mundo social, podemos dizer exatamente a mesma coisa: a perspectiva perspectivista ou fenomenista diria que não existe saber absoluto sobre o mundo social, apenas visões perspectivistas. A essa posição podemos opor a visão espinosista, que encontramos em Durkheim, a visão "tecnocrática" ou "epistemocrática" – voltarei a isso mais tarde –, segundo a qual o economista científico pode escapar, através de suas equações, cálculos, recurso à estatística e aos modelos que constrói, dessas perspectivas ao constituí-las enquanto tais. Seria ainda mais correto qualificar esse ponto de vista de leibniziano em vez de espinosista.

(As referências filosóficas são úteis porque elas fazem surgir o problema do conhecimento do mundo social como simples particularidade, e acho que sempre lucramos, no trabalho intelectual, quando subsumimos um problema particular a um problema mais geral, sobretudo quando este foi pensado há tanto tempo, e de forma tão poderosa, como o problema do conhecimento [...].) Segundo o ponto de vista absolutista que chamarei então de leibniziano, existe um "geometral de todas as perspectivas" (é uma frase de Leibniz muito citada por Merleau-Ponty[88]), um lugar geométrico de todas as perspectivas, um ponto de vista a partir do qual todas as perspectivas se põem em perspectiva, se alinham. Aquele que se situa nesse ponto de vista tem uma espécie de ciência absoluta do mundo e das perspectivas sobre o mundo.

---

85. A não ser que P. Bourdieu tenha em mente um momento preciso, é a partir da década de 1960, período em que são publicados especialmente os primeiros livros de Michel Foucault, e *Nietzsche e a filosofia*, de Gilles Deleuze (1962), que Nietzsche "entra em moda".
86. Sobre o perspectivismo, cf. tb. BOURDIEU, P. *Sociologia geral*. Vol. 1. *Op. cit.*, p. 157-158 [185, 187]. • *Sociologia geral*. Vol. 2. *Op. cit.*, p. 86 [275].
87. NIETZSCHE, F. *Além do bem e do mal*. Trad. de Paulo César de Souza. São Paulo: Companhia das Letras, 1992, § 210, p. 117 [*Jenseits von Gut und Böse*, 1886].
88. MERLEAU-PONTY, M. *Fenomenologia da percepção*. *Op. cit.*, p. 103 [81].

Parece-me que essa visão assombra o inconsciente das ciências sociais. Esse "epistemocratismo" se afirma em total inocência nos economistas, que são os menos atormentados dos especialistas das ciências sociais: eles acham que, especialmente com os instrumentos matemáticos, o cientista pode romper radicalmente com o ponto de vista ingênuo. É claro que o tema da ruptura epistemológica[89] que estabelece uma ruptura entre o profano e o científico, essa espécie de corte iniciático que está no princípio do sucesso do althusserianismo, depende desse epistemocratismo. Como fazem muitas vezes as tradições filosóficas (é isso que não gosto nelas), o althusserianismo bajula com muita força esse sentimento de ser de uma outra essência, de uma outra natureza: o *vulgum pecus* ["mortais comuns"] está na ilusão, no erro, na privação de verdade, enquanto aquele que passou pela *metanoia* ["novo olhar"] iniciática, o corte, a ruptura, enxerga o mundo tal como ele é e, ao mesmo tempo, enxerga os outros como geradores de besteiras. É isso que dá à filosofia seu charme adolescente: ela permite o sentimento de ser de uma outra natureza.

Essa tentação está presente no inconsciente da vocação sociológica e a utopia do sociólogo-rei, que não passa do avatar do filósofo-rei, está inscrita nessa visão epistemocrática. Com efeito, se existe um ponto de vista a partir do qual todos os pontos de vista aparecem como pontos de vista e que é, ao mesmo tempo, o ponto de vista verdadeiro, é evidente que o governo cabe àquele que ocupa esse ponto de vista. Segundo [Émile] Benveniste, o *rex* é etimologicamente aquele encarregado de *regere fines*[90], quer dizer, de definir as fronteiras, por exemplo, entre os grupos – ele diz se tal agente é um funcionário superior ou um funcionário médio. Ele tem o poder de *regere fines* e de *regere sacra*, que dão mais ou menos no mesmo, na medida em que o *sacer* é a separação: de um lado, o distinto, do outro, o vulgar; de um lado, o culto, do outro, o inculto; de um lado, isso é científico, do outro, não é. Essa pretensão ao saber absoluto que está inscrita na visão epistemocrática se baseia na confusão entre a perspectiva legítima e o poder: a

---

89. Louis Althusser introduz em 1965 o tema do "corte epistemológico" ao identificar a passagem da ideologia para a ciência no pensamento de Marx em 1845-1846 (ALTHUSSER, L. *Por Marx*. Trad. de Maria Leonor F.R. Loureiro. Campinas: Ed. da Unicamp, 2015 [*Pour Marx*. Paris: Maspero, 1965]).

90. BENVENISTE, É. *O vocabulário das instituições indo-europeias – Vol. I: Economia, parentesco, sociedade; Vol. II: Poder, direito, religião*. Trad. de Denise Bottmann. Campinas: Ed. da Unicamp, 1995, v. II, p. 9-15. [*Le Vocabulaire des institutions indo-européennes – Vol. I: Économie, parenté, société; Vol. II: Pouvoir, droit, religion*. Paris: Minuit, 1969, v. 2, p. 9-15].

epistemologia absolutista contém uma pretensão ao poder. Daí a pergunta – parece-me que é aqui que há um progresso em relação ao que eu disse a vocês na última aula: como o cientista se situa em relação às instituições que, no mundo social, pretendem ter essa visão absoluta? Será que não há, no mundo social, instituições que são pensadas ou que agem de tal maneira a exercer um poder absoluto de classificação?

Para mim, há uma diferença entre a posição científica reflexiva que busco defender e a posição de tipo durkheimiano que mencionei. O otimismo epistemocrático, tecnocrático e espinosista de Durkheim consiste em dizer que o cientista sabe melhor que os agentes sociais: em particular, ele supera seus conflitos já que enxerga o princípio e, portanto, os limites. Contra essa posição, afirmo que o cientista não é alguém que se situa no ponto de vista absoluto. Ele é alguém (ele talvez possa ser um superabsoluto, mas isso de qualquer forma ainda é uma diferença muito grande) que se dá como meta descrever o mundo social incluindo em sua descrição o fato de que a verdade sobre esse mundo é uma questão dentro desse mundo social. Esse mundo é o local de enfrentamentos entre agentes sociais que sempre pretendem não apenas ter poder sobre esse mundo, mas também o poder de dizer a verdade sobre esse mundo, que é uma das dimensões fundamentais do poder. Ao mesmo tempo, a ciência social pode objetivar tanto a tentação inerente à atividade científica de ter poder sobre o mundo quanto também as instituições que, nessa luta pela visão correta do mundo social, têm poder em certo momento.

Assim, um dos programas mais importantes para uma sociologia comparada das civilizações teria como objeto definir, a cada momento, em cada sociedade, o lugar a partir do qual se tem mais chances de impor sua visão como visão legítima, como visão correta. Esse programa absolutamente extraordinário consistiria em retomar a história das lutas internas à classe dominante de cada sociedade, já que um dos objetivos das lutas internas naquilo que chamo de campo do poder é saber quem tem o direito de dizer como é o mundo. Eu acho que podemos generalizar aquilo que Duby fala sobre o conflito entre os *oratores* e os *bellatores* na Idade Média em relação à descrição das três ordens de Dumézil[91]. Um dos objetivos

---

91. DUBY, G. *As três ordens ou o imaginário do feudalismo*. Trad. de Maria Helena da Costa Dias. Lisboa: Estampa, 1982 [*Les Trois Ordres ou l'Imaginaire du féodalisme*. Paris: Gallimard, 1972]. Sobre Georges Dumézil, cf. em particular *L'Idéologie des trois fonctions dans les épopées des peuples indo-européens* [*A ideologia das três funções nas epopeias dos povos indo-europeus*]. Paris: Gallimard, 1968.

fundamentais dessas lutas internas dos dominantes é saber quem tem o ponto de vista correto e, a cada momento, podemos fazer uma ciência objetiva do lugar onde se situam as pessoas que, para usar a linguagem de Weber, têm mais chances de impor seu próprio ponto de vista como *o* ponto de vista.

## Categorias científicas e categorias oficiais

Agora que formulei o problema em sua globalidade, vou retomá-lo mais lentamente e dar um exemplo simples. Nas ciências sociais, o problema que enfatizo se coloca hoje em dia de maneira muito concreta na França na relação entre instituições como o Instituto Nacional da Estatística e dos Estudos Econômicos [Insee] e a pesquisa que podemos chamar de independente. Recentemente, o Instituto Nacional da Estatística refez suas categorias socioprofissionais com uma inspiração muito forte nas categorias que produzi em *A distinção*[92]: o que acontece quando categorias produzidas com uma intenção científica, para as necessidades da compreensão e da explicação das práticas dos agentes sociais, tornam-se categorias oficiais? Aqueles que fizeram essa transferência o fizeram em completa boa-fé porque eles respeitam a ciência. Dito isso, se uma instituição a partir da qual se enuncia uma verdade forte sobre o mundo social, (quando escrevi [em *A distinção*] "nova pequena burguesia", não achava que um dia isso estaria em carteiras de identidade...), uma instituição com muito desse poder específico que é o poder ou a autoridade simbólica se apropria dessas classificações, ela faz que sofram uma mudança de estatuto e lhes dá, de alguma forma, força de lei: essas classificações tornam-se classificações de valor jurídico, que podem, por exemplo, dar direito a pensões, aposentadorias antecipadas, gratificações, promoções, empréstimos imobiliários etc.

Aqui vemos a diferença [entre o cientista e as instituições que pretendem ter uma visão absoluta]. Parece-me que uma ciência social não é crítica por prazer, e o pessoal de Frankfurt[93] que, em alguns aspectos, é muito simpático, muitas ve-

---

92. BOURDIEU, P. *A distinção. Op. cit.* A nomenclatura das categorias socioprofissionais do Insee sofrera uma revisão em 1982, que teve como uma de suas principais bases *A distinção*. Alguns administradores do Insee que participaram da reforma, como Alain Desrosières, também participaram do centro de pesquisa de Bourdieu, o Centro de Sociologia Europeia, no final da década de 1970.

93. P. Bourdieu quer dizer com isso os pensadores de inspiração marxista da "Escola de Frankfurt", rótulo que reúne especialmente: Theodor Adorno (cuja obra *Mahler: uma fisionomia musical*

zes me irrita com essa espécie de pressuposição antecipada da crítica. (Aqui faço uma alusão, o que vai contra meus princípios pedagógicos segundo os quais não se deve fazer uma alusão que não seja compreensível por todos, mas há ocasiões em que a alusão é o estatuto verdadeiro do que é preciso dizer porque aqueles que não sabem não perdem nada [*risos na sala*]. Minhas defesas só têm como destino aqueles que sabem [*risos*]! Enfim, a alusão ainda é pedagogicamente indefensável, é uma jogada de força simbólica... mas eu não consigo nunca fazer uma jogada de força simbólica sem denunciá-la imediatamente!...) O pessoal de Frankfurt me irrita um pouquinho porque age como se existisse uma posição previamente crítica que fosse constitutiva da postura ético-científica. Na minha visão, o ponto de vista do cientista não se distingue dos outros por sua decisão, mas porque ele não consegue deixar de ser cientista quando trata de si mesmo, ou quando trata da relação entre o que ele faz e o que as outras instituições fazem.

A questão que formulo é saber qual é a diferença entre duas instâncias que aparentemente fazem a mesma coisa, que classificam, que publicam classificações, que explicitam classificações, que as objetivam. Isso quer dizer que a classificação científica e a classificação poderosa devem ser confrontadas sociologicamente e que a questão da tentação epistemocrática que mencionei há pouco deixa de ser uma questão ética. Ela se torna a seguinte pergunta: não existiria na tentação epistemocrática, que está no princípio de muitas vocações sociológicas, o princípio de um erro científico que consiste em tentar dar a uma classificação científica, quer dizer, orientada pelos fins de conhecimento, um poder social? Não haveria então a tentação de fazer do sociólogo uma espécie de rei que diz onde estão as divisões corretas? Poderíamos dizer a mesma coisa sobre as relações entre os sociólogos e os economistas: no fundo, estas são, no mundo contemporâneo, as relações entre o técnico e o cientista ou o intelectual. Uma análise dessa oposição, para mim central, e do papel social dos economistas e dos sociólogos deveria partir da explicitação da pergunta que formulei e ela poderia ser trabalhada empiricamente, quer dizer, com as armas habituais da ciência.

---

[*Mahler: Eine musikalische Physiognomik*. Frankfurt: Suhrkamp, 1960] fora publicada em 1976 na coleção dirigida por P. Bourdieu na Éditions de Minuit), Max Horkheimer, Herbert Marcuse, Walter Benjamin e, na geração dos contemporâneos de P. Bourdieu, Jürgen Habermas (cujas teses Bourdieu discutirá em várias passagens de *Meditações pascalianas*. Trad. de Sergio Miceli. Rio de Janeiro: Bertrand Brasil, 2001 [*Méditations pascaliennes*. Paris: Seuil, 2003 (1997)]).

## A luta entre as perspectivas

Vou agora retomar a sequência do que disse na última aula. Essa espécie de ciência do terceiro nível que defendo se opõe simultaneamente à ilusão perspectivista e à ilusão absolutista espinosista e adiciona ao trabalho científico uma ciência das lutas entre as perspectivas e das formas de dominação nessas lutas. Quais trunfos é preciso ter para dominar nessas lutas, qual é a lógica específica das relações de força?

Não é pelo prazer de complicar que me parece necessário reintroduzir esse espaço objetivo (que corresponde ao segundo nível), esse espaço das posições como ao mesmo tempo fundamentação das estratégias dos agentes quanto à visão legítima do espaço e como objetivo das estratégias dos agentes quanto à visão objetiva desse espaço. Com efeito, minha análise se opõe à visão perspectiva que está na moda hoje em dia, como todas as posições radicais, radicais em excesso... Sempre há um radicalismo fácil que consiste em ultrapassar o limite, muitas vezes, com o paradoxo dos extremos que se tocam. Atualmente, na sociologia da ciência, uma espécie de filosofia anticientífica consiste em fazer de qualquer discurso científico uma espécie de estratégia simbólica destinada a promover os interesses do cientista[94]. Rapidamente, a ciência não passaria do produto das pulsões do cientista que, através de trabalhos de encenação, valorização, suporte, autocelebração, faz com que se acredite na cientificidade de seu trabalho numa conjuntura onde ter a ciência consigo é uma das armas mais poderosas na luta pelo poder simbólico. Eu disse agora há pouco que seria preciso fazer uma história comparada dos sistemas simbólicos e das lutas pelo poder: é certo que dizer, em nossas sociedades, "A ciência está do nosso lado" é dizer aquilo que antes dizíamos quando falávamos "Deus está conosco"[95]. Assim, os céticos e os anarquistas da epistemologia diriam que as estratégias científicas são estratégias de valorização, de retórica simbólica destinadas a impor a crença no valor científico do discurso em questão.

Contra essa posição que corresponderia a uma espécie de nietzscheanismo exacerbado, eu mantenho (e acho que deve-se manter) que existe, a cada mo-

---

94. P. Bourdieu voltará a essa crítica de um ramo da sociologia da ciência em sua aula de 19 de junho de 1986, a ser publicada no último volume desta série, e, quinze anos mais tarde, de forma estendida em *Para uma sociologia da ciência. Op. cit.*

95. P. Bourdieu já fizera uma comparação desse tipo em seu artigo "A opinião pública não existe" (1972). In: *Questões de sociologia. Op. cit.*, p. 210-221 [222-235], ao qual pode se referir a outros pontos abordados nesta aula.

mento, uma estrutura do espaço objetivo: não podemos dizer qualquer coisa sobre o mundo social. Como ano passado argumentei longamente sobre isso, não retomarei o assunto. É claro que esse espaço objetivo muda a cada momento, entre outras coisas através dos pontos de vista que os agentes tomam sobre ele, já que a percepção desse espaço é um dos fatores de transformação desse espaço (digo claramente "um dos fatores": não é o único). Esse espaço objetivo intervém duplamente nas lutas simbólicas. Primeiro como base das perspectivas, como fundamentação das perspectivas, já que os agentes sociais percebem o mundo a partir de pontos de vista, e em seguida como objetivo de perspectivas. Ao mesmo tempo, um dos objetivos da luta política (no fundo, esse terceiro nível que estou definindo é o nível que podemos chamar de político) é a transformação do espaço objetivo. O campo político é, de alguma forma, um subespaço do espaço social dentro do qual se debate a estrutura do espaço social: existem classes ou não? Existem duas ou três? Existem dominantes e dominados? Será que a dominação principal é "burguesia/proletariado" ou "masculino/feminino", com uma oposição principal ocultando outra etc.?

A luta, dentro do espaço político, sobre a visão correta do mundo social não é um epifenômeno. Ela não é, segundo as velhas distinções infraestrutura/superestrutura (espero que vocês tenham compreendido que essas divisões em estágios me parecem funestas), um lugar de conflito simbólico no sentido de sem grande influência, sem grande importância. É um lugar onde, através da imposição da visão correta, está em jogo a própria natureza, a própria estrutura do espaço. Há portanto um paradoxo: a estrutura do espaço determina as tomadas de posição e, ao mesmo tempo, essas tomadas de posição não deixam de ter efeitos no espaço. Um problema fundamental da sociologia é compreender como as forças propriamente simbólicas, que só existem na medida em que estão enraizadas nas forças de um outro tipo, apesar disso conseguem, através de sua lógica própria, graças à sua autonomia, produzir efeitos reais que não são simbólicos. Reintroduzir o espaço como fundamentação da luta e objetivo da luta é portanto constituir o universo político em sua verdade de lugar onde se luta a propósito das classificações. Para dizer as coisas numa frase, a luta das classes é talvez fundamentalmente uma luta das classificações[96] na medida em que, ao fazer classificações, fazemos classes:

---

96. P. Bourdieu aprofunda aqui os temas da conclusão de *A distinção. Op. cit.* "Classes e classificações", p. 434-447 [543-564].

ao fazermos crer, por exemplo, que existem diferenças, contribuímos para fazê-las existir, e a luta política é uma luta para fazer ver ("teoria", *théorein*[97]) e para fazer crer que aquilo que fazemos ver existe.

Dito isso, vemos no que consiste um dos objetos mais tradicionais da sociologia e que aliás está próximo da ideia que as pessoas têm dela. Identifica-se com frequência a sociologia com a pesquisa de opinião e acredita-se que perguntar para as pessoas "O que você acha do primeiro-ministro?" é sociologia. Na verdade, é um ato político, típico do campo político. Isso consiste em perguntar: "Como você o vê?", "Como você vê?" É frequente que os sociólogos, sem saber o que fazem, perguntem a seus entrevistados: "Para você, quantas classes existem?" Isso é surpreendente e, se refletirem, até absurdo. Uma vez, fiz questão de fazer a pergunta para alguém que não tinha realmente nenhuma arma simbólica... Ele me respondeu: "Mas é você quem tinha que me dizer, você é pago para saber isso!" [*risos na sala*]... Não é necessariamente absurdo perguntar nos questionários: "Para você, quantas classes existem?", "Elas são antagônicas ou não?", mas é preciso saber o que fazemos. Não devemos acreditar que nesse caso estamos medindo a realidade ou a não existência das classes. O que medimos, entre outras coisas, é o grau em que os discursos anteriores sobre as classes se difundiram e penetraram; é a força do "efeito Marx", de um efeito de teoria (voltarei a essa noção).

O que chamamos de opiniões são essencialmente discursos explícitos sobre o mundo social. Eu poderia citar Platão: "Opinar (δοξάζειν, *doxatsein*) é falar..."[98], o que quer dizer que a opinião é coextensiva ao discurso. A opinião é uma visão sobre o mundo social que se expressa em todas as letras, que se enuncia, o que sugere a pergunta de saber se uma opinião que não se expressa é uma opinião ou se existe alguma coisa que, apesar de não se expressar, ainda assim é uma visão sobre o mundo. Isso leva a uma questão extremamente importante: quais são os estados da percepção do mundo social? Existe uma maneira, e uma só maneira, de perceber o mundo social? Será que a ilusão política segundo a qual só há percepção do mundo social no estado explícito não nos faz esquecer de um estado fundamental não da opinião, mas da visão do mundo social no es-

---

97. Alusão à etimologia da palavra "teoria", que P. Bourdieu lembra com frequência: o verbo grego *théorein* significa "observar", "contemplar".
98. "Digo, pois, que formar opinião é discursar" (PLATÃO. "Teeteto", 190ª. *In: Teeteto – Crátilo*. Trad. de Carlos Alberto Nunes. Belém: Ufpa, 1988, p. 68).

tado prático (sobre o modo do senso prático de estar em algum lugar no mundo social)? Tratarei então desse ponto.

## As lógicas práticas

Parece-me que uma sociologia do terceiro gênero deve ser uma sociologia da percepção que distingue as formas de percepção implícitas e explícitas, as maneiras implícitas de dizer que sabemos onde estamos. Goffman falava do "*sense of one's place*" ["senso do nosso lugar"][99]. É o senso de nosso próprio lugar no mundo social, aquilo que leva a dizer: "Isso não é para mim", "Nesse lugar eu não posso ir", "Eu não estou bem-vestido o bastante para ir lá", ou até "Eu não sou instruído o bastante". Nesses casos-limite há a enunciação, mas em muitos casos, esse senso da posição, esse senso do jogo, esse senso de "Onde estou no jogo?" se expressa de maneira completamente tácita, ao se evitar, manter-se distante ou, como se diz, "votando com os pés", quer dizer, não indo a certos lugares de onde não somos excluídos mas dos quais na verdade somos excluídos. A exclusão mais radical é obtida a partir da cumplicidade das pessoas que se excluem: "Esse estabelecimento escolar não é feito para mim". Com frequência, não é preciso nem enunciar isso... Esse senso da posição é uma das formas do conhecimento do mundo social. É um conhecimento prático, no estado prático, e como todos os conhecimentos práticos, ele é implícito, vago, não muito lógico.

Volto aqui às análises que fiz de um objeto aparentemente muito distante, o ritual cabila, mas as coisas se transpõem[100]. Quando os etnólogos descrevem os sistemas de classificação das sociedades primitivas (por exemplo, Lévi-Strauss, para aqueles que conhecem um pouco[101]), descrevem o equivalente daquilo que empregamos para perceber o mundo social, com oposições do tipo "direita/esquerda", "alto/baixo", "distinto/comum", "raro/comum" etc. Quando julgamos um quadro, uma obra de arte, um penteado, um porte pessoal, empregamos, no estado prático, classificações muito simples, quase sempre fechadas em pares de adjetivos ("grande/pequeno", "alto/baixo", "de sentimentos elevados/de sentimen-

---

99. Cf. em particular GOFFMAN, E. "Symbols of Class Status". *Art. cit.*, p. 297.
100. Cf. BOURDIEU, P. *O senso prático*. Trad. de Maria Ferreira. Petrópolis: Vozes, 2009 [*Le Sens pratique*. Paris: Minuit, 1980].
101. LÉVI-STRAUSS, C. *O pensamento selvagem*. Trad. de Tânia Pellegrini. Campinas: Papirus, 1990 [*La Pensée sauvage*. Paris: Plon, 1962].

tos baixos"). Essas oposições extremamente simples permitem pôr ordem no mundo, perceber, e, com muita frequência, a crítica artística não passa da arrumação um pouco confusa de taxonomias práticas desse tipo[102]. Como todas as lógicas práticas, essas taxonomias obviamente só são coerentes até certo ponto. Podemos ver claramente que "alto/baixo" tem algo a ver com "único/comum" mas, dependendo da situação, você aplicará ou a primeira ou a segunda classificação. Esses pares de oposição parcialmente sobrepostos geram universos muito estruturados, às vezes muito violentamente estruturados, ainda mais porque, por não precisarem se explicitar, eles não se explicitam. Eles nem sequer precisam se justificar. Eles são constitutivos da visão do mundo. Esses esquemas práticos têm uma potência explicativa extremamente grande da qual a vaguidade faz parte. Isso é extremamente importante: é a vaguidade que permite que essas classificações funcionem de maneira universal... mais ou menos vagamente.

Um parêntese de passagem: a tentação logicista que assombra os etnólogos estruturalistas e que consiste em formalizar de alguma forma esses sistemas de classificações, em enxergar neles uma espécie de álgebra, leva a destruir a própria lógica daquilo cuja lógica pretendemos descobrir. Esse é um paralogismo muito corrente nas ciências sociais: as ciências sociais lidam com lógicas práticas, lógicas históricas, lógicas que são 80% do tipo dessas que mencionei, e a propensão a logicizar, para fazer "ciência" (a teoria da ciência como "encenação" não é completamente falsa, há uma parte de encenação), leva a destruir aquilo que existe de mais específico nas lógicas práticas; a saber, o fato de que elas jamais são completamente lógicas – e é por isso que elas são práticas. Se as lógicas práticas são práticas, no sentido em que dizemos que uma roupa é prática, é exatamente porque elas são lógicas até o ponto em que se tornaria absurdo ser lógico. Essas são coisas que o senso comum conhece bem. Os filósofos refletiram sobre isso, mas muito mal, porque os filósofos, em geral, só falam da prática para fazer a jogada da distinção, da ruptura, da oposição platônica entre a filosofia e a ágora, a clepsidra[103]: o filósofo tem o tempo, ele leva tempo, ele controla, ele faz o controle lógico, ele sabe

---

102. P. Bourdieu já abordara em diversas ocasiões a questão das taxonomias empregadas pelas críticas artísticas em suas aulas (por exemplo, *Sociologia geral*. Vol. 2. *Op. cit.*, p. 177 [387]) e propôs análises empíricas dessas taxonomias em *A distinção. Op. cit.*

103. Alusão à passagem do *Teeteto* (172e-173a) que P. Bourdieu cita com frequência em relação à noção de *skholè*: o filósofo dispõe de todo seu tempo, enquanto os advogados, no tribunal, só dispõem do tempo que lhes é concedido pela clepsidra, um relógio d'água que, como uma ampulheta, limitava o tempo de fala de cada um.

o que diz, ele é passível de crítica. Tudo isso é uma conquista mas, nas ciências humanas, a aplicação sem reflexão das estratégias mais poderosas da ciência – a teoria dos jogos, o cálculo de probabilidades etc. – destrói aquilo mesmo que ela permite expressar.

Em outras palavras, eu acho que a aplicação esclarecida das lógicas lógicas poderia consistir em apreender a lacuna entre as lógicas práticas e as lógicas lógicas. Se, por exemplo, vocês se divertirem com um exercício que era praticado e ainda é praticado entre os filósofos, formalizar as provas da existência de Deus em Aristóteles, ou formalizar algum capítulo da lógica de Port-Royal[104], vocês podem ter dois objetivos. Um consiste em trazer esses discursos pré-lógicos para a lógica, gabando-se de fazer a verdadeira filosofia científica. O outro consiste em descobrir, ao formalizar, aquilo que não funciona e, ao mesmo tempo, fazer aparecer, pelo próprio descarte e pela reflexão sobre o descarte, a especificidade de lógicas práticas que são práticas só até certo ponto. Mas como, num universo em que prevalece a ciência no sentido de "ciência dura" (segundo essa oposição estúpida [...]), de ciência formal, formalista, formalizada, a lógica gera lucros tão grandes, prefere-se quebrar os objetos a compreendê-los. (Essa é uma de minhas lutas no campo científico: eu acho que é preciso, nem sempre, mas muitas vezes, sacrificar lucros de cientificidade para fazer ciência social. Isso foi um parêntese.)

Essas lógicas práticas têm essa particularidade: elas são práticas exatamente porque não perdem tempo interrogando-se sobre sua lógica. Elas quase não têm reflexividade, quase não têm autocontrole, elas funcionam mais ou menos, até um certo ponto, nos limites do razoável. [...] Mas é preciso ver que a "mentalidade primitiva" de Lévy-Bruhl[105], o "pensamento selvagem" [de Lévi-Strauss] não são característicos das sociedades "primitivas". O pensamento selvagem é nossa maneira de pensar quando pensamos ordinariamente, quando não agimos como lógicos. Na vida ordinária, passamos nosso tempo pensando como Lévy-Bruhl dizia

---

104. P. Bourdieu pensa, sem dúvida, especialmente no que se segue, no trabalho de Louis Marin: *La Critique du discours sur la* Logique de Port Royal *et les* Pensées *de Pascal* [*A crítica do discurso sobre a* Lógica de Port Royal *e os* Pensamentos *de Pascal*]. Paris: Minuit, 1975. Michel Foucault também publicou "La Grammaire générale de Port-Royal" ["A gramática geral de Port-Royal"]. *Langages*, v. 2, n. 7, p. 7-15, 1967.
105. LÉVY-BRUHL, L. *A mentalidade primitiva*. Trad. de Ivo Storniolo. São Paulo: Paulus, 2008 [*La Mentalité primitive*, Paris: Alcan, 1922].

que os primitivos pensavam. O pensamento cotidiano utiliza 80% de categorias de classificação não explicitadas e portanto não controladas logicamente.

Faço um outro parêntese, mas ele é importante: os sociólogos são obrigados a fazer operações de codificação. Se eles não puderem classificar pelo menos masculino/feminino, jovens/velhos, não há mais ciência. Mas suas operações de codificação engajam uma filosofia absolutista. Reencontramos aquilo que eu disse há pouco: eu faço um código, sou cientista, devo prestar contas à comunidade científica e portanto tenho uma tendência a pensar que meu código é *o* código. Quando codificamos "masculino/feminino", pressupomos que não há outras categorias possíveis. É muito raro, porque seria quase fisicamente insuportável, fazer um código dizendo-se que ele não passa de um código entre outros, que está ligado a uma problemática particular, ou então que apenas se reproduz um código que está na realidade. Eu desenvolvi isso longamente no primeiro capítulo de *Homo academicus*: as coisas mais fáceis de codificar são aquelas que estão codificadas na realidade, ou seja, codificadas por atos jurídicos que impõem fronteiras onde existem continuidades (como, no aeroporto, faz-se um corte dizendo-se: "Sem bagagens de mais de 30 quilos").

Na vida, a maioria das distribuições é de *continuums*, mas a sociologia precisa cortar, como dizia Pareto, que não é suspeito de subjetivismo e é invocado constantemente pelos defensores de uma ciência dura. Pareto perguntava onde passa a fronteira entre os ricos e os pobres, onde começa a velhice, onde termina a juventude[106]. Em cada época, há uma luta para saber onde começa a velhice e termina a juventude[107]. Em geral, a velhice tem privilégios, mas a juventude tem vantagens e os velhos têm interesse em fazer com que os jovens acreditem que são jovens demais para acessar os privilégios da velhice. Há belíssimos trabalhos de historiadores sobre essas questões[108]. Por exemplo, no renascimento florentino, dizia-se aos jovens: "Vocês são jovens, vocês têm a virtude, ou seja [a sexualidade (?)], vão pro inferno e deixem-nos em paz com o poder!" [*risos na sala*]... A teoria

---

106. PARETO, V. *Traité de sociologie générale* [*Tratado de sociologia geral*]. Paris: Payot, 1917, cap. 13, esp. § 2.544.
107. Cf. BOURDIEU, P. "A 'juventude' é apenas uma palavra". In: *Questões de sociologia. Op. cit.*, p. 137-147 [143-154].
108. DUBY, G. "Dans la France du Nord-Ouest au XII<sup>e</sup> siècle: les 'jeunes' dans la société aristocratique" ["No noroeste da França no século XII: os 'jovens' na sociedade aristocrática"]. *Annales ESC*, v. 19, n. 5, p. 835-846, 1964.

das três idades que encontramos constantemente nos filósofos se enraíza nisso. Assim, Alain retoma ingenuamente a ideologia: a juventude é o amor; a velhice é a sabedoria[109].

As fronteiras mais banais são portanto sempre jogadas de força. Sempre há alguém que coloca um traço onde havia uma distribuição realmente muito contínua. Sempre é preciso cortar... Como, de modo geral, isso já está cortado na realidade (existe a idade do serviço militar, a idade da aposentadoria etc.), codificamos facilmente, e a visão espinosista acaba reforçada: encontro algo totalmente codificado, não tem problema, reproduzo o código... Mas se, por exemplo, quisermos codificar o grau de notoriedade científica[110], isso fica muito complicado. Aqui não existe código. E com motivos para isso: muitas pessoas têm interesse em que não exista um código sobre esse ponto para o qual não existe um código; e talvez jamais existirá um. [*Não foi possível reconstituir exatamente esta passagem: P. Bourdieu parece explicar que ainda assim o sociólogo cria um código, mas que esse código não deve ser visto no mesmo plano de um código fundamentado sobre uma diferença constituída na realidade.*] Num caso, é a codificação científica, produzida por alguém que não tem nada a fazer a não ser tentar compreender. Ele precisa criar uma divisão para conseguir encontrar diferenças, relações entre as diferenças, sistemas de relações entre os sistemas de diferenças: esse é todo o trabalho científico. No outro caso, uma fronteira foi decidida, em geral ao término de lutas, para instaurar as relações de dominação, já que as divisões jamais são como os pratos de uma balança: sempre há um lado correto da linha. Essa é uma outra propriedade das lógicas práticas, elas são cômodas, práticas, não muito lógicas para poderem permanecer práticas, mas elas também são carregadas de funções práticas, e em particular de funções de dominação, já que uma coisa fundamental é que é preciso fazer com que os agentes sociais aceitem as divisões segundo as quais eles são classificados, fazer com que aceitem, por exemplo, que masculino/feminino é uma divisão legítima ou que "elevado/baixo" é uma definição ética independente das propriedades daqueles que, como que por acaso, são elevados ou baixos (ou seja, ricos ou pobres, por exemplo).

---

109. ALAIN. *Sentiments, passions et signes* [*Sentimentos, paixões e signos*]. Paris: Gallimard, 1958 [1926], cap. 15: "Les âges et les passions", p. 89-90. Por exemplo: "A virtude do adolescente é o pudor; e a virtude do homem maduro é a justiça; e a virtude do idoso é a sabedoria" (p. 90).
110. Cf. BOURDIEU, P. *Homo academicus. Op. cit.*, p. 31 [21].

As percepções ordinárias do mundo social são portanto estruturadas segundo esquemas de percepção de aplicações muito gerais que valem tanto para classificar agentes sociais quanto para classificar obras de arte, livros, todas as coisas do mundo... Esses princípios são esquemas práticos, pré-reflexivos, não conscientes, não explícitos, quase corporais, o que, creio, é muito importante: os esquemas mais profundos são incorporados. O sistema de classificação se expressa, por exemplo, na maneira de se portar: pernas cruzadas ou não, ficar reto (o reto [*droit*] é o masculino), à direita/à esquerda, olhar nos olhos, no rosto (entre os cabilas, uma mulher respeitosa baixa os olhos). A divisão direita/esquerda torna-se uma postura corporal. Esses princípios de divisão incorporados são, sem dúvida, aquilo que existe de mais poderoso, aquilo que é o mais constitutivo do mundo social. Eu disse isso na última aula: os princípios estruturantes da percepção do mundo social são, em parte muito grande, a incorporação das estruturas objetivas do mundo social. Se, por exemplo, nas sociedades magrebinas, a oposição entre o masculino e o feminino é uma oposição determinante à qual todas as outras (alto/baixo, seco/úmido, quente/frio, leste/oeste etc.) podem ser relacionadas, isso ocorre fundamentalmente porque a divisão fundamental dessas sociedades é a divisão masculino/feminino, que é encontrada em todos os níveis da prática, a começar pela divisão do trabalho. Se tivermos em mente que essas divisões estão em harmonia, em fase com as estruturas objetivas e que existem no estado incorporado, no estado de quase-reflexos posturais, percebemos a força reprodutora desses princípios de visão e divisão.

## A criação política

Isso se articula com aquilo que eu dizia há pouco sobre a política. O campo político é o lugar onde falamos do mundo social, onde falamos da classificação correta, onde falamos, por exemplo, que "A luta de classes está superada", que "Hoje em dia as oposições são outras", ou então que "Essa oposição é arcaica, aquela é moderna". Parece-me que o político pode fazer duas coisas. Ele pode explicitar essa lógica prática da percepção do mundo social, e talvez o essencial do trabalho político consista nessa espécie de promoção ontológica, que transforma os esquemas práticos corporais em oposição explícita, que enuncia o pré-reflexivo, o não tético. O político também pode (geralmente isso é simultâneo) trabalhar ou para reforçar ou para transformar essas estruturas através da explicitação que celebra ou critica. A característica do trabalho político (obviamente, é preciso incluir aqui o trabalho religioso, o trabalho profético, por exemplo) reside, me parece, nessa espécie de criação que consiste em fazer as coisas passarem do estado implícito para o explícito. Vocês vão me perguntar: "Mas por que essa palavra 'criação', muitas vezes carregada de conotações ideológicas (os 'criadores' etc.), por que essa concessão ao vocabulário da criação?" Na verdade, a característica dos esquemas práticos é que eles são cegos a si mesmos.

De certa maneira, aquele que age segundo esquemas práticos não sabe o que faz, e uma das dificuldades do trabalho antropológico e etnológico consiste no fato de que o etnólogo, sabendo ou não, está numa posição quase socrática; ele deve ajudar seu informante a fazer o parto dos princípios de classificação dos quais o informante não tem consciência e só consegue manipular na prática. Daí o grande progresso que certas correntes da etnologia realizaram, como a etnobotânica, ao empregar técnicas indiretas que dão aos agentes sociais a ocasião de pôr em prática seus esquemas de classificação e ao mesmo tempo tentar explicitar esses esquemas: coloca-se plantas medicinais ou objetos em pequenas caixas e pede-se aos entrevistados para os classificarem e depois dar um nome a cada uma das classes e, por fim, extrair o princípio da classificação, o princípio da produção das diferentes classes. Eu transpus o exercício para a política; colocamos nomes de trinta políticos em pequenos papéis, apresentamos os papéis para as pessoas e dizemos para elas: "Aqui estão os papéis, classifique-os como quiser". Depois que eles classificaram, perguntamos: "Como você chama aquela classe? E esta aqui?" É claro que é preciso refletir sobre isso porque não devemos esquecer que a situação é artificial (é uma besteira clássica: a partir do momento em que fazemos experimentos, esquecemos a situação experimental).

É preciso saber que a situação é artificial, que é excepcional para a maioria dos agentes sociais que, em sua vida cotidiana, jamais são expostos a esse tipo de situações em que têm de classificar o conjunto de agentes e depois explicitar os princípios de classificação... Mas, depois de fazer essa correção mental, percebe-se que o experimento ainda assim dá uma ideia da forma como as pessoas classificam na existência cotidiana. Uma coisa interessante [num experimento em que os pesquisados tinham que classificar papéis com nomes de profissões] é que essas taxonomias práticas muitas vezes têm princípios extrapolíticos, por exemplo a oposição masculino/feminino. Eu falei disso aqui mesmo há alguns anos[111]: um dos sujeitos submetidos ao experimento [...] criou duas categorias: uma superior, dos trabalhadores qualificados e outra inferior, e para a superior, ele disse: "Tudo veado [*pédé*]!", e o símbolo disso era o apresentador de televisão... [*risos na sala*]. A gente ri, mas isso é muito complicado, seria preciso analisar isso por várias horas: sua resposta quer dizer que as divisões sociais são sobredeterminadas sexualmente, que alto/baixo, no espaço social, tem a ver com algo como problemas de virilidade.

Assim, os agentes sociais põem em prática esquemas práticos, que podemos tentar reconstituir por vias indiretas. Esses esquemas práticos não são explícitos, não são controlados. Eles não têm a constância e a coerência da lógica: a gente classifica, mas o tempo passa e num certo momento esquecemos [os critérios práticos de classificação empregados no começo da operação] e não tem um Sócrates para dizer: "Mas agora há pouco você dizia que... É preciso saber..." As lógicas práticas funcionam de modo aproximado e vago.

## O efeito de teoria e os mestres pensadores

Aqui criei um suspense porque essas são coisas que acho que entendemos rápido demais. Aquele que chega com uma classificação e que tem diante de si uma lógica prática tem uma força fantástica. Se você chega dizendo "Existem duas classes" para alguém que jamais refletiu sobre isso e que te diz, em situação de angústia (porque sempre é preciso dar uma justificação), "Tudo veado!" ou algo equivalente, você tem uma força de imposição absolutamente fantástica. É isso que chamo de "efeito de teoria", o efeito que todo discurso teórico exerce enquanto discurso que faz enxergar e que faz acreditar naquilo que se enxerga... A frase é um pouco abrupta, mas Marx (que, de todos os teóricos do mundo social, é aquele que exerceu o efeito de teoria mais poderoso porque conseguiu fazer acreditar quase universalmente que sua visão do mundo social era a correta, incluindo aqueles que a combatem...) incluiu tudo em sua teoria, menos o efeito de teoria. Quando hoje medimos, através do jogo dos papeizinhos, as opiniões sobre o mundo social ou a visão do mundo social, medimos o "efeito Marx".

---

111. Na aula de 19 de maio de 1982 (*Sociologia geral*. Vol. 1. *Op. cit.*, p. 83 [96]). A pesquisa a que P. Bourdieu se refere foi realizada por Yvette Delsaut em Denain, perto de Valenciennes, em 1978.

Esse efeito que descrevo é o efeito que se exerce quando você tem alguém que tem uma lógica prática, que sabe as circunstâncias em que é preciso se curvar, aquelas em que pode se gabar etc. Essas são coisas completamente corporais. Existe uma espécie de dança do mundo social. Também existe uma curvatura, um volume social, o que foi muito estudado: observou-se que, quanto mais as pessoas se sentem importantes, mais elas têm lugar no espaço, e mesmo no espaço temporal. Numa assembleia, por exemplo, a não ser que tenham um mandato estatutário para falar (como tenho aqui), quando há uma luta pelo monopólio da palavra, as pessoas se concedem um tempo proporcional à ideia que têm do tempo que o grupo lhes concede, e isso é sentido pelo momento, pelo ritmo, pela retórica etc. É claro que sempre tem gente que erra essa estimativa [*risos na sala*] e tem os coitados que se concedem tempo demais (e então os outros começam a conversar), mas o que é interessante é que as pessoas são menos loucas do que parece: de modo geral, o tempo de palavra que as pessoas se concedem numa assembleia é uma boa medida do tempo que o grupo lhes concede. Essa é uma espécie de representação de seu próprio volume, de seu peso social. Quando dizemos "peso social", isso é absolutamente corporal: isso se torna uma maneira de andar, uma maneira de projetar a voz, um tom... Poderíamos fazer uma sociolinguística da importância a partir do sentimento de importância que o sujeito pensa que o grupo lhe concede.

Imaginem que, diante de alguém que tem uma lógica prática, um senso da orientação, um senso prático do mundo social e de seu lugar apropriado nesse mundo, chega o teórico (a palavra não tem nada de pejorativo, eu a uso para descrever) que tem uma classificação. Essa classificação pode ser, por exemplo, uma classificação puro/impuro de tipo religioso. Mas ela pode ser uma classificação política, como hoje em dia. Tendo diante de si o pré-construído, o pré-reflexivo, ou seja, tudo isso que eu disse agora há pouco, ele exerce quase automaticamente um efeito de imposição e seria preciso muita força simbólica para resistir a alguém que te propõe uma classificação. Um outro exemplo: imaginem um jogo em que vocês pedem para as pessoas: "Peguem uma folha de papel e desenhem para mim o mundo social". As pessoas se perguntam se o mundo social é redondo, quadrado, se tem três dimensões ou quatro, e alguém chega com um pequeno diagrama. Esse é um efeito de teoria. É isso: o efeito de teoria é o efeito criador exercido pelo simples fato de falar explicitamente ("Opinar é falar"), de estar em posição de falar do mundo social. O efeito profético ("Não me procurarias se já não me houvesses achado"[112]) reside assim fundamentalmente nesse ato de promoção ontológica que consiste em dizer às pessoas aquilo que elas já sabiam no modo prático, mas que ficam maravilhadas de descobrir na objetividade de um discurso, de uma quase-sistematização (porque os sistemas proféticos jamais são sistemáticos no sentido da lógica) das coisas que sentiam.

O efeito de teoria age, portanto, como efeito de explicitação. Dito isso, há uma elasticidade dos esquemas práticos: os esquemas práticos são compatíveis com várias opiniões (perdoem-me por acompanhar meu discurso com um metadiscurso, mas acho que este é um ponto muito importante). Pode-se fazer o experimento: o mesmo sistema de categorias práticas, de esquemas práticos, pode ser reconhecido em explicitações relativamente diferentes. A elasticidade não é absoluta (não se pode dizer para o sujeito de "Tudo veado!" que Mourousi[113] é um trabalhador de força), mas ela é muito maior do que poderíamos acreditar. É isso que torna possível o trabalho político. (Todo esse longo discurso pode às vezes parecer complicado e tudo isso que eu disse poderia ter dito em três minutos mas, como eu já disse várias vezes, a sociologia se compreende de maneiras diferentes. Por exemplo, na última aula eu disse isso *in abstracto*, mas para ser compreendido um pouco melhor, acho que é preciso passar por análises que ligam o mais abstrato e o mais concreto.)

Assim, um dos efeitos políticos mais importantes reside nessa capacidade de fazer existir uma das virtualidades de expressão de esquemas práticos, de classificações práticas, de princípios práticos de visão do mundo, de modo que a luta política será em parte uma luta pela explicitação reconhecida – "reconhecida" naquele sentido em que as pessoas se reconhecem e que reconhecem porque se reconhecem nele. Esse é o efeito de profecia... Elas se reconhecem nele como se dissessem: "Isso é exatamente o que eu pensava". Empregamos então o imperfeito, o que demonstra que está tudo acabado: não podemos mais saber o que pensávamos antes. Uma vez que ouvimos alguém que nos diz o que deveríamos pensar sobre um assunto que pensávamos em esquemas práticos, você jamais saberá novamente no que pensava. É por isso que é preciso prestar atenção quando se escuta.

---

112. PASCAL. *Pensamentos. Op. cit.*, 553, p. 173 [Ed. Lafuma, 1919].
113. Em referência à proposta da pesquisa, P. Bourdieu toma como exemplo um apresentador "popular" de televisão da época, Yves Mourousi, do jornal das 13h no primeiro canal [o Canal TF1].

Já foram feitas várias digressões (isso estava na moda há alguns anos[114]) sobre os "mestres pensadores", "os mestres de pensar" etc. Mas a situação de mestre pensador é muito mais disseminada do que podemos acreditar. O mestre pensador é alguém que elaborou um pouquinho mais do que a média das pessoas os princípios de visão do mundo (podem ser da moral, da religião, da política etc.) e que, pelo simples fato de apresentar um produto explícito e com pretensão de coerência (ele nem sequer precisa ser "coerente") produz um efeito irreversível e faz pensar que pensávamos aquilo que diz.

Se esse efeito é real e se, por outro lado, como eu disse na última aula (mas aqui seria preciso refazer uma longa demonstração), aquilo que os agentes pensam sobre o mundo social contribui para reforçar ou transformar o mundo social, percebemos que existe uma força simbólica do poder simbólico, da violência simbólica. Não é por gostar de um radicalismo chique que emprego a expressão "violência simbólica". Toda a análise que acabo de fazer diz que existe uma violência inerente à explicitação. O desvelar é uma violência porque não devemos nos esquecer da distribuição desigual das capacidades de explicitação, das capacidades de acessar a opinião, ou seja, o discurso, o discurso formulado, explícito, passível de ser pronunciado porque é passível de ser escutado (isso se junta àquilo que eu dizia sobre o volume social: se eu não falo, muitas vezes é porque não tem ninguém para me escutar e então, de qualquer maneira, eu falaria para um deserto). Se é verdade que as capacidades de produção desse discurso de explicitação são repartidas desigualmente, percebemos que a violência política é inerente à estrutura social.

Agora, se é verdade, como eu disse na última aula, que a percepção do mundo social contribui para a estrutura do mundo social, para sua manutenção ou sua transformação, percebemos que os detentores do monopólio da explicitação da visão do mundo, quer dizer, os intelectuais, os letrados, os oradores, os teóricos, os detentores do monopólio do discurso sobre o mundo social, são dotados de uma força considerável. Não é por acaso que, na maioria das sociedades, há uma luta entre o rei, o *bellator* [aquele que combate] e o *orator* [aquele que reza], aquele que fala e que de alguma forma pode se contrapor ao rei ao dizer que o mundo é diferente do que ele diz. Aliás, uma coisa interessante são os modos de expressão às vezes diferentes empregados pelo rei e pelo *orator*: o rei pode dizer sem palavras

---

114. André Glucksmann, por exemplo, publicara *Les Maîtres-penseurs*. Paris: Grasset, 1977.

como enxerga o mundo social. Ele pode dizer isso, por exemplo, através da planta de uma cidade. Penso num trabalho de Gérard Fussman[115] que mostra que, na Índia antiga, a filosofia do social dos soberanos se manifestava na planta da cidade. É claro que também há o nome da cidade (todo mundo conhece Stalingrado[116]), e isso é importante porque dar nomes é o beabá da explicitação, já que nomear é dizer como se deve perceber, enxergar, acreditar.

Mas podemos fazer discursos sem palavras sob a forma de uma planta de cidade, por exemplo, que é uma distribuição ideal do espaço social, com as divisões em castas, bairros separados, circuitos processionais que seguem uma ordem, que é a ordem ideal da hierarquia etc. Por exemplo, uma procissão pode ser um discurso político: as Panateneias[117] são um discurso político fantástico e quando há um escultor para reproduzi-las... Percebemos que, nessa lógica, a arte é um discurso político. Não me façam reduzir a arte ao político, mas num discurso artístico sempre há uma dimensão política na medida em que essa é uma das maneiras de falar do mundo social. Como demonstra o retrato do rei[118], o dominante é em parte (essa é uma de suas definições) aquele que pode impor o ponto de vista correto sobre si mesmo, e o dominado é aquele que não pode impor o ponto de vista correto sobre si mesmo. Um dos objetivos da luta política (eu disse que tentaria analisar a lógica específica da luta simbólica, da luta política) é ser capaz de impor a todos o ponto de vista que se tem sobre si mesmo e que é, aliás, de modo geral bastante indulgente: é o bom perfil. Voltarei a isso mais tarde. [...]

---

115. O indianista Gérard Fussman fora nomeado professor do Collège de France em 1984 para a cátedra História do Mundo Indiano. O trabalho mencionado talvez seja "Pouvoir central et régions dans l'Inde ancienne: le problème de l'Empire maurya" ["Poder central e regiões na Índia antiga: o problema do Império Maurya"]. *Annales ESC*, v. 37, n. 4, p. 621-647, 1982.

116. A atual cidade de Volgogrado foi nomeada "Stalingrado" (em russo, a "cidade de Stalin") em 1925, antes de ser rebatizada em 1961, no momento da desestalinização.

117. O estudo dessas festividades religiosas atenienses, cujas procissões estão representadas num friso célebre do Partenon, seria o tema de um número de *Actes de la Recherche en Sciences Sociales* que P. Bourdieu planejava. Cf. CHRISTIN, O. "Comment se représente-t-on le monde social?" ["Como se representa o mundo social?"]. *Actes de la Recherche en Sciences Sociales,* n. 154, p. 3-9, 2004 (o artigo reproduz notas de P. Bourdieu para esse número).

118. P. Bourdieu pensa no livro de Louis Marin, *Le Portrait du roi* [*O retrato do rei*]. Paris: Minuit, 1981.

## Segunda hora (seminário): a invenção do artista moderno (2)

Nesta segunda hora abordo o problema da história social do nascimento do artista no sentido moderno. Durante a última sessão, tentei explicitar os princípios da arte *pompier*, ao tentar mostrar que os princípios da arte *pompier* poderiam, de certa forma, ser deduzidos de uma descrição sociológica da instituição acadêmica. Eu acentuei um pouco a dedução; é o lado um pouco cientificista [...] da abordagem empregada. Mas é uma situação muito exemplar em que descrever a instituição é de alguma forma descrever as produções culturais correspondentes, o que é uma empreitada pertinente com muito mais frequência do que poderíamos acreditar. O interesse metodológico do exercício é fazer ver que, em certos casos, uma sociologia das obras, por exemplo a sociolinguística de uma obra intelectual, se não quiser ficar no nível de uma conversa descritiva, deve se apoiar numa sociologia da instituição em que produzem (ou são produzidos) os produtores do discurso em questão. Isso vale para a história da arte, mas também para a história da literatura, das ciências etc.

Vou dizer uma pequena maldade mas às vezes elas são úteis... A história literária na França de hoje está num estado de crise avançado, quase patético, em que cada produtor se acredita obrigado (é um indício dessa crise) a inventar uma sigla para caracterizar sua própria produção ("sociocrítica"[119] etc.). Se quisermos fazer uma sociologia rigorosa das obras, seria preciso relacioná-las à posição no espaço de produção daqueles que as produziram: é o beabá do que ensino há anos. Mas ao estudar as produções da instituição, as produções acadêmicas, por exemplo a tese de doutorado ou o normaliano[120] escritor, privamo-nos de um instrumento fundamental se estudamos as obras, [os escritores] Julien Gracq ou [Jean] Giraudoux, sem estudar as condições sociais de produção, quer dizer, a instituição da qual eles são o produto, no caso a École Normale [supérieure]. A sociologia das obras é inseparável de uma sociologia das instituições nas quais as obras são produzidas...

---

119. Alusão ao programa de pesquisa teorizado sob esse nome como "poética da socialidade", por Claude Duchet (cf. em particular "Pour une sociocritique – Variations sur un *incipit*" ["Para uma sociocrítica: variações sobre um *incipit*"]. *Littérature*, n. 1, p. 5-14, 1971).

120. Aluno da École Normale Supérieure, uma das *grandes écoles* francesas responsáveis pela formação de sua elite – no caso, a ENS forma professores universitários de alto nível para as ciências humanas, letras e filosofia [N.T.].

Digo isso de modo solene, mas é relativamente importante e muito pouco compreendido, a ponto, aliás, daquilo que eu digo sobre a arte *pompier*, que pode parecer trivial, jamais ser dito. A arte *pompier* entrou na moda de maneira brusca[121], mas aquilo que salta aos olhos jamais é dito: age-se como se fosse uma arte que tem propriedades estéticas, que podemos discutir, mas não afirmamos com a força que deveríamos que compreender essa arte é compreender não aqueles que a produziram no sentido de indivíduos – aqui trata-se de outro erro quando queremos fazer história social da literatura ou da pintura: acreditamos que basta estudar os produtores, sua biografia etc. –, mas também a posição das pessoas no espaço de produção e, neste caso em particular, a posição institucional, já que os pintores acadêmicos estão apoiados numa instituição dominante no campo, de modo que fazer pintura era fazer o que eles faziam. Portanto, eles tinham o poder de definição (o elo com [a primeira hora] da aula é evidente) da visão correta do mundo, do que era preciso ver, daquilo que era para ver, quer dizer, para pintar, daquilo que não era para ver, que era detestável (pintar era se conformar), e a definição da pintura legítima coincidia com uma definição pictórica daquilo que devia ser pintado e a maneira de pintá-lo. Tudo isso está inscrito na instituição.

## Os escritores não deveriam falar para não dizer nada?

Para recapitular: na última aula, comecei citando dois textos para vocês, um de Laforgue, outro de Courbet, que diziam que a história da pintura no século XIX era a história da liberação da pintura em relação à instituição acadêmica. O que faço aqui é a história de um movimento de liberação, quer dizer, a história da conquista da autonomia, de uma autonomia coletiva, de uma autonomia institucional, do direito de fazer certas coisas de certa maneira; no caso, o que estava em jogo é o direito de fazer a pintura de modo pictórico. Eu continuei dizendo (esse é o diagrama de minha análise) que, nessa luta de liberação que foi a história da pintura por volta de 1830, os pintores só conseguiram triunfar com a ajuda dos escritores que, em seguida, serviram-se do exemplo dos pintores para realizar eles

---

121. A arte *pompier*, que a "revolução impressionista" desvalorizara por muito tempo, foi objeto de um processo de redescoberta e reabilitação a partir da década de 1970 (em particular, a exposição "Equívocos: pinturas francesas do século XIX" ocorreu em 1973 no Museu das Artes Decorativas). P. Bourdieu mencionará na aula seguinte exposições no Palácio de Luxemburgo. A exposição de telas "pompier" no Museu d'Orsay (inaugurado um pouco depois desse curso, em 1986) se inscreverá nessa evolução.

mesmos sua liberação. Aqui já antecipo grande parte do conjunto do que vou dizer. Se eu quisesse manter o suspense, não deveria agir dessa forma, mas quero dar a linha geral antes de entrar nos detalhes.

Gostaria de citar um outro texto para vocês. Eu disse na aula passada que Zola teve um papel particular, bizarro, de agente histórico inconsciente, uma figura cujo equivalente encontraremos em outros domínios. Ele foi o porta-voz por excelência de Manet e foi o defensor da pintura-pintura, ou seja, de uma pintura cuja única justificação é ser pictórica, e que não precisa mais se justificar pela qualidade – e especialmente pela importância histórica – dos objetos que ela representa. Eu sugeri que, surpreendentemente, Zola de alguma forma não obteve lucros particulares da liberação da qual se tornou o porta-voz, da liberação dos pintores. Entretanto, essa estética passou por sua boca. Com efeito, todos os historiadores dizem que Zola muito provavelmente trabalhou não sob as ordens de Manet, mas após ter ouvido Manet, já que Manet tinha uma capacidade de explicitação (reencontramos o assunto de agora há pouco) superior à média entre os pintores, sobretudo nessa época. Isso obviamente deve ser ligado às características sociais dos pintores que, como mostram as pesquisas, são de origem social mais baixa e estudam menos que os escritores. Conta-se que no café onde se reuniam os impressionistas e os escritores, Renoir e Monet ficavam em silêncio e que, muitas vezes, eram objeto de gracejos, porque eram um pouco grosseiros, não falavam bem etc. Há três grandes exceções a essa relação pintor-escritor, essa relação de força: Delacroix, que escrevia e escrevia bem (acho que ele tinha o bacharelado, ou algo equivalente), Manet e acho que o mais típico é Duchamp que foi o primeiro a denunciar explicitamente a frase "besta como um pintor"[122], que era corrente entre os escritores. O mesmo acontece no meio universitário, onde se diz "besta como um geógrafo".

Essas são fórmulas classificatórias que recorrem às diferenças sociais: a hierarquia das disciplinas que vai da matemática à geologia ou da filosofia à geografia corresponde a uma hierarquia de origem social... "Besta como um geógrafo" significa que existem características sociais, condições sociais de produção dos geógrafos que fazem com que, do ponto de vista dos dominantes num espaço determinado, eles pareçam "bestas". "Besta como um pintor" queria dizer a mesma coisa; assim, Monet saiu da escola com doze anos e frequentou ateliês de provín-

---

122. Cf. DUCHAMP, M. *Duchamp du signe – Écrits*. [*Duchamp do signo – Escritos*]. Paris: Flammarion, 1994 [1959], p. 174.

cia. Enquanto trabalhador manual não muito instruído, ele não estava à vontade nas discussões estéticas com os escritores.

Depois desse parêntese dentro do parêntese, volto a Zola. Ele foi o porta-voz de um pintor que se distinguia por sua capacidade de voz particular e, como resultado, expressou uma estética que não transpôs para sua prática de escritor. O problema me parece muito bem formulado num texto de [André] Gide que encontrei por acaso. Eu o destaco aqui: "Muitas vezes me perguntei por que prodígio a pintura estava tão adiantada e como acontecia que a literatura se tivesse deixado distanciar assim? Em que descrédito, hoje, cai aquilo que se tinha costume de considerar, em pintura, 'o motivo'! Um belo tema! Isso provoca o riso. Os pintores não ousam nem mesmo arriscar um retrato, a não ser com a condição de eludir qualquer semelhança. Se levarmos a bom termo nosso trabalho, e pode contar comigo para isso, não dou dois anos para que um poeta de amanhã se ache desonrado se alguém entender o que ele quer dizer. Sim, senhor conde: quer apostar? [...] Proponho operar a favor do ilogismo. Que belo título para uma revista: *Os limpadores!*"[123]

Gide escreveu isso em *Os moedeiros falsos*. Não quero fazer uma análise literária precipitada, mas podemos dizer que *Os moedeiros falsos* é um livro no qual se coloca na prática a questão da expressão do discurso: será que o romance deve dizer alguma coisa ou deve haver um romance puro que não diz nada além do fato de se dizer? Como sempre, em casos desse tipo, temos um romance sobre o romance, com os efeitos de narrativa em abismo [*mise en abîme*]: um romancista diz que escreve um romance sobre um romance; o romance se torna seu próprio fim para si mesmo, torna-se explicitamente romanesco, como a pintura tornara-se pictórica. Vocês percebem que Gide encontra espontaneamente a comparação com a pintura: como os escritores conseguiram ficar atrasados em relação à liberação que os pintores realizaram ao afirmar a recusa explícita da submissão aos motivos? Na verdade, os poetas a que Gide alude realizaram o equivalente a essa revolução, contrariamente ao que ele diz. Já os romancistas ainda não haviam chegado lá (foi preciso esperar o "*nouveau roman*"[124] ["novo romance"]).

---

123. GIDE, A. *Os moedeiros falsos*. Trad. de Mário Laranjeira. São Paulo: Estação Liberdade, 2009, p. 354-355 [*Le faux-monnayeurs*. Paris: Gallimard, 1925]. P. Bourdieu voltará a esse texto em *As regras da arte. Op. cit.*, p. 160 [230].
124. Expressão que designa as obras de um grupo de escritores franceses publicadas na década de 1950 por Jérôme Lindon nas Éditions de Minuit.

A história que eu queria contar é a história de uma liberação dos produtores do discurso em relação à obrigação de dizer alguma coisa. Isso está ligado à minha descrição da arte *pompier*. Um imperativo fundamental da arte acadêmica era que ela devia significar, e o que Zola disse no texto que citei no começo da última aula foi: "Mas por que se exige que essas pessoas signifiquem? A pintura não é uma linguagem". Zola ainda não dizia isso, mas [questionava a obrigação determinada] para as artes da linguagem, quer dizer, a escrita, de significar, de dizer alguma coisa que transcenda à maneira de dizer: será que os escritores não deveriam se pôr a falar para não dizer nada, falar para falar, e focar a intenção estética para a intenção expressiva, para a expressão em si, em vez de subordinar a expressão a um conteúdo expresso? Eis o que me parecia ser o que estava em jogo.

## O mestre e o artista

Agora recordo muito rapidamente as principais características da pintura acadêmica que já tinha mencionado. Voltarei a isso numa outra fase deste curso quando mencionarei as críticas feitas pelos críticos à obra de Manet. Então reencontraremos, mas no estado prático e implícito, os princípios que estou listando a propósito da arte acadêmica. Hoje, é através de uma reflexão sobre a instituição e o discurso acadêmico que retiro os princípios constitutivos da pintura *pompier*. Esses princípios se expressam, no estado prático, na lógica que mencionei há pouco (teremos uma espécie de verificação) sob a forma de "eu gosto"/"eu não gosto", "isso não está pronto"/"isso está exagerado demais" etc. Além disso, posso dizer que no meu trabalho comecei analisando as taxonomias práticas que os críticos empregavam em suas percepções escandalizadas dos pintores impressionistas, já que as taxonomias práticas se expressam muito melhor diante de algo que está errado. Com efeito, a indignação faz o explícito sair, o que aliás é importante como técnica de entrevista: se você perguntar para alguém o que é um "belo casamento", ele não saberá responder, mas explicitará muito mais facilmente seus princípios práticos se você pedir a ele para falar sobre casamentos escandalosos. Aqui é parecido: os pintores acadêmicos são pouco explícitos se lhes perguntamos o que se deve fazer para pintar um belo quadro, mas, diante do tipo de escândalo constituído pela *Olympia* de Manet, eles dizem por que o nu é ótimo quando Couture pinta nus frios, gelados, mas escandaloso quando é a *Olympia*. Diante da *Olympia*, eles saem de si e seu implícito mais profundo se expressa um pouquinho. Portanto, comecei a explicitar essas taxonomias a partir da análise das críticas; apenas depois cheguei à análise que apresento para vocês hoje sob uma forma mais dogmática.

Um grande princípio é que o pintor acadêmico, em oposição a um artista, é essencialmente um mestre. Ele é um mestre com tudo aquilo que isso implica: ele é canonizado, consagrado por uma instituição acadêmica. Ele tem uma autoridade de instituição. Ele é um mandatário, um delegado, enquanto o artista, quando esse personagem for inventado, é alguém cuja pessoa contará tanto quanto sua obra e seu estatuto, e é com os impressionistas que aparece o interesse pela biografia e pelas excentricidades, reais ou imaginárias, dos pintores. Já o mestre não tem biografia. Ele tem, e essa é uma grande diferença, uma carreira, um *cursus honorum* [curso honorífico]: ele passou pelo ateliê, fez o concurso de Belas-Artes, foi a Roma, tornou-se professor de Belas-Artes, em seguida preparou o concurso de Roma, depois esteve no júri de Roma, recebeu a Legião de Honra. Mesmo agora, quando o campo artístico está completamente autonomizado, sempre existem pintores com esse *cursus*: há alguns anos, no artigo "A produção da crença", dei alguns exemplos de pintores contemporâneos que têm um *cursus* de tipo universitário, com uma clientela do mesmo tipo[125]. Eles são pintores garantidos pelo Estado e isso volta a um problema que formulei implicitamente há pouco: será que no mundo social não haveria uma visão garantida pelo Estado?

A única definição de Estado sobre a qual tenho certeza no momento é a seguinte: o Estado detém o poder de garantir certas visões. Assim, o título acadêmico garante que vocês são inteligentes, que vocês sabem matemática. Eu disse há alguns anos que o Estado tem o monopólio da violência simbólica legítima[126] – ele diz: "Vocês estão aqui", e isso tem força de lei. As pessoas, de modo geral, acreditam naquilo que o Estado diz. Mesmo nos períodos de contestação aguda como maio de 1968, quando as pessoas acreditavam contestar tudo, elas não contestavam realmente as coisas fundamentais por causa do fato de elas estarem em seus cérebros sob a forma de estruturas de percepção etc.

---

125. BOURDIEU, P. *A produção da crença. Op. cit.*, p. 77 [34].
126. Bourdieu dedicará três anos inteiros de seu curso no Collège de France (1989-1992) à sociologia do Estado. Esses cursos foram publicados em 2012 com o título *Sobre o Estado. Op. cit.*

## Uma revolução simbólica

O mestre é um artista cujos prêmios, no limite, estão garantidos. Da mesma maneira que o banco da França garante a moeda fiduciária, o banco da França estatal garante os títulos acadêmicos, protege-os contra as desvalorizações. Aqui, o Estado, de certa maneira, garante o curso dos pintores. Isso é absolutamente extraordinário: a revolução artística que descrevo é, ao mesmo tempo, uma revolução econômica. Com efeito, pintores cujo nome vocês sequer conhecem eram muito caros. Numa venda célebre, um desses pintores foi vendido por três vezes mais que um Ticiano; cinco anos depois, ele não valia mais nada. Isso faz a ligação com a primeira hora que podia ter parecido um pouco gratuita e abstrata: as revoluções simbólicas, ou seja, as revoluções da visão, dos princípios de visão e dos princípios de divisão, dos princípios de classificação, têm efeitos muito reais, como o colapso de cursos. *Mutatis mutandis*, vocês poderiam pensar isso que descrevo por analogia com as perturbações que foram produzidas, apesar de tudo, em maio de 1968: o curso de algumas disciplinas colapsou. Assim, a filologia colapsou em benefício da linguística, o que não era nada certo antes de 1968.

Essas revoluções da visão têm efeitos muito reais, efeitos econômicos. Ao mesmo tempo, como elas tratam dos princípios de visão os quais – descrevi isso longamente há pouco – as pessoas incorporam, elas são revoluções especialmente dolorosas. No fundo, elas podem ser quase mais cruéis do que as revoluções políticas que privam os agentes sociais de seus bens, porque, ao privar os agentes sociais de sua visão do mundo, elas arrancam deles suas estruturas mentais, elas desconsideram tudo aquilo em que eles acreditavam. É por isso que revoluções como as de maio de 1968 ou de 1848 podem enlouquecer... Vocês podem reler *A educação sentimental* de Flaubert nesse espírito[127]. Ao agredir os agentes sociais cujos interesses estão ligados às categorias de percepção sendo questionadas, as revoluções simbólicas provocam dramas absolutamente patéticos, análogos àqueles que observamos nas sociedades pré-capitalistas, quando os velhos camponeses tradicionais são confrontados com revoluções técnicas que são ao mesmo tempo revoluções simbólicas; a maneira de trabalhar, virado para o leste, lentamente, sem se apressar etc., engaja tantas categorias de percepção (leste/oeste; masculino/feminino, ereto/deitado, virilidade etc.) que, quando os jovens passam a traba-

---

127. Cf. BOURDIEU, P. "L'invention de la vie d'artiste". *Art. cit.* A análise de *A educação sentimental* foi retomada em *As regras da arte. Op. cit.*, p. 17-62 [17-81].

lhar a toda velocidade, pelo rendimento, isso não é simplesmente uma mudança econômica, é o colapso de uma visão do mundo que representa, de certa maneira, aquilo que as pessoas têm de mais precioso. É uma espécie de assassinato simbólico. A revolução impressionista é desse tipo. As pessoas e os críticos berram de desespero: "Se a arte é a *Olympia*, então sou um velho imbecil..." O mundo desmorona, está tudo acabado.

As grandes revoluções religiosas, as grandes heresias são, da mesma maneira, conversões completas da visão do mundo. Entendemos por que elas são terrivelmente assassinas. Se nos surpreendemos pelos irlandeses se confrontarem sem nenhum objetivo econômico[128], é porque não entendemos mais esse tipo de coisas. Em nome de uma espécie de economicismo, consideramos que uma revolução que não tenha objetivos econômicos não é séria; seria uma "revolução parcial", como dizia Marx[129]. Poderíamos falar do Irã[130]. Tenho medo de dizer isso; faço essas aproximações porque não gostaria que vocês pensassem que estou contando uma historinha anedótica do século XIX, mas é claro que tenho medo que, diante dessas aproximações, vocês pensem: "Mas então ele está misturando tudo, qual é a relação?"

Para compreender o que é uma revolução simbólica, descrevo aquilo que me parecia ser a estrutura do mundo e da visão do mundo daqueles que produzem essa arte acadêmica. O pintor não era um artista, não tinha biografia, ele tinha uma carreira. (De passagem, uma palavra sobre a analogia com a oposição entre professores e artistas. Ainda hoje, mesmo as estatísticas grosseiras mostram que os professores se casam com mais frequência e têm em média mais filhos do que os intelectuais livres e os artistas[131]; eles são mais regulares, têm com mais frequência a Legião de Honra. Essa oposição estrutural continua muito forte e recobre a oposição crítico/pintor e crítico/escritor.) O mestre se opõe ao artista. Ele deve se apagar, já que conta não enquanto pessoa, mas sim enquanto mandatário.

---

128. Alusão ao longo conflito na Irlanda do Norte, que começa no final da década de 1960.

129. Marx opõe à "revolução radical" a "revolução parcial, *meramente* política, a revolução que deixa de pé os pilares do edifício" (MARX, K. *Crítica da filosofia do direito de Hegel*. Trad. de Rubens Enderle e Leonardo de Deus. São Paulo: Boitempo, 2010, p. 154 [*Zur Kritik der hegelschen Rechtsphilosophie*, 1843]).

130. Alusão à Revolução Iraniana, que derruba a monarquia e estabelece a República Islâmica em 1979.

131. Cf. BOURDIEU, P. *A distinção. Op. cit.*, em particular o cap. "O senso da distinção".

Ele é semelhante ao sacerdote nas análises weberianas: enquanto o profeta tem um eu e só tem a si mesmo como garantia (ele é obrigado a dizer: "Sou eu quem diz isso"), o sacerdote é sempre um mandatário e está condenado ao apagamento. Existe uma espécie de hipocrisia estrutural do mandatário (também poderíamos pensar nos porta-vozes de partidos[132]). Quando o sacerdote ou o mestre diz "eu", esse é ou um "eu" coletivo ou então é uma usurpação. Desse apagamento estrutural resulta o fato da cópia ser valorizada da mesma forma que a obra original e da ênfase ser posta sobre a execução e o virtuosismo da execução. Daí a tecnomania, o tecnicismo, o culto da proeza, assim como a submissão à demanda e à exigência de que o discurso tenha uma mensagem, e tudo aquilo que eu disse: o culto do terminado, o primado da linha sobre a cor etc.

## Uma pintura histórica

É preciso juntar uma última propriedade importante, aquela que em geral colocamos em primeiro plano porque é a que mais surpreende: a obra acadêmica deve ter um assunto histórico. Existe um laço entre essa pintura e a pintura histórica. Dizem que a revolução impressionista consistiu em reabilitar a paisagem que, na hierarquia, estava no grau mais baixo: tínhamos no topo a pintura de história política, depois a pintura religiosa e descíamos até chegar à forma inferior da paisagem, especialmente se ela estivesse desprovida de senso histórico (era possível fazer *Fócio*[133], mas o pessoal de Barbizon[134] fazia paisagens puras; eles tinham uma clientela, mas estavam colocados na base da hierarquia dos pintores).

Como esse elo entre a pintura *pompier* e a história está inscrito na posição da arte acadêmica? O que ocorre é que também a pintura da história é recomendada em nome de uma relação hierárquica: a relação entre o discurso e a pintura. É a famosa frase *ut pictura poesis*. Um livro célebre de Lee[135] tem esse título e o tema

---

132. Cf. *Sociologia geral*. Vol. 3. *Op. cit.*, aula de 10 de maio de 1984.

133. *O funeral de Fócio* [*Funérailles de Phocion*], de Nicolas Poussin (1648), representa uma grande paisagem, mas em relação com um sujeito histórico (Fócio foi um general ateniense condenado ao suicídio).

134. A Escola de Barbizon, grupo de pintores reunidos na aldeia de Barbizon, próxima a Paris, destacava-se pela produção de paisagens durante o século XIX [N.T.].

135. O nome do autor está pouco audível, mas pode se tratar de Rensselaer W. Lee: *Ut Pictura Poesis: The Humanistic Theory of Painting* [*Ut Pictura Poesis: a teoria humanista da pintura*]. Nova York: Norton, 1967. Sobre essa frase, cf. *supra*, nota 69.

foi muito trabalhado: a pintura só consegue se enobrecer ao imitar a literatura e a história e ao se dar assuntos históricos; ou seja, um discurso, e um discurso histórico. Assim, a pintura acadêmica aceita essa hierarquia fundamental que coloca o discurso acima da pintura e, para ela, os pintores mais nobres são aqueles que adotam os assuntos históricos que são os assuntos mais nobres e que são os assuntos que exigem dos espectadores a atitude mais nobre; a saber, a cultura histórica, a cultura humanista que na época era adquirida nas escolas jesuítas ou nos liceus. O imperativo de significar que é central na pintura acadêmica e que comanda por exemplo o primado da linha sobre a cor (a linha é a claridade, a legibilidade) se combina com o imperativo de significar coisas nobres, e isso academicamente. Ora, aquilo que é nobre academicamente é o que é histórico. Quanto mais antigo, mais belo, e isso ainda vale hoje em dia: as disciplinas são tanto mais nobres quanto mais alongadas no tempo são, e a história medieval é muito mais nobre do que a história moderna (para não falar da história da Assíria...). Quanto mais distante no tempo, mais belo; essa é uma estrutura mental muito profunda. Essa hierarquia das nobrezas ligadas ao grau de antiguidade histórica se combina com o imperativo da legibilidade para dar aos quadros um programa que só podemos compreender ao lermos a legenda, que é sempre uma informação histórica: é uma *legendum*. Ela diz que é preciso ler o quadro, e lê-lo a partir daquilo que o pintor diz na legenda (e não de outra forma). Os pintores têm a ambição de rivalizar com os historiadores, e alguns fizeram trabalhos históricos consideráveis para reconstituir em detalhes os botões usados pelos lanceiros do regimento que pintavam, ou a forma da cadeira sobre a qual o herói se senta.

Portanto, o quadro deve dizer alguma coisa e propor um senso transcendente ao jogo das formas e das cores, ao pictórico. Ele deve dizer alguma coisa e dizê-la claramente. Cito aqui Boime – que, como a maioria dos grandes historiadores dessa pintura, escrevia em inglês: "O quadro é um enunciado histórico que exige uma exposição clara"[136]. O quadro é portanto um discurso histórico no qual as técnicas de expressão devem estar subordinadas à coisa a ser dita. A forma não tem autonomia em relação à mensagem, e um grande objetivo será dizer: "O que conta é a maneira de dizer". Uma outra citação que retiro de outro autor, Sloane: "Tanto para os pintores acadêmicos como para os críticos conservadores [que

---

136. BOIME, A. *The Academy and French Painting in the 19th Century* [*A academia e a pintura francesa no século XIX*]. Londres: Phaidon, 1971, p. 19-20.

eram quase todos – P.B.], os valores literários são um elemento essencial da grande Arte, e a função principal do estilo é tornar esses valores claros e ativos para o espectador"[137]. Essa ainda é a mesma ideia: a técnica, mesmo se for valorizada na lógica da proeza, permanece sempre subordinada à intenção expressiva. É o que eu dizia há pouco sobre a palavra "legenda": essa pintura é feita muito mais para ser lida do que para ser vista. Ela é feita para ser decifrada da mesma forma que uma mensagem literária, e a leitura adequada é uma leitura informada historicamente que sente prazer em encontrar e ler toda uma história.

## Uma pintura de *lector*

Como eu disse para vocês outro dia, a metáfora da leitura, muito empregada no momento da onda da semiologia, não é neutra. Ela é tipicamente uma visão acadêmica, uma visão de professor. Na língua latina, acho que foi Gilberto de la Porrée, um escolástico, que, segundo uma distinção que sempre retomo com um pouco de satisfação sádica[138], opunha os *auctores*, quer dizer, os autores, os criadores, aos *lectores*, os professores que leem coisas escritas por outras pessoas[139]. Como já mostrei cem vezes, o *lector* tem uma espécie de viés que o leva a conceber que toda percepção é uma leitura, quer dizer, um ato de decifração. Tratando

---

137. SLOANE, J.C. *French Painting between the Past and the Present: Artists, Critics and Traditions – From 1848 to 1870* [*A pintura francesa entre o passado e o presente: artistas, críticos e tradições – De 1848 a 1870*]. Princeton: Princeton University Press, 1951.

138. BOURDIEU, P. "Leitura, leitores, letrados, literatura". *In*: *Coisas ditas*. Trad. de Cássia R. da Silveira e Denise Moreno Pegorim. São Paulo: Brasiliense, 1990, p. 134-148 (*Choses dites*. Paris: Minuit, 1987, p. 132-143).

139. Posteriormente ao curso, Gilbert Dahan propõe a tradução de uma passagem de Gilberto de la Porrée (extraída do prólogo a seu comentário sobre *De Trinitate*, de Boécio): "Sem querer nada trazer de nossa própria autoridade, mas desejando transmitir as intenções do autor (*sensus auctoris*) que percebemos através de um estudo preliminar do sentido (significação precedente), prestamos atenção não apenas às palavras mas também aos raciocínios [...]. Mas, como existem dois tipos de observadores, o dos *auctores*, que formulam seu próprio pensamento, e o dos *lectores*, que relatam o pensamento de outra pessoa; como entre os *lectores*, alguns são *recitatores*, que redizem as próprias palavras dos *auctores*, e se determinam a partir de suas causas, e outros são *interpretes*, que explicitam com termos mais claros o que havia sido dito de maneira obscura pelos *auctores*; nós, colocando-nos na categoria dos *lectores*, não dos *recitatores* mas dos *interpretes*, dedicamo-nos a um trabalho de explicitação (*reducimus*) das metáforas em linguagem clara, dos diagramas em seu desenvolvimento, das *novitates* em sua regra" (DAHAN, G. "Le commentaire médiéval de la Bible – Le passage au sens spirituel" ["O comentário medieval da Bíblia – A passagem ao sentido espiritual"]. *In*: GOULET-CAZÉ, M.-O. (org.). *Le Commentaire entre tradition et innovation*. Paris: Vrin, 2000, p. 214-215).

como feitas para serem lidas coisas que não foram concebidas desse jeito, ele comete erros teóricos muito importantes. Darei um único exemplo para fazer a ligação com o que eu disse na primeira hora, a saber, que um ritual é mais ginástica do que escrita. Com efeito, podemos "ler" um tratado de ginástica esquecendo que ele foi feito para fazer as pessoas se mexerem, ou então ler (no sentido de "leitura" da década de 1960) um tratado de dança esquecendo que foi feito para fazer as pessoas gesticularem. "Eu giro sete vezes da direita para a esquerda, passo sob o ombro esquerdo, passo sob o ombro direito, com a mão direita, a mão esquerda": um ritual é ginástica. Também a pintura em parte é ginástica, é um trabalho que tem sua lógica própria, mas eu não teria vontade de retomar uma literatura de pintores sobre a pintura que acentua esse lado gestual, sensorial, e sobre a qual eu direi, como sugestão (o discurso científico só poderia dizer isso com uma longa demora), que é o discurso estético do pobre, do pintor que, por não ter muita linguagem, se refugia na irredutibilidade do "Eu mexo com pintura" [*risos na sala*].

A pintura acadêmica é portanto uma pintura de *lector* que se dirige a *lectores* e que é feita para ser lida, decifrada, como se fosse um documento. No limite, podemos nos perguntar, como fez Zola, por que os pintores não escrevem [em vez de pintar]: será que ao contar uma história os pintores não perdem a especificidade da obra [pictórica] que é, de alguma forma, fazer enxergar num espaço bidimensional, com cores etc.? Essa pintura acadêmica feita para ser lida tem uma função de reforço da cultura que ela investe (a cultura jesuíta, os autores da Antiguidade e um pouco da tradição bíblica etc.) e de reforço dos detentores dessa cultura, que se sentem leitores legítimos. A instituição acadêmica, ao designar os pintores legítimos, os mestres, designa ao mesmo tempo os destinatários legítimos dos mestres... Não entramos se não tivermos a licença, a *licentia docendi* [permissão de ensino]. [...] É uma função capital que o museu sempre desempenha: quando entro num museu, expresso meu direito de ver. Não me estenderei mais, mas poderia prolongar esse gracejo: poderia pegar vocês em armadilhas, com perguntas inocentes ("Você prefere visitar um museu sozinho ou acompanhado?") – eu conheço as respostas estatísticas [*risos na sala*]!

Esse direito à leitura é portanto também um reconhecimento desse direito, e vemos que o objetivo da revolução será desapropriar esses *lectores* de seu direito à leitura: eles não entenderão mais nada [diante] dos analfabetos, dos americanos (era assim que isso era vivenciado) que desembarcavam e que adoravam e compravam o impressionismo. Há uma revolução, um colapso dos títulos: até aqui, para entrar num museu, era preciso ter títulos acadêmicos, era preciso ter cursado suas humanidades e saber quem foi Fócio. Bruscamente, o primeiro bárbaro vindo de além-mar encontra-se em vantagem diante da *Olympia*: por não ter preconceitos, ele enxerga melhor. É um pouco uma revolução cultural, e a revolução impressionista é igualmente interessante por dar uma ideia do que representaria uma verdadeira revolução cultural: ela é uma espécie de pequena revolução cultural que, como todas as variações imaginárias realizadas na história, dá uma ideia de todos os objetivos investidos na cultura, nessas coisas com as quais estamos acostumados e que fazem com que você seja capaz de estripar alguém porque ele não está completamente de acordo contigo sobre [Piet] Mondrian. As lutas simbólicas são muito violentas. (Hoje decididamente estou numa lógica profética, não sei por que, porém, mais do que costume, quero fazer vocês sentirem as implicações do que digo.)

A pintura acadêmica exige portanto uma leitura histórica com atenção às alusões e pressupondo um conhecimento da história, portanto um conhecimento não específico: podemos ignorar completamente as técnicas de pintura e ainda assim estar à altura [da obra]; nesse sentido, o pintor apaga-se completamente enquanto pintor. Provavelmente havia no nível das críticas uma espécie de consciência de um certo número de proezas criadas pela Escola, os escorços, por exemplo. O curso era, como a maioria dos cursos acadêmicos, hierarquizado arbitrariamente: por que as coisas são ensinadas numa ordem e não em outra? Por que se aprende [o romance de François Fénelon] *As aventuras de Telêmaco* antes da *Atália* [peça de Jean Racine], e a *Atália* antes de *A cartuxa de Parma* [romance de Stendhal]? O curso definia, portanto, uma hierarquia das proezas e, em sua produção, os mestres faziam por exemplo jogadas do quarto ano para os leitores que conheciam essa hierarquia. Isso cria um conjunto de coisas completamente fictícias, internas, formidavelmente arbitrárias já que são fundamentadas unicamente sobre a lógica da instituição, da formação. Esse é um exemplo típico do círculo da reprodução: as estruturas e as hierarquias objetivas tornam-se estruturas mentais, hierarquias subjetivas, de acordo com essas estruturas mentais, e tudo parece completamente natural a ponto de trucidar aquele que chegar falando: "Mas veja, por que fazer moldes em gesso? Por que não colocar seu cavalete lá fora diante da natureza?"

## O efeito de desrealização

Portanto, o quadro deve dizer alguma coisa e dizê-la claramente. A coisa que ele diz deve merecer ser dita e estar numa posição alta na hierarquia acadêmica, a referência histórica é uma garantia de legitimidade. Ao mesmo tempo, é muito interessante ver que todo mundo se surpreendeu com o escândalo da *Olympia*. Os nus já existiam antes na pintura. Na verdade, o escândalo tem a ver simplesmente com o fato de não ser um nu histórico. As pessoas imediatamente disseram: "É uma puta qualquer de tal bairro" – era um nu contemporâneo. Se vocês aproximarem isso daquilo que eu disse há pouco sobre a hierarquia das disciplinas, compreenderão por que (vou defender minha paróquia) a sociologia sempre causa escândalo enquanto a etnologia e especialmente a história são muito bem aceitas: é o "efeito *Olympia*". Quando se faz um nu do tipo *Friné diante do Areópago* [quadro de Jean-Léon Gérôme (1861)], não há problema, porque acontece a desrealização histórica.

Seria preciso refletir sobre essa coisa muito misteriosa que é a desrealização histórica. Um texto ilustra isso bem: em seu artigo sobre o *Diário* de Amiel, Luc Boltanski descreve o "erotismo acadêmico"[140] [*P.B. sorri*]. É um artigo longo em que se analisa, entre outras coisas, a relação com os textos eróticos em latim, essa espécie de erotismo muito especial que consiste em só aceitar a coisa erótica se sublimada e eufemizada através do latim. Vocês sabem que até uns cinquenta anos atrás, quando se queria contar coisas um pouco picantes nos artigos etnológicos, escrevia-se em latim: o latim era o instrumento de eufemização por excelência. O que me leva a dizer que a historicização tem essa função de eufemismo: ela distancia e, ao mesmo tempo, transforma as coisas em cultura. Eis mais uma coisa sobre a qual não se reflete o bastante: o que acontece quando alguma coisa se torna cultura? Você diz alguma coisa, isso causa um escândalo, e quando isso se torna "Pascal contra Voltaire"[141], podemos dissertar, enquanto basta redizer isso de maneira não dissertativa para que resulte em "público/privado"... O que é então

---

140. BOLTANSKI, L. "Pouvoir et impuissance – Projet intellectuel et sexualité dans le *Journal* d'Amiel". *Actes de la Recherche en Sciences Sociales*, n. 5-6, 1975, p. 80-111 ["Poder e impotência: projeto intelectual e sexualidade no *Diário* de Amiel". • Henri-Frédéric Amiel (1821-1881) foi um escritor suíço que ficou conhecido postumamente após a publicação de seu diário íntimo de quase 17 mil páginas [N.T.].

141. Referência à "Carta sobre *Os pensamentos* do Senhor Pascal", de Voltaire, nas *Cartas filosóficas*, 1734.

esse efeito de desrealização associado à história e muito associado à instituição acadêmica? Reflitam por exemplo sobre a regra [francesa] que proíbe defender uma tese sobre um autor vivo: por que esse efeito de neutralização?

Reivindicada por todo o sistema, a historicização, o caráter histórico dos sujeitos, é certamente a propriedade mais sobredeterminada. A história é aquilo que é preciso dizer, aquilo que podemos dizer porque é legítimo. É também aquilo que permite dizer quase qualquer coisa, ir o mais longe possível. É o famoso exemplo de Couture: o assunto das orgias romanas[142] é mil vezes mais escandaloso do que a *Olympia* de Manet. Mas é um assunto histórico e a pintura, por sua maneira, lembra a historicidade. A própria técnica tem esse lado trans-histórico, eterno, que caracteriza a arte acadêmica, pois as artes acadêmicas são eternas, elas andam de mãos dadas com esse sentimento de eternidade, com a humanidade eterna. Numa belíssima passagem de *A evolução pedagógica na França*, Durkheim opõe o que o ensino das humanidades faz ao que a etnologia faz: ele diz que os gregos e os romanos são ensinados de modo a serem imediatamente enviados numa espécie de eternidade[143], mesmo quando são ao mesmo tempo tratados como nossos contemporâneos, através de todos os assuntos de dissertação sobre o tema: "A eternidade, o sentido eterno da obra de Racine", "Racine, sempre vivo". Durkheim opõe essa espécie de humanidade trans-histórica à humanidade que seria construída por uma etnologia da Grécia ou de Roma: os personagens eternos, com sentimentos eternos sobre os quais podemos eternamente dissertar se tornariam personagens reais com conflitos etc.

Consequentemente, a historicização acadêmica sacraliza (porque aquilo que é antigo é nobre), ela desrealiza e, com o formalismo técnico, contribui para produzir essa espécie de impressão de exterioridade fria que torna frios os assuntos mais ferventes. A frieza da forma e das associações formais faz com que seja preciso ser realmente acadêmico para fazer erotismo com isso (é o efeito Amiel). Aqui, eu citaria Baxandall, que é certamente um dos maiores historiadores da arte

---

142. Alusão ao quadro *Os romanos da decadência*, de Thomas Couture (1847), já mencionado na aula anterior.

143. Numa de suas aulas sobre o ensino dos colégios jesuítas, Durkheim observa que "o meio greco-romano no qual se fazia viver as crianças era esvaziado de tudo quanto tinha de grego e romano para tornar-se uma espécie de meio irreal, ideal, povoado, é certo, de personagens que existiram na história mas que, apresentados assim, não tinham, por assim dizer, nada mais de histórico" (DURKHEIM, É. *A evolução pedagógica*. Trad. de Bruno Charles Magne. Porto Alegre: Ideias & Letras, 1995, p. 234 [*L'Évolution pédagogique en France*. Paris: PUF, 2014, p. 287-288]).

vivos. Nós publicamos em *Actes de la Recherche en Sciences Sociales* a tradução quase completa de um livro que ele escreveu sobre o *Quattrocento* e que logo será republicado pela [editora] Gallimard[144]. Numa conferência recente sobre David[145], Baxandall discorreu sobre a percepção que os românticos alemães tinham da pintura acadêmica francesa que, na época, ainda era dominante. Ele cita Schlegel, que dizia que essa pintura tinha duas propriedades: uma que chama de "pantomima", a outra de "armarinho". A "pantomima" é o caráter teatral dos personagens que, conforme à preocupação de ter assuntos nobres, que merecem ser representados (portanto históricos, bem-vestidos etc.) devem sempre ter poses heroicas. Schlegel enxerga muito bem que isso também está ligado à ideia de que o mais nobre é a alma: para representar a alma quando só se pode pintar os corpos, é preciso pintar os corpos em posturas animadas, inspiradas, teatrais, o que gera os gestos grandiosos (que também resultam do fato dos assuntos deverem ser morais e edificantes). Quanto àquilo que ele chama de "armarinho", é a preocupação com a verdade histórica, a reconstrução desajeitada e excessiva, a ponto de que só enxergamos fantasias e decorações.

Vou encerrar com isso: essa pintura desrealiza através da alusão ao passado distante, mas também ao presente distante. Falamos muitas vezes de interesse pelo oriente, mas o oriente não era interessante enquanto oriente. Era um oriente de bazar, um oriente muito selecionado. Ele era interessante porque, de um lado, ele produzia esse efeito de distanciamento, de nobreza e, do outro, permitia aos pintores resolver o problema importante para eles da pintura de um mundo contemporâneo com vestimentas modernas: o oriente permitia ter personagens contemporâneos com trajes bíblicos ou romanos. Isso é extremamente importante: a introdução de um personagem com cartola foi uma jogada de força extraordinária; ela foi uma solução violenta para o problema que os pintores resolviam através da solução oriental, ou orientalista.

A questão do oriente também é importante como efeito de campo. Com efeito, podemos ser tentados a relacionar o interesse dos pintores pelo oriente a coisas

---

144. BAXANDALL, M. "L'œil du Quattrocento". *Actes de la Recherche en Sciences Sociales*, n. 40, p. 10-49, 1981 (trata-se do segundo capítulo do livro *O olhar renascente*. Trad. de Maria Cecília Preto R. Almeida. Rio de Janeiro: Paz e Terra, 1991 [*Painting and Experience in Fifteenth Century Italy*. Oxford: Oxford University Press, 1972]).

145. BAXANDALL, M. "Jacques-Louis David et les romantiques allemands" ["Jacques-Louis David e os românticos alemães" – comunicação inédita. Paris, 7 de janeiro de 1985.

como a reconquista colonial. A análise em termos de campos relativamente autônomos leva a ver isso como uma solução a um problema específico num espaço específico. Pode ser que o orientalismo seja sobredeterminado por preocupações diretamente políticas etc., mas ele é antes de mais nada uma solução a um problema específico num espaço específico, ele é uma solução a um problema pictórico.

# Aula de 18 de abril de 1985

> Primeira hora (aula): a relação sociológica com o mundo social – Uma visão materialista das formas simbólicas – A percepção como sistema de oposições e de discernimento – Investimento no jogo das *libidines* – A passagem da ação para o discurso sobre a ação – A luta política pela visão correta – Segunda hora (seminário): a invenção do artista moderno (3) – Fazer a história de uma revolução simbólica – A superprodução de diplomados e a crise acadêmica – O sistema escolar e os campos de produção cultural – Os efeitos morfológicos – Os efeitos da crise morfológica sobre o campo acadêmico

## Primeira hora (aula): a relação sociológica com o mundo social

Se desejarem, não hesitem em fazer perguntas que tentarei responder. Eu os convido a isso para esconjurar um pouco a impressão de arbitrariedade que não consigo deixar de sentir toda vez que entro nesta sala, sobretudo depois de uma interrupção. Essa arbitrariedade consiste, rapidamente, em impor às pessoas que compareçem um assunto que elas não escolheram e dar, por minha própria iniciativa, um certo número de respostas a questões que elas talvez não tenham formulado. Digo isso essencialmente para esconjurar uma experiência que sinto e que torna os comentários sempre muito difíceis para mim, porque a questão da razão pela qual falo jamais me escapa. Isso não é simplesmente anedótico: essa espécie de ansiedade da razão de ser de uma comunicação é relativamente esquecida porque existe uma instituição e a instituição normalmente é feita para fazer com que o arbitrário seja esquecido: a escolástica, para dizer "arbitrário", dizia *ex instituto* – com base num ato de instituição[146]. Por exemplo, o ato de ins-

---

[146]. P. Bourdieu iniciara sua aula inaugural no Collège de France com reflexões parecidas: "Deveríamos poder ministrar [qualquer aula, mesmo uma inaugural], sem nos perguntarmos com

tituição inicial pelo qual um curso no Collège de France foi criado é tão antigo e foi confirmado com tanta frequência por tanto tempo por sucessivos agentes, por relações sucessivas entre um emissor e os receptores, que o arbitrário da coisa é esquecido. Dito isso, o arbitrário permanece e o paradoxo de uma instituição é ser um arbitrário constantemente desconhecido e reconhecido enquanto é desconhecido. Quando temos em mente uma definição de tipo durkheimiano, objetivista, que concede à instituição a quase-realidade de uma coisa, esquecemos que uma instituição também é uma certa relação entre essa coisa objetiva [a instituição], aliás muito difícil de definir, e os agentes que acabam habitando-a.

O que estou dizendo agora fornece uma ocasião de experimentar o que é a relação entre um *habitus* e uma instituição, entre um *habitus* e um habitat, entre um *habitus* e um hábito – um *habitus* é uma coisa social: para que uma instituição funcione é preciso que as pessoas considerem isso normal, natural, que elas tenham marcado em sua agenda "Aula no Collège de France" e que elas se encontrem, num certo momento, para realizar essa espécie de não-sei-o-quê que é um curso do Collège de France – o Collège de France quer dizer o retrato de Bergson, uma mesa com microfones, todo tipo de coisas que vão funcionar, saibamos disso ou não.

O que acabo de dizer é anormal, não é institucional de jeito nenhum: a instituição é feita para que esse tipo de coisa não seja dito, para que não seja preciso dizê-lo, e mesmo para que exista algo um pouquinho indecente, um pouquinho pessoal demais para se dizer. Mas também seria possível se perguntar por que esse acordo exigido tão fortemente entre os *habitus* e as instituições às vezes cede espaço a uma espécie de discordância. Será que essa discordância que sinto neste momento foi criada pela sociologia, será que ela está no princípio da relação sociológica com as instituições? Será que é uma ansiedade de sociólogo, reforçada pelo trabalho sociológico, que leva a ser sensível a essas coisas, ou será que é essa ansiedade que favorece o olhar sociológico? Na verdade, acho que existe uma relação de reforço circular entre as duas. Isso também coloca a questão de saber se a relação sociológica com o mundo é uma relação social normal e se a comunicação da relação sociológica com o mundo é legítima, no fundo a questão é saber se é

---

que direito: aí está a instituição para afastar essa interrogação, assim como a angústia ligada ao arbitrário que se faz lembrar em todo começo" (*Lições da aula*. Trad. de Egon de Oliveira Rangel. São Paulo: Ática, 2001, p. 3 – tradução modificada [*Leçon sur la leçon*. Paris: Minuit, 1982, p. 7]).

socialmente aceitável ter uma relação sociológica com o mundo social. Essas eram as perguntas que eu tinha vontade de fazer para começar.

Essas perguntas são relativamente justificadas porque dramatizam um pouco a pergunta acadêmica canônica de saber o que é uma instituição: isso que eu disse em algumas palavras poderia ser o princípio de uma reflexão sobre a instituição. De passagem, direi que muitas vezes as pessoas acham que o sociólogo – esse é um mal-entendido muito incômodo para ele – tem a visão do mundo social que ele produz em seu trabalho, sem ver que ela talvez seja possível por causa dessa distância em relação ao mundo social. Talvez seja preciso estar numa situação instável no mundo social, estar numa relação de não imediação, de não evidência, para enxergar aquilo que, normalmente, passa despercebido; pode ser, por exemplo, que dominemos melhor uma coisa quanto menos a apoiemos. O leitor muitas vezes pressupõe que o autor, o redator de uma objetivação sociológica expressa sua visão do mundo quando talvez ele só tenha tido essa visão porque esse mundo, para ele, não é autoevidente, ele não está como um peixe n'água nele. Isso poderia esclarecer um certo número de coisas: não falo de mim, mas de algo muito mais geral que acho que vale para os grandes fundadores da sociologia e que sem dúvida ajudaria a compreender os fatores sociais da entrada na sociologia ou na etnologia.

## Uma visão materialista das formas simbólicas

Agora gostaria de prolongar essa sociologia da percepção do mundo social que me parece ser um componente indispensável de uma sociologia. Para recolocar o problema, eu poderia mencionar uma nova alternativa na qual me parece que as ciências sociais estão presas há muito tempo. (Eu acho – pelo menos essa é minha visão – que a sociologia está há muito tempo presa em alternativas que se impõem a ela porque elas se impõem com muita força na experiência ordinária do mundo social.) A alternativa que vou citar é extremamente poderosa e não pode ser sobreposta completamente a nenhuma daquelas que mencionei até agora. Ela opõe uma espécie de visão materialista a uma visão idealista. A primeira enfatiza o lado coisificado e reificado das instituições, as estruturas objetivas, as bases objetivas e materiais do funcionamento do mundo social, as formas materializadas dos funcionamentos sociais, das relações sociais. Já a segunda enfatiza as representações, as visões, o aspecto subjetivo do mundo social. Essa alternativa na qual a sociologia está atualmente presa me parece funesta porque ela tende a deixar escapar, ou a compreender errado, um certo número de mecanismos fundamentais. A análise que tento propor há anos e cujos resultados tento condensar aqui seria apresentada se essas metáforas não tivessem sido empregadas de forma torta e incorreta, como uma espécie de materialismo do simbólico, como uma tentativa de fazer uma análise materialista das formas simbólicas: as formas simbólicas têm uma existência objetiva, efeitos objetivos e, em particular, efeitos econômicos muito diretos.

Na última aula eu disse que o espaço social é ao mesmo tempo fundamento e objetivo de lutas: ele é percebido, objeto de percepções, objeto de visões e, ao mesmo tempo, é o princípio a partir do qual se constituem essas visões. O mundo social é portanto um objeto de conhecimento: ele é conhecido e reconhecido e não podemos falar dele sem formularmos o problema do conhecimento prático do qual ele é o objeto e sem dar espaço a essa dialética permanente do conhecimento, do reconhecimento e do desconhecimento. Essas palavras ordinárias da linguagem sobre o mundo social, que vêm de Hegel ou de algum outro, são tão familiares e tão costumeiras que acabamos esquecendo de seu radical comum: a ideia de conhecimento. O que eu gostaria de desenvolver hoje é que existe, no mundo social, o perceber e o "ser-percebido": no mundo social existe constantemente a questão de perceber e de ser percebido[147]. As visões do mundo social são objetivos de luta permanentes na medida em que ser-percebido e a maneira de ser-percebido são um objetivo fundamental das lutas de percepção.

As lutas políticas têm como objetivo conservar ou transformar a visão ao transformar ou conservar os princípios de divisão, e em particular os princípios de divisão do mundo social, porque aquilo que se joga através dessa luta para conservar e transformar os princípios de divisão é o ser-percebido, o *percipi*[148], quer

---

147. Esse aspecto tem sido desenvolvido desde as primeiras aulas dadas por P. Bourdieu. Cf. *Sociologia geral*. Vol. 1. *Op. cit.*, p. 21ss. [18ss.].

148. A palavra contém uma alusão a uma frase de George Berkeley (em latim, *esse est percipi*) extraída desta passagem: "Todos concordarão que nem os pensamentos, nem as paixões, nem as ideias formadas pela imaginação existem sem o espírito; e não parece menos evidente que as várias sensações ou ideias impressas nos sentidos, ligadas ou combinadas de qualquer modo (isto é, sejam quais forem os objetos que compõem), só podem existir em um espírito que as perceba. Qualquer um pode ter disto conhecimento intuitivo se notar o sentido do termo 'existir', aplicado a coisas sensíveis. Digo que existe a mesa onde escrevo – quer dizer, vejo-a e sinto-a; e se estiver fora do meu gabinete digo que ela existe, significando assim que se lá estivesse eu a veria, ou que outro espírito atualmente a vê. Houve um odor, isto é, cheirava alguma coisa; houve um som, isto

dizer, o ser dos agentes sociais que jogam esses jogos de percepção no mundo social. Se a percepção do mundo social é tão importante, é porque o ser-percebido é uma das dimensões fundamentais dos agentes sociais. Existir socialmente (eu já disse isso numa aula antiga, hoje retomo esse tema num contexto diferente) é, por um lado, ser percebido, mas é também – não se deve esquecer essa segunda dimensão materialista – ter, possuir coisas, bens objetivos, objetivados etc.

Esqueceríamos algo de essencial nas lutas sociais se esquecêssemos que, como o meu ser social sempre é definido em parte enquanto ser-percebido, a luta para impor as categorias corretas de percepção, aquelas que são mais favoráveis ao que sou, é um objetivo vital. Se meu ser-percebido é muito importante para mim, se é importante para mim ser bem-visto, é evidente que as lutas para saber qual é a visão correta não podem ser indiferentes para mim. Se vocês refletirem sobre isso, verão que uma parte considerável das lutas, especialmente políticas, tem como objetivo a visão correta do mundo social. Poderíamos até dizer que mais fundamental que o "ser-bem-visto" é o "ser-visto", o "ser-distinto" em oposição ao "comum". Se, entre as oposições estruturantes da percepção do mundo social e das outras pessoas, a oposição entre o único e o comum, o ordinário e o extraordinário, o banal e o distinto é tão fundamental, se ela desempenha um papel tão poderoso, é exatamente porque, para além do "ser-bem-visto", existe simplesmente o "ser-visto", quer dizer, a preocupação de "não passar despercebido", não ser classificado entre o comum, os obscuros, os subalternos. Não se deve ser colocado no fundo, é preciso estar do lado da forma que se destaca do fundo. É isso que faz dizer de saída[149] que ser distinto é não ser rejeitado no nada da percepção que é o "passar-despercebido".

---

é, ouviu-se algo; uma cor ou uma forma, isto é, foi percebida pela vista ou pelo tato. É tudo o que posso entender por esta e outras expressões. O que se tem dito da existência absoluta de coisas impensáveis sem alguma relação com o seu ser-percebidas parece perfeitamente ininteligível. O seu *esse é percipi*; nem é possível terem existência fora dos espíritos ou coisas pensantes que os percebem" (BERKELEY, G. *Tratado sobre os princípios do conhecimento humano*. Trad. de Antonio Sérgio. In: *Os pensadores*. Vol. XXIII. São Paulo: Abril, 1973, I, 3, p. 19 [*A Treatise Concerning the Principles of Human Knowledge*, 1710]).

149. Sem dúvida, P. Bourdieu tem em mente um sentido que a palavra "distinto" tinha no passado, do tipo ilustrado pelos dicionários com "Eu quero que me distingam" do misantropo de Molière (*Le Misanthrope*, I, 1).

## A percepção como sistema de oposições e de discernimento

Como funciona a percepção do mundo social? Como toda percepção, ela realiza divisões: não se pode constituir uma classe sem constituir seu complemento; não se pode constituir os brancos sem constituir os negros. Disso resulta que, em sua forma espontânea, a percepção do mundo social é quase inevitavelmente diacrítica[150]: não há nenhum juízo social, de *crisis* social que não seja uma *diacrisis*[151], que não seja uma referência. Não se pode constituir uma classe sem referi-la negativamente a outras classes complementares, não se pode constituir um grupo sem constituir o não grupo, sem constituir os excluídos. A percepção, além de ser diacrítica, é descontinuísta: ela introduz a descontinuidade onde muitas vezes existe a continuidade. É o exemplo dos jovens e dos velhos, ou dos ricos e dos pobres, que citei aula passada a respeito de Pareto[152]: enquanto a análise estatística faz descobrir continuidades, a percepção social introduz descontinuidades. O que Pareto dizia sobre a idade (sempre somos mais velhos do que alguém, mas a percepção social diz que existem jovens e velhos – onde fica, então, a fronteira entre os jovens e os velhos?) pode ser dito sobre todas as divisões fundamentais da percepção do mundo social. A percepção do mundo social é, portanto, diacrítica, descontinuísta, dualista. Em última instância, ela utiliza sistemas de classificação geralmente dicotômicos que são coerentes e que funcionam como a linguagem, já que só podemos compreender a significação, o sentido, o valor (em termos saussureanos) de tal elemento do sistema de classificação por referência a outros elementos do sistema.

A estrutura do sistema de classificação é o verdadeiro princípio. Aqui apenas repito coisas que já foram ditas cem vezes pela tradição estruturalista: cada

---

150. A palavra grega *diakritikós* (διακριτικός) significa "apto a dividir", "apto a distinguir". O termo tem sido muito empregado depois não só de Saussure, mas também de Merleau-Ponty, em relação ao signo linguístico para expressar o fato de que este "que opera apenas por sua diferença, por certo desvio entre ele e os outros signos, e não de início ao evocar uma significação positiva" (MERLEAU-PONTY, M. *Signos*. Trad. de Maria Ermantina G.G. Pereira. São Paulo: Martins Fontes, 1991, p. 126 [*Signes*. Paris: Gallimard, 1960, p. 146].

151. As palavras gregas *crisis* (κρίσις) e *diacrisis* (διάκρισις) significam "ação ou faculdade de distinguir" e, em seguida, "ação de escolher", "escolha", "eleição", "ação de separar", "ação de decidir", com o prefixo "dia-" (em *diacrisis*) reforçando a ideia de separação. Em relação às análises que se seguem, talvez seja útil sublinhar que o equivalente latino de *diacrisis* é *discrētiō* ("discernimento").

152. Cf. *supra*, aula de 28 de março de 1985, p. 79-80.

elemento do sistema ganha seu sentido a partir de sua relação com os outros elementos. Nesse sentido, de certa maneira e até certo ponto é inútil buscar na realidade objetiva a fundamentação do juízo que o sistema de classificação permite constituir. Por exemplo, a percepção ordinária faz um uso realista da oposição distinto/vulgar e busca na realidade objetiva propriedades capazes de fundamentar os juízos produzidos pela aplicação dessa dicotomia. Na verdade, a simples comparação histórica mostra que aquilo que foi "distinto" torna-se "vulgar"[153]. Aliás, aqui está um dos princípios fundamentais de mudança: como o "distinto" torna-se "comum", "vulgar", é preciso mudar para ser distinto. A busca de uma essência trans-histórica do "distinto" realizada pela percepção comum é absolutamente sem esperanças. É no sistema de diferenças que reside o princípio de cada uma das diferenças e não numa espécie de relação substancial de um elemento semântico com um referente.

Isso não quer dizer – esse é outro problema que formularei mais tarde – que a questão do referente não se coloque e que, em última instância, o mundo social seja completamente redutível à representação que pode ser feita dele com a posse de um sistema de classificação determinado. Esse problema fundamental é comum à linguística, à sociologia e até à história da arte, como expliquei para vocês na última aula. Será que é possível chegar a uma teoria puramente idealista dos sistemas de classificação, de modo que sua verdade esteja neles mesmos e que a própria questão do referente não se coloque? Algumas pessoas, como [Roland] Barthes e [Julia] Kristeva, que sempre gostam das passagens ao limite, chegaram a esse ponto. Será que podemos chegar a dizer, por exemplo, que a estrutura do sistema de representações do mundo social, a estrutura das representações das classes, é a verdade das classes sociais? Estou apenas formulando esse problema, mas ele é fundamental. Alguns de vocês podem ter isso em mente enquanto falo, e isso não me escapa.

A visão do mundo social é diacrítica, o que significa dizer que ela é sistemática. Dizer que ela é diacrítica significa que cada elemento só vale em relação ao sistema e que – aproveito-me de Saussure de novo[154] – é dentro do sistema que

---

153. Cf. os desenvolvimentos em *A distinção. Op. cit.*, *passim*, sobre os processos de divulgação e de vulgarização.
154. SAUSSURE, F. *Curso de linguística geral*. Trad. de Antônio Chelini *et al*. São Paulo: Cultrix, 1969, cap. "O valor linguístico", p. 130-141 [*Cours de linguistique générale*. Paris: Payot, 1964, p. 155-169].

cada elemento ganha seu valor, seu valor distintivo. Portanto, é no sistema de oposições constitutivas de uma visão do mundo que se constitui cada elemento dessa visão. Dizer que a percepção do mundo social é diacrítica, distintiva, é dizer que aquilo que chamamos de "discernimento" é ao mesmo tempo a capacidade de discernir e também a virtude que consiste em saber discernir como se deve discernir. A pessoa que tem discernimento, que é discreta e passa despercebida porque é discreta, interiorizou também os sistemas de classificação adequados num dado universo que a cada momento faz o que deve ser feito para estar na norma, que é a melhor maneira de passar despercebido. É por isso que nunca é simples jogar com as normas. Pensem no problema de usar ou não gravata, por exemplo: você vai se dar mal não importa o que faça, não há uma solução correta. Em alguns casos, o discernimento pode consistir em descobrir e aplicar ao mundo as categorias segundo as quais ele é estruturado, os princípios de divisão segundo os quais ele é dividido e, ao mesmo tempo, agir conforme a eles, de certa forma seguindo a linha pontilhada.

Aquilo que chamamos de discernimento é a posse de categorias de percepção, de estruturas diacríticas ajustadas às estruturas objetivas de modo a fazermos o que é preciso fazer sem nos perguntarmos nada. Assim, a gente diz: "Ele fez o que tinha que fazer". De certa maneira, uma das formas universais da excelência consiste em ser aquele que, a cada momento, faz o que tem que fazer sem sequer se formular a pergunta. Isso não deixa de ter uma ligação com o que eu disse no começo. O discernimento permite passar despercebido, não se fazer notar não se fazendo notar, e obviamente a excelência consiste em fazer ao mesmo tempo com discrição e ostentação o que se deve fazer. [...]

(Acho que a maneira de jogar com as palavras à qual recorro hoje é sociologicamente fundamentada na medida em que a linguagem contém uma filosofia social que é preciso reativar para não a deixar funcionar sem que saibamos disso. Uma propriedade das instituições, como eu disse há pouco, é que elas funcionam o tempo todo: aquilo que eu disse no começo sobre o curso – "curso", "Collège de France", "Bergson", "ancestrais", "François I" etc. – continua a funcionar nesse momento em que todos se esqueceram disso, e essa é a razão pela qual isso funciona tão bem. Com as palavras, é ainda pior: a reserva de filosofia social que está contida nas palavras, as potencialidades de poder estruturante do mundo social que estão contidas nas palavras continuam funcionando o tempo todo. É por isso que, como digo com frequência, a escrita sociológica é tão difícil: podemos inadvertidamente empregar palavras que dizem o contrário do que queremos dizer porque elas continuam a funcionar com sua história no mundo ordinário, no mundo filosófico. Com muita frequência, uma cultura filosófica, teórica ou histórica tem como função principal saber um pouco mais do que dizemos sem precisar dizer o tempo todo: "Atenção, Hegel etc."; sabemos que num certo momento estamos, pelo simples fato de empregar certas palavras, num certo registro teórico.)

A ligação que estabeleço entre as palavras *diacrisis*, diacrítica, *crisis*, juízo, discernimento poderia ser percebida como uma espécie de jogo etimológico. Para mim, essa espécie de análise lembra que a percepção do mundo social não engaja apenas uma capacidade de ver, de ver bem, mas também uma capacidade de ser bem-visto porque vemos bem. Assim, aquele que sabe se fazer ver bem ao passar despercebido quando preciso é aquele que tem discernimento. Ao contrário, o exibido é aquele que tem as categorias de percepção completamente desajustadas, por exemplo porque não adquiriu as estruturas no momento certo. Em geral, ele as adquiriu tarde demais: o exibido [*m'as-tu-vu*] é o recém-chegado [*parvenu*], é o que chegou tarde [*tard venu*] [*risos na sala*] [...]; não sou eu que faço esse trocadilho, é um trocadilho antigo, portanto culturalmente legítimo [*risos*]. Ao aplicar num mundo as categorias adquiridas num outro mundo, em geral inferior, o exibido está destinado à vulgaridade. Ele se esquece, por exemplo, que a distinção suprema consiste em mascarar a distinção. Se fazer bem ver e se fazer ver é ser exibido (ou seja, o próprio oposto da distinção); não existe outra definição da vulgaridade... A distinção suprema que deve ser natural consiste em ter o discernimento tão profundamente incorporado que a pessoa se esquece de que está fazendo o que é preciso fazer para ser distinto sem parecer buscar fazer isso.

A discussão sociológica que proponho aqui está muito distante de milhares de textos que vocês encontrarão na literatura. [Paul] Valéry e tantos outros se esforçam inutilmente para definir a distinção porque eles a definem de maneira substancialista e celebratória. Já eu me situo numa lógica nem celebratória nem não celebratória, e sim espinosista ("nem se deleitar, nem detestar" etc.[155]), que

---

155. P. Bourdieu se refere ao final desta passagem: "Quando, por conseguinte, apliquei o ânimo à política, não pretendi demonstrar com razões certas e indubitáveis, ou deduzir da própria condição da natureza humana, algo que seja novo ou jamais ouvido, mas só aquilo que mais de acordo está com a prática. E, para investigar aquilo que respeita a esta ciência com a mesma liberdade de ânimo que é costume nas coisas matemáticas, procurei escrupulosamente não rir, não chorar, nem detestar as ações humanas, mas entendê-las" (ESPINOSA, B. *Tratado político*. Trad. de Diogo Pires Aurélio. São Paulo: WMF Martins Fontes, 2009, cap. 1, § 4, p. 8 [*Tractatus Politicus*, 1677]).

consiste em tomar as coisas como elas são, o que creio ser a lógica da sociologia. É por isso que foi preciso fazer esse desvio pela linguagem [...]. Se refletirmos sobre o que é o discernimento, podemos fazer uma ponte concreta com a palavra "discreto"[156]. Esse é um primeiro ponto.

## Investimento no jogo das *libidines*

Mas essas visões do mundo social são divisões. Elas dividem. Não podemos ver sem dividir: ver é ver a diferença, é fazer a diferença. Poderíamos dizer que a cegueira, num certo domínio, é a privação da capacidade de fazer a diferença. Aqui, faço uma outra ponte entre o discernimento e o gosto[157]. O bom-gosto é o discernimento, quer dizer, a capacidade de ver as diferenças que é preciso ver, no momento em questão, e também certamente – porque o complementar sempre está presente – não ver aquelas que não se deve ver. O bom-gosto é saber fechar os olhos para o que não se deve ver, saber ver o que se deve ver, saber ver no momento certo o que se deve ver, nem cedo demais nem tarde demais (o momento é de fato muito importante: quem chega atrasado está ferrado imediatamente porque sempre vê tarde demais, quando isso não tem mais nenhum interesse porque não tem mais exclusividade). As visões são portanto divisões, e a ligação com o gosto é fundamental para enxergar as divisões corretas: para fazer as diferenças, é preciso não ser indiferente.

Aqui também pareço jogar com as palavras, mas o recurso à etimologia não é inútil e acho que vou conseguir fundamentar essa análise. Refiro-me a uma belíssima análise de Guilbaud sobre a teoria dos jogos[158] que diz que a noção, ao mesmo tempo simples e difícil, de interesse depende essencialmente do pensamento comparativo: ter interesse por alguma coisa é não dizer "Para mim tanto faz", o que quer dizer "Eu não faço a diferença, não vejo interesse em distinguir". Se não

---

156. No século XVII a palavra "discrição" permanecia próxima do latim *discretio*. [Antoine] Furetière, em seu *Dicionário Universal* (1690), definia-a ao mesmo tempo como "prudência, modéstia que serve para conduzir nossas ações e nossas palavras" e como "juízo, discernimento", dando para esse sentido o seguinte exemplo: "Com sete anos estamos na idade de discrição, sabemos o que é bom e mau". Esse sentido da palavra "discrição" sobrevive hoje na frase "à discrição de..." Da mesma forma, a palavra "discreto" podia significar o fato de ter discernimento, um juízo correto.

157. A "ponte" está evidente numa definição de Furetière: o gosto é "o sentido que é ordenado pela natureza para discernir os sabores" (*ibid.*).

158. GUILBAUD, G.T. *Éléments de la théorie mathématique des jeux* [Elementos da teoria matemática dos jogos]. Paris: Dunod, 1968, p. 99-100.

vejo interesse em distinguir é porque isso não me interessa, porque não tenho nada a fazer por isso, porque por estar indiferente ao que se joga num jogo determinado ou por ter entrado nesse jogo tarde demais para adquirir os princípios de diferenciação constitutivos da entrada no jogo, não enxergo a diferença (por exemplo, não enxergo por que as pessoas se matam para obter tal carreira num universo que não me interessa).

Prolongando a análise de Guilbaud: o interesse é o investimento num jogo. No fundo, é sinônimo de *illusio*, que, forçando um pouco a etimologia[159], designa o fato de estar engajado num jogo e de investir nos objetivos constitutivos de um jogo. Em outras palavras, o interesse, em oposição à indiferença como incapacidade de fazer diferenças, supõe duas coisas. Por um lado, ele supõe a propensão a investir, a dar importância – *interest* é aquilo que importa, aquilo que me importa, aquilo que é importante para mim. Por outro lado, dou importância o suficiente para o jogo para me perguntar o que é importante e o que não é. Em outras palavras, o pressuposto de qualquer juízo sobre um jogo é o fato de darmos importância ao jogo: é preciso, por exemplo, dar importância ao jogo literário antes de chegar a se perguntar qual é o melhor prêmio literário deste ano; se a literatura não me interessa, não tenho interesse em saber a diferença, não considero interessante a questão da diferença entre o importante e o não importante, entre o interessante e o não interessante. Há portanto um interesse fundamental que é o pressuposto da busca do interessante e do não interessante.

Alguns problemas que sempre tive com certos de meus comentadores que, em geral, são críticos (em outras palavras, eles criticam antes de compreender, ou, pior, antes de se perguntarem se compreendem), demonstram que tudo isso não é tão trivial quanto pode parecer. Em razão daquilo que poderíamos chamar de "efeito Bentham"[160], a noção de interesse é muitas vezes identificada ao interesse econômico, quer dizer, reduzida a uma definição muito parcial, ligada – para aqueles que estiveram em cursos anteriores[161] – à constituição do campo econômico como campo relativamente autônomo ("negócios são negó-

---

159. Cf. *Sociologia geral*. Vol. 3. *Op. cit.*, p. 143, nota 191 [160, nota 4]. • *Sociologia geral*. Vol. 2. *Op. cit.*, p. 118 [315].
160. Jeremy Bentham é um dos fundadores da filosofia utilitarista que muitas vezes é considerada uma das fontes de inspiração da economia neoclássica (que P. Bourdieu critica por ter uma compreensão estreita demais das noções de "interesse" e "economia").
161. *Sociologia geral*. Vol. 2. *Op. cit.*, p. 118 [314] e *supra*, aula de 7 de março de 1985, p. 17ss.

cios"). Ora, existe uma definição muito mais extensa, mais fundamental e mais importante do interesse, que é aquela à qual me refiro: o interesse é aquilo que interessa, aquilo sobre o qual estamos dispostos a fazer diferenças.

Portanto, primeiro ponto: essa espécie de interesse fundamental é a propensão a investir no sentido ao mesmo tempo da economia e da psicanálise. A propensão a investir tempo, dinheiro, esforços, trabalho, mas também emoções, interesses libidinosos em todos os sentidos do termo e, em particular, a libido que produz um determinado campo. Com efeito, existem *libidines*. A única coisa que podemos criticar sobre as pessoas que generalizam a psicanálise sem refletir é não enxergar que a *libido* é um caso particular do universo das *libidines* e que a característica do mundo social é constituir coisas extremamente diferentes como *libido*: no limite, ele pode constituir quase qualquer coisa como *libido*. Ele pode deixar as pessoas não indiferentes a coisas absolutamente extraordinárias que, para aquele que não está no jogo, parecem migalhas, sem interesse: o mundo social pode fazer jogos loucos e deixar as pessoas loucas por coisas que, para alguém que não está no jogo, são realmente loucas. As pessoas normais são as pessoas loucas por alguma coisa que é reconhecida como digna de interesse num determinado campo.

O interesse fundamental, que se constitui num jogo e por um jogo, é portanto a propensão a investir, a dar importância e, ao mesmo tempo, a fazer diferenças: dar importância é se perguntar o que é o mais importante, o que é importante, e o que não é. Dar importância a um jogo é entrar imediatamente no jogo, é excluir a pergunta de saber se o jogo merece ser jogado, e a característica de todo jogo bem-sucedido é fazer com que se esqueça de que se pode perguntar: "Mas jogar para quê?", "O que é que faz correr um jogador de beisebol? (ou um primeiro-ministro, ou um professor?...)", "Por que ele corre em vez de ficar parado?" A característica de um jogo é anular a indiferença e anular a própria questão da indiferença, a questão da razão de ser, o princípio da razão suficiente.

Como essa questão é anulada de saída, a pergunta "O que é o mais importante/o menos importante?" aparece e recebe tantas formas quanto há jogos. O princípio de discernimento, de juízo, a *diacrisis* fundamental será diferente no jogo que se joga no campo acadêmico, no campo econômico ou no campo político. Aqui uns enxergarão as diferenças e outros não. Aqui uns enxergarão interesse, possibilidade de lucros, e outros nem sequer verão o não interessante, já que serão indiferentes, o que é muito diferente. O interesse, portanto, supõe um investimento fundamental no jogo e a propensão a investir.

Em segundo lugar, quase correlativamente, ele supõe o discernimento, quer dizer, a capacidade de diferenciar, de distinguir. No jogo social, a maquininha que faz esse trabalho é aquilo que normalmente chamamos de gosto. O gosto é uma propensão a consumir ("ter gosto por": ter gosto por mulheres, frutas, flores etc.), mas também uma capacidade de consumir com discernimento: as duas dimensões sempre estão presentes. Dito isso, essa capacidade de diferenciar, de ser não indiferente e de fazer diferenças não surge do nada. Ela é – essa é uma de minhas hipóteses fundamentais – o produto da incorporação de princípios de diferenciação objetivos ou reconhecidos objetivamente num determinado universo social.

Uma coisa que eu não disse por toda minha análise do interesse é que, de certa maneira, não existe percepção prática desinteressada. A percepção faz diferenças mas, se tudo isso que eu disse for verdade, toda percepção é um investimento. Não existe percepção neutra. Ao mesmo tempo, as categorias de percepção e, em geral, os sistemas de conceitos dualistas que, em todas as sociedades, funcionam como princípios de estruturação fundamentais do mundo social sempre estão carregados de valores: sempre há um lado certo e um errado. Como esses sistemas funcionam enquanto sistemas, cada uma das oposições está carregada de todas as outras. Numa sociedade pré-capitalista, em que os sistemas de oposição fundamentais são os sistemas míticos, existe toda a cosmologia: em masculino/feminino, existe quente/frio, sol/lua, leste/oeste etc. Por causa disso, para mover uma estrutura como masculino/feminino, é preciso mover o mundo todo, toda a visão do mundo. É por isso que esses são sistemas muito poderosos. Mas é parecido nos nossos sistemas: para mover um/múltiplo (assunto clássico de dissertação), raro/comum ou vulgar/distinto, é preciso mover toda a visão de mundo e todo mundo cuja visão de mundo é seu produto. Ao mesmo tempo, existe um lado necessariamente iconoclasta e simbolicamente revolucionário quando essas estruturas são exibidas.

"Fazer a diferença" é feito por alguém que está dentro. Isso estava implícito em tudo o que eu disse: só fazemos a diferença se não formos indiferentes, e, para não sermos indiferentes, é preciso estar dentro, é preciso estar no jogo. Portanto, *interesse* é sempre *inesse*[162]. É isso, por exemplo, que faz com que as diferenças per-

---

162. O verbo latino *interesse*, cuja significação principal é "estar entre", "estar no intervalo", é formado, como o verbo latino *inesse* (literalmente, "estar dentro", "pertencer a"), a partir do verbo *esse* (ser).

tinentes no campo acadêmico incluam saber distinguir entre um biadmissível e um admissível, entre um agregado antigo e um da nova norma, entre um terceiro ciclo e uma tese de Estado[163]. Todas essas distinções extraordinárias têm efeitos sociais fantásticos mas, vistas do ponto de vista de alguém que não está no jogo, que tem alguma espécie de distanciamento por qualquer motivo, elas são coisas daqueles que estão dentro. "Estar dentro" é fazer essas distinções.

Voltamos ao discernimento: aquele que parece não conhecer essas distinções ou, ainda pior, que parece não ligar para elas, se exclui profundamente. Parece-me que a subversão principal é aquela que consiste em manipular as estruturas de discernimento de maneira a demonstrar que a pessoa não simplesmente não consegue discernir, e sim que ela não quer saber. O interesse pode ter dois graus: existe o interesse pelo jogo e o interesse no jogo. O fato de aceitar os axiomas fundamentais de um jogo, de um campo, o fato de estar na *illusio* coletiva, ou seja, nessa espécie de crença coletiva que é a fundamentação real de um campo, esse pertencimento, esse investimento fundamental é portanto a condição da aquisição da visão justa, legítima. O *discernimento* é ao mesmo tempo a condição da entrada real no jogo.

## A passagem da ação para o discurso sobre a ação

Isso que descrevi até agora é a visão prática e na última aula insisti no fato de que [...] a passagem do conhecimento prático do mundo social para o conhecimento científico, a passagem da visão que se expressa antes da linguagem ou, segundo a metáfora que uso o tempo todo, do senso do jogo para um discurso é um salto mortal, uma descontinuidade muito importante. Esse é um dos temas que desenvolvi longamente na última aula: não se passa do senso do jogo para um discurso sobre o jogo de maneira contínua, de maneira simples. Acontece aqui uma mudança, uma "passagem para uma outra natureza", diria Platão, um limiar, uma mudança de registro muito importante. Na última aula insisti no fato de que o mesmo *habitus*, o mesmo *ethos*, como sistema de esquemas de apreciação

---

163. O doutorado de Estado desapareceu depois de 1984. Ele coexistia com o doutorado de terceiro ciclo (criado em 1958) mas era preparado, sobretudo nas disciplinas literárias e históricas, por um período muito mais longo. • Na França, existe a categoria de professores "biadmissíveis" ao concurso de agregação, que recebem uma bonificação por sua formação mais completa [N.T.].

implícitos, práticos, [como] moral prática, moral realizada, pode ser reconhecido em várias éticas: existe uma espécie de elasticidade das visões práticas do mundo.

Esse é um dos grandes problemas que se colocam na luta pelo *percipere* e o *percipi* que estou descrevendo, na luta pela visão do mundo, pela imposição da visão legítima do mundo, ou seja, a luta política. Na luta política, um dos principais pontos de ação, um dos pontos arquimedianos em que a ação política pode inserir, pode colocar sua alavanca, é essa articulação da visão prática e da visão objetivada. Lembro que a mesma visão prática pode se reconhecer em várias visões objetivadas: existem mal-entendidos, efeitos de *allodoxia* que já descrevi mil vezes. Podemos tomar um discurso por outro: posso acreditar que esse discurso realmente me expressa, por exemplo no plano do controle da natalidade, ou ele pode me parecer em afinidade com o que penso apesar do discurso, da coisa em questão.

Chego ao que é importante. As visões políticas, como disse, estão ligadas ao interesse. Elas estão ligadas à posição no mundo social, e portanto estão submetidas ao princípio de realidade, ou seja, de que cada visão prática está ajustada à posição daquele que a produz. Uma das coisas mais chocantes que a análise empírica das reações práticas dos agentes sociais mostra é que eles não são loucos: eles agem quase sempre com discernimento, o que não quer dizer que sejam capazes de dizer o que fazem – fazer e dizer o que se faz não é a mesma coisa. Esse é um problema fundamental da técnica do questionário: dependendo de colocarmos as questões num nível onde se trata de verbalizar ou num nível muito próximo das escolhas práticas da vida cotidiana, podemos descobrir coisas diferentes, já que os agentes sociais sabem melhor fazer o que é preciso fazer, dadas suas posições, quando se trata de fazer do que quando se trata de dizer o que é preciso fazer. Creio que essa distinção é importante para aqueles dentre vocês que terão que fazer questionários.

Isso que vou dizer é muito elementar, tão elementar e tão fundamental que é constantemente esquecido na produção dos questionários (aqueles que fazem pesquisas de opinião sequer se colocam a questão): uma questão fundamental que é preciso fazer é saber em que nível trabalhamos se buscamos captar a visão prática (o que não é preciso dizer, mas como muitas vezes procedemos através de questionários em vez de proceder pela observação, já estamos na ordem do discurso). Quando procedemos com questionários fechados com respostas pré-construídas, damos como resolvido o problema da passagem do prático ao discurso já que agimos como se os agentes tivessem sido capazes de produzir uma resposta que são capazes de reconhecer. Apontar com o dedo uma resposta não é de modo algum a mesma coisa do que produzir a resposta em questão. [...]

Na interrogação que um pesquisador realiza, seja quem for, existe um efeito de interrogação que é preciso interrogar constantemente de maneira a saber se a questão formulada apela à prática ou ao discurso sobre a prática. Podemos tentar, através do discurso, mas formulando bem a pergunta, de maneira muito indireta, ou empregando técnicas como aquelas que mencionei na última aula dos cartõezinhos que pedimos para classificar[164], colocar a pessoa em questão numa situação o mais próxima possível das situações nas quais é o seu senso de jogo que funciona. Podemos nos aproximar das condições da prática (os experimentalistas com animais conhecem esse problema: é a situação natural *vs.* a situação experimental, a jaula ou a mata), mas obviamente desde que jamais esqueçamos que a situação ainda é experimental. Ora, o sociólogo tem tanto interesse profissional em esquecer que a situação em que trabalha é artificial (nem que seja porque ele está o tempo todo nessa situação artificial, que é sua vida, que todos os seus colegas, quando faz perguntas a eles, querem esquecer) que a questão que ele menos coloca em seu questionário é a questão do que significa questionar e do lado artificial do fato de questionar.

Dito isso, desde que tenhamos em mente o arbitrário do fato de questionar, podemos questionar da maneira menos arbitrária possível, podemos tentar nos aproximar, dentro dos limites de uma situação de questionamento da situação, das situações nas quais funciona o senso prático, o senso do jogo, antes do discurso, antes mesmo da questão porque na verdade o senso prático é aquilo que faz com que respondamos sem parar a questões que não nos formulamos. O que não quer dizer que não respondamos de forma correta. Existe aqui uma espécie de reabilitação do preconceito. Todos nós temos em mente o velho tópico cartesiano (a dúvida etc.); a análise que estou fazendo do senso prático significa dizer – aliás, não se trata de reabilitação, isso é ridículo, porque não há nada a reabilitar – que o senso prático é uma forma de conhecimento infralinguístico, infrateórico, infraproblemático, mas que nem por isso é inadaptado. Assim, podemos, dentro dos limites de uma situação de interrogação, nos aproximar das situações reais e captar as visões práticas. Isto posto – essa é uma consequência da distinção que acabo de fazer entre visão prática e visão objetivada ou explicitada –, só se passa da visão

---

164. Cf. a aula de 28 de março de 1985, p. 82.

prática para a visão explicitada através de um salto radical, que é a passagem ao discurso, ao *logos*, e na qual intervêm as capacidades de expressão do locutor, as tradições linguísticas das quais ele dispõe, o sistema conceitual do qual dispõe, o sistema de palavras, tudo isso que eu disse há pouco.

## A luta política pela visão correta

Para prolongar essas análises, direi que as visões do mundo social são divisões, que essas divisões estão ligadas ao interesse, que elas são práticas, pré-explícitas, infralinguísticas, "não téticas" como dizia a tradição fenomenológica, ou seja, não colocadas como teses mas vividas como autoevidentes. Um outro ponto: como essas visões estão ligadas ao interesse, são obviamente interessadas e ligadas à ocupação de uma posição num universo social e aos interesses ligados à ocupação de uma posição. Não existe visão neutra: toda visão divide, mas ela já é dividida. Ela divide o mundo social porque dizer que existem brancos é dizer que existem negros, da mesma forma que dizer que existem bons é dizer que existem maus.

Nas sociedades pré-capitalistas existem muitos sistemas dualistas desse tipo. Conseguimos compreender os sistemas baseados no parentesco, mas existem sistemas muito bizarros que sempre intrigam os etnólogos porque não encontramos nenhuma base para eles, nem econômica nem genealógica (que são os dois grandes princípios de visão que podemos imaginar nesse tipo de sociedades). Com muita frequência, eles estão associados a nomes de cores, são os amarelos e os verdes, o oeste e o leste, o alto e o baixo. Essas oposições, por si sós quase vazias, estão sempre ligadas a uma posição no espaço que trata-se de ver. Portanto, não existe visão neutra: as visões práticas são sempre visões no estado prático mas com função prática: sempre vejo dentro de um mundo social que tenho interesse em ver. Em outras palavras, as visões dividem o mundo e fazem isso segundo princípios de divisão que estão na própria estrutura desse mundo. Existe necessariamente uma divisão sobre as visões: não é pensável que exista consenso sobre as visões – isso resulta de tudo isso que eu disse, as divisões são sempre coloridas ética ou politicamente, o que permite voltar à noção de "interesse".

Agora seria preciso que eu desenvolvesse [...] todas as propriedades que separam a visão prática da visão representada. Eu lembrei a autonomia da representação e a distância entre a práxis e o discurso sobre a práxis, entre o discernimento prático e o discernimento em discurso explícito. Na próxima aula, tentarei mostrar como, a partir do que disse sobre a existência de visões e divisões, podemos compreender a lógica específica da luta pela imposição da visão correta das divisões. Em todas as sociedades, uma das lutas fundamentais é a luta pela visão correta da divisão em classes: existem ou não existem classes? Tentarei – esse será o final do meu curso – no fundo juntar tudo aquilo que disse sobre a teoria das classes e das classes sociais. Para apenas indicar esse tema segundo o qual um dos principais objetivos das lutas nas sociedades é a luta para impor a visão correta das divisões, quer dizer, a visão legítima, o ponto de vista legítimo, lembrarei que a palavra *nomos* [...] que quer dizer a "lei" (e que, aliás, é parente da palavra *numisma*, que quer dizer "moeda"), vem de *nemo*, que quer dizer "cortar", "recortar"[165]. O que gostaria de demonstrar é que a luta política, a luta pelo direito, quer dizer, pela visão direita, ou de direita, que pode se traduzir por ortodoxia, é uma luta para impor a visão dominante desconhecida como tal, ou seja, reconhecida como legítima. É a luta pela visão correta, a luta pelo *nomos* correto, ou seja, pelo recorte correto, pela visão correta.

## Segunda hora (seminário): a invenção do artista moderno (3)

Retomo a análise sobre a revolução simbólica introduzida pelo impressionismo e, de modo mais geral, o problema do nascimento do artista moderno. Eu formulei [nas sessões anteriores] a questão das condições sociais de possibilidade de uma revolução simbólica como revolução específica, a questão de saber o que é uma revolução simbólica em oposição a uma revolução política. Também comecei a descrever a estrutura da instituição acadêmica e a mostrar que os princípios estéticos que se manifestam na arte que chamamos de *"pompier"* podiam, de alguma forma, ser deduzidos dos princípios da instituição dentro da qual se definia a produção acadêmica, de modo que o conceito correto, creio eu, para falar dessa arte seria [...] "arte acadêmica": essa arte encontra seu princípio na estrutura da instituição acadêmica. Lembrei dessa maneira de enxergar que podemos transpor de maneira muito geral: seja em pintura, literatura, crítica etc., parece-me impossível, cientificamente insuportável, estudar um discurso independentemente das

---

165. P. Bourdieu retirou essa observação de Émile Benveniste, que chama a atenção ao pertencimento da palavra *nomos* a uma família de palavras formadas a partir do radical *nem-*, expressando uma noção de partilha, de legalidade e, portanto, de "partilha legal" (BENVENISTE, É. *O vocabulário das instituições indo-europeias*. Vol. 1. *Op. cit.*).

instituições dentro das quais ele é produzido, o que não quer dizer que o estudo interno de uma linguagem não tenha sua justificação (repito isso porque, como sempre existem alternativas nos cérebros, a partir do momento em que se insiste fortemente num dos termos da alternativa, parece-se negar o outro termo, segundo o que disse há pouco).

Seria preciso levar a sério a frase de Espinosa: quase sempre temos "duas traduções da mesma frase", uma do lado da instituição, a outra do lado do discurso[166]. Quando eu disse: "isso é insuportável cientificamente...", é porque escolher [entre o estudo do discurso e o estudo da instituição] é, cientificamente, absurdo, injustificável e tolo. Quando temos duas traduções da mesma frase (Champollion[167] sabia disso), é melhor olhar para as duas. Quando se trata de compreender o que era dito na universidade em maio de 1968 – sempre uso esse exemplo, que é muito simples –, podemos manter os discursos (coletâneas de discursos de maio de 1968[168] foram publicadas) e fazer uma análise interna deles, ou então estudar o sistema de agentes que produziram esses discursos (ou seja, a instituição acadêmica), e é verdade que essas são duas traduções da mesma frase. Mas a fórmula "duas traduções da mesma frase" também significa que não é exatamente a mesma linguagem: se fosse duas vezes a mesma coisa, perceberíamos isso. Portanto, é preciso estudar as duas coisas para perceber que aquilo que dado discurso de maio de 1968 não diz pode ser visto nas propriedades daquele que o escreveu (por exemplo, se foi socialista na juventude etc.). Tudo isso é muito importante de um ponto de vista simplesmente metodológico.

---

166. Essa metáfora provavelmente tem como fonte uma releitura de Bergson de uma frase de Espinosa; "A mente e o corpo são uma só e mesma coisa, a qual é concebida ora sob o atributo do pensamento, ora sob o da extensão" (*Ética*. Trad. de Tomaz Tadeu. Belo Horizonte: Autêntica, 2009, parte III, escólio da proposição 2 [*Ethica*, 1677]): "Em Espinosa, os dois termos, Pensamento e Extensão, são colocados, pelo menos em princípio, no mesmo plano. São, portanto, duas traduções de um mesmo original ou, como diz Espinosa, dois atributos de uma mesma substância, que se deve chamar de Deus" (BERGSON, H. *A evolução criadora*. Trad. de Bento Prado Neto. São Paulo: Martins Fontes, 2005, p. 378 [*L'Évolution créatrice*. Paris: PUF, 1959 (1907), p. 379]).

167. Jean-François Champollion (1790-1832) foi um filólogo francês conhecido principalmente pela tradução dos hieróglifos egípcios. P. Bourdieu se refere ao fato de que ele conseguiu esse feito através da Pedra de Rosetta, que continha textos na escrita hieroglífica, na escrita demótica e em grego antigo [N.T.].

168. Uma coletânea desse tipo é *Journal de la Commune Étudiante – Textes et documents: novembre 1967-juin 1968* [*Jornal da Comuna Estudantil – Textos e documentos: novembro 1967-junho 1968*], textos escolhidos e apresentados por Alain Schnapp e Pierre Vidal-Naquet. Paris: Seuil, 1969.

Quando se trata de fazer um trabalho sociológico sobre os discursos de um poeta, um crítico ou um político, é fundamental saber que o que eles dizem não passa de uma maneira de dizer o que dizem através daquilo que são, não no sentido biográfico ordinário do termo, mas no sentido em que eles são uma posição num espaço, e sua posição diz a mesma coisa do que aquilo que dizem em seus discursos. Eu já disse isso pelo menos três vezes [durante as sessões anteriores], mas sei que as resistências à sociologia são muito fortes; uma parte das coisas que digo aqui aproveitando-me da situação que mencionei no começo, uma parte daquilo que controlo conscientemente tem como princípio minha consciência da seguinte coisa: como a sociologia encontra resistências análogas às encontradas pela psicanálise, fazer compreender a sociologia é jogar com técnicas sociais para contornar essas resistências e ser escutado por pessoas que não escutam, no sentido do século XVII[169], porque não têm vontade de escutar, porque não querem escutar, ou porque escutam demais.

Às vezes, mudar a maneira de dizer acaba obrigando as pessoas a escutar – pelo menos, é o que espero. Isso que digo aqui é trivial, mas as forças sociais que estão por trás da leitura interna são tão grandes que, quando saímos da leitura interna, é para cair brutalmente na leitura externa mais redutora, no modo da abjuração. (Essa é uma outra lei muito clássica das biografias intelectuais: saímos de um dogma para cair no seu oposto, enquanto talvez fosse preciso se perguntar se isso não seria uma alternativa absurda da qual é preciso sair.) Depois de termos na França quinze anos de leitura internalista selvagem, semiológica, começo a me dizer que é preciso defender a leitura interna [*risos na sala*] porque os mesmos que aceitavam apenas [na década de 1970] o formalismo numa leitura absurda dos formalistas russos (que não eram formalistas de jeito nenhum)[170] agora fazem sociocríticas selvagens que vão me irritar tanto quanto seu formalismo no período anterior. Portanto, serei herege duas vezes – isso acontece muito comigo. Digo essas coisas que não devia dizer, mas elas são tão subjacentes ao que conto que, de certa maneira, dizê-las faz parte da honestidade...

---

169. "Escutar se diz figurativamente sobre coisas espirituais e significa compreender, penetrar no sentido daquele que fala ou escreve" (FURETIÈRE, A. *Dictionnaire Universel*, 1690).

170. Sobre a importação dos formalistas russos na França nas décadas de 1960 e 1970, cf. a aula de 7 de dezembro de 1982. In: *Sociologia geral*. Vol. 2. *Op. cit.*, p. 269-270 [499-500].

## Fazer a história de uma revolução simbólica

Portanto, ao analisar essa revolução simbólica, tentei descrever a estrutura da dominação simbólica contra a qual se constituiu a revolta impressionista ou, mais exatamente, a revolta cujo líder foi Manet. Para isso, primeiro mostrei que havia uma estrutura, uma instituição acadêmica, com suas leis de funcionamento, seu curso, seus modos de recrutamento, seus modos de formação, seus modos de fabricação de cérebros e portanto suas visões do mundo, e em seguida tentei demonstrar que podíamos de alguma forma deduzir a partir das estruturas institucionais – exagerei um pouco para a demonstração – as propriedades mais conhecidas da pintura acadêmica como retiradas de uma leitura interna. Em outras palavras, as propriedades mais propriamente estilísticas às quais se liga uma leitura interna – citei a frase de Gombrich: "A arte *pompier* é a arte do terminado" – parecem-me estar ligadas diretamente às propriedades da instituição nas quais elas são produzidas.

A própria demonstração que tentei fazer era um momento da empreitada na qual tentei responder a perguntas que formulei. Foi preciso fazer esse desvio através da pintura acadêmica e suas fundamentações institucionais porque a revolta impressionista define-se em parte pelo adversário contra o qual ela se definiu. Esta também é uma grande lei dos campos sociais, especialmente dos campos intelectuais: somos definidos tanto por nossos adversários quanto por nossa posição, na medida em que a posição é diacrítica. Quando me dizem que minha visão do mundo social é "determinista", esquecem que o conhecimento é por si só libertador. Saber, por exemplo, que num campo não existe posição que não seja definida diacriticamente em oposição a outras posições, sejam imediatamente vizinhas ou distantes no espaço, que não seja definida objetivamente e portanto subjetivamente, simbolicamente etc. leva a uma estratégia epistemológica: desconfie não de seus adversários, mas daquilo que seus adversários te impõem pela existência deles. Eis um princípio epistemológico.

(Na história do pensamento, todos os grandes cartesianos tornaram-se cartesianos combatendo Descartes. Minha proposição pode parecer brutal e impensada: se houver um filósofo na sala, serei muito criticado... Mas acho que é possível demonstrar isso, particularmente no caso de Leibniz: o que há de mais cartesiano em Leibniz se deve ao fato dele ter passado a vida discutindo Descartes, colocando notas nas margens [das obras] dele [...] e, portanto, deixando que Descartes impusesse a problemática.) Um campo é um espaço no qual as pessoas existem em relação às outras, e a problemática é o próprio espaço. A partir do momento em que alguém surge no espaço, mesmo um "novo filósofo", sua existência causa problemas e leva a pensar, faz pensar e corre o risco de fazer pensar ao contrário, para não falar do fato de correr o risco de consumir energia que poderia ser empregada melhor de outra forma [*risos na sala*], o que é uma coisa que sempre esquecemos. (Sobre isso, uma grande função de um certo número de instituições é desviar os verdadeiros interesses, fazer desperdiçar um dos recursos mais raros, o tempo disponível. [...] Na política, todo político que domina a lógica do campo – vocês encontram exemplos todos os dias – sabe que, para poder fazer alguma outra coisa, basta chamar a atenção para um problema que se constitui para suas necessidades. Na vida intelectual, também existe toda uma série de debates cujo efeito principal é desviar dos verdadeiros debates. Eu poderia mencionar o que disse ano passado[171] sobre os efeitos da irrupção do jornalismo na vida científica; é uma ilustração perfeita...)

Os impressionistas, em sua própria intenção de subversão, foram assim definidos pelas estruturas da instituição contra a qual erguiam-se, a ponto de, aliás – essa é a moda hoje em dia –, toda uma "empresa" da arte acadêmica e da arte *pompier* inspirar-se com a ideia de que os impressionistas eram muito menos revolucionários do que pensamos e que, em última instância, os *pompiers* já tinham feito praticamente tudo aquilo que os impressionistas fizeram e que no limite os impressionistas apenas propuseram como arte aquilo que para os *pompiers*, para os acadêmicos, era um esboço[172]. Essa tese, desenvolvida por um certo número de pessoas, baseia-se em trabalhos muito interessantes que utilizarei, como os de Albert Boime que já mencionei[173], mas com um desvio de sentido. Esse desvio se deve ao fato de que não se coloca o problema que me coloco: não se reconstitui o espaço no qual funcionou uma forma intelectual – esse é o principal anacronismo ao qual os historiadores, que são os mais anacrônicos dos cientistas, sucumbem com muita frequência.

---

171. Cf. *Sociologia geral*. Vol. 3. *Op. cit.*, aulas de 1º e 8 de março de 1984 sobre a "parada de sucessos dos intelectuais".
172. Todos esses pontos serão desenvolvidos nos dois anos que Bourdieu dedicará a Manet e que foram publicados sob o título *Manet – Une révolution symbolique. Op. cit.*
173. BOIME, A. *The Academy and French Painting in the Nineteenth Century. Op. cit.*

Especialmente os historiadores da literatura acreditam que o melhor que se pode fazer para um autor é refazê-lo vivo, torná-lo vivo, o que é um dos princípios pedagógicos que inspiram também os filósofos que buscam demonstrar, por exemplo, a atualidade de Platão. Para Platão, isso está num nível pedagógico elementar, mas é o mesmo caso quando se diz hoje: "retorno a Kant", "retorno a Fichte"[174]. Há uma tendência a pensar que aquilo que se pode fazer de melhor em relação a um pensamento do passado é repensá-lo como o pensaríamos hoje em dia, quer dizer, fazê-lo funcionar num campo em que ele nada tem a fazer e que pode até ser totalmente diferente daquele em que foi produzido. De fato, como ele pode funcionar [dentro do campo contemporâneo] sobre a base de homologias de estrutura que não são conscientes [...], reabilitar um adversário passado do homólogo passado do adversário contemporâneo é um meio de bater num adversário contemporâneo. Por isso as lutas de reabilitação são de grande importância. Um livro inteiro de Haskell (que virá fazer conferências no Collège de France e realmente merece ser ouvido) trata das redescobertas na arte[175]. As redescobertas na arte para mim sempre têm como princípio os interesses atuais no campo: só se reabilita Caravaggio em função de interesses atuais, nas lutas atuais contra homólogos, adversários, gente do passado. O princípio dessas reabilitações e dessas redescobertas, portanto, reside no presente.

Podemos ver como o anacronismo está ligado à ignorância dos interesses específicos do cientista que está ele mesmo num campo onde há objetivos e lutas: não é neutro reabilitar Simmel hoje em dia[176], quando todos os profissionais o leram há vinte e cinco anos, nem agora fazer aparecer a Escola de Frankfurt (aqui

---

174. Na época em que o curso aconteceu, falava-se de um "retorno a Kant" (P. Bourdieu aludirá a isso no ano seguinte, na aula de 5 de junho de 1986). A alusão ao "retorno a Fichte" sem dúvida remete a um movimento cujos atores importantes são Luc Ferry e sobretudo Alain Renaut que, na primeira metade da década de 1980, traduziram e editaram uma coletânea de textos de Johan Gottlieb Fichte (*Essais philosophiques choisis (1794-1795)* [*Ensaios filosóficos escolhidos (1794-1795)*]. Paris: Vrin, 1984) e invocam "a atualidade de Fichte" em alguns de seus ensaios (*Philosophie politique* [*Filosofia política*]. 3 vol. Paris: PUF, 1984-1985).

175. HASKELL, F. *Rediscoveries in Art: Some Aspects of Taste, Fashion, and Collecting in England and France* [*As redescobertas na arte: alguns aspectos do gosto, moda e colecionismo na Inglaterra e na França*]. Ithaca: Cornell University Press, 1976.

176. Com exceção de uma coletânea publicada pela Editora Félix Alcan em 1912, os trabalhos de Georg Simmel só foram traduzidos para o francês no começo da década de 1980, quando começa, seguindo a moda da descoberta, uma onda de traduções inicialmente na Coleção Sociologies da PUF, fundada por Raymond Boudon e François Bourricaud.

também eu poderia dizer muita coisa)[177]. Enquanto não forem explicitadas, as lutas presentes no princípio de estratégias sobre o passado afetam o passado mesmo que este seja reabilitado: aquele que trata desse passado não sabe o que faz ao tratar desse passado, não sabe que o princípio de sua própria percepção do passado é a transposição de estruturas de percepção ligadas a um estado do campo para um campo que não era estruturado da mesma maneira e que assim não está acompanhado das estruturas atuais de percepção. [...] Todo historiador da literatura dirá: "Claro que sabemos bem disso tudo", mas releiam os seus livros costumeiros de história da literatura e verão...

Portanto, é preciso fazer esse trabalho de reconstituição. Isso que faço sobre Manet e os impressionistas obviamente não é nada exemplar. Por não ser especialista, por não ter passado vinte anos de minha vida estudando os impressionistas, isso que faço pode apenas dar uma ideia do que seria preciso fazer para responder às exigências metodológicas que eu mesmo criei. Mas, quando propomos esse tipo de exigência, estamos diante de uma alternativa: ou dar recomendações vazias, puras e abstratas ou então fazer um começo de realização mas que, obviamente, é parcial e imperfeito [...].

## A superprodução de diplomados e a crise acadêmica

Chego à minha proposta de hoje. Para compreender a revolução impressionista, parece-me que é preciso compreender em sua verdade o que era a estrutura da ordem do campo da pintura antes dessa revolução e se interrogar sobre os fatores específicos que tornaram possível o questionamento simbólico dessa estrutura. A ideia que tenho em mente é que o campo da pintura tem uma estrutura de dominação. Na arte acadêmica existe a dominação de um certo sistema de reprodução do pintor legítimo, de formação etc. Foi preciso que essa estrutura entrasse objetivamente em crise para que o questionamento simbólico tivesse sucesso. Eis a tese que tenho em mente e que permite compreender como a revolução simbólica foi difícil. Eu disse isso logo no começo: a visão de mundo impressionista é para nós tão evidente que podemos até fazer a jogada de dizer que ela não era tão

---

[177]. Ainda que livros de Herbert Marcuse já tivessem sido traduzidos antes de 1968 (*Eros e civilização* e *O homem unidimensional*), as traduções de Jürgen Habermas, [Theodor] Adorno e [Max] Horkheimer só começaram por volta de 1974. No período do curso elas eram numerosas na Editora Payot.

revolucionária, o que, aliás, os historiadores da pintura são os primeiros a dizer hoje em dia; existe uma série de exposições no Palácio de Luxemburgo etc. sobre o tema: "A arte *pompier* não era tão ruim assim, e aliás será que a diferença é tão grande entre tal pintor acadêmico e tal pintor impressionista, já que um foi o mestre do outro?" Podemos nos perguntar, sem nenhuma polêmica, por que os historiadores da arte conservadores têm interesse em dizer que a diferença não era tão grande entre os supostos revolucionários e os supostos conservadores. Deixarei que vocês reflitam, mas isso está muito ligado ao que disse há pouco.

Para escapar do anacronismo é preciso evitar projetar no passado as categorias de percepção atuais e sobretudo os interesses ligados a essas categorias de percepção. Não existem categorias de percepção sem interesse específico. Não falo do interesse de classe, mas de interesses muito específicos como os do historiador da arte ou do historiador da literatura, no subcampo muito particular em que ele está engajado e onde o objetivo é ser distinto e distinguido, é ter, por exemplo, um nome de escola, chamar-se "sociocrítico". Por exemplo, há vinte anos não se encontra um autor de discurso literário ou historiador da literatura que não se dê um nome de escola. Vejam o livro de Roger Fayolle, *A crítica literária* (1964)[178]: para praticamente cada pessoa, vocês encontram um nome de escola (e um deles é "sociocrítica"). Nesse universo, existem interesses e objetivos que não são objetivos políticos: quando digo "conservadores", isso é relativo à lógica específica de um campo. Entretanto, a questão da homologia entre a posição conservadora num campo e a posição conservadora no campo político sempre permanece. [...]

Eu já disse o que quero mostrar, que a crise da arte de escola tem como condição social de possibilidade uma crise da Escola, condição necessária mas não suficiente, condição que favorece mas não torna necessário. Foi preciso que a Escola entrasse em crise para que a empreitada simbólica de subversão realizada por Manet tivesse alguma chance de sucesso. Em outras palavras, o sucesso de uma revolução simbólica tem como condição a conjunção entre uma crise objetiva das instituições sobre as quais se baseia a ordem simbólica anterior e uma empreitada de subversão simbólica que consiste em enunciar, contra essas instituições, a possibilidade de uma outra maneira de fazer. Isso que digo aqui tem valor muito geral e poderia se aplicar também à profecia religiosa, à profecia filosófica etc.

---

178. FAYOLLE, R. *La Critique*. Paris: Armand Colin, 1964.

Não vou recontar o que disse para terminar de falar sobre as propriedades dessa arte acadêmica que Schlegel descrevia nos textos que citei. Trato simplesmente da crise do sistema escolar. Aqui, utilizo trabalhos de historiadores da educação que mostram que, nos anos de 1800-1850, aconteceu em toda a Europa uma crise que às vezes é chamada de "superprodução de diplomados". Refiro-me aos trabalhos de Lenore O'Boyle, especialmente em *The Journal of Modern History*, de dezembro de 1970, p. 471-495[179]. Na mesma revista, há toda uma série de trabalhos sobre a superprodução de diplomados, a revolução de 1848 e o surgimento de uma esquerda democrática na Alemanha. Aliás, esse é um tema sobre o qual podemos encontrar traços na literatura, especialmente em Balzac: em *Um começo de vida* [1842], há esse tema da superprodução dos diplomados, com todas essas pessoas que chegam em Paris e fundam uma revistinha, um jornal etc. Assim, o tema está presente também na consciência dos agentes (o equivalente hoje em dia seria um tema como "os jovens não encontram empregos").

Aliás, um problema da análise não anacrônica de uma época passada é reconstituir essa espécie de consciência confusa que os agentes tinham do estado das coisas sociais. Isso é extremamente difícil, porque, muitas vezes, é infraconsciente. Só podemos captar isso através de expressões literárias, e, portanto, muitas vezes transformadas em nome do modelo da literatura. Ora, isso é muito importante, porque as estratégias dos agentes, apesar de realizadas pelo senso prático, pelo senso do jogo, sempre devem uma parte do que são a essas representações difusas e confusas, a "o que se diz" (por exemplo, quando se diz hoje em dia que "acabaram" as chances de emprego para os jovens na eletrônica). Esse é um problema que se colocou para nós com muita força quando trabalhamos, com Monique de Saint Martin, sobre o episcopado na França[180]. Para compreender o que fazia com que alguém se tornasse padre, depois bispo etc. nos anos de 1930, num momento em que as curvas das vocações estavam no patamar mais baixo, era preciso reconstituir não estados de alma, não o vivido, mas essa espécie de percepção confusa, difusa, compartilhada confusamente por todo um meio, e que é

---

179. O'BOYLE, L. "The Problem of an Excess of Educated Men in Western Europe, 1800-1850" ["O problema de um excesso de homens educados na Europa Ocidental, 1800-1850"]. *The Journal of Modern History*, vol. 42, n. 4, p. 471-495, 1970.

180. BOURDIEU, P.; SAINT MARTIN, M. "La sainte famille – L'épiscopat français dans le champ du pouvoir" ["A santa família – O episcopado francês no campo do poder"]. *Actes de la Recherche en Sciences Sociales*, n. 44-45, p. 2-53, 1982.

um fator social real. Aliás, um dos objetivos da luta política que mencionei agora há pouco é manipular essas "representações" difusas. Essa espécie de registro que nasce das representações não é o que os historiadores chamam de "mentalidades", também não é um vivido psicológico, é algo muito difícil de situar para o qual não tenho uma palavra muito precisa, mas acho que é preciso ter pelo menos a ideia de que isso existe e também ter a ideia de que é preciso ter uma ideia disso. Para compreender, por exemplo, o que significa uma escolha, uma escolha de vocação, uma escolha de tornar-se escritor etc.

Esse fenômeno da superprodução dos diplomados era portanto um fato objetivo que os historiadores reconstituem através de estatísticas e que começava a aparecer sem se tornar um tema ideológico. Parece que o tema do "bacharel desempregado" só surge na década de 1880. Ele se tornou um tema ideológico muito forte no momento em que se discutia a escolarização obrigatória. Aquilo que era uma espécie de humor torna-se um objetivo político. No fundo, a melhor palavra talvez seria: "uma espécie de humor ideológico, de *mood* ideológico"; Lovejoy, um grande historiador da literatura, falava de *mood* ideológico de uma época. "A grande cadeia do ser", *The Great Chain of Being*[181] é um grande clássico da história das ideias. Nele Lovejoy estuda o surgimento, através de toda a história, do tema da cadeia do ser que leva de Deus até os animálculos. E fala portanto do *mood*, com tudo que isso quer dizer: humor, otimismo, pessimismo, "as coisas vão bem", "as coisas vão mal", enfim, tudo aquilo que está no ar do tempo, *Zeitgeist*... Essa espécie de *mood* não é uma construção psicológica, e sim o produto de um trabalho social que é sobre o que trabalha o trabalho político que mencionei de manhã.

## O sistema escolar e os campos de produção cultural

A superprodução de diplomados foi estudada pelos historiadores e gostaria de fazer uma observação sobre o tema: meu trabalho, nesse caso em particular, consiste em relacionar coisas que jamais foram relacionadas. Isso me parece colocar o problema da especialização prematura nas ciências sociais. As ciências sociais acreditam se tornar científicas quando, à maneira das ciências mais avançadas, elas se especializam sem outra razão que não social, parece-me (quanto

---

181. LOVEJOY, A.O. *A grande cadeia do ser*. Trad. de Aldo Fernando Barbieri. São Paulo: Palíndromo, 2005 [*The Great Chain of Being*. Cambridge, MA: Harvard University Press, 1936].

mais divisões, mais papas...[182]). Mas as ciências sociais, ao se especializarem cedo demais, perdem elos e conexões. Nesse caso particular, meu trabalho consiste em relacionar a história social do campo literário com a história social do campo universitário, acadêmico. Ora, como existem especialistas num e noutro que não se leem ou que não se conhecem, e como não existe problemática para relacionar os dois, a história do sistema universitário está praticamente ausente da história literária – isso é muito surpreendente, e aliás eu ficaria felicíssimo se alguém conseguisse me desmentir com exatidão, com referências. Jamais se relaciona... Sim, existem pessoas que estabelecem essas relações, há três delas aqui na sala, conheço muito bem seus trabalhos (e por isso eu os citarei constantemente), mas quero dizer que as pessoas normais [*risos na sala*] fazem história literária abstraindo completamente a história do sistema escolar. Pierre Louÿs, por exemplo[183], isso talvez tenha algo a ver com o fato de que os estudos dominantes, para os filhos da burguesia, deixaram de ser apenas o direito para também se tornar as letras. Essa é uma relação brutal que faço apenas para dar um exemplo, porque isso é muito mais complicado.

Quero apenas dizer que, se quisermos buscar os determinantes específicos, a história do campo literário deverá encontrar uma de suas bases fundamentais na história do sistema escolar. O sistema escolar produz produtores em número maior ou menor (acho que é através do número, da morfologia, que acontecem revoluções específicas nos campos de produção cultural) e os produz com propriedades deste ou daquele tipo: ele produzirá mais juristas ou mais literatos, ou mais cientistas etc. Isso então já representa duas formas de intervenção do lado da produção. O sistema escolar também intervém no lado do consumo: quanto mais pessoas escolarizadas, mais leitores em potencial. Ele produz públicos possíveis e deve ser levado em conta nesse respeito. Por fim, ele também produz efeitos pelo simples fato de ter uma história relativamente autônoma em relação à história propriamente econômica e em relação à história do campo literário: ele pode cau-

---

182. Alusão à expressão "papa de uma disciplina" para designar um especialista "inconteste", mas sem dúvida também ao que Stalin teria respondido a Pierre Laval, então ministro francês das Relações Exteriores em visita a Moscou, que lhe aconselhou em 1935 a fazer concessões ao papa: "Quantas divisões o papa tem?".
183. P. Bourdieu talvez aluda ao sucesso de livraria que Pierre Louÿs, poeta vindo das vanguardas, teve no final do século XIX com seus romances *Aphrodite* [*Afrodite*] e *La Femme et le pantin* [*A mulher e a marionete*].

sar efeitos de superprodução por inércia. Por exemplo, pede-se a ele engenheiros e ele continua a produzir helenistas...

Esse é o efeito próprio do sistema escolar: existe um tempo de transformação muito mais lento, há um *lag*, uma espécie de atraso estrutural em relação às mudanças dos outros universos. Ao mesmo tempo, ele introduz contradições de um tipo particular, contradições específicas. Direi, para resumir esse tópico, que me parece que, entre os grandes fatores de mudança dos universos de produção cultural, as contradições específicas do campo universitário e escolar, como espaço de produção de produtores e consumidores, são sem dúvida o fator principal de transformação, ou pelo menos a mediação principal de transformação pela qual é preciso passar para compreender a relação entre as mudanças econômicas (por exemplo as crises econômicas) e as crises específicas, entre as revoluções econômicas e as revoluções específicas.

Repito: as transformações do sistema escolar, sob efeito sobretudo das mudanças de volume e qualidade social da população ensinada, constituem um dos principais determinantes históricos da transformação dos campos de produção cultural. As determinações se exercem principalmente por efeitos diretos que exercem sobre o volume do público – cito um outro livro clássico, *A ascensão do romance* de Ian Watt[184]: Ian Watt demonstra que o desenvolvimento do romance não pode ser compreendido sem as mudanças da escolarização na Inglaterra, que fornecem um grande público, especialmente feminino, para os romances – e quanto ao volume dos produtores, a superprodução que acabo de mencionar estava na origem do número de inovações como a criação de novos gêneros ou disciplinas. Os produtores em excesso, para se inserir no campo, vão ter que criar novas posições, posições que não existem: eles vão criar novos jornais, novas revistas. Ao mesmo tempo, vão fazer existir posições que não existiam e assim transformar o campo. A superprodução relativa dos diplomados que se observa por toda a Europa na primeira metade do século XIX, e que resulta de um crescimento da taxa de escolarização no ensino secundário, tem seus efeitos no mercado de trabalho multiplicados pela discordância entre as disposições inculcadas ou reforçadas pelo sistema escolar e as novas posições oferecidas pela indústria ou

---

184. WATT, I. *A ascensão do romance: estudos sobre Defoe, Richardson e Fielding*. Trad. de Hildegard Feist. São Paulo: Companhia das Letras, 2010 [*The Rise of the Novel: Studies in Defoe, Richardson and Fielding*. Berkeley: University of California Press, 1957].

pela administração. Em outras palavras, para compreender essa superprodução, é preciso levar em conta a relação entre a lógica própria do campo universitário, sua inércia que mencionei há pouco, e a lógica do novo espaço econômico que se constitui, onde se demanda pessoas diferentes daquelas fornecidas pelo sistema escolar. Essas pessoas estão em excesso não de modo absoluto, mas sim relativo porque elas não são formadas conforme às expectativas – isso foi observado por todos os historiadores.

O fenômeno foi particularmente marcado na França, devido ao efeito de três fatores específicos. Para começar, a juventude dos quadros administrativos recrutados pela Revolução. É uma situação análoga à que temos hoje em dia[185]: há uma fase de recrutamento massivo, pessoas jovens ocupam as posições e aquelas que chegam depois precisam esperar muito tempo. A juventude dos quadros administrativos recrutados pela Revolução, pelo Império e até pela Restauração bloqueia por muito tempo o acesso dos filhos da pequena e média burguesia às carreiras no exército, na medicina, na administração. As biografias ganham sentido em relação a essa proposição muito geral (vocês podem pensar em Stendhal etc.). A isso se junta a concorrência dos aristocratas, que reconquistam a administração e barram as capacidades vindas da burguesia. Já vemos como os fatores propriamente políticos vão intervir sobre o mercado de trabalho: os aristocratas são recolocados na corrida pela Restauração e bloqueiam as carreiras. Isso quer dizer que uma parte dos jovens será enviada, de recusa em recusa, na direção do campo literário. Reencontramos aqui o tema sartreano do *Idiota da família*: "Você será escritor porque não pôde ser médico"[186] etc. Encontramos o equivalente no nível estrutural daquilo que Sartre descreve no nível da biografia intimista, na lógica do grupo doméstico. Entre os fatores na França, há portanto esse efeito da juventude dos quadros administrativos.

Segundo fator: a centralização que, ao concentrar os diplomados em Paris, confere ao fenômeno uma intensidade e visibilidade particulares. Essa concentração parisiense estará no princípio do surgimento da boemia e das instituições ligadas à boemia: o café, as incontáveis revistinhas etc. Um terceiro fator reside

---

185. P. Bourdieu alude ao grande número de jovens professores que foram recrutados no ensino superior durante o período que se segue a maio de 1968 e que teve como consequência um bloqueio muito longo do recrutamento de professores.
186. SARTRE, J.-P. *O idiota da família*. Trad. de Júlia da Rosa Simões. Porto Alegre: L&PM, 2014 [*L'Idiot de la famille*. 3 vol. Paris: Gallimard, 1971-1972, 3v].

numa outra característica particular da França, a saber o exclusivismo de uma grande burguesia especialmente sensibilizada pelas experiências revolucionárias. Não se trata de invocar um "caráter nacional" qualquer, e sim uma história nacional que gera tradições nacionais e que na França [resulta em perceber] toda forma de mobilidade social como uma ameaça contra a ordem social. Num discurso célebre na Câmara dos Deputados em 1836, [François] Guizot denuncia o ensino das humanidades como uma ameaça à ordem política e econômica[187]. Essa grande burguesia tenta reservar as posições eminentes, especialmente as da alta administração, para seus próprios filhos, através de entre outras coisas o esforço de conservar o monopólio de acesso ao liceu.

## Os efeitos morfológicos

Eis, portanto, as condições estruturais do lado das relações entre o campo universitário e o campo econômico. De tudo isso resulta uma superprodução de diplomados. As empresas e as instituições públicas não conseguem absorver essa massa de intelectuais em excesso, completamente abarrotados de humanidades, latim, grego, retórica, e em particular os mais pobres, aqueles que são recém-chegados ao sistema escolar graças à expansão e que são desprovidos das relações sociais tacitamente requisitadas, no estado anterior do sistema, para obter uma posição com o título[188]. Esse é um ponto extremamente importante porque não se deve acreditar – essa é uma tendência atual na sociologia – que os efeitos sociais são efeitos morfológicos que se exercem mecanicamente. Os efeitos morfológicos, ou seja, os efeitos ligados ao volume, na linguagem durkheimiana[189], só se exercem quando se retransformam em função das coerções sociais específicas de um espaço social determinado. Só estamos "demais" (pensem na emigração) em relação a

---

187. Um extrato desse discurso pode ser encontrado em *Manet – Une révolution symbolique. Op. cit.*, p. 225, nota 1.

188. Um artigo de Pierre Bourdieu e Luc Boltanski tratara da relação entre o título e o cargo no contexto da França dos anos de 1970: "Le titre et le poste: rapports entre le système de production et le système de reproduction" ["O título e o cargo: relações entre o sistema de produção e o sistema de reprodução". *Actes de la Recherche en Sciences Sociales*, n. 2, p. 95-107, 1975.

189. Para os sociólogos durkheimianos, a morfologia é uma "parte especial da sociologia que [...] pode estudar os grupos, o número dos indivíduos que os compõem e as diversas maneiras pelas quais [estão] dispostos no espaço – é a morfologia social" (FAUCONNET, P.; MAUSS, M. "A sociologia: objeto e método". *In*: MAUSS, M. *Ensaios de sociologia*. Trad. de Luiz João Gaio e J. Guinsburg. São Paulo: Perspectiva, 2013, p. 32 [*Essais de sociologie*. Paris: Seuil, 1971, p. 41]).

uma definição, muitas vezes tácita, das condições de estar presente, de estar lá, de pertencer, de ser admitido. Ao mesmo tempo, os efeitos morfológicos se retraduzem em efeitos sociais, em efeitos de excedente, de excessivo, de abusivo, de "não deveria estar aqui" que levam ao *numerus clausus* [limite de vagas] e às leis racistas.

É muito importante não fazer morfologismo. Sou durkheimiano, mas corrijo Durkheim. Acho que é isso que é fazer da sociologia uma ciência cumulativa: é usar tudo que há de melhor no que foi feito no passado, mas tentando refazê-lo, o que nem sempre é fácil. Fazer tão bem quanto já é incrível. Eu digo sempre que se todos os sociólogos estivessem à altura de seus precursores, teríamos uma sociologia muito grande. É preciso fazer pelo menos tão bem quanto e, se possível, melhor de modo algum para se distinguir, mas simplesmente para fazer melhor o trabalho e ver aquilo que existia de fato como limites no pensamento que colocamos para funcionar. Durkheim, no fundo, opunha a morfologia a Marx: se os marxistas invocam os fatores econômicos, eles se esquecem de levar em conta fatores como o volume das populações, a consciência do número, os problemas ligados à densidade dos grupos sociais. Por exemplo, na *Divisão do trabalho social*, ao colocar o fenômeno morfológico na origem da divisão do trabalho (é com o aumento do volume que surge a divisão do trabalho), acho que Durkheim tende a fazer uma utilização naturalizada do efeito morfológico. Certamente haverá um durkheimiano que mostrará que Durkheim pelo menos uma vez não disse isso que acabo de dizer; o que não quer dizer que ele não tenha feito o que digo na maior parte do tempo. [...]

Essa é a diferença entre a história das ideias, a história da filosofia e a utilização histórica dos conceitos do passado: eu não estudo Durkheim pelo prazer de ler Durkheim, mas para fazer alguma coisa com ele. É uma diferença fundamental entre o *lector* e o *auctor*. Durkheim tende a agir como os demógrafos; ele é o filósofo desconhecido dos demógrafos, é aquele que me parece dizer a verdade sobre a relação que os demógrafos têm com os fatores demográficos. Os demógrafos, que são os mais naturalistas dos especialistas das ciências humanas, tendem a transformar os fatores demográficos em fatores quase físicos, inevitáveis, que agem de maneira infrassocial, infra-histórica, a-histórica. Essa é uma luta teórica fundamental do que digo aqui. Aqueles que não conhecem talvez estejam se perguntando: "Mas do que ele está falando?" Um campo é isso: estar nele é saber que tal coisa é uma luta. Aqueles que não estão nele, ou que começam a entrar nele, podem se dizer: "Mas por que ele está falando tanto tempo desse problema que não me interessa?" Ora, essa é uma luta fundamental. Por exemplo, é isso que me separa de gente de que, aliás, gosto muito, como [Emmanuel] Le Roy Ladurie[190], ou um certo número de demógrafos que têm uma visão demográfico-morfológica e naturalista da história: essa é uma história sem história que obedece a leis quase naturais, como são as leis demográficas.

Apesar das aparências, a reprodução biológica não é natural de jeito nenhum. Para começar, os efeitos dos fenômenos demográficos são sempre retraduzidos. Esses são fatos de virtualidade: um aumento da natalidade, um *baby boom*, só se tornam ativos ao se socializarem, ao se historicizarem. Eles precisam ser re-situados num contexto determinado: ou se quer muitas crianças e não se tem, ou não se quer e se tem [*risos na sala*], as duas coisas não têm de modo algum o mesmo sentido. Isso é muito simples, mas se achamos que há "demais", é porque não queríamos isso. Não podemos saber qual é o efeito de um fator demográfico sem saber o campo dentro do qual ele intervém. É a mesma coisa com os efeitos morfológicos: se dizemos que há literatos demais, é porque não queríamos tantos assim. E, aliás, Guizot disse isso mas outros podiam adorar o excedente de literatos: se você acha que os literatos farão a revolução e que a revolução precisa ser feita, você jamais terá literatos o bastante!

Vou resumir esse tópico que não havia previsto porque achei que já era conhecido quando escrevi: essas são discussões às quais nem sequer faço referência. É importante estudar o fator morfológico, levar em conta esses fenômenos de volume, mas lembrando-se imediatamente (é isso que chamo de "corrigir Durkheim") que os efeitos morfológicos estão subordinados à estrutura do campo em que se exercem. Consequentemente, só podemos saber o que um efeito morfológico causará a partir de um conhecimento simultaneamente histórico e estrutural do campo dentro do qual ele intervém.

## Os efeitos da crise morfológica sobre o campo acadêmico

Estendendo muito rapidamente. O excedente de diplomados se retraduz no campo da pintura sob a forma da multiplicação dos *rapins*[191] fanáticos, do apare-

---

190. Emmanuel Le Roy Ladurie é um historiador da mesma geração que P. Bourdieu, que o conhecia, possivelmente, desde a École Normale Supérieure. Ele foi eleito em 1973 para o Collège de France na cátedra de História da Civilização Moderna, que ocupará até sua aposentadoria em 1999. Ele chegou a se definir às vezes como um "demógrafo do passado".
191. Nome dado por Théophile Gautier ao pequeno grupo de pintores jamais admitidos ao Salão (a exposição anual das obras aprovadas pela Academia de Belas-Artes), de músicos sem enco-

cimento da vida de boêmio. Pode-se dizer que o campo da pintura, o campo acadêmico responde à explosão morfológica através da criação de toda uma série de ateliês: havia o *atelier* Suisse – "Suisse" [suíço] é o nome do sujeito que o fundou, e não o adjetivo que designa o país –, e de modo mais geral todo tipo de pintores desconhecidos ou pouco conhecidos fundam ateliês de formação. Há portanto aquilo que os etnólogos chamam de instituições de duplicação, que repetem as funções já preenchidas pelas instituições mais oficiais. Surge uma multidão de *rapins*, mais ou menos fracassados. Quando dizemos "*rapin* fracassado", já temos um *rapin* transformado pelas leis do campo: um *rapin* fracassado não é mais simplesmente um *rapin* em excesso, é um *rapin* que tentou se conformar às leis do campo e foi repelido pelo campo. Um dos efeitos do campo é transformar um *rapin* aspirante em *rapin* fracassado, e, portanto, em revolucionário específico em potencial. Os *rapins* fracassados são, de alguma forma, a força potencial de destruição.

Eu sociologizei o efeito morfológico, mas ainda seria preciso se perguntar em que esses *rapins* fracassados são definidos pela representação que têm de seu fracasso pela instituição que os constitui como fracassados. Em outras palavras, para compreender completamente esses supranumerários, esses excedentes, esses miseráveis da pintura, é preciso compreender ao mesmo tempo que houve uma superprodução, que o sistema se expandiu, porque um sistema que recebe um monte de gente, num primeiro momento, sempre lucra com isso: isso cria cargos, locais, mestres etc. Mas nem todo mundo no campo tem o mesmo interesse no *numerus clausus*. Remeto vocês às análises que fiz sobre a universidade[192]: dentro do campo universitário, as pessoas que têm interesse na subversão do sistema têm interesse em que o número cresça. Um dos aliados dos dominados em qualquer campo é o número, os recém-chegados, porque esses são clientes potenciais que, malsocializados, podem se contentar com subprodutos desqualificados do ponto de vista das normas dominantes do campo no momento em questão. Vemos portanto que o tratamento dos excedentes será função da posição que as pessoas ocupam no campo tal como ele era antes. O tratamento que receberão, ao mesmo tempo, será função de seu destino no campo: eles terão sucesso? Vão entrar pela porta pequena? Pela porta média? Pela porta grande? Se fracassarem, será que vão

---

mendas e de escritores sem editor que se encontravam no Café Momus e passaram à posteridade graças a Henry Murger, autor de *Scènes de la vie de bohème* [*Cenas da vida da boemia*] (1851), e a *La Bohème* [*A boemia*] (1896), a ópera de Puccini.
192. BOURDIEU, P. *Homo academicus. Op. cit.*

interiorizar seu fracasso e viver como recusados ou será que vão constituir sua identidade de recusados como identidade reivindicada? Em outras palavras, será que vão transformar seu rótulo-estigma em rótulo-marca de honra? [...]

Isso que descrevi aqui, de maneira um pouquinho confusa e ofegante, são as condições permissivas: era preciso uma crise morfológica e que ela fosse retraduzida em crise social, era preciso ter produtos em excesso. Além do mais, disse que era preciso um trabalho simbólico para que essa crise, que poderia ter permanecido como morfológica, fosse transformada socialmente para se tornar uma revolução específica. Era uma ocasião histórica para se capturar e fazer uma revolução simbólica. O problema que tento formular é o problema clássico de Napoleão, do grande homem, das causas etc.[193] Mesmo que ele absolutamente não tenha sido vivido assim, havia aqui uma espécie de ocasião a capturar para fazer uma revolução simbólica. Havia uma crise objetiva que poderia se tornar uma crise revolucionária, desde que fosse inventado um discurso crítico capaz de transformar a crise em crise de subversão, capaz de convencer os "recusados" [os artistas recusados pelo Salão de Pintura e Escultura, que expunha as obras agregadas pela Academia de Belas-Artes] a fabricar o Salão dos Recusados [em 1863]. Isso foi incrível. Imaginem, por exemplo, que os reprovados no concurso da École Normale ou da École Polytechnique fizessem... uma "Escola dos Repetentes"! [*risos na sala*]. Isso é incrível, quando paramos para pensar. Depois dirão que isso não é uma revolução, mas não é simples, quando se é Manet num ateliê como o ateliê de Couture, fazer o Salão dos Recusados. Os tipos espertos, de origem social alta, ou seja, os menos perdidos dos recusados, hesitam muito em ir para o Salão dos Recusados, porque eles se perguntam se será um "salão" ou se será "recusados" [*risos na sala*]: como aqueles que mais se atiram para o Salão dos Recusados são os mais verdadeiramente recusados [*risos na sala*], eles não sabem se devem ir para lá... Todo mundo percebeu isso: Manet, Cézanne etc. dizem "Atenção!" na medida em que fazer um Salão dos Recusados é constituir uma classe que simultaneamente constitui todas as outras negativamente; e se agregar a essa classe pode ser um sino que se carrega no pescoço por toda uma carreira, ainda mais quando agentes como os críticos estão lá para tentar definir o Salão dos Recusados como o salão dos verdadeiramente recusados. A luta será para saber se o Salão dos Recusados

---

193. Referência aos debates que tentam saber se o "grande homem" é o produto de qualidades pessoais, das circunstâncias, de uma conjunção entre ambas etc.

é realmente dos recusados [e se eles são recusados] por falta ou por excesso: será que são eles que recusam ou são eles que são recusados?

Esse é um grande problema em todas as estratégias simbólicas: como fazer uma heresia sem parecer ser um ortodoxo fracassado? Será que os hereges são apenas sacerdotes fracassados ou será que conseguem redefinir sua empreitada de tal maneira que será a ortodoxia que aparecerá como um sacerdócio desconsiderado e rotinizado? Vemos aqui que a luta simbólica, a luta das classificações – "Isso é o quê?", "O que é que isso quer dizer?" – torna-se fundamental. Lida dessa forma, a crítica deixa de ser aquela que diz quem está errado ou quem tem razão; ela se torna um elemento fundamental da luta para definir o que se faz, portanto o que se é. De certa maneira, parece-me que era impensável que a revolução, com todas as condições favoráveis presentes, pudesse ter sucesso se os revolucionários mais hábeis não tivessem sido hábeis não apenas para pintar, mas também para controlar a representação que as pessoas em posição de dizer o que era pintar e quem pinta bem poderiam ter de sua pintura, mas também de sua identidade de pintor, já que um dos objetivos era a pessoa do pintor, que era absolutamente fundamental. Um objetivo era saber se esses são impostores, perdedores. Essa luta vocês veem todos os dias: será que são perdedores, impostores, fracassados que tentam transfigurar seu fracasso para nos fazer acreditar que escolheram o que era seu destino? Ou será que são pessoas eminentes que acreditam no que fazem? É aqui que a pessoa se torna muito importante – dizemos: "O Sr. Manet é um homem muito distinto, vejam seu retrato etc. Ele tem uma aparência absurda, mas ele não é um desses pintores hirsutos, ele é completamente burguês, ele se expressa muito bem, veste-se muito bem". A ligação entre as revoluções simbólicas e as políticas acontece através desse viés. Porque a mediação "Ele se veste bem" quer dizer: "Ele se conforma sob outros aspectos e não ameaça a ordem política". Continuaremos a história na aula que vem.

# Aula de 25 de abril de 1985

> Primeira hora (aula): pensar o já pensado – Liberdade e autonomia de um campo – Pergunta sobre o poder simbólico – A luta política como a luta pela visão legítima – Capital simbólico e ordem gnosiológica – O direito, maneira direita de dizer o mundo social – O veredito do Estado na luta pela identidade – Segunda hora (seminário): a invenção do artista moderno (4) – O poder psicossomático da instituição – O trabalho simbólico do herege – A conversão coletiva. – As estratégias do heresiarca – Uma revolução na escala do conjunto dos campos de produção cultural

## Primeira hora (aula): pensar o já pensado

Agora abordarei de maneira mais direta do que fiz até então o problema da natureza do poder simbólico. Primeiro, gostaria de justificar e explicitar muito brevemente minha maneira de proceder neste curso. Imagino que vários de vocês tenham uma sensação de divagações, ou tenham uma sensação de estar diante de um encaminhamento relativamente pouco linear, difícil de seguir, que inclui um monte de giros, desvios e retornos, ou seja, repetições. Gostaria de explicar por que, independentemente dos determinantes que não domino, deixo-me levar por essa maneira de apresentar o resultado de meu trabalho.

Acho que uma das dificuldades do pensamento do mundo social tem a ver com o fato de que aquilo que temos de pensar sempre já foi pensado no próprio mundo que temos de pensar e, em particular, nas palavras de que dispomos para falar, de maneira que em cada um de nossos silêncios, em cada buraco de nossa reflexão, o impensado desliza imediatamente. Por exemplo, hoje de manhã, ao refletir sobre o que diria aqui, tive vontade de dizer que as categorias socioprofissionais do Insee são categorias estatísticas "garantidas pelo Estado". Se eu tivesse dito isso, vocês teriam compreendido na hora. Eu não sei muito bem o que vocês teriam compreendido, mas vocês teriam compreendido alguma coisa. Talvez toda uma parte do trabalho que farei hoje consistirá em tentar saber o que significa dizer "garantido pelo Estado": poderíamos dizer que a moeda é garantida pelo Estado, há palavras que são garantidas pelo Estado e há pessoas que são detentoras do poder de garantir palavras, a moeda, as coisas. Essas três palavras – "garantidas pelo Estado" – passariam então pela minha boca sem antes terem sido examinadas, sem terem sido repensadas e, apesar disso, teriam funcionado na minha cabeça e na de vocês: teria ocorrido uma comunicação aparente sem que o próprio objeto da comunicação tivesse sido pensado por ninguém. Trata-se um pouco de um velho tema filosófico (o tema heideggeriano do "a pensar"[194], o tema lacaniano do "isso fala"[195] etc.). Resumindo, quando se trata do social, sentimos menos a necessidade de repensar em primeira pessoa a totalidade daquilo que se deve pensar.

Por exemplo, é muito chocante que os sociólogos anglo-saxões, que têm uma tradição filosófica magnífica de reflexão sobre a linguagem[196], praticamente não a utilizem em suas práticas e permaneçam num positivismo de modo geral muito elementar que os faria ver, por exemplo, isso que estou fazendo como um vestígio tipicamente europeu do pensamento metafísico, ou seja, para eles, pré-científico[197]. A ciência social exige mais do que qualquer outra a *épochè*[198] filosófica, mas o questionamento radical muito raramente é o objetivo desse tipo de disposições. Isso tem a ver com um monte de condições sociais. Se eu as explicitasse, deveria, por exemplo, fazer entender o que alguém anuncia quando se chama "sociólogo"

---

194. Cf. HEIDEGGER, M. "O que quer dizer pensar". *In*: *Ensaios e conferências*. Trad. de Gilvan Fogel. Petrópolis: Vozes, 2012, p. 111-124 ["Was heisst Denken?" In: *Vorträge und Aufsätze*. Tübingen: Mohr, 1960].

195. Sobre a fórmula lacaniana ("Isso fala. Fala inclusive com os que não sabem ouvir"), cf. LACAN, J. *O seminário – Livro 18: De um discurso que não fosse semblante*. Trad. de Vera Ribeiro. Rio de Janeiro: Zahar, 2009, p. 23 [*D'un discours qui ne serait pas du semblant – Le Séminaire*, XVIII. Paris: Seuil, 2007 (1970-1971)].

196. P. Bourdieu se refere aqui às tradições pragmática e analítica, tendo esta última, ainda que surgida do "Círculo de Viena", sido desenvolvida na América do Norte.

197. P. Bourdieu parece ter em mente Paul Lazarsfeld (e os sociólogos que se inspiram nele). Ele muitas vezes criticou seu "positivismo", e a ruptura com a "filosofia social" (europeia) do século XIX era um aspecto importante da "sociologia científica" que Lazarsfeld, formado na Áustria, buscou desenvolver nos Estados Unidos, para onde emigrou no começo da década de 1930.

198. Palavra que designa a suspensão do juízo, a dúvida metódica [N.T.].

em vez de "filósofo": de um sociólogo não se espera o tipo de exercício que pratico e, mesmo quando se pratica esse tipo de exercício, que aliás chamaríamos de "filosófico", *a priori* não se credita a ele nem profundidade nem radicalidade.

Entre outras coisas, vou aliás mostrar que hoje em dia os filósofos, depois de na década de 1960 terem se precipitado com muita sede ao pote sobre o problema do poder[199], em minha opinião pensaram esse problema muito mal, especialmente pelas razões que menciono. Eles o pensaram sem método e sobretudo sem radicalidade. Como resultado, no melhor dos casos – vocês sabem em quem penso[200] –, eles o formularam com intuições que estão muito perto do que direi mas com a diferença considerável que separa uma intuição que aponta o dedo na direção em que há um problema e uma análise que desmonta. Essa desmontagem é longa, lenta, um pouco titubeante e portanto é preciso conceder ao sociólogo aquilo que se concede muito prontamente ao filósofo – isso chega até a fazer parte do encantamento filosófico em algumas tradições, como (uso apelações apressadas) a tradição heideggeriana ou a wittgensteiniana –, a saber, aquela espécie de titubeios, repetições, progressão por passos cursos, retornos a estágios anteriores, essa espécie de "microfrenia" que leva a se deter nos mínimos detalhes. Não se concede essas coisas para o sociólogo apesar de, repito, ele precisar muito mais delas [do que o filósofo ou outros cientistas]: quando pensamos na matemática, existem poucos pré-pensados que se precipitam nos buracos pela boa razão de estarmos num universo puro; quando se trata do social, como mostrei a respeito do exemplo da garantia do Estado, cada fissura é imediatamente preenchida pela *doxa*, e a própria linguagem está lá para tapar todos os buracos.

Volto a meu modo de proceder: é certo que vocês não sairão daqui com um curso formado. Um curso formado é a *doxa* sob a forma de dogma (as duas palavras têm a mesma raiz[201]), quer dizer, o discurso constituído colocando na frente sua arquitetura, colocando em cena sua própria estrutura lógica sob uma forma em geral linear: primeiro, segundo, terceiro; I, II, III – a velha estrutura que, saibam vocês ou não, é o plano da *Suma teológica* de Santo Tomás e o plano da ar-

---

199. P. Bourdieu desenvolverá longamente sua crítica dessas reflexões filosóficas sobre o poder em seu curso do ano seguinte, em 1985-1986.

200. P. Bourdieu muito provavelmente pensa em Michel Foucault.

201. Formadas a partir do mesmo verbo (*dokeô*, δοκέω, "parecer (bom)", "pensar", "crer"), as palavras gregas *dogma* (δόγμα) e *doxa* (δόξα) são, aliás, às vezes traduzidas pela mesma palavra ("opinião").

quitetura gótica[202]. A divisão triádica é uma velha estrutura que todos temos nos cérebros. Eu não estou desdenhando dessas coisas de jeito nenhum, elas têm uma certa função, mas acho que a função que elas têm não é a função de um curso: um curso não é um discurso *ex cathedra* [*risos, sem dúvida pelo motivo de P. Bourdieu se encontrar na situação de falar* ex cathedra]. Para mim, um curso não é um discurso unilinear, com uma entrada e uma saída, um começo e um fim, e sim uma rede de relações nas quais passeamos em todos os sentidos passando várias vezes pelo mesmo ponto mas a partir de pontos muito diferentes, ou seja, com efeitos muito diferentes, e o trabalho mais difícil é totalizar as perspectivas obtidas no passeio no labirinto. Para dizer as coisas numa frase, a lição em forma contém uma suavização [*la leçon en forme enferme la mise en forme*], e isso faz parte do assunto que tratarei hoje: suavizar através de formas é sempre uma maneira de responder a uma censura, é sempre também uma maneira de impor uma censura ao esconder através da forma coisas que tocam no conteúdo mas que não seriam dizíveis numa outra forma[203]. Portanto, acho que existe uma afinidade entre um certo conteúdo que se trata de transmitir e um certo discurso (não escondo – disse isso no começo – que há uma parte de apologia, de autojustificação no discurso que faço; ao mesmo tempo, acho que pulsões singulares determinadas socialmente às vezes têm uma função social da qual as pessoas não têm consciência). Isso que digo é velho como o mundo: é o velho discurso socrático sobre o diálogo em oposição à macrologia dos sofistas[204]. Parece-me que eu não poderia dizer o que quero dizer na forma ordinária – ou que, se pudesse dizer, seria algo completamente diferente. Aliás, isso existe sob forma de livro, ou pelo menos espero que existirá sob a forma de livro.

Na medida em que o mundo social é sempre pré-pensado, vou falar sem parar da noção de *nomos*, na medida em que pensar é quebrar o *nomos*, quer dizer, não

---

202. PANOFSKY, E. *Arquitetura gótica e pensamento escolástico*. Trad. de Wolf Hörnke. São Paulo: Martins Fontes, 1991 [*Gotische Architektur und Scholastik*, 1951]. Panofsky chama a *Suma teológica* de "verdadeira orgia de lógica e simbolismo trinitário" [p. 23]. • A tradução brasileira modifica a frase original para "mistura imponente de lógica e simbologia da Trindade" [N.T.].

203. Essas são questões que, em particular, P. Bourdieu tratou em seu trabalho sobre *A ontologia política de Martin Heidegger*. Trad. de Lucy Moreira Cesar. Campinas: Papirus, 1989 [*L'Ontologie politique de Martin Heidegger*. Paris: Minuit, 1988]. O livro é uma versão revisada e expandida de um artigo com o mesmo nome que P. Bourdieu publicara em *Actes de la Recherche en Sciences Sociales*, n. 5-6, p. 109-156, 1975.

204. Sócrates contrapõe em várias ocasiões os discursos longos dos sofistas e as respostas breves que chama de "prática do diálogo" (por exemplo, *Protágoras*, 329b, 335a-b. • *Górgias*, 449 b, c).

apenas o pronto-para-pensar mas o imperativamente pensado. O sociólogo não pode ser o nomoteta[205] que edifica uma maneira única de pensar; ele é aquele que analisa o *nomos*, que analisa a maneira legítima de pensar. Por analisar o efeito nomotético, ele está malposicionado para exercê-lo. Mas – as coisas não têm um único sentido – talvez também seja porque ele está pouco disposto a ter um discurso nomotético que está mais pronto a pensar o *nomos* do que as outras pessoas. Eis o que eu queria dizer para começar, talvez para ajudar vocês a compreenderem melhor o meu ensino e assim estarem menos perdidos, ou pelo menos estarem perdidos no labirinto de modo diferente.

## Liberdade e autonomia de um campo

Enquanto isso, recebi duas perguntas. A primeira, que é antiga (data de pelo menos um mês), trata das relações entre autonomia e liberdade e sobre a relação entre a autonomia característica de um campo e a liberdade. A pergunta é muito elíptica; ao opor autonomia e liberdade, ela quer saber: "O que é a liberdade num campo?" Preciso me virar com isso, é quase uma dissertação [*risos na sala*]! Vou dizer o que compreendo dessa questão mas antes disso vou reformulá-la. Uma questão ótima me parece ser: "Existe uma ligação entre a autonomia de um campo e a liberdade?" Quando digo que o campo artístico atinge a autonomia (é a história que conto na segunda hora) ou que um campo científico se constitui enquanto tal, "autonomia" quer dizer simultaneamente independência e obediência às leis próprias: as leis fundamentais de um campo são aquelas que o caracterizam apropriadamente; entrar num campo é obedecer às leis específicas constitutivas desse campo e portanto se beneficiar de uma espécie de independência em relação aos determinismos externos que se exercem fora dele.

Ao dizer as coisas dessa maneira, vemos que o progresso na direção do processo de diferenciação e autonomização dos universos sociais que mencionei várias vezes no passado pode ser descrito, numa filosofia da história, como o progresso na direção de uma pluralidade de liberdades (isso demoraria muito para desenvolver, não quero demorar demais nisso). Isto posto, essa liberdade conquistada coletivamente por um campo, por exemplo a liberdade do artista em relação aos

---

205. O termo "nomoteta" designa etimologicamente o legislador, aquele que formula a lei. Em Atenas, a palavra designava os membros de uma comissão encarregada de ratificar ou rejeitar os projetos de lei.

poderes econômicos ou a liberdade do cientista em relação aos poderes políticos, está ligada a instituições que também são restritivas. As antinomias (realmente) estúpidas que fazem entre liberdade e determinismo, liberdade e coerção, são boas para as dissertações: um campo libera ao restringir. O campo científico, por exemplo, impõe restrições específicas, as da competição e da concorrência científicas – a lei do campo científico é que só triunfamos no campo científico através das armas científicas etc. A liberdade é ao mesmo tempo uma coerção. É a instituição de uma coerção específica que dá uma liberdade em relação aos determinismos de um outro tipo.

Eu acho que quanto mais há universos autônomos mais há liberdades (podemos sair de um campo para ir para outro etc.). Não direi mais, mas isso complica um pouco a vida daqueles que, quando me perguntam sobre o que faço, começam dizendo: "Você é determinista. Por que você é determinista?" (Vou parar por aqui, porque prolongar cortaria o fio já emaranhado do meu discurso.)

## Pergunta sobre o poder simbólico

A segunda pergunta é muito longa e muito argumentada (não posso lê-la inteira). Ela me encheu de otimismo porque prova para mim que, apesar das sinuosidades e dos labirintos, sou muito bem compreendido por um certo número de ouvintes, em minha opinião. Ela é tão boa que no fundo antecipa aquilo que direi a vocês e vou respondê-la continuando meu trabalho.

Inicialmente, ela trata do termo "simbólico": "Como o definir?" Sobre esse ponto, começo a resposta de maneira escolar, remetendo a uma conferência que fiz em 1972 e que foi publicada em 1977 (Sur le pouvoir symbolique. *Annales*, n. 3, p. 405-411, mai.-jun./1977[206]). Esse artigo deverá responder às expectativas daqueles de vocês que quiserem saber o que me parece ser o fundamento teórico e filosófico tradicional do que vou contar hoje e do que contei na última aula. Tento reconstituir nele o campo das posições teóricas possíveis sobre o problema do poder, o que, acho, é um exercício de controle enquanto refletimos, enquanto trabalhamos, enquanto procuramos: sabendo ou não, sempre pensamos em relação a um campo teórico e o fato, primeiro, de saber disso e, segundo, de explicitá-lo

---

206. "Sobre o poder simbólico". In: *O poder simbólico*. Trad. de Fernando Tomaz. Rio de Janeiro: Bertrand Brasil, 1989, p. 7-16.

completamente em vez de deixar as principais marcas (Marx etc.) se imporem tem virtudes pedagógicas para ajudar a compreensão.

Acho que isso é também muito importante para distinguir a maneira de trabalhar da pesquisa em oposição à maneira de trabalhar do ensino e muitas vezes da filosofia (na medida em que a filosofia está muito ligada a uma prática do ensino). É evidente que não pensei o poder simbólico [da maneira como as coisas são apresentadas no artigo], quer dizer, não pensei: "Existe uma posição de tipo kantiano onde as formas simbólicas são os instrumentos de constituição do real (Kant, Cassirer); existe um pensamento de tipo estruturalista sobre o simbólico como sistemas de diferenças dotados de coerência (Saussure, Lévi-Strauss); em seguida, na tradição marxista que não fala de 'simbólico', mas de 'ideologia', a ideologia é instrumento de poder, de legitimação do poder etc. Dadas essas três posições, será que não podemos sintetizá-las, será que não podemos construir uma definição do simbólico como instrumento de construção da realidade que preenche sua função de construção devido à sua sistematicidade e ao mesmo tempo exercendo uma função de legitimação?" É óbvio que a pesquisa não procede dessa maneira: é *ex post* que podemos fazer uma espécie de genealogia um pouco mítica de nosso próprio pensamento, como nas biografias, ou como nas sociedades pré-capitalistas onde se inventam ancestrais mais ou menos míticos para estruturar a identidade social. Com muita frequência, quando se referem ao passado, os filósofos ou os sociólogos, ou os pensadores, sejam quem forem, fazem esse tipo de trabalho. Não é por acaso que os anglo-saxões falam de *founding fathers* – pais fundadores: é exatamente como o ancestral mítico de uma tribo. É preciso levar essas genealogias a sério, considerá-las como ato social, em sua significação social, mas é preciso sempre desconfiar um pouco de sua função de verdade. Nesse caso em particular, acho que o que fiz tem uma certa função de verdade, mas não é a verdade da pesquisa que resultou no que vou contar. Dito isso, essa é uma maneira de responder à primeira pergunta: se vocês quiserem definições um pouco escolares e acadêmicas ("Em que sentido você emprega a palavra 'simbólico'?"), não posso fazer melhor do que nesse artigo.

Em seguida, a questão trata do efeito de teoria: "O senhor disse que Marx exerceu o efeito de teoria mais considerável do século XX. Como o senhor explica o efeito de teoria do marxismo e sua importância?" Voltarei a isso (não hoje porque não poderei ir tão longe assim; portanto antecipo muito do que direi na sequência), mas, quando se trata da teoria das classes, como disse várias vezes, precisamos superar a alternativa entre a definição realista, segundo a qual as classes que o cientista constrói não passam da reprodução no discurso de classes que existem na realidade, e a posição que poderíamos chamar de subjetivista, espontaneísta ou construtivista, para a qual as classes são o produto de atos de construção social. Com efeito, quanto mais uma construção tiver base objetiva, quanto mais ela for fundamentada na coisa em si, maiores serão suas chances de ser bem-sucedida socialmente. Eu acho que se a teoria marxista teve um tamanho poder de construção, é porque seguia, de alguma forma bastante grosseira, as linhas pontilhadas na realidade; ela não era tão ruim em relação ao que existia antes... O efeito de teoria excepcional que ela exerceu, portanto, tem a ver em parte com seu valor de verdade relativamente forte.

O terceiro ponto, muito importante (ele gerou duas páginas de reflexão) é o problema da definição do Estado e do papel do Estado na luta simbólica. Citarei apenas uma frase. Depois de observar que eu insistia na função de legitimação do poder cultural e, em particular, na função de garantia do título acadêmico, que pertence ao Estado, o autor da questão pergunta: "Será que não seria preciso generalizar e demonstrar que o Estado garante muito mais do que apenas o título acadêmico?" Depois, passando um pouco ao limite, ele escreve: "O Estado é a autolegitimação absoluta, todo Estado é totalitário à sua maneira". Isso não é falso, mas eu jamais diria isso dessa forma. Para começar, isso se diz muito hoje em dia: a palavra "totalitário" está na moda este ano[207] e não se sabe de jeito nenhum o que ela quer dizer. Aqueles que a empregam com prontidão buscam, evidentemente, produzir efeitos políticos disfarçados de efeitos científicos, ou então efeitos lógicos, ou seja, efeitos políticos que se dão aparência científica: "gramatologia", "arqueologia", "semiologia"[208] etc. Isso também funciona muito no nosso universo, e acho que é preciso prestar muita atenção quando estamos nesses terrenos.

---

207. Trata-se talvez de uma alusão aos atores do mundo intelectual que, por exemplo ao redor de revistas como *Esprit*, *Le Débat* e *Commentaire*, estavam particularmente dispostos a atribuir um caráter "totalitário" a tudo aquilo que associavam à esquerda "marxista", tanto o regime soviético quanto seus adversários no campo intelectual. Podemos notar, sem que esse texto tenha forçosamente uma ligação com o que P. Bourdieu diz aqui, que a revista *Commentaire* publicara no outono de 1984 um artigo de Petr Fidelius intitulado "O pensamento totalitário" (n. 27, p. 471-476) e lembrar que o curso é dado no momento em que o "totalitarismo soviético" racha (Mikhail Gorbatchov acabara de assumir o poder).

208. Empreitadas desenvolvidas a partir da década de 1960 (a "gramatologia" por Jacques Derrida, a "arqueologia" por Michel Foucault e a "semiologia" por Roland Barthes) e nas quais P. Bourdieu enxerga o "esforço dos filósofos no sentido de embaralhar a fronteira entre a ciência e a

## A luta política como a luta pela visão legítima

Volto à luta política de que falava na última aula. Resumirei ilustrando isso que acabei de dizer sob o modo do metadiscurso. Eu disse que para progredir na reflexão sociológica é preciso passar várias vezes pelo mesmo ponto. Eu também poderia ter dito que com frequência me parece ser necessário dizer a mesma coisa várias vezes, praticar essa espécie de polilogia, de trabalho que consiste em mudar constantemente a maneira de falar, para descobrir depois que dissemos a mesma coisa de muitas maneiras e descobrir todas as propriedades que descobrimos sucessivamente porque, ao mudar de palavra, mudamos de universo, enxergamos outros aspectos do objeto. Acho que essa maneira de agir é fundamental. Isso não é simplesmente um tique profissional ou pessoal, é um método, é uma maneira sistemática de pensar. Por exemplo, o uso que podemos fazer da passagem pelo grego, hebraico ou árabe, da análise da etimologia, inscreve-se nessa estratégia metódica. Assim, podemos dizer sucessivamente "luta política" ou "luta pelo poder simbólico", "luta pela legitimidade", "luta pelo conhecimento e pelo reconhecimento", "luta pela imposição da visão legítima", "luta pela imposição da teoria como *nomos*, ou seja, da visão como princípio de divisão", "luta pela imposição do princípio de divisão e até de divisão dominante", ou – isso quer dizer a mesma coisa, já que *orto-doxia* quer dizer "visão correta" – "luta pela ortodoxia e pela heresia". Todas essas maneiras de falar remetem a universos teóricos que podem ser vividos como diferentes, e acho que é através de sua combinação que podemos produzir um efeito integrador. Com efeito, isso ficou evidente agora há pouco, quando descrevi essa espécie de pensamento em rede, que uma das funções dessa trajetória, dessas passagens múltiplas pelo mesmo ponto, é tentar multiplicar os pontos de vista com uma ambição de totalização de um tipo particular.

A luta política pode ser descrita como uma luta para impor a visão legítima do espaço dentro do qual se realiza a luta. Em outras palavras, é uma luta para impor a visão correta das divisões do espaço dentro do qual nos dividimos, entre outras coisas, pela visão correta das divisões do espaço. Essa luta sobre a visão do espaço seria totalmente gratuita se mudar a visão, mudar a vista, não fosse um pouquinho mudar o mundo, mudar a vida. Mudar a visão do mundo social

---

filosofia. Nunca tive muita simpatia por essas reconversões pela metade, que permitem acumular pelo menor custo [os lucros] da cientificidade e [os lucros ligados] ao estatuto de filósofo" ("Fieldwork in Philosophy". In: *Coisas ditas. Op. cit.*, p. 18 [16 – tradução modificada]).

não é um objetivo gratuito, não é um objetivo ridículo; as lutas simbólicas não são simbólicas no sentido em que se fala de um "franco simbólico", de um "dom simbólico", no sentido em que se fala: "Isso na verdade não é nada". As lutas simbólicas não são "simbólicas" nesse sentido da palavra: elas têm objetivos verdadeiros porque ao mudar a visão, a teoria, o princípio de visão, podemos mudar um pouco a estrutura.

Por quê? Uma das razões – há várias outras – é que mudar a visão das divisões é se dar uma pequena chance de mudar, no conjunto dos agentes, a visão deles das divisões e, quando sua visão das divisões muda, as divisões podem mudar porque eles podem se reagrupar de outra forma. Mudar a visão é portanto um meio de mudar os grupos ao mudar as maneiras de se reagrupar, ao mudar as alianças. Isso pode acontecer em todos os níveis, por exemplo no nível do reagrupamento em classes: será que as classes médias vão se reagrupar com o proletariado? Esse é o problema dos marxistas do final do século XIX, e mudar a visão, dizer para os pequeno-burgueses: "Você não passa de..." (eu não sei o que se diz nesses casos), é encorajá-los a se reagrupar de um lado ou do outro. Houve um tempo em que, a cada período eleitoral, os executivos tornavam-se bruscamente um objetivo do discurso e havia uma luta para saber como nomeá-los, ou seja, de qual lado colocá-los. Eis um exemplo típico: se você conseguir convencê-los de que sua posição real é deste lado em vez daquele, há uma chance deles irem para onde você quer que eles vão. Mudar o princípio de visão, mudar as visões, as "visões representadas" pode portanto contribuir para mudar as divisões reais. Lembro que na última aula mostrei que não se passa automaticamente das visões práticas às "visões representadas", já que o termo "visões representadas" lembra que existe um trabalho de representação. [...]

Podemos mudar as visões representadas através de manifestações práticas ("Todos à Bastilha!", "Todos os comerciantes a postos!") ou através de manifestações teóricas, abstratas, no nível do discurso. Nesse caso, isso consistirá, por exemplo, em mudar as palavras, mudar a maneira de chamar uma coisa. Existe por exemplo toda uma luta para saber se devemos falar de "classe trabalhadora", "proletariado", "operários", "administração e trabalhadores", "classes perigosas"[209],

---

209. Essa expressão tornou-se célebre devido a CHEVALIER, L. *Classes laborieuses et classes dangereuses à Paris pendant la première moitié du XIX$^e$ siècle* [*Classes trabalhadoras e classes perigosas em Paris durante a primeira metade do século XIX*]. Paris: Plon, 1958.

"classes modestas" ("modestas" é uma palavra magnífica: é um dos mais belos eufemismos da língua social) etc. Com frequência impor uma palavra é ganhar uma luta ao ganhar as pessoas que se reconhecem nessa palavra.

Essas estratégias de manifestações pelas quais um grupo transforma sua visão de si mesmo e a visão que as outras pessoas têm dele podem ser individuais ou coletivas. Eu estava insistindo nas estratégias coletivas, mas evidentemente existem estratégias individuais, por exemplo as estratégias de apresentação de si que descrevem os sociólogos interacionistas, em particular Goffman[210]. Dito isso, quando se lê os anúncios num jornal[211], se percebemos a importância das estratégias de apresentação de si e de representação, percebemos imediatamente também a dimensão política que os interacionistas sempre esquecem por se agarrarem a uma perspectiva interindividual. Uma dimensão política está presente nas estratégias mais individuais, por exemplo naquelas que consistem em mudar de nome. (Aqui apresento apenas o aspecto que poderíamos chamar de teórico das minhas análises, mas é claro, explicando para aqueles que podem não saber, que isso que conto se baseia num trabalho estatístico, etnográfico etc. e não se trata de modo algum de especulações.) Seria possível fazer um belíssimo estudo sobre as mudanças: em que época tal categoria muda de nome, para que nome ela se dirige? As mudanças de nomes próprios (as pessoas que aos 18 anos se chamavam Nathanaël e que aos 30 se chamam Jacques[212]) também seriam muito interessantes, assim como a utilização de pseudônimos no domínio literário. Em muitas sociedades, a transmissão dos sobrenomes e dos prenomes é uma luta fundamental.

Nas sociedades pré-capitalistas, o capital existe essencialmente na forma simbólica. Como o capital econômico acumulado é relativamente fraco e o essencial daquilo que pode se transmitir e que se trata de reproduzir é a honra, o prestígio, a estima, existem estratégias em torno da transmissão dos sobrenomes e sobretudo dos prenomes. Eu descrevi em *O senso prático* as estratégias que opõem os irmãos numa família para obter o nome de um pai ou avô prestigioso para seu filho mais

---

210. GOFFMAN, E. *A representação do eu na vida cotidiana*. Op. cit.

211. Na época, os anúncios matrimoniais ou de encontros eram numerosos em alguns títulos da imprensa escrita (por exemplo, no diário *Libération*).

212. Na França, é bastante frequente que as pessoas recebam mais de um prenome ao nascer. P. Bourdieu provavelmente alude aqui ao fato de que alguns desses prenomes, como "Nathanaël", tendem a ser considerados mais infantis ou vulgares do que outros como "Jacques" [N.T.].

velho[213]. Para mostrar que minhas análises não são especulação, darei um exemplo: suponhamos que eu seja o filho mais velho de uma família onde existe um Abdeslam muito prestigioso. Meu irmão mais novo teve um filho antes de mim. Eu só tenho uma filha: é uma catástrofe, não posso transmitir o prenome Abdeslam! (O fato do nome só ser transmitido pelos homens é um problema: bastaria que ele pudesse também ser transmitido pelas mulheres para que um monte de estratégias fundamentais sobre as quais se baseiam nossas famílias fossem transformadas. Se o nome de nobreza fosse transmitido pelas mulheres em vez dos homens, as estratégias aristocráticas se transformariam: esses não são joguinhos pequenos.) Portanto, o nome se transmite pelos homens, meu irmão só tem filhos, eu só tenho filhas [*risos na sala diante do acúmulo de "infelicidades"*], mas sou o mais velho (tenho pelo menos alguma coisa!). Meu irmão se apropria do prenome prestigioso antes de mim ao nomear seu filho Abdeslam: isso é uma catástrofe, porque podemos controlar tudo menos a biologia. Entretanto, pode haver negociações para que, quando o mais velho enfim tiver um menino, o mais novo entregue o prenome bom. Desde meus trabalhos na Cabila, encontraram-se coisas equivalentes no Renascimento italiano no século XVI e em sociedades muito diferentes.

Entre as estratégias práticas estão evidentemente todas as estratégias de aliança. Ao falar agora há pouco da pequena burguesia e do proletariado, coloquei o problema da aliança/desacerto em termos políticos. Em termos de família, ele é: "Casar-se com quem?" Esse é um problema de *diacrisis*, de juízo, de percepção correta (tal aliança é boa/ruim). A aliança matrimonial é uma maneira prática de construir grupos, é uma forma de manifestação e, aliás, os grandes casamentos geram procissões, ou seja, teorias – a palavra "teoria" também quer dizer que fazemos ver[214]: exibimos nosso parentesco. Se existem cortejos quando ocorrem funerais ou casamentos, é porque os cortejos são atos teóricos com os quais mostramos, manifestamos o grupo; dizemos: "Vejam todos os parentes que temos e que vieram de longe, é Fulano e Sicrano, os primos Beltrano..." Eu falei das tribos, o que faz parecer exótico, mas o enterro do senhor de Wendel que analisei em meu trabalho sobre o patronato exibe exatamente a mesma lógica[215]. Vocês encontram

---

213. BOURDIEU, P. *O senso prático. Op. cit.*, p. 281 [287].
214. Cf. *supra*, nota 31.
215. BOURDIEU, P.; SAINT MARTIN, M. "Le patronat" ["O patronato"]. *Actes de la Recherche en Sciences Sociales*, n. 20-21, p. 31, 1978.

nisso um espaço com uma hierarquia: a hierarquia das famílias estava projetada na forma da hierarquia dos cortejos.

Uma teoria, com efeito, é um discurso teórico. Ele é pensado de maneira a ser visto e os princípios de divisão são muito respeitados: não se fica em qualquer lugar no cortejo. O protocolo existe para dizer como as pessoas vão se fazer serem vistas. Essa não é sua única função: o protocolo também permite evitar os conflitos sobre o ser-visto porque quando a posição num espaço fornece uma indicação sobre a posição na hierarquia, não se brinca, as coisas se tornam visíveis, objetivadas. As Panateneias e todas essas coisas que vocês conhecem e sobre as quais não têm pensado devem ser compreendidas na lógica do que acabo de dizer[216]. (Eu fiz de propósito como disse há pouco que queria fazer: tentei dar o mais rápido possível uma imagem da rede que vou percorrer agora muito mais lentamente porque acho útil que vocês tenham uma visão global da rede para que essa visão global funcione em suas mentes a cada momento do caminho detalhado que farei hoje.)

Recapitularei muito rapidamente. A vida política é uma luta para mudar a visão, para conservá-la ou transformá-la. Essa luta não é gratuita já que, ao mudar a visão, ganhamos chances de mudar também as divisões reais. Se isso é assim, é porque existe uma ligação real e substancial entre as palavras e as coisas, entre, de um lado, a maneira de nomear os indivíduos, coisas, grupos, e do outro a forma e até a existência desses grupos. Uma outra consequência: existe um trabalho político que poderíamos chamar de *worldmaking* (esse é o título de um livro de Nelson Goodman, um filósofo americano contemporâneo[217]), um trabalho de fabricação do mundo no sentido do universo visível. Esse trabalho de criação do mundo é um trabalho de criação, de poesia no sentido etimológico[218]. Não se trata de um jogo de palavras: em muitas sociedades arcaicas, o "chefe" era o poeta, ou seja aquele que podia dizer, de maneira muito densa, muito elíptica, numa linguagem poderosa (em verso), dadas as normas de recepção do grupo em questão, a maneira correta de ver o mundo. Normalmente era aquele que, em nome da tribo, dava um sentido [ao mundo, aos eventos (?)], em particular nos momentos em que a tribo não sabia mais o que pensar, a qual santo se dedicar. Em situação de crise, por exemplo quando havia um conflito dramático entre a regra e uma

---

216. Esse ponto já foi mencionado na aula de 28 de março de 1985, p. 87.
217. GOODMAN, N. *Ways of Worldmaking* [*Modos de fazer o mundo*]. Indianápolis: Hackett, 1978.
218. Em grego, a palavra *poiêsis* (ποίησις) vem do verbo "fazer", "criar" (*poiein*, ποιεῖν).

situação que exigia a suspensão da regra, o poeta era aquele que encontrava uma maneira aceitável para o grupo dizer que podia-se transgredir a regra; em outras palavras, ele era o administrador da má-fé coletiva. Em todos os grupos – levei muito tempo para descobrir isso –, a gestão da má-fé coletiva é algo fundamental: uma função eminente de muitos porta-vozes é dizer ao grupo que as coisas que ele conhece muito bem não são como ele diz e como ele conhece, nos momentos em que é vital que o grupo esconda de si mesmo aquilo que ele conhece muito bem.

## Capital simbólico e ordem gnosiológica

Uma parte do trabalho político é um trabalho verbal e o discurso é muito importante. O porta-voz realiza ao mesmo tempo um trabalho através das palavras e um trabalho prático de manipulação simbólica dos grupos e das práticas, como eu disse a propósito da manifestação[219]. Poderíamos fazer uma espécie de lexicologia da linguagem do poder. Baseando-me no livro magnífico de Benveniste, *O vocabulário das instituições indo-europeias*, que sempre cito com muito respeito, veremos que aquilo que se joga em torno do "poder" gira em torno de duas raízes: a raiz de "ver" e a raiz de "dizer"[220]. Isso não tem de modo algum valor de prova do fato de que o poder tende a se definir como poder de fazer ver e de fazer crer, mas é interessante. Eu falei [na aula anterior] de *crisis*, *diacrisis*, discernir, discernimento, decreto... A palavra fundamental é obviamente "sagrado" – voltaremos a ela daqui a pouco: aquele que faz ver é aquele que divide, e dividir é separar, pôr de lado, pôr à parte; vocês reconhecem imediatamente o tema durkheimiano do sagrado que, nesse contexto, recebe uma função completamente diferente[221]. (De passagem: espero que aqueles que fazem antinomias Durkheim/Marx percam seu latim aqui.)

A análise durkheimiana do sagrado como separação, nessa lógica, permite compreender que o poder, incluindo o poder político de base econômica, pode assumir as formas do poder de separação e de divisão descritas pela sociologia religiosa mais tradicional. Uma noção fundamental é obviamente a noção de limite: limite, delimitação, definição, limite entre os grupos. É o tema do *rex – regere*

---

219. Cf. n. 52-53 (junho de 1984) de *Actes de la Recherche en Sciences Sociales* sobre "O trabalho político".
220. BENVENISTE, É. *O vocabulário das instituições indo-europeias*. Vol. II. *Op. cit.*, p. 11ss.
221. DURKHEIM, É. *As formas elementares da vida religiosa. Op. cit.*

*fines, regere sacra*: o rei define os limites. Ora, o limite, *limes* [em latim] é o limiar que, por exemplo nas sociedades cabilas, é a divisão fundamental: é a casa, a oposição dentro/fora, masculino/feminino, e o limiar está cercado de ritos. Os ritos de passagem são quase sempre passagens de limiar, e não é por acaso que Van Gennep, para caracterizar os ritos de passagem, define os períodos como preliminares, pós-liminares, liminares etc.[222] A palavra *limes* é uma palavra central e está absolutamente na lógica do sagrado.

Segunda raiz: a raiz "falar". Falar é dizer, e Benveniste observa que o juiz é o *index*[223], aquele que diz o justo, aquele que diz o direito. Ele também observa a relação entre *dico* ("eu digo") e *díkē* ("justiça")[224]: o juiz é aquele que diz. Para terminar com o jogo das etimologias: estou relacionando regra (*regula*) e rei (*rex*), assim como *regio* (o rei é aquele que recorta em regiões, que define os limites entre as regiões). Não falarei disso, mas existem também raízes árabes em torno desse problema ("fração", "fracionar", "dividir" etc.). Mencionei isso porque, aqui também, vou passear no campo semântico e agora que chamei a atenção para essas coisas, acho que vocês perceberão o tempo todo ligações importantes.

Portanto, o trabalho político trata da percepção correta do mundo social e eu poderia definir a sociologia política – ela não é definida assim na Sciences Po[225] – como uma sociologia das formas simbólicas da percepção do mundo social e, ao mesmo tempo, como uma sociologia da construção dos grupos. Em outros termos, é uma sociologia da construção do capital simbólico enquanto categorial, enquanto pertencente a categorias. Faço mais uma vez uma série de equações: "capital simbólico" pode ser assimilado a "legitimidade", a "identidade social conhecida e reconhecida", portanto a "reconhecimento". O capital simbólico, nessa lógica, seria ao mesmo tempo o objetivo principal e o instrumento, a arma principal da luta política como luta simbólica para impor a percepção do mundo legítima. O capital simbólico é um ser-visto. É a palavra *nobilis* que quer dizer "estar visível" (em oposição a "obscuro"), "ser notório", "notável". No campo

---

222. "[...] o esquema completo dos ritos de passagem admite em teoria ritos *preliminares* (separação), *liminares* (margem) e *pós-liminares* (agregação) [...]" (VAN GENNEP, A. *Os ritos de passagem*. Trad. de Mariano Ferreira. Petrópolis: Vozes, 1977, p. 30 [*Les rites de passage*. Paris: É. Nourry, 1909, p. 14]).

223. BENVENISTE, É. *O vocabulário das instituições indo-europeias*. Vol. II. *Op. cit.*, p. 110.

224. *Ibid.*, p. 109-112.

225. Denominação coloquial do Instituto de Estudos Políticos de Paris [N.T.].

intelectual, ter capital simbólico é ser conhecido, ser célebre; e ser conhecido é ter crédito, quer dizer, ser creditado com credibilidade, confiança. Fico tentado a contar para vocês, mas vocês achariam que estou contando historinhas, o desenvolvimento filológico magnífico de Benveniste sobre a raiz *fidēs* como confiança que se concede, mas sobretudo que recebe aquele a quem concedemos confiança, ou seja aquilo que Weber, em outro contexto, chama de carisma[226]; a *fidēs* de Benveniste é uma descrição etnológica, fundamentada no léxico indo-europeu, daquilo que me parece que Weber colocou sob a noção de carisma. (Eu faço questão de misturar os léxicos, mas o trabalho científico com muita frequência consiste em fazer se comunicar em palavras que estão separadas, como as bacias dos rios, por obstáculos ligados aos hábitos de pensamento, às condições sob as quais aprendemos, aos antagonismos rituais – Weber contra Marx etc.)

O capital simbólico é, portanto, um ser-visto, um ser-conhecido, um ser notório que permite agir sobre a visão. Aquele que é conhecido e reconhecido como legítimo está creditado de um poder autorizado de dizer o que o mundo social é. Confiamos nele quando se trata do mundo social, nós nos referimos a ele quando se trata de falar do mundo social: é o porta-voz. Ele é aquele a quem damos – aqui também cito Benveniste – o *skeptron*. Com efeito, damos o cetro ao orador quando ele vai tomar a palavra[227]. Esse símbolo da autoridade estatutária fazia com que sua palavra estivesse autorizada e que ele estivesse autorizado a falar. Ao mesmo tempo, sua palavra tinha autoridade, ela seria performativa, quer dizer, seria preciso obedecê-la, seria preciso acreditar nela: o que ele diria mereceria crença. Há portanto uma ligação (é isso a noção de capital simbólico) entre o ser-visto e o ser-visível e o fazer-ver. O capital simbólico, como fato de ser conhecido e reconhecido, implica uma capacidade de comandar o conhecimento, de impor o conhecimento e de impor um conhecimento reconhecido. Eu deveria ter dito isso no começo: quando estamos na ordem do poder, estamos inteiramente no problema do conhecimento. No fundo, o problema do poder, o problema político é um problema gnosiológico, um problema de conhecimento. É: "Como conhecemos o mundo social?" E o ato de conhecimento, quando se trata do social, é necessariamente um ato político. Portanto, é preciso pensar o problema da política como o

---

226. P. Bourdieu desenvolverá essa análise da *fidēs* e a relação com o carisma no ano seguinte, na aula de 24 de abril de 1986, a ser publicada no último volume desta série.

227. BENVENISTE, É. *O vocabulário das instituições indo-europeias*. Vol. II. *Op. cit.*, p. 31-32.

problema do conhecimento e aqueles que têm a disposição filosófica devem ter reconhecido que as alternativas que examinei sobre o problema do conhecimento do mundo social são as alternativas clássicas no domínio do conhecimento do mundo natural.

O conhecimento legítimo, que pertence ao *nobilis*, aquele que é conhecido e reconhecido, é uma divisão que tem força de lei. É o que diz a palavra *nomos* que se traduz por "lei" nos dicionários ou nas versões [gregas] e que vem de *nemo*, "cortar", "recortar"; é sempre a mesma raiz que quer dizer "juízo" mas também o fato de "separar". A palavra [francesa] "*cerner*" que está em "discernir" ["*discerner*"] é ao mesmo tempo "ver" e "separar". O *nomos* é o discurso poderoso, ou seja, o discurso do poderoso, cujas visões são as divisões reais, aquele que tem o poder, de alguma forma, de realizar suas visões.

Vou tentar retomar o objetivo do que queria dizer. A sociologia das formas simbólicas se apresenta então como uma ciência do poder sobre o ver, que é como resultado um poder sobre a estruturação dos grupos. A visão dominante, e desconhecida enquanto tal, quer dizer reconhecida, legítima, a visão ortodoxa, a ortodoxia, como visão poderosa que se expressa nas palavras dotadas de autoridade, tem o poder de se realizar. Aqui, eu poderia mais uma vez citar Benveniste que mostra, sobre a palavra *kraínō*, que indica a força, o poder do rei, que o poder do rei é o poder de fazer as coisas existirem fazendo "sim" com a cabeça[228]. O rei é aquele que, quando diz "sim", faz as coisas passarem ao ato, faz com que elas existam. A palavra poderosa por excelência é obviamente a ordem real ou a palavra de ordem, ou seja, a palavra que contém o poder de fazer um grupo existir. Para empregar a metáfora kantiana[229], isso não é um *intuitus derivatus*, quer dizer, uma visão que descreve, mas um *intuitus originarius*, uma visão que, como a visão divina, faz existir. Em outras palavras, a analogia entre o rei homérico, tal como vista na análise feita por Benveniste, e o deus se compreende se enxergarmos que os dois têm em comum aquilo que Kant concedia a Deus, ou seja, uma visão que cria: eu digo "sim" com a cabeça e vai existir uma nova região, um novo país; eu digo "não" com a cabeça e recuso sua existência.

---

228. "Gr. *kraínein* designa a divindade que sanciona (com um sinal da cabeça; *kraínō* é derivado do nome da 'cabeça', *kàrá*) e, por imitação da autoridade divina, o rei que dá força de execução a um projeto, uma proposição" (*Ibid.*, v. II, p. 33).

229. KANT, I. *Crítica da razão pura*. Trad. de Fernando Costa Mattos. Petrópolis: Vozes, 2012, "Estética transcendental", § 8, IV, p. 94 [*Kritik der reinen Vernunft*, 1787].

## O direito, maneira direita de dizer o mundo social

Os jogos de palavra são jogos de força, e o poder da realeza por excelência – esse é o sentido ordinário da palavra *nomos* – é o direito que, enquanto objetivação e codificação do poder simbólico e da visão poderosa, é de alguma maneira uma sociologia poderosa. O direito é uma sociologia que tem força de lei. É claro que os sociólogos estão aí para dizer que existe o direito e os costumes: não se pode fazer uma sociologia da Igreja medieval a partir do direito canônico, ainda que os historiadores muitas vezes façam isso (os antropólogos também fazem). Os antropólogos anglo-saxões denunciam como *legalism*, quer dizer, como "juridismo", a propensão a tomar o discurso ortodoxo sobre o mundo social como a realidade social. Esse discurso ortodoxo pode ser o direito codificado e escrito, ou os costumes, o costumeiro ou ainda simplesmente o discurso dos homens idosos (o bom informante muitas vezes é um homem idoso, ou seja, um oficial, que fornece o discurso oficial, aquilo que se diz publicamente a um estranho em oposição ao que dizem as mulheres, que em geral é o oficioso, o secreto, o escondido, por exemplo o econômico ou o sexual).

O direito é o discurso visível, público, publicável. É a objetivação, e na objetivação existe a ideia de publicação, de *Öffentlichung* ["publicação" em alemão, termo utilizado por Heidegger], de visibilidade, do que se oferece para ver, que é visível por todo mundo e que pode ser proclamado diante de todos. Da mesma forma, as cerimônias, as teorias, as procissões [se oferecem para ver, tornam visíveis, proclamam diante de todos]. Pode-se retomar a oposição durkheimiana entre o religioso – que se faz à luz do dia, diante de todos, na presença de todo o grupo, homens, mulheres e crianças reunidos – e o mágico – o que as mulheres fazem à noite para dominar os homens, para se vingar etc.[230] O discurso direito, ortodoxo, oficial é portanto ao mesmo tempo objetivado e publicado, e a publicação por excelência é a escrita, particularmente a escrita impressa que torna o discurso legítimo sobre o mundo social acessível a todos (a ignorância da lei impressa não é desculpa). O discurso direito é publicado, publicável e tem, nas sociedades em

---

230. DURKHEIM, É. *As formas elementares da vida religiosa. Op. cit.*, p. 28-31 [60-63]. • MAUSS, M.; HUBERT, H. "Esboço de uma teoria geral da magia". *In*: MAUSS, M. *Sociologia e antropologia*, Trad. de Paulo Neves. São Paulo: Cosacnaify, 2003, p. 60: "Enquanto o rito religioso busca em geral a luz do dia e o público, o rito mágico os evita. Mesmo lícito, ele se esconde, como o malefício" [*Sociologie et anthropologie*. Paris: PUF, 1950, p. 15].

que existe um Estado, a garantia do Estado. Como a moeda, ele é garantido pelo Estado. Ele tem uma espécie de valor de ouro. O Estado diz: "Por trás deste artigo de lei existe a força pública, a prisão, o poder, a sanção, a sanção física".

Mas a coisa importante é que o direito é uma sociedade tal como ela se apresenta. (Isso é terrível... tenho a impressão num certo nível de reflexão de fazer uma confissão... [*inaudível*].) A visão jurídica é a visão que um universo social dá de si mesmo. A luta entre o sociólogo e o jurista é absolutamente constitutiva da existência da sociologia: Durkheim a vida toda enfrentou de um lado a filosofia e de outro as faculdades de direito, das quais ele queria tomar seu objeto. Aos olhos dos juristas, se vocês refletirem, o cúmulo do cúmulo é a sociologia do direito: como o direito se pensa como discurso legítimo, ele não tem que ir estudar como ele é produzido porque o direito diz como isso deve acontecer. De certa maneira, o discurso jurídico é um discurso forte. É um tema que Goffman emprega a propósito do discurso psiquiátrico nos hospitais psiquiátricos. Nesse livro magnífico que é *Manicômios, prisões e conventos*, ele diz que o discurso dos internados é um discurso fraco, que é feito de artimanhas, de defesas (como o discurso feminino nas sociedades masculinas); é um discurso clandestino, complicado, parcial. Diante disso, o discurso da instituição psiquiátrica é coerente, público, oficial, publicado nos livros, legitimado pela ciência[231]. O internado não pode lutar; e de qualquer modo está em desvantagem. De certa maneira, o direito é a maneira direita de dizer o mundo social. Ele é o ponto de vista legítimo, o ponto de vista dominante. O *nomos* é isso.

## O veredito do Estado na luta pela identidade

O direito é portanto uma visão objetivada, uma visão consagrada, uma visão codificada, uma percepção do mundo social garantida pelo Estado: ele é o veredito, *veri dictum*, "aquilo que é verdadeiramente dito". Para aqueles que ouviram o que eu disse sobre Kafka[232]: ele é o veredito do social, com a analogia entre o social e Deus, que Durkheim fez explicitamente[233], o que o fez passar por ridículo e que

---

231. *Manicômios, prisões e conventos*. Trad. de Dante Moreira Leite. São Paulo: Perspectiva, 1996. Por exemplo, as observações sobre o "conflito de interpretações" e a "doutrina psiquiátrica oficial", p. 299-302 [*Asylums*. Nova York: Anchor, 1961, p. 368-370]).

232. Cf. *Sociologia geral*. Vol. 3. *Op. cit.*, aulas de 22 e 29 de março de 1984.

233. Por exemplo: "[...] no mundo da experiência conheço somente um sujeito que possui uma realidade moral mais rica e mais complexa do que a nossa: a coletividade. Engano-me; há outra que poderia desempenhar o mesmo papel: a divindade" ("Determinação do fato moral" [1906]).

na verdade não era. O direito diz aquilo que você verdadeiramente é. É o estado civil. Mais uma vez, trata-se aqui de uma dessas palavras irrefletidas. O estado civil de alguém é o que o Estado diz sobre ele, o que Estado retém dele. Um agente social tem um monte de propriedades, físicas, fisiológicas, psicológicas e a identidade tal como definida pelo estado civil só retém algumas delas. Aquilo que está numa carteira de identidade é dito pública, oficial e universalmente[234]. Ela pode, como a moeda, circular em todos os lugares, pode ser mostrada para quem quer que seja, deve ser apresentada em caso de requisição. Essa espécie de identidade socialmente constituída é o veredito do mundo social sobre a pessoa.

O que eu gostaria de mostrar na próxima aula é que esse veredito só tem sentido nos universos em que há incessantes negociações a propósito da identidade: uma das maneiras, para um mundo social, de deter de alguma forma a luta permanente sobre a identidade que ocupa o tempo todo os homens e as mulheres em certas sociedades é o veredito, é o estado civil. Num livro que acaba de ser publicado, um antropólogo americano[235] mostra que as unidades sociais são o tempo todo objetivo de transações e os agentes sociais são capazes de modificar as unidades sociais pela representação, pela ação verbal sobre a representação e pelas práticas, por exemplo aquelas que consistem em passar de um grupo a outro ou criar alianças entre grupos que não deveriam estar aliados. As sociedades onde o poder de codificação do Estado é menos desenvolvido, onde o estado civil se impõe de maneira menos brutal, deixam um espaço infinitamente maior do que as nossas para as estratégias de luta pela identidade. Essas sociedades são, por isso mesmo, muito úteis. Nessa lógica, a etnologia torna-se fundamental porque ela nos permite ver de modo geral aquilo que, em nossas sociedades, é menos evidente [e só é bem visível em lugares muito precisos]. Em Proust, por exemplo, as lutas pelos salões parecem-se muito com as lutas para se saber a que tribo se pertence. Mas, em nossas sociedades, existe um Estado que diz claramente o que as pessoas são, que lhes dá títulos, títulos de nobreza de alguma forma garantidos pelo Estado (basta ver o número de nobres

---

*In: Sociologia e filosofia.* Trad. de Marcia Consolim. São Paulo: WMF Martins Fontes, 2020, p. 65 ["Détermination du fait moral". *In: Sociologie et philosophie.* Paris: PUF, 1924, p. 74-75]).

234. P. Bourdieu voltará a falar da carteira de identidade no ano seguinte, no quadro de sua reflexão sobre a "ilusão biográfica" (aulas de 17 e 24 de abril de 1986).

235. ROSEN, L. *Bargaining for Reality* [*Barganhando pela realidade*]. Chicago: The University of Chicago Press, 1984.

na ENA [École Nationale d'Administration]), títulos de propriedade ou títulos acadêmicos, e que dá portanto um estado civil.

Um Estado que faz tudo isso com uma força simbólica relativamente importante bloqueia, de certa forma, os jogos estratégicos sobre a visão correta e incorreta do mundo. Isto posto, esses jogos pela identidade sempre existem em nossas sociedades, especialmente no campo intelectual. Esse universo conquistou sua autonomia em relação ao Estado: as ingerências do Estado nele são sempre possíveis (a autonomia é sempre uma autonomia relativa), mas elas não têm força de lei e podem até desacreditar quando pretendem creditar, de modo que a liberdade deixada às estratégias, à *bargaining* [barganha] a respeito da identidade é maior do que em outros universos. Os lugares bons para estudar o que estou falando serão portanto sociedades como a sociedade cabila ou a sociedade muçulmana, lugares onde a codificação das posições e das identidades sociais é relativamente fraca, os salões de Proust ou o campo intelectual. Dito isso, essa luta é permanente e existe mesmo nas regiões mais codificadas do espaço social. Podemos por exemplo contestar a codificação dominante em termos de profissões e dizer: "Para mim, a codificação principal é em termos de sexo" ou então "Eu acho que a codificação principal é em termos de regiões" – e vou dizer "Occitânia livre"[236].

## Segunda hora (seminário): a invenção do artista moderno (4)

Começo fazendo uma ligação [com a primeira hora]. Eu disse há pouco que havia uma ligação entre o ser-visto e o poder de fazer ver. Para fazer vocês sentirem isso concretamente, basta usar o exemplo do campo literário em que o indivíduo consagrado, como se diz, tem o direito de consagrar através dos prefácios e de todos esses atos simbólicos que são o pão de cada dia da vida intelectual. Ele consagra, por exemplo, ao publicar num local prestigioso, ao fazer publicar (um editor consagrado consagra, um editor pequeno descredita). A palavra "consagrado" é uma palavra fundamental, voltarei a ela.

Digo isso para fazer vocês sentirem que com a noção de poder estamos na lógica da magia, do conhecimento, do reconhecimento (voltarei a isso mais tarde).

---

236. Alusão ao movimento occitânico mencionado no primeiro ano do curso (*Sociologia geral*. Vol. 1. *Op. cit.*, p. 110-111, 121 [130-131, 142] e em BOURDIEU, P. "A identidade e a representação". In: *O poder simbólico*. *Op. cit.*, p. 107-132 ["L'identité et la représentation". *Actes de la Recherche en Sciences Sociales*, n. 35, 1980, p. 63-72].

Isso absolutamente não quer dizer que isso não seja sério. Aqui também, trata-se de uma dessas oposições que temos em mente. Temos na nossa cabeça uma definição social ingênua da magia como aquilo que não funciona – é a definição da magia de Tylor[237]: a magia se opõe à ciência, ela faz parte das sociedades primitivas nas quais se acredita que é possível agir sobre o mundo através das palavras. Quando se trata do mundo natural, começamos a aprender pouco a pouco que não se pode agir com palavras... Aliás, acho que as pessoas sempre souberam disso, mas não queriam saber: isso faz parte dessas coisas que o grupo não quer saber e, com a ajuda do porta-voz autorizado para fazer com que o grupo aja como se não soubesse, ele continua a manter a crença ainda que saiba que isso não funciona. Esse é o grande debate – Malinowski etc. – sobre o papel do ritual na fabricação das balsas[238]: por que as pessoas tomam tanto cuidado ao fazer suas balsas se pensam que a magia é o suficiente?

Nossa visão da magia nos faz esquecer de que, quando se trata do mundo social, a magia pode ser uma técnica excelente. Chega até a ser *a* técnica social... Não, agora exagerei... É uma boa técnica social, uma técnica social importante. Em todo caso, para compreender os fenômenos de poder, é importante fazer a conexão que aliás fiz várias vezes entre a tradição da dominação e a tradição da comunicação e abandonar aquela oposição absurda entre consenso (no qual há "senso", "significação", "conhecimento") e conflito, dominação. Assim como agora há pouco coloquei Kant em Marx, agora é preciso colocar Durkheim em Kant e Marx sem que isso seja, como dizia Engels, "uma pobre sopa eclética"[239]. (Eu disse isso porque [...] tinha a sensação de não ter realmente terminado o que comecei [na primeira hora].)

---

237. O antropólogo britânico Edward Tylor tinha uma concepção evolucionista: magia, religião e ciência representam três formas de saber que se sucedem na evolução das sociedades e distinguem-se pelos graus crescentes de generalização, eficácia técnica e elaboração. TYLOR, E.B. *Primitive Culture* [Cultura primitiva]. Londres: J. Murray, 1871.

238. MALINOWSKI, B. *Argonautas do Pacífico ocidental*. Trad. de Anton P. Carr e Ligia Cardieri. São Paulo: Ubu, 2018 [*Argonauts of the Western Pacific*. Londres: Routledge, 1922].

239. "A filosofia clássica alemã conhece atualmente no estrangeiro uma espécie de ressurreição, sobretudo na Inglaterra e na Escandinávia, e mesmo na Alemanha parece que as pessoas começam a se cansar das ecléticas misturas populares que lá se servem nas universidades com o nome de filosofia" (ENGELS, F. *Ludwig Feuerbach e o fim da filosofia clássica alemã e outros ensaios*. Trad. de Isabel Vale *et al.* Lisboa: Estampa, 1975, p. 90 [*Ludwig Feuerbach und der Ausgang der klassischen deutschen Philosophie*, 1886].

Passo para o campo artístico. Na última aula, para resumir rapidamente, descrevi as condições morfológicas de uma revolução simbólica, mostrando que as condições morfológicas nunca eram apenas morfológicas, já que elas se redefiniam em função da estrutura específica do campo em questão. Mostrei como a superprodução de diplomados se retraduziu no campo artístico e literário, de modo mais amplo no campo de produção cultural, através de um certo número de contradições: o surgimento de uma boemia e de *rapins* famélicos que, no começo, estavam sob o controle da imposição simbólica da Academia. Aqui estamos na lógica que mencionei há pouco: a Academia detém o monopólio da definição do artista legítimo, ela pode dizer: "Esse é um artista/esse não é um artista", e o objetivo da revolução simbólica será dizer "Quem pode dizer o que é um artista?" Então vão dizer: "Mas há artistas na Academia". Mas o que são realmente artistas? Será que não é preciso mudar a definição do artista para mudar a arte?

Mudar a arte é mudar a definição do artista e até criar a noção de artista no sentido moderno do termo, contra a noção de mestre que mencionei na aula passada. É portanto destruir o monopólio da consagração simbólica e criar, por exemplo, um universo em que a luta pelo monopólio da consagração seja mais igual. Uma situação como essa do início do século XIX marcada pela dominação acadêmica está para o campo artístico como a Igreja medieval estava para o campo religioso: é uma situação na qual uma instância de consagração principal e dominante concentra quase a totalidade do poder de consagração, de modo que não é possível sair da ortodoxia, da maneira direita de pintar e de ser pintor (duas coisas inseparáveis) sem ser imediatamente rejeitado na heresia, ou seja, nas trevas exteriores. Esse problema é o problema de todas as heresias: é preciso constituir a própria possibilidade da heresia, a possibilidade de fazer diferente, de ser diferente, de ser artista diferente.

## O poder psicossomático da instituição

Para compreender a dificuldade de uma revolução simbólica é preciso ver que aqueles que querem entrar em revolta contra o veredito da instituição são, de alguma forma, completamente dedicados à instituição. A revolta simbólica contra os vereditos pressupõe uma espécie de conversão mental e podemos pensar as revoluções simbólicas no modelo da conversão religiosa: é uma transformação completa da visão do mundo. É preciso reler as grandes autobiografias dos convertidos (a do Cardeal Newman, por exemplo, é célebre[240]) para ter uma ideia do que significa dizer: "Mas, apesar de tudo, é possível ser condenado pela Academia e ainda assim ser um artista".

Uma coisa importante, quer que se trate dos concursos de mandarins na China[241] ou dos concursos da Academia, são os suicídios que eles provocam. Há o caso sempre citado de um pintor [Jules Holtzapffel] que, após ser escolhido para o Salão num ano, não o foi no ano seguinte – o que era duplamente doloroso (é o que poderíamos chamar de síndrome do primeiro reprovado nos concursos, aquele que chegou bem perto da porta – isso é kafkiano –, que fica anos ao lado do guardião e depois a porta se fecha para sempre[242]); ele se suicidou deixando uma frase: "Fui recusado pela Academia, não sou um pintor". Esse poder simbólico é portanto um poder muito real. É um poder de vida ou de morte, e a vida e morte simbólicas implicam, em algumas circunstâncias, a vida e a morte físicas. Eu acho que aquilo que se conta sobre as sociedades arcaicas, onde a exclusão, a excomunhão, o banimento para longe do grupo acarretam a morte ou algo equivalente, uma espécie de decrepitude, vale, em graus diferentes, em nossas sociedades: pensem, por exemplo, nos excluídos dos partidos[243], nos excluídos dos concursos.

Uma questão é saber como os grupos conseguem produzir efeitos fisiológicos, efeitos sobre os corpos. Existe (sobre o nazismo, por exemplo) uma literatura, infelizmente não muito abundante, sobre a relação de comunicação dos corpos sociais com os corpos biológicos. Existem também trabalhos sobre sociedades primitivas, sobre as manipulações simbólicas que podem exercer efeitos fisiológicos: existe uma espécie de psicossomática espontânea, prática, dos grupos, como se os grupos – aqui digo uma coisa muito ruim do ponto de vista do controle das palavras [ao fazer de um coletivo o sujeito de uma frase], mas pelo menos eu disse "como se"... – possuíssem uma espécie de conhecimento prático dos motivos psicológicos e soubessem agir sobre os agentes, em particular nas situações de

---

240. NEWMAN, J.H. *Apologia Pro Vita Sua* [*A defesa de sua vida*], 1864.

241. Um artigo de Jean-François Billeter ("Contribution à une sociologie historique du mandarinat" ["Contribuição a uma sociologia histórica do mandarinato"]. *Actes de la Recherche en Sciences Sociales*, n. 15, 1977, p. 3-29) descrevera o sistema de exames que selecionam os funcionários na China, enfatizando as "tensões individuais e coletivas" que os rodeavam. Em particular, ele mencionava o caso de candidatos que se matavam durante as provas.

242. Alusão à Parábola da Porta da Lei, no fim de *O processo* de Kafka.

243. P. Bourdieu e o auditório sem dúvida ainda tinham na memória as exclusões às vezes muito dolorosas que o Partido Comunista era capaz de realizar.

exclusão. Isso ainda é praticado hoje em dia: para excluir uma pessoa de uma empresa, recorre-se a estratégias de exclusão do mesmo tipo; cortam-se todos os fios ao redor dela, todas as redes, tudo que dá sentido, tudo que define a identidade; retira-se dela a tarefa de assinatura de documentos, depois a secretária, depois o escritório, depois a cadeira. Estou esquematizando porque se contasse isso detalhadamente, vocês achariam que eu estaria dramatizando [...].

No caso dos artistas, a dificuldade de lutar contra a instituição está no fato dela estar nos cérebros: se a instituição age tão poderosamente, é porque ela está completamente incorporada no estado de esquemas práticos, de esquemas de percepção, de modos de pensamento, de modos de apreciação. Não se pode pensar o mundo diferentemente das categorias da instituição e, quando a instituição te recusa um valor, é obrigada a te recusar qualquer valor: "Eu não sou ninguém", "Eu não sou nada". Aqui também seria preciso citar os testemunhos de confissões após o fracasso. É evidente que o poder diabólico que o sistema escolar detém atualmente, o poder de consagração, excomunhão, condenação vitalícia ou eleição vitalícia e que também aqui está ligado ao suicídio, é um poder de tipo psicossomático que se exerce sobre o corpo através de uma ação sobre as estruturas mentais, sobre a percepção do mundo e, ao mesmo tempo, de si – e esta percepção de si é inseparável de uma espécie de postura corporal. Assim como os trabalhos de psicologia social demonstraram que quanto mais se tem importância social mais se é reconhecido, mais se ocupa volume no espaço espacial e temporal[244], também aquele que, como se diz, é "condenado" acaba não conseguindo deixar de se diminuir, de se abolir, de se aniquilar de certa forma. Tudo isso existe nas palavras.

(Atualmente, existe um retorno da reflexão sobre o problema da emoção – em todas as ciências, da matemática à sociologia, há problemas que desaparecem em certos períodos; parece-me que, neste momento, há um retorno do interesse sobre o problema da emoção[245]. Um dos problemas misteriosos que a teoria das emoções encontra é a correspondência entre as palavras com as quais as emoções são expressas numa situação em particular e as reações somáticas, incluindo

---

244. Esse ponto foi desenvolvido na aula anterior, 28 de março de 1985.
245. P. Bourdieu certamente tem em mente trabalhos realizados nos Estados Unidos, especialmente o livro de Arlie Russell Hochschild publicado em 1983: *The Managed Heart: The Commercialization of Human Feeling* [*O coração gerenciado: a comercialização dos sentimentos humanos*]. Berkeley: University of California Press, 1983.

as mais inconscientes, do tipo "isso embrulha o estômago". Coisas que a ciência só descobriu muito recentemente, taxas sanguíneas, taxas de adrenalina, muitas vezes estão em correspondência com a maneira popular de nomear a emoção correspondente[246]. A hipótese que podemos fazer – a não ser que tenhamos o pressuposto de uma ciência inata do corpo, o que seria muito improvável – é que a linguagem ou a sociedade, através da linguagem com a qual se diz a emoção, tem um poder estruturante da experiência corporal, incluindo aquilo que ela tem de mais inconsciente. Fecho o parêntese que foi um pequeno ponto de delírio; fui além de meus limites, mas apenas para indicar até que ponto os objetivos das lutas simbólicas são não simbólicos.)

## O trabalho simbólico do herege

Essas pessoas que querem se arrancar da condenação, da execração, que estão excluídas em relação aos consagrados, que são arremessadas no nada, podem visualizar – isso já é um ato extraordinário – a criação de uma nova instância de consagração, a criação de um Salão dos Recusados. Isto posto, e essa é absolutamente a lógica das lutas simbólicas, para que o Salão dos Recusados se torne um salão consagrador, é preciso que ele não seja mais definido negativamente como o salão dos execrados. Para isso, é preciso que as pessoas que o constituem varram completamente de seu cérebro o fracasso inscrito no próprio fato de fazer essa empreitada. Com efeito, no próprio ato de constituir um salão que exclui o Salão, eles continuam a dizer, através de mil indícios, que reconhecem a legitimidade do Salão que os exclui. O que é mais difícil de excluir da consciência dos excluídos é o sentimento de exclusão, e o que torna patético o fracassado é seu ressentimento contra o consagrado, sua execração dos consagrados. Existe uma maneira de denunciar o Salão que implica e contém o reconhecimento da dominação do Salão. Uma miséria da dominação simbólica – isso é verdade para todas as dominações: sociais, sexuais, culturais etc. – é que a revolta contra a dominação simbólica, a não ser que seja muito consciente de si mesma – e o trabalho científico pode ser útil para ela –, contém o reconhecimento daquilo em nome de que se é condenado. O senso comum sabe disso: a execração extrema é uma forma

---

246. Essas questões interessavam a P. Bourdieu há muito tempo – já na década de 1950 ele pensou em preparar uma tese orientada por Georges Canguilhem sobre as "estruturas temporais da vida afetiva".

suprema de reconhecimento da consagração. Eu acho que isso é extremamente importante: se refletirmos, por exemplo, sobre o problema da descolonização, é mais ou menos aquilo que chamamos estupidamente de "doença infantil"[247].

Portanto, para os execrados trata-se de excluir a exclusão sem instituir o princípio da exclusão pela forma da revolta. Seria assim preciso conseguir sair do espaço, ou seja, fazer um Salão dos Recusados que seja simplesmente um salão. [...] No começo, os grupos heréticos tendem a se reagrupar num subespaço, eles fazem seitas (mais uma vez, "seção", "seita"[248]), eles se recortam, eles se separam e só se enxergam entre si, quer dizer, entre pessoas que têm a mesma visão e que podem também fazer que essa visão negativa se torne uma visão positiva e que a inversão, a mudança de sinal, possa ser vivida praticamente: "Nós não somos hereges destinados às catacumbas", "Nós não somos os últimos dos últimos", "Os últimos serão os primeiros", "Nós invertemos, e invertemos praticamente, já que ao redor de nós só há gente que inverte".

As vanguardas são sempre "clubes de admiração mútua". Esse rótulo é uma brincadeira clássica[249] e podemos descrever esses grupos de maneira polêmica, mas trata-se de um fato social e compreendemos bem que é vital: apenas um louco é herege e solitário. Num coletivo de hereges já existe uma espécie de reforço: quando digo que sou o maior pintor, há pelo menos alguém que acha que não estou louco, há pelo menos alguém que acredita em mim. Em outros termos, há pelo menos alguém para dar crédito à minha visão e ao mesmo tempo se reconhecer em minha visão, reconhecer minha visão. Em geral, é: "Ele me concede isso para que eu o conceda". Às vezes isso é difícil... Era o problema de Manet, que

---

247. Cf., por exemplo, "Les maladies infantiles de l'indépendance" ["As doenças infantis da independência"]. *Esprit*, v. 25, n. 6, 1957. A imagem da "doença infantil" remete ao livro de Lenin: *Esquerdismo: a doença infantil do comunismo* (1920).

248. A frase é elíptica, mas P. Bourdieu parece enfatizar a palavra "seita" ao notar que, através de sua etimologia (a palavra "seita" poderia vir de *secare*, "recortar" – mas também de *sequi*, "seguir") ela remete à ideia de corte mencionada na primeira hora.

249. A expressão *mutual admiration society* difunde-se na segunda metade do século XIX entre os meios literários ingleses (ela muitas vezes é atribuída ao filósofo Henry David Thoreau, que a emprega em seu *Journal* desde 1851). P. Bourdieu utiliza a ideia desde seu primeiro artigo de 1966 sobre o campo intelectual ("Campo intelectual e projeto criador". *In*: POUILLON, J. et al. (orgs.). *Problemas do estruturalismo*. Trad. de Rosa Maria Ribeiro da Silva. Rio de Janeiro: Zahar, 1968, p. 105-145 ["Champ intellectuel et projet créateur". *Les Temps Modernes*, n. 246, p. 865-906, 1966]), retomando análises de Levin Ludwig Schücking: *Die Soziologie der Literarischen Geschmacksbildung*. Munique: Rösl, 1923.

estava rodeado de pessoas que diziam: "Manet é grande", "É difícil fazer o que Manet faz" (ele era indulgente com essas pessoas das quais se livrou assim que pôde).

Portanto já existe o trabalho que o herege deve fazer. [...] Habitualmente, nas descrições dos movimentos heréticos, fazemos como se antes tivesse existido a pintura *pompier* e depois a pintura impressionista. Na verdade, existe um trabalho insensível e interminável: Manet começa a tentar ser espertinho, do ponto de vista dos patronos do ateliê, desde o quarto ano. No ateliê de Couture, que é um semi-*pompier*, um mestre um pouco acadêmico mas marginal, Manet se faz notar, faz truques. Ao mesmo tempo, ele tem talento; demonstra que conseguiria fazer se quisesse, o que é muito importante porque os hereges estão expostos à desconfiança: "Ele é excluído porque não é capaz", "Ele exclui aqueles que o excluem, portanto sua exclusão não é fundamentada". O problema do excluído é fazer sentir que sua [exclusão] é opcional, que é ele que se exclui e que exclui; ele precisa inverter a relação, o que pode obrigar a dar provas de virtuosismo, a mostrar que ele conseguiria fazer se quisesse. Um grande problema de Manet é que ele faz um primeiro quadro (eu certamente estou cometendo erros [factuais], aqueles que perceberem por favor me avisem, seria um grande serviço), uma cena de tourada com um toureiro muito pequeno e um touro enorme, e as pessoas dizem: "Há um erro de perspectiva, é uma catástrofe. Ele nem sequer sabe pintar..." Assim, todo seu contracapital se desfaz, porque ele cometeu um erro de estratégia: desafiou o ponto de vista dominante num ponto tão central (a necessidade de um pintor dominar a perspectiva) que sua transgressão pareceu um erro[250].

Pelo contrário, as estratégias hereges podem consistir em transgredir os pontos moles da visão dominante (eu quase disse "a ideologia dominante", mas jamais se deve dizer isso!), quer dizer, os lugares vagos e relativamente pouco codificados (a cor, por exemplo). Há portanto pontos sobre os quais se pode avançar, exibindo-se ao mesmo tempo a capacidade de realizar a *performance* e o caráter delibe-

---

250. O quadro *Épisode d'une course de taureaux* [Episódio de uma corrida de touros] a que P. Bourdieu se refere aqui foi aceito no Salão de 1864. Entretanto, não se tratava da primeira obra apresentada por Manet: apesar de *Le Buveur d'absinthe* [O bebedor de absinto] ter sido recusado em 1859, *Le Chanteur espagnol* [O cantor espanhol] fora aceito no ano seguinte. Além disso, apesar das críticas efetivamente zombarem dos volumes e da perspectiva de *Épisode d'une course de taureaux*, ainda assim não é certo que essa tenha sido a razão de Manet se decidir a recortar sua tela e conservar apenas duas partes dela que, retrabalhadas, tornaram-se *L'Homme mort* [O homem morto] (inicialmente *O toureiro morto*) e *La Corrida* [A tourada]. Cf. CACHIN, F.; MOFFETT, C.S. *Manet 1832-1883*. Paris: Éditions de la Réunion des Musées Nationaux, 1983, p. 195-198.

rado e livre da transgressão. Era esse o trabalho das vanguardas. (Aqui também emprego a palavra "vanguarda", que é muito conotada, sempre colocando-a mentalmente entre aspas porque ela já contém uma filosofia da história: quando se diz "vanguarda", há uma marcha, é a vanguarda de um exército, eles estão à frente e sabemos antecipadamente que terão sucesso... Não se deve dizer "vanguarda"; "hereges" já é melhor.)

## A conversão coletiva

Portanto, no começo há os problemas de autoconfirmação dos hereges (é preciso conseguir realmente acreditar em algo diferente), de interconfirmação do grupo herético. Em seguida, há a luta entre a visão que o grupo herético tem de si mesmo e as visões que recebe em sua volta. É o problema da relação com os críticos, com os outros pintores, que empregarão estratégias de desqualificação. A luta será uma luta simbólica típica. Os hereges buscam se dar crédito ("Confiem em nós"). Um dos objetivos é o problema da sinceridade: "Será que ele acredita ou será que é cínico?", "Se pelo menos ele acredita, será que podemos dar crédito à sua intenção?", "Se é verdade que, como ele diz, ele fez isso de propósito, isso é perturbador..." A pessoa do pintor é importante já que concedemos crédito à pessoa global, à totalidade da pessoa: "Será que ele tem crédito, enquanto pessoa?", "Será que ele tem os valores que convêm?" Em seguida, olhamos para a obra: "Será que sua obra, mesmo do ponto de vista dos cânones que transgride, pode aparecer como tendo credibilidade?", "Será que ele dá sinais de que fez de propósito ou de que poderia ter feito de outra forma?"

Felizmente, há dois ou três trabalhos magníficos que reúnem os textos dos críticos e que contam, ano a ano, todas as críticas que a obra de Manet recebeu. Neles vemos as estratégias dos detentores do ponto de vista ortodoxo, transmitidas pelos críticos que são seus aliados objetivos (e sobretudo não "a seu serviço", porque no campo intelectual os melhores servidores de uma causa se servem ao servir a essa causa; em outras palavras, como o campo da crítica é homólogo ao campo da pintura, é ao acertar contas com os outros críticos que eles servem aos pintores correspondentes à sua posição[251]). A luta entre os críticos é uma luta para determinar a definição legítima dessa nova pintura, e os pintores em ruptura

---

251. Essa ideia já havia sido desenvolvida em outras ocasiões (*Sociologia geral*. Vol. 2. *Op. cit.*, p. 371 e 385 [621 e 638]).

ficam o tempo todo de olho na construção progressiva dessa imagem. Situada através do tempo, temos uma infinidade de pequenos juízos individuais. As pessoas que passam diante de uma tela no Salão fazem reflexões. Os críticos retomam essas reflexões. Há desenhos satíricos representando o artista fracassado no Salão diante de seu quadro (ausente), notando as reflexões que as pessoas disseram no Salão. Existe o "que vão dizer", uma espécie de boato: o que se diz de Manet. Há as anedotas. Há o que dizem os pintores concorrentes de poder simbólico forte: eles podem, com uma maldade, matar cinco anos de construção simbólica. Há os críticos objetivamente aliados aos dominantes que, sem sequer precisar se referir à autoridade do pintor dominante, repetem seu olhar porque têm o mesmo olho que ele. Tudo isso acontece lentamente. Mas, em oposição, há o grupo herético, com o artista que fala, o que é muito importante e, na minha opinião, é uma das grandes condições tácitas do sucesso do pintor. A partir da revolução que estou descrevendo, a clivagem nos pintores entre fala/não fala, é culto/não é culto, é bacharel/não é bacharel se torna muito importante. Manet, por exemplo, distingue-se nesses aspectos. Eu acho que se ele sobreviveu à sua revolução simbólica, é porque sabia falar de sua pintura e sabia também com quem falar: ele encontrou bons porta-vozes (Zola, Mallarmé: nada mau...)[252]. Ele soube encontrá-los porque tinha o senso do jogo e também porque depois de encontrar as pessoas com quem falar, sabia falar com elas – e isso não sendo cínico.

É através de uma espécie de trabalho contínuo e insensível que uma imagem se destrói e uma outra se constrói. A ciência social evidentemente tem muitas dificuldades em reconstituir essa infinidade de pequenas conversões individuais que resultam numa mudança da visão do mundo. Estudar as mudanças na Igreja ao redor da década de 1960[253] colocará exatamente o mesmo problema: não é um concílio que num certo momento decide "fazer o *aggiornamento*"[254], são milhares de pequenas conversões individuais orquestradas por pessoas que, ao elas mesmas se converterem no mesmo movimento que muitas outras, têm, além disso, o poder de expressar sua conversão de tal maneira que aqueles que se convertem têm seu mo-

---

252. Todos esses pontos são desenvolvidos detalhadamente em *Manet – Une révolution symbolique. Op. cit.*

253. BOURDIEU, P.; SAINT MARTIN, M. "La sainte famille – L'épiscopat français dans le champ du pouvoir". *Art. cit.*

254. Palavra italiana que significa "atualização", utilizada pelo Concílio Vaticano II para resumir seus objetivos [N.T.].

vimento de conversão acelerado pelo discurso desses novos convertidos. Esse é um fenômeno muito geral e muito difícil de descrever porque implica efeitos de limiar: a partir de qual momento isso se mexe? Théophile Gautier, que não era progressista, sente num certo momento que era preciso estar a favor dos impressionistas. Em que momento os intelectuais passam da direita para a esquerda?

Eis um problema muito interessante em todos os tempos: num certo momento, os intelectuais estão mais à esquerda; num outro, mais à direita. É claro que sempre há um evento político entre os dois (como o golpe de Estado em 1851-1852), mas não é de forma alguma uma conversão coletiva no dia D: é um processo, um conjunto de conversões individuais, orquestradas. Isso para destacar o papel dos profetas exemplares, dos porta-vozes, daqueles que têm o poder de visão: há as pessoas que, fazendo o trabalho de conversão que todas as outras fazem, têm ao mesmo tempo a capacidade e o poder (muitas vezes isso pressupõe o acesso aos meios de expressão) de dizer, num certo momento, o que acontece e, pelo fato de dizerem isso, fazer com que isso aconteça. Isso não quer dizer que elas criem as pequenas conversões, nem que não façam nada. É isso que é "consagrar": elas consagram as pequenas conversões porque têm autoridade para dizer: "O romantismo acabou", "A pintura *pompier* acabou". Vocês têm isso à sua frente o tempo todo: o número de artigos de *Libération*, do *Nouvel Observateur* que têm como tema "As ciências sociais acabaram" etc.

## As estratégias do heresiarca

[...] A vida dessa minoria vanguardista, dessa minoria de ruptura que descrevo aqui é dificultada pela existência de "fracassados" (do ponto de vista da definição social). Aqueles que receberam vereditos negativos não se revoltam, ou, se decidem se unir à revolta, é de uma maneira tão lamentável que comprometem as chances dos revoltados de se fazerem reconhecer como realizando uma revolta positiva e não negativa. Mencionei isso na última aula: um grande problema para os grandes líderes é a participação nesses "salões dos recusados". Os primeiros "salões dos recusados" são lamentáveis. Eles são tão claramente realizados pelos "fracassados" do ponto de vista das normas dominantes que reforçam a instituição; todo mundo os visita para rir, para dizer: "Isso não é possível, eles são um lixo", "Isso é lamentável" etc., "Esses não são filósofos" (faço transposições para que vocês sintam), "Não entendemos nada", "Eles são estúpidos", "Eles não sabem pintar".

Pouco a pouco, começam a aparecer sinais de que isso se torna positivo. Nesse momento, os hereges precisam de heresiarcas. É "Manet está conosco!", depois "Cézanne está conosco!" Dito isso, Manet e Cézanne não são doidos, eles enxergam que essas são pessoas que os afundam quando se agarram a seus pescoços e se perguntam se é preciso ou não se juntar a pessoas que são manifestamente fracassadas do ponto de vista tanto das antigas quanto das novas categorias de percepção. Eis o problema do heresiarca (obviamente não é assim que ele se coloca, ele jamais aparece nos textos, a não ser através da surpresa dos historiadores que dizem: "Vejam, estranhamente nem Manet nem Cézanne estavam lá"). Não é preciso traduzir isso para nossas categorias porque já sabemos que se tratava de uma "vanguarda", nós sabemos quem ganhou a corrida. Na época, eles ainda não estavam realmente consagrados, eles tinham uma espécie de prestígio particular na pequena seita que, apesar de tudo, fazia terrorismo ao dizer aos críticos: "Vocês são idiotas, Manet é um grande homem". A crítica conformista sabia que, para os "loucos", Manet era um grande homem, o que já é uma maneira de ser um pouco consagrado ("Existem pessoas que dizem que Manet é um grande homem, mas obviamente ninguém acredita nelas").

Dito isso, Manet e Cézanne tinham uma trajetória, uma origem social com tudo que isso implica: um senso do jogo, um senso de posicionamento em todos os sentidos do termo, um senso de posicionamento no sentido do futebol e no sentido do banco, que consiste em saber onde se deve estar, onde é preciso ser visto, onde não se pode ser visto. Isso é fundamental para o período atual: "Diga-me onde você expõe, e eu te direi ao mesmo tempo que pintor você é e, sobretudo, qual o conhecimento que você tem do campo da pintura". É preciso conhecer o campo da pintura para saber onde se posicionar. Cézanne e Manet tinham um senso de posicionamento que lhes permitia desconfiar, não ir a certos lugares ou ir fazendo com que fosse percebido que estavam lá por solidariedade com as pessoas malditas, as vítimas, mas que sempre se davam uma liberdade em relação à classificação. As taxonomias, com efeito, são os principais instrumentos da luta. Se você é catalogado, categorizado, quer dizer, condenado como "impressionista" e isso é uma injúria – o que era o caso na origem – será difícil sair do impressionismo para em seguida ser Manet.

Isto posto (agora que acho que já disse tudo sobre as estratégias dos grupos), por que eles precisam de um grupo? Agora há pouco mencionei as funções do grupo do ponto de vista da crença, da moral do herege: é preciso que o herege acredite para conseguir fazer acreditar. A hagiografia está cheia das dúvidas do herege: o romance de Zola, *L'Œuvre* [*A obra*], que se refere a Cézanne e Manet, é uma narrativa muito romântica das dúvidas do herege. O grupo exerce uma função de tranquilização, mas não é só isso. O grupo também é importante para conseguir ser percebido, *nobilis*, para se arrancar da obscuridade: é melhor ter nas costas um insulto, uma etiqueta, um rótulo que pelo menos te faz ser visto enquanto elemento de uma categoria do que passar desapercebido. Isso é muito importante para compreender o funcionamento dos grupos e também seu destino.

Com efeito, essa é quase uma lei das lutas artísticas: as empreitadas heréticas começam coletivamente e terminam individualmente. Elas são destroçadas por cismas, em parte porque o interesse (certamente específico) de fazer parte de um grupo diminui à medida que o grupo, ou ao menos seus líderes, tem sucesso e portanto precisam menos do grupo. Essa é uma primeira razão. A segunda é que, enquanto não há nada a compartilhar além dos insultos, as forças de coesão (nós nos colocamos nos opondo) levam a melhor sobre as forças de dispersão. Um belíssimo trabalho de uma historiadora americana sobre o grupo impressionista descreve muito bem a unidade de efusão da origem[255], o momento em que "o grupo compartilha tudo" e mostra que as divisões e os conflitos aparecem progressivamente mas, paradoxalmente, quando as coisas vão bem para o grupo. Como acontece desses grupos paradoxalmente se dividirem quando as coisas vão bem para ele, quando ele começa a ser conhecido, quando as pessoas começam a ser favoráveis para ele etc.? Há as razões que eu já disse. Há também a distribuição cada vez mais desigual dos lucros dentro do grupo, já que os lucros simbólicos ligados coletivamente ao grupo são tendencialmente monopolizados pelo heresiarca, pelo líder. Poderíamos compreender muitas coisas a partir disso: há toda uma série de livros, por exemplo sobre os conflitos dentro do grupo de Freud[256]. Acho que podemos entender muito bem, numa lógica materialista, mas obviamente um materialismo do simbólico (o que faço agora), de maneira lógica, essas coisas em geral explicadas por uma lógica puramente

---

255. ROGERS, M. "The Batignolles Group: Creators of Impressionism" ["O grupo de Batignolles: criadores do impressionismo". *Autonomous Groups*, v. XIV, n. 3-4, 1959. *Apud*: ALBRECHT, N.C.; BARNETT, J.H.; GRIFF, M. (orgs.). *The Sociology of Art and Literature*. Nova York: Praeger, 1970, p. 194-220.

256. Cf. esp. ROUSTANG, F. *Um destino tão funesto*. Trad. de Jorge Bastos. Rio de Janeiro: Taurus, 1987 [*Un destin si funeste*. Paris: Minuit, 1976].

psicológica, por incompatibilidades e dramas que estritamente não explicam nada: se explicassem, por que então isso começaria a partir de 1862 quando essas pessoas estavam juntas desde 1840?

## Uma revolução na escala do conjunto dos campos de produção cultural

Portanto, o que é preciso é conseguir constituir uma visão do mundo aceitável, que se imponha. Trata-se de virar, de alguma forma, a visão dominante, impor um novo *nomos*, fazer com que os princípios de divisão com os quais o universo dos quadros apresentados é apreciado sejam um certo dia, numa certa exposição, completamente transformados. É preciso que aquilo que era bom se torne ruim e que, ao mesmo tempo, os antigos hereges se tornem nomotetas, que sejam consagrados, e portanto dotados do poder de consagrar. Seu primeiro trabalho, por exemplo, pode consistir em consagrar pintores do passado que eram execrados por aqueles contra os quais eles se consagram ([Jean-Antoine] Watteau, por exemplo, será um grande objetivo). Hoje em dia é parecido: nas lutas de consagração, as estratégias de reabilitação são muito importantes: reabilita-se Condillac, volta-se a X ou Y etc.

Em resumo, a crise morfológica de superprodução preparou as bases sociais, e aliás também as econômicas, de uma revolução simbólica. Isto posto, para que a crise econômica (ou mesmo essa forma específica com a qual uma crise econômica e social dentro de um campo se veste, a saber, a crise morfológica) torne-se uma revolução simbólica, é preciso um trabalho específico de conversão que é um trabalho sobre os grupos, um trabalho dos indivíduos sobre si mesmos, uma espécie de *metanoia* coletiva, de conversão coletiva. Essa conversão não se produz brutalmente ("no mesmo dia à mesma hora") – seria a mesma coisa se falássemos de maio de 1968 –, é um conjunto de conversões objetivamente orquestradas, porque, assim como as mesmas causas produzem os mesmos efeitos, as mesmas posições num campo favorecem o aparecimento das mesmas disposições nos ocupantes dessas posições. Um conjunto de revoluções orquestradas muda qualitativamente quando elas encontram os porta-vozes, quando encontram uma linguagem, mesmo as injúrias impostas pelos outros, quando têm manifestos. Os manifestos literários e os programas são importantes mesmo que não sejam determinantes: por exemplo, entre os simbolistas, foi um dos mais lamentáveis quem fez o manifesto[257]; os verdadeiros líderes tinham mais o que fazer, eles tinham poemas para fazer.

Uma revolução poética não é um programa, aliás, uma revolução política também não; mas a existência de um manifesto, de um programa que contribua para fazer acreditar que a revolução política (ou artística) é uma revolução pensada, que o nomoteta novo é um epistemocrata que comanda em nome da ciência, é muito importante do ponto de vista da credibilidade. Além do mais, com um manifesto aquilo que estava implícito torna-se explícito, as revoluções das disposições, vividas sob o modo do humor, tornam-se conscientes e sistemáticas. Aquilo que era "reflexo", quer dizer, reação do *habitus*, torna-se palavra de ordem; a palavra de humor se torna um *slogan* consciente e racional; as antipatias ("[Victor] Hugo é um velho imbecil") tornam-se teorizadas (dizem: "Abaixo o lirismo!"). Obviamente, se o terreno da arte é interessante, é porque nele as coisas são particularmente visíveis pelas razões que acabei de expor: trata-se aqui de profissionais da codificação e da explicitação.

Era aqui que eu queria chegar: se essa revolução simbólica pôde acontecer, é porque os pintores que, com poucas exceções, eram trabalhadores práticos e manuais, aliaram-se aos profissionais da palavra. Eu acho que não é possível compreender a revolução contra a arte acadêmica se não enxergarmos que os pintores encontraram porta-vozes, pessoas que fizeram para eles esse trabalho que mencionei de codificação, explicitação, "tetização", que tornaram tético, consciente, explícito aquilo que era até então um humor prático. Poderíamos dizer que os artistas encontraram nos escritores os ideólogos (os "-logos" quer dizer "aqueles que falam"), aqueles que falam por eles, os porta-vozes. Mas não se é porta-voz a troco de nada... Por que os escritores foram porta-vozes? Que interesse tinham em portar essas vozes? O que os fez portar essas vozes? Em que foi o campo artístico transformado por essas vozes? Em que foi mudado o campo literário pelo fato de expressar essas vozes quando se trata da literatura? A coisa anedótica mas que resume um monte de coisas é o fato de que a frase "arte pela arte" foi inventada por um pintor chamado Jean Duseigneur[258]. Portanto, a frase veio da pintura. Ela passou para a literatura onde foi orquestrada, mas, ao orquestrá-la, aquele que

---

257. MOREAS, J. "Le symbolisme" ["O simbolismo"]. *Le Figaro*, 18/09/1886, suplemento literário, p. 1-2.
258. P. Bourdieu fornecerá detalhes suplementares na aula de 9 de maio de 1985. Cf. *infra*, p. 245.

prega essa nova voz não pode deixar de aplicá-la a si mesmo parcialmente, mesmo que não o faça completamente: citei o exemplo de Zola que expressou Manet muito bem sem tirar disso nenhuma consequência para sua própria prática. Esse fenômeno é muito recorrente na história.

A sequência será a história dessa espécie de troca permanente de papel entre os campos artísticos e o campo da literatura, com o campo da música que sempre está presente – Berlioz etc. – mas que intervém fortemente, e não apenas como modelo de referência, a partir da década de 1880, pelo que me parece. Por fim, parece que a história do nascimento do artista só pode acontecer na escala do conjunto dos campos de produção cultural que, ainda que separados, autônomos, irredutíveis, dotados cada um de sua lógica própria, podem se sintonizar em certos momentos porque os interesses convergem. É claro que eles se sintonizam [através de (?)] mal-entendidos. E é essa espécie de troca transcampos que engendra uma verdadeira revolução simbólica que acho que de outra forma não teria sido possível.

# Aula de 2 de maio de 1985

> Primeira hora (aula): má-fé coletiva e lutas de definição – A justificação de uma decisão de compra e a concorrência dos pontos de vista – Separar, juntar – Manipulações subjetivas e estruturas objetivas – A gestão do capital simbólico do grupo – Efeitos de corpo – Segunda hora (seminário): a invenção do artista moderno (5) – A aliança entre os pintores e os escritores – O modo de vida artístico e a invenção do amor puro – A transgressão artística hoje em dia e um século atrás – O artista mercenário e a arte pela arte

## Primeira hora (aula): má-fé coletiva e lutas de definição

Eu responderei a duas perguntas que foram feitas na última aula. Lerei a primeira: "Sua teoria do mundo social coloca de maneira nova o problema da sinceridade dos agentes sociais. Entre a má-fé que o filósofo etc. diagnostica e a boa-fé que esses agentes reivindicam em cada um de seus atos sociais, seria possível determinar um meio-termo [...] e, se sim, quais seriam as consequências disso [...]?" [...] Acho que aquilo que tentei demonstrar é que me parece ser constitutivo do mundo social o fato dos agentes sociais trabalharem, ao mesmo tempo individual e coletivamente, para mascararem o sentido do mundo social para si mesmos. Há portanto uma espécie de má-fé coletiva, no sentido de mentira a si mesmo, mas a diferença entre a análise sartreana e a que proponho reside no fato de que, no caso de Sartre, a má-fé é uma relação de sujeito a sujeito, do sujeito a si mesmo, uma mentira do sujeito a si mesmo – o que parece ser psicologicamente um tanto inverossímil –, enquanto o que tento demonstrar é que existe um trabalho coletivo de má-fé: quando os agentes sociais querem, de alguma forma, mentir para si mesmos, encontram a ajuda de instituições.

Existem as instituições da má-fé coletiva. O exemplo mais evidente poderia ser, em certas situações, a instituição religiosa, mas a má-fé está presente em todos os instantes: nós a encontramos também numa assembleia de professores e, de modo mais geral, num monte de circunstâncias em que os indivíduos que têm vontade de mentir para si mesmos encontram uma cumplicidade coletiva nas pessoas que, no mesmo momento, precisam da mesma mentira. Eis minha análise. Eu a formulo de maneira um pouco simples e um pouco brutal, mas trata-se apenas de responder rapidamente a essa pergunta.

Sobre a segunda pergunta, permito-me ficar surpreso dela ter sido feita porque alguém que me escuta há bastante tempo teria começado fazendo a si próprio a pergunta de saber por que faz a pergunta: "Como o senhor reage à desconfiança e até ao desprezo dos *social scientists* [cientistas sociais] anglo-saxões que criticam os sociólogos europeus por se colocarem como confidentes da Providência?" O interessante nessa pergunta é que, como já sugeri muitas vezes, os campos científicos são campos de luta em que um dos objetivos principais é a definição legítima da ciência. É evidente que existe, por exemplo, uma luta na qual os anglo-saxões e os europeus se enfrentam, frequentemente através de golpes de estereótipos, injúrias, insultos ou estigmatização global. O que quer dizer "os sociólogos americanos", "*os* sociólogos franceses"? (Quanto a mim, eu me sinto muito mais próximo de muitos sociólogos americanos do que de sociólogos franceses.) Esse tipo de proposição se inscreve na lógica da luta pela dominação simbólica num campo específico, essas são as lutas do imperialismo intelectual. A única pergunta que eu faria [à pessoa que fez a pergunta] é: "Quem fez essa pergunta? Como ela foi formulada?" Eu certamente tenho hipóteses (nenhuma de tipo policial); eu acho que a partir do fato dessa pergunta ter sido feita, podemos presumir um certo número de coisas sobre a posição social da pessoa que a fez.

## A justificação de uma decisão de compra e a concorrência dos pontos de vista

Passo agora para minha proposta de hoje. [...] De manhã, eu lia a transcrição de uma entrevista que fiz há algum tempo sobre o problema da casa[259]. Pedimos

---

259. Essa entrevista vem da pesquisa sobre a casa individual que foi realizada durante a década de 1980 por P. Bourdieu e outros membros de seu centro de pesquisa. Ela gerará um relatório em 1987 ("Éléments d'une analyse du marché de la maison individuelle" ["Elementos de uma análise

a uma mulher instalada num loteamento de casas pré-fabricadas do tipo [da empresa] GMF [Groupe Maisons Familiales] que contasse as condições sob as quais ela tomara a decisão. Escolhi falar dessa entrevista para vocês para mostrar que aquilo que eu disse na última aula numa frase que poderia parecer uma especulação teórica está enraizado na prática mais prática, mais concreta; se existe um segredo da sociologia europeia tal como eu a pratico, é essa combinação entre alta especulação teórica e imersão na empiria mais empírica[260]. Nem sempre é fácil ter essas duas coisas juntas e, por exemplo, pensar em Kant ao ouvir um discurso sobre a compra de uma casa, mas eu acho que é dessa maneira que a ciência deve avançar hoje em dia. Vou simplesmente ler uma passagem pequenininha (mas o texto inteiro seria interessante):

"[Pesquisador]: Quanto vale sua casa?

– Na compra, ela valia... porque agora isso aumentou um pouco... 55.900.000 francos, exatamente... Ela tem 600 metros quadrados [Aqui já temos uma espécie de tomada de posição sobre o valor, um "eu espero"... – P.B.].

– Então é uma casa grande?

– Sim, são cinco dormitórios. Com quatro filhos, não podíamos pegar algo menor! [Agora o que quer dizer "não podíamos pegar algo menor!"? Em relação a quê? Quem é o sujeito desse imperativo vivido subjetivamente? – P.B.] Então, ela é legal, enfim... [Aqui temos uma palavra muito interessante. Oswald Ducrot escreveu um belíssimo artigo sobre as utilizações da palavra "mas"[261], e, se eu tiver tempo, farei um artigo sobre as utilizações de "enfim". Aqui, "enfim" significa: "Eis meu ponto de vista, mas existem outros, eu sei que outras pessoas – que podem

---

do mercado da casa individual"]. Paris: Cnaf/Centre de Sociologie Européenne, 1987) e depois um número de *Actes de la Recherche en Sciences Sociales*, "A economia da casa" (n. 81-82, 1990), cujos artigos serão posteriormente reunidos num volume (*As estruturas sociais da economia*. Porto: Campo das Letras, 2006 [*Les structures sociales de l'économie*. Paris: Seuil, 2000]). A entrevista citada aqui é utilizada no artigo de Pierre Bourdieu, "Un signe des temps" ["Um sinal dos tempos"]. *Actes de la Recherche en Sciences Sociales*, n. 81-82, 1990, p. 2-5.

260. Esse projeto de construir uma sociologia "europeia" que mobiliza os resultados da sociologia empírica americana mas sem abandonar, como esta fazia sob a inspiração de Paul Lazarsfeld, as interrogações teóricas, foi muito importante na empreitada de P. Bourdieu. Raymond Aron, no final da década de 1950 e começo da década de 1960, estava muito ligado a isso e reconheceu de alguma forma a capacidade de P. Bourdieu de realizá-la.

261. BRUXELLES, S.; DUCROT, O.; NUNES, G.R.; GOUAZÉ, J.; FOUQUIER, E.; RÉMIS, A. "*Mais* occupe-toi d'Amélie" ["*Mas* ocupe-se de Amélie"]. *Actes de la Recherche en Sciences Sociales*, n. 6, 1976, p. 47-62 [reed. em *Les Mots du discours*. Paris: Minuit, 1980].

ser meu marido, os outros, 'eles', os vendedores etc. – não pensam como eu – P.B.] Enfim, é o mínimo como diz meu marido... Dentro dela escuta-se tudo, as partições são muito finas, tem isso, mas eu me sinto bem em minha casa".

Em outras palavras, seu ponto de vista sobre essa casa colide com um ponto de vista exterior que ela precisa levar em conta e o "enfim" introduz essa mudança de ponto de vista. Depois de reparar no "enfim" nesse ponto, eu o encontrei o tempo todo depois:

– Ela é agradável, os quartos são pequenos, as crianças estão contentes e, além disso, tem um sótão.

– A senhora tem um segundo andar?

– *Eles* chamam isso de segundo andar, é um sótão [...], *enfim*, eu digo que é um andar, mas eles dizem que é um sótão. [Esperem só, agora vai ficar interessante... – P. B.] Quartos no sótão, eles chamam... Mas, *enfim*, do ponto de vista dos impostos locais, tudo isso é considerado um andar.

Acho que esta é uma belíssima história [*risos na sala*] de confronto de pontos de vista. Enxergamos bem que existe uma luta sobre as palavras, que dizer "andar" ou "sótão" tem consequências muito precisas, jurídicas, por exemplo sobre os impostos. Toda a entrevista é assim e, cada vez que aparece, o "enfim" introduz essa mudança de pontos de vista. Na última aula, coloquei-me no terreno da política ou das lutas literárias e artísticas, onde também enxergamos muito bem os confrontos de pontos de vista, já que o terreno da política é evidentemente o lugar de evidência de coisas desse tipo. Mas eu não queria que vocês pensassem que isso era algo extraordinário, que se tratasse de especulações: essas coisas operam a cada instante, por exemplo numa deliberação, porque é disso que se trata; esse trabalho tem a ver com a história de uma decisão: o que é decidir? O que fazemos ao decidirmos comprar uma casa de cinco dormitórios quando antes morávamos num conjunto habitacional? Essa espécie de narrativa retrospectiva de uma decisão permite ver, entre outras coisas, que o sujeito que narra é o tempo todo confrontado no momento com pontos de vista concorrentes e, em particular, com todos os pontos de vista que fazem parecer que ele fez uma compra ruim. Acho que essa é uma lei que os especialistas de consumo nos Estados Unidos foram os primeiros a estabelecer: as pessoas que fazem uma compra se dão todas as boas razões para justificá-la. É o que cria, por exemplo, a fidelidade aos automóveis: somos fiéis a uma marca porque é importante se justificar numa decisão [...].

Quando se trata da compra de uma casa, o número de variáveis incontroláveis é enorme e (aliás, a pessoa interrogada diz isso) andamos às cegas: a decisão incorpora a história da família por mais vinte anos, ela pressupõe que não haverá um divórcio, que não nascerá uma outra criança. Numa decisão desse tipo, o sujeito se lança de alguma forma no vazio e essa espécie de interrogação retrospectiva, um pouco cruel, o obriga a confrontar o discurso que ele tem, como se diz, "para se contentar" (em todos os sentidos da palavra: "Eu estou contente", "Eu me contento" e "Eu estou contente porque me contento"), com outros pontos de vista. Os "enfim" marcam essas mudanças de perspectivas.

## Separar, juntar

O importante é que o ponto de vista jurídico e dominante, aquele que se traduz nas sanções, impostos, deduções do salário etc., aquele que tem os meios de se impor, é o famoso *nomos* do qual falei na aula passada. Não é porque eu falei grego que isso era abstrato. O *nomos* é o princípio de percepção, de seleção, que recorta certos aspectos na realidade e joga fora outros. Esse princípio de abstração, de alguma maneira, tem força de lei. Ele pode se impor como o princípio correto, como o princípio a seguir: a mulher entrevistada poderia repetir sempre que aquilo não é um sótão e sim um segundo andar, e esse ponto de vista tem força de lei. Goodman, no livro que mencionei aula passada[262], insiste no fato de que, entre as operações fundamentais dessa fabricação ou dessa "ficção" (tomando a palavra "ficção" no sentido etimológico[263]) do mundo, existe aquilo que ele chama de "separar" e "juntar", duas coisas que, aliás, andam de mãos dadas: o "separar"/"juntar" é, para falar latim, *secernere*, de onde vem "sagrado": é colocar separadamente e, ao colocar à parte, fazemos isso ser visto como separado. Aquilo que fazemos ser visto como separado é exatamente o sagrado, aquilo que é preciso tratar diferentemente, aquilo diante do qual é preciso se comportar diferentemente.

Goodman indica que essa espécie de composição e de decomposição é normalmente realizada, auxiliada ou consolidada através da aplicação de rótulos, de etiquetas[264]: a operação de separação é acompanhada pela colocação de um nome,

---

262. P. Bourdieu escreve na lousa a referência da edição britânica: GOODMAN, N. *Ways of Worldmaking. Op. cit.*
263. A palavra latina *fictio* vem do verbo *fingo*, que significa "moldar".
264. GOODMAN, N. *Ways of Worldmaking. Op. cit.*, p. 7.

de um batismo. A operação de batismo seria o tipo característico da operação de consagração: impor um nome é constituir alguém como tendo uma identidade diferente. Goodman distingue outras operações (não entendo direito por que ele as distingue, já que me parecem todas implicadas na operação fundamental que acabo de nomear), em particular "acentuar certos aspectos" (o que já está em "separar"...), "sublinhar". (Se refletirmos sobre isso, sublinhar um texto, por exemplo, é uma operação de imposição de ponto de vista. Aliás, seria interessante recensear as técnicas de escrita que são manipulações da leitura do leitor, que buscam antecipar e orientar previamente a leitura do leitor. Há um monte delas: os títulos, os subtítulos, o uso de letras maiúsculas, ou também a utilização de notas que podem minimizar para maximizar – podemos colocar como nota, e portanto sob uma forma aparentemente muito modesta, as coisas mais importantes[265]. Uma espécie de pragmática da escrita poderia ser analisada nessa lógica.) Outras operações fundamentais: "ordenar de outra forma", quer dizer, mudar a ordem, inverter as hierarquias (como fazem as subversões heréticas na luta simbólica) e, por fim, "ignorar certos aspectos e acentuar outros", "deformar"[266]. (Essa distinção proposta por um filósofo da lógica não é muito lógica...) A operação que é, segundo ele, fundamental na construção do mundo e que é a que utilizo (eu a aplicarei constantemente na sequência [da aula]) consiste em separar e juntar.

Agora gostaria de descrever rapidamente como, na lógica ordinária das lutas sociais, das lutas simbólicas, os agentes sociais fazem essas operações. Goodman, por ser filósofo, as descreve *in abstracto* como operações genéricas de abstração. Na realidade, elas são operadas na prática, cotidianamente, em função das necessidades práticas e, em particular, em função das exigências das lutas simbólicas. O recorte ao qual me referi há pouco entre "os sociólogos americanos" e "os sociólogos europeus" é um exemplo típico [...]. Um objetivo fundamental daquilo que chamo de lutas de classificação é impor uma certa visão do mundo social, e portanto da constituição dos grupos. Aqui indico o trabalho que fiz sobre a Argélia[267] que, no fundo, é o ponto de partida de todas essas reflexões.

---

265. O próprio P. Bourdieu frequentemente utiliza as notas de rodapé dessa maneira.
266. Sobre as cinco operações que Goodman distingue (*composition and decomposition, weighting, ordering, deletion and supplementation, deformation*), cf. *Ways of Worldmaking. Op. cit.*, p. 7-17.
267. BOURDIEU, P. *Esquisse d'une théorie de la pratique* [Esboço de uma teoria da prática]. Paris: Seuil, 2000 (1972).

Nas sociedades em que as classificações são relativamente pouco codificadas, em que as identidades sociais são relativamente pouco codificadas (sob a forma de títulos de propriedade, títulos acadêmicos, títulos de nobreza etc.), devido ao fato, por exemplo, da ausência do estado civil no sentido que indiquei em outro momento, ou da ausência de escrita, os rótulos são orais e são obviamente muito mais manipuláveis do que numa sociedade onde se pode dizer: "Vamos ver os textos", "Existem genealogias, vamos verificar". Aliás, é a mesma coisa em relação à poesia oral. Enquanto ela permanece oral, a poesia é um objetivo de manipulação: podemos usar uma palavra em vez de outra sem que ninguém possa dizer, como os filólogos: "Eis a versão correta". Aliás, um dos erros que os filólogos cometem – Bakhtin o demonstrou muito bem[268] – consiste em interpretar as sociedades onde a escrita ainda era acidental, como a sociedade homérica em que os textos de Homero foram codificados, com um olhar de pessoa fabricada nas sociedades da escrita. Jack Goody chamou a atenção sobre os efeitos da escrita[269]: a escrita, ao fixar, muda a utilização das coisas fixadas, da coisa fixada, e os filólogos, por exemplo, diante de uma palavra que através de toda a Antiguidade foi citada um pouco por todo mundo até Aristóteles, querem dizer: "Eis a maneira correta: ele disse [x], ele não disse [x']"[270] (estou inventando [o exemplo]). Na realidade, os filólogos esquecem que essa ideia de fixação e de fixidez está ligada às sociedades da escrita, enquanto nas sociedades "arcaicas" a utilização do discurso ocorre de maneira a não existir a versão correta: as palavras da tribo e os provérbios são armas nas lutas cotidianas; luta-se para impor a versão correta ("Se ele disse [x], sou eu que estou certo, se ele disse [x'], é você quem tem razão") e, de certa maneira, o último a escrever terá razão.

Isso introduz aquilo que eu queria dizer hoje: essas lutas simbólicas que podemos ver funcionando bem nas sociedades pré-capitalistas em que o capital cultural é relativamente pouco objetivado devido à ausência de sistema escolar e de

---

268. VOLÓCHINOV, V. (círculo de Bakhtin). *Marxismo e filosofia da linguagem*. Trad. de Sheila Grillo e Ekaterina Vólkova Américo. São Paulo: Ed. 34, 2017, p. 183-186 [*Марксизм и философия языка*. Leningrado: Прибой (Priboi), 1929]. P. Bourdieu já mencionara esse erro do "filologismo" em sua aula de 12 de outubro de 1982 (*Sociologia geral*. Vol. 2. *Op. cit.*, p. 66 [253]).

269. GOODY, J. *A domesticação da mente selvagem*. Trad. de Vera Joscelyne. Petrópolis: Vozes, 2012 [*The Domestication of the Savage Mind*. Cambridge: Cambridge University Press, 1977].

270. A gravação não permite distinguir bem as duas palavras, muito próximas, que P. Bourdieu pronuncia: talvez se trate de *ethos* (a maneira de ser, de onde vem "ética") e *ethnos* (o povo, de onde vem "étnico").

escrita, em que o capital econômico é relativamente pouco objetivado devido à ausência do aparato econômico, continuam a funcionar em nossas sociedades, mas com maiores dificuldades pelas razões que acabo de mencionar: de certa forma, é o município que tem razão ("Você pode pensar que é um sótão, mas eu te digo que é um segundo andar e sou eu quem tem razão"). Isso coloca o problema da posição do Estado nas lutas simbólicas, do Estado como tendo a última palavra, o "veredito" a respeito desses problemas de definição da identidade.

Refiro-me a minhas histórias cabilas para que vocês vejam que não existe absolutamente nenhuma descontinuidade entre as reflexões que eu poderia propor a respeito do grupo de parentesco[271] e as reflexões que proponho hoje sobre a classe social[272]. Nas sociedades cujo princípio de estruturação e de categorização dominante é o princípio doméstico, o modelo familiar, o parentesco, existe um jogo permanente para saber a quem pertencemos. Esse jogo é em parte um jogo verbal. Pode-se jogar com as palavras, com o sobrenome ou o primeiro nome (eu dei exemplos na última aula), mas também com os nomes comuns das unidades sociais: os nomes que servem para designar o clã, o subclã, a tribo são objetivos de luta porque, ao lutar pelas palavras, luta-se pelos elos entre as pessoas e pela maneira de estar juntos e separados. O objetivo da grande luta é saber como se está junto, como se está separado; é a luta a propósito dos princípios de visão e de divisão. As lutas são possíveis porque existe algo vago, uma elasticidade na objetividade. Por exemplo, em nossa sociedade (mas isso é verdade em todas as sociedades), a palavra "primo" é extremamente elástica: pode-se ser primo de primeiro grau, de segundo grau, pelos homens, pelas mulheres etc. Existem giros nas genealogias e pode-se ser parente de alguém de duas maneiras (mostrei isso em *O senso prático*, onde dou um exemplo dessas estratégias[273]). Há dois itinerários: você pode se considerar parente passando pelos homens, e isso é ótimo, é um parentesco bom, ou pelas mulheres, e isso é menos bom (deixo claro que esses valores não são os meus). Os agentes podem

---

271. BOURDIEU, P. "La parenté comme représentation et comme volonté" ["O parentesco como representação e como vontade"]. *In: Esquisse d'une théorie de la pratique. Op. cit.*, p. 83-215.

272. Cf., além de várias passagens deste curso, BOURDIEU, P. "Espaço social e gênese das classes". *In: O poder simbólico. Op. cit.*, p. 133-161 ["Espace social et genèse des 'classes'". *Actes de la Recherche en Sciences Sociales*, 52-53, p. 3-15, 1984].

273. BOURDIEU, P. "Os usos sociais do parentesco". *In: O senso prático. Op. cit.*, p. 266-328 [271-331].

portanto utilizar uma vaguidade objetiva que o etnólogo sempre descarta porque ele precisa apresentar para seus colegas uma genealogia apropriada ("sistema patrilinear" etc.).

Talvez porque eu tivesse uma proximidade maior do ponto de vista nativo do que os etnólogos costumam ter, meu trabalho consistiu em levar a sério os dois pontos de vista, e percebi que o etnólogo não tem que escolher entre eles. Ele não tem que decidir dizendo: "Eles são realmente parentes, patrilineares etc.", como suas relações com seus colegas o levam a dizer. Ele tem que levar em conta a ambiguidade inerente a certas relações de parentesco e, ao mesmo tempo, as estratégias que buscam se aproveitar dessa ambiguidade. Analisei longamente o exemplo do casamento com a prima paralela que pode ser o casamento ideal ou o casamento patético: é exatamente o tipo da realidade ambígua na qual – isso seria o "enfim" de agora há pouco – os agentes sociais podem se arranjar para que acreditem neles, e fazer com que o maior número possível de pessoas acredite que um casamento patético, uma escolha forçada, imposta pelos determinantes, foi uma escolha nobre, oficial, apropriada, ao constituir a prima um pouco passada, que não se podia mais vender no mercado matrimonial, como prima paralela.

A cumplicidade é coletiva: o grupo conhece muito bem o jogo e pode fingir acreditar nele se o casamento com a prima paralela for muito importante para ele. Como o modelo, a representação oficial, é o casamento com a prima paralela (a filha do irmão do pai), alguém que, como dizem os anglo-saxões, "paga homenagem" [*to pay homage*], que homenageia o modelo dominante é bem-visto. Aquele que diz: "Entreguei meu filho à filha de meu irmão" respeita a norma do grupo, e mesmo se soubermos a verdade [ou seja, que se trata de uma escolha forçada], os velhos bigodudos dizem: "Muito bem, muito bem…" e isso se torna um casamento entre primos paralelos absolutamente nobre. Eis o trabalho coletivo. Para fazer isso é preciso ter um belo bigode, é preciso saber fazer, é preciso ter qualidade, excelência, *arétè* como diziam os gregos; é preciso estar por dentro porque os outros estão de olho, eles sabem a verdade. Portanto, há por um lado a luta, o "o que é que vão dizer?", o "dizem que", "eles dizem" (e "A palavra das pessoas é maldosa", dizem os cabilas), e, por outro lado, a norma, o discurso oficial. O agente social que conhece seu jogo como a palma de sua mão será capaz de travestir, de certa forma, uma coisa na outra e terá a aprovação coletiva. Os grupos adoram aqueles que fazem o que é preciso fazer para seguir as regras do grupo.

Em outras palavras, os etnólogos descrevem as regras de parentesco e eu descrevo as estratégias para se regrar com as regras. Os dois existem: as regras de parentesco são feitas para serem transgredidas. "Toda regra tem sua porta", como dizem os cabilas; senão seria impossível viver. Isso não quer dizer que a regra não é nada: a regra é o discurso oficial que é preciso ter para estar em regra e, quando transgredimos a regra, se dermos à regra (o que não é hipocrisia) essa espécie de respeito verbal, [...] se "pagarmos com as palavras", o grupo se contenta porque concedemos a ele o essencial, a saber, o reconhecimento dos valores dominantes do grupo. Pelo contrário, aquele que, por exemplo, se casa com a prima paralela dizendo: "É uma imbecil, mas fui obrigado", desafia a regra, quebra o jogo, e essa é a pior transgressão. Portanto, o sentido da mesma ação será completamente invertido dependendo da maneira de realizar a ação, dependendo do estilo da ação; e quem é o juiz do estilo da ação? A própria palavra diz: o "estilo" é alguma coisa que é percebida pelas outras pessoas; é uma relação entre aquele que faz alguma coisa, sua maneira de fazer, que depende da objetividade, e os olhos daquele que vê isso.

### Manipulações subjetivas e estruturas objetivas

Era isso que eu queria descrever a respeito da Cabila. Em nossas sociedades é exatamente a mesma coisa. Existe um trabalho político cotidiano que consiste em manipular verbalmente a visão das separações, dizendo: "Esta não é uma prima pelos homens e sim uma prima pelas mulheres", portanto não a chamaremos da mesma maneira quando nos dirigirmos a ela, não diremos a ela a mesma coisa. Da mesma forma, pode-se dizer a qualquer um "Bom dia, tio materno": isso é gentil, é como quando se diz para alguém "Bom dia, caro amigo" [*P. Bourdieu faz um gesto que significa que se dá pouca importância para a pessoa, o que faz a sala rir*]; quando dizemos "Bom dia, tio paterno", aí é sério. [...] Essas estratégias cotidianas aparentemente insignificantes são percebidas pelas outras pessoas que também estão medindo as distâncias. As distâncias existem objetivamente: como, nessas sociedades, todo mundo conhece a genealogia dos outros, sabemos as verdadeiras distâncias (não se faz o cálculo feito pelo etnólogo e que pressupõe ter papel e muito tempo, mas, na prática, fazemos algo um pouco equivalente). Vemos portanto o jogo com as estruturas, com a regra e, ao mesmo tempo, conhecemos a verdade objetiva. A sociedade se faz dessa forma: isso se faz, isso se desfaz, isso se refaz, numa mistura de liberdade e de necessidade. Ignorar que não se pode fazer qualquer coisa é um perigo.

Assim, por razões que têm mais a ver com a sociologia do campo de produção americano do que com a verdade objetiva daquilo que estudou, Rosen, que citei anteriormente[274], vai na direção de uma posição ultrassubjetivista na qual as realidades sociais seriam em última instância puras construções mentais, como se houvesse uma forma de criação contínua. Alguns interacionistas, e o próprio Goffman, vão numa direção em que, a cada momento, cada agente social faria o mundo; as estruturas sociais seriam, a cada instante, a criação dos agentes sociais através de seus trabalhos de negociação, de barganha, com estratégias do tipo que descrevi. Contra esse tipo de visões, é preciso dizer pelo menos que as estruturas existem objetivamente pelo fato da transcendência da agregação de todos os juízos. Aquilo que chamamos de "opinião" ao mesmo tempo não existe[275] e existe enquanto integral de todos esses pequenos pontos de vista diferenciais. De alguma forma, é preciso contar com aquilo que os outros vão dizer. Se eu digo: "É minha prima paralela", mas todo mundo sabe que isso não é verdade, isso não vai funcionar. Há portanto um trabalho político cotidiano destinado aos outros e a si mesmo, e quanto mais ele for bem-sucedido para os outros mais será bem-sucedido para si mesmo: a má-fé individual anda de mãos dadas com a má-fé coletiva (o exemplo que dei no começo demonstra isso bem).

Aquele que, como se diz, "conta histórias", em geral histórias de vida (de passagem: sou muito cético em relação às histórias de vida, ideia ultrapassada da antropologia que, mais uma vez por razões mais sociológicas do que científicas[276], está na moda), aqueles que se contam histórias de vida ou que contam histórias de vida para outras pessoas criam estratégias para essas outras e, ao mesmo tempo, para si mesmos. Sempre há uma função quando se reconta sua vida. A confiança tem algumas funções psicológicas, mas trata-se também de construir uma imagem, buscar um testemunho que aprova a imagem que se oferece, e já é extraordinário encontrar uma única pessoa para escutar – "escutar" significa: "Eu aceito que isso não é maluquice"; essa é uma das funções da psicanálise: escutar sem dizer nada,

---

274. ROSEN, L. *Bargaining for Reality*. *Op. cit.*
275. BOURDIEU, P. "A opinião pública não existe". *Art. cit.*
276. P. Bourdieu voltará a este tópico em detalhes no ano seguinte (cf. as aulas de 17 e 24 de abril de 1986).

sem gritar, é dar o direito à publicação, o direito a dizer publicamente, oficialmente, diante de todo mundo, aquilo que era superprivado, supersecreto etc.

Esse trabalho político cotidiano assume duas formas: ele é um jogo com as palavras, com as representações, as designações e é inseparavelmente, como demonstrei com a história do casamento, um jogo com as coisas, com as realidades do parentesco. Nessa lógica, a operação fundamental de união e separação é o casamento que une, que cria laços etc. Eu acho que todas as operações fundamentais dos rituais sociais (casamentos, circuncisões, ritos de nascimento, ritos do sétimo dia depois do nascimento, ritos do quadragésimo dia depois do nascimento, rito da circuncisão, ritos funerários) ou dos ritos agrários (rito do primeiro arado etc.) estão sempre ligadas aos problemas de união e de separação. Os sistemas dualistas (masculino/feminino, quente/frio, seco/úmido etc.) estruturam a visão de mundo mítica-ritual dominante, mas, na prática, é preciso viver nesse mundo dividido em masculino/feminino, por exemplo. Para que exista ordem, para que o mundo seja inteligível, é preciso que haja *harem*: *harem* quer dizer "sagrado" (حرام), "tabu", o "separado", aquilo que não se deve tocar, a "casa" – é a casa na qual há mulheres, quer dizer, o lugar sagrado onde não podemos entrar. Para viver, esse mundo dividido precisa se reunir, e o casamento é a transgressão legítima, oficial, visível, diante de todos, da divisão absoluta entre masculino e feminino. O rito agrário é parecido: o rito do arado é a transgressão da divisão masculino/feminino com o arado/a terra.

Para que o mundo tenha um sentido, é preciso dividir, mas para que o mundo viva, é preciso transgredir a divisão, e os ritos tanto agrários quanto sociais, como o casamento, são uma espécie de denegação coletiva, no sentido freudiano do termo: são os atos nos quais, coletivamente, o grupo age como se não transgredisse os limites que ele mesmo instituiu. Como o grupo institui os limites, é preciso fazer transgressões legítimas, ou seja, coletivas, diante de todos, públicas, organizadas pelo grupo. [...] Quanto mais a transgressão trata de fronteiras graves, mais é preciso a totalidade do grupo ("O grupo inteiro estava presente") para transgredi-las: somente o grupo pode dar ao grupo a autorização para transgredir os limites que ele instituiu. Essa é a oposição que sempre foi intuitivamente designada entre os ritos religiosos, que são ritos públicos, oficiais, à luz do dia, e os ritos mágicos, que são ritos secretos[277]. (Retomo aqui a mesma definição, mas acho que

---

277. P. Bourdieu menciona esse ponto em outras aulas, nas quais remete às análises de Émile Durkheim (*As formas elementares da vida religiosa. Op. cit.*).

dando a ela a fundamentação da publicidade: são as declarações de casamento que fazem a diferença entre a "coabitação juvenil", como se diz hoje em dia[278], e o casamento; é um ato que consiste, simplesmente, em tornar público e oficial – publica-se a declaração de casamento, todo mundo sabe disso, digo isso diante de todos. Fecho o parêntese.)

Portanto, na vida social ordinária, os agentes sociais manipulam as palavras que designam os grupos e, ao manipular as palavras, tornam possíveis, por exemplo, coabitações, alianças, atos que de outra forma seriam impossíveis. Nas sociedades em que os princípios fundamentais de estruturação do mundo social e de reprodução social estão do lado da unidade doméstica, um problema fundamental é saber com quem se pode aliar e com quem não se pode. O que é que podemos combinar ou, para retomar o vocabulário de Goodman, o que é que podemos juntar e o que é que é preciso separar? Na vida ordinária, os conflitos surgem quase sempre da contradição entre a definição teórica e a definição real do aliado em potencial. É a oposição que fiz entre parentesco teórico e parentesco prático, parentesco no papel e parentesco útil[279]. Se os parentescos são pensados em termos de genealogia, isso é simples, é unívoco: há um único caminho de um ponto para outro. É por isso que os etnólogos um pouco formalistas adoram a genealogia: ela é registrada rapidamente, é fácil de interpretar, a colocamos no computador, pode até ser formalizada, são caminhos que podemos analisar com a matemática, chegamos até a acreditar que ela foi feita para isso. Mas sabemos muito bem que "primo" é uma palavra muito equívoca. A maioria das sociedades tem termos muito detalhados e especificados que permitem nomear diferentemente a filha do irmão do pai, a filha do irmão da mãe ou a filha da irmã do pai. Portanto, há por um lado o parentesco teórico, o parentesco no papel, aquele que a etnologia elabora enquanto genealogia, que todo o mundo conhece e com o qual não se pode trapacear e, pelo outro lado, o parentesco real, quer dizer, as pessoas com quem realmente temos vontade de nos casar (não no sentido moderno do termo), de quem precisamos por motivos de aliança ou, em certas sociedades,

---

278. Esse termo se difunde na França após um artigo de Louis Roussel de 1978: "É excepcional que o sociólogo, para nomear um fenômeno que qualquer um pode observar quando quiser, não encontre um termo já todo preparado para o uso. Entretanto, esse é o caso quando se trata de designar o comportamento novo dos jovens casais que vivem juntos sem estarem casados" ("La cohabitation juvénile en France" ["A coabitação juvenil na França"]. *Population*, v. 33, n. 1, p. 15-42, 1978).

279. BOURDIEU, P. "La parenté comme représentation et comme volonté". *Art. cit.*, p. 164 e 178.

para reintegrar o patrimônio ou para reforçar o grupo: é isso que chamo de parentesco prático ou útil.

Eu redescobri uma velha palavra francesa nesta análise [o verbo "*cousiner*", derivado de "*cousin*", "primo"]: "Os primos com quem adoramos 'primar' ['*cousiner*']"[280]; existem primos que mantemos enquanto primos e existem outros que deixamos para lá. Para definir esses fenômenos, utilizei a analogia de um espaço no qual há caminhos. Existem caminhos teóricos, vias abertas. Assim, para um cabila, a filha do irmão do pai é muito importante. Todo filho sabe que ela tem um nome à parte e que ele está, de certa maneira, predestinado a desposá-la. Um outro exemplo: o "filho mais velho", em certas sociedades, é desde a infância tratado de forma diferente do caçula; ele tem roupas melhores, come melhor etc. Ele é constituído (a palavra é muito importante: a constituição da República, é a mesma palavra) como diferente, todo mundo diz para ele: "Você é diferente" e, como resultado, segundo o efeito Pigmalião[281], ele se torna diferente. Esse parentesco teórico, no papel, que existe também nos cérebros através dos mecanismos que descrevi, nem sempre é compatível com os interesses: percorremos mais ou menos esse espaço teórico. Existem caminhos teóricos cobertos de arbustos espinhosos que jamais percorremos. Existem pessoas muito próximas na genealogia que, entretanto, jamais veremos: elas deram presentes, nós não retribuímos; da última vez que visitaram, não fomos muito gentis, a velha avó ficou brava. Essas pessoas que estão muito próximas em termos de parentesco teórico podem estar muito longe. Pelo contrário, um primo muito distante pode estar muito próximo porque "primamos": por exemplo, já pedimos a ele, para um casamento anterior, uma mulher que se tornará a defensora da manutenção dessa relação porque ela tem interesse nisso (ela se reforça nas lutas domésticas se conseguir trazer um homem ou uma mulher do mesmo grupo).

Todas essas pequenas histórias que conto para vocês e que em geral os etnólogos não contam são a vida real das estratégias matrimoniais. Ter apenas a ideia disso que conto pressupõe uma postura totalmente diferente daquela que consiste em registrar genealogias formais ("Aïsha, filha de Fulano etc.") que são muito mais rápidas de registrar. Se raciocinamos em termos de classes sociais, temos exata-

---

280. P. Bourdieu já mencionara essa palavra num ano anterior (cf. a aula de 7 de dezembro de 1982. In: *Sociologia geral*. Vol. 2. *Op. cit.*, p. 292-293 [527-528]).
281. Baseado no mito grego de Pigmalião e Galatea, o "Efeito Pigmalião" refere-se a como nossa percepção da realidade pode mudar, dependendo de nossas expectativas [N.T.].

mente o mesmo problema do parentesco teórico/prático: também há um espaço que é nomeado, há "colegas" ("colega" é um conceito que existe como "primo"), e seria preciso registrar todas as palavras que designam então as solidariedades, os pertencimentos, que em geral implicam deveres ("É preciso que...", "De qualquer forma, é preciso...", "De qualquer forma, é preciso convidar os Fulanos" etc.). Essas obrigações associadas aos pertencimentos podem existir no papel ou na prática, e um dos grandes problemas da análise sociológica é reunir as duas coisas, quer dizer, construir um modelo teórico das distâncias no papel e introduzir no modelo o conhecimento das estratégias através das quais os agentes sociais manipulam essas distâncias objetivas, aproximam o que está longe, tomam distância, como se diz, das coisas que estavam muito próximas, mantêm ou abandonam relações muitas vezes dependendo de seus interesses. Essa é uma outra diferença extremamente importante em relação ao modelo genealógico. O modelo genealógico age como se uma regra definisse as relações privilegiadas e preferenciais, e como se aos agentes bastasse apenas executá-las (o que é uma visão tecnocrática das sociedades, fácil quando as enxergamos do alto – muitas vezes esse é o papel dos etnólogos, eles não conseguem fazer diferente...). Aliás, essas são as regras que em geral contamos para o etnólogo. Dizemos para ele: "Veja, entre nós, isso é feito dessa forma"; damos a ele a verdade oficial. Essas regras são muito importantes enquanto modelo e, ao mesmo tempo, são constantemente objetivo de estratégias, de redefinições, de manipulações segundo lógicas análogas às que acabei de descrever: busca-se acreditar, fazer acreditar etc.

Mais uma vez, eu infelizmente não comecei o começo do que tinha a dizer, mas acho que mencionei bem coisas que são muito difíceis. Pelo menos uma vez estou bastante contente com o que acabei de fazer porque acho que comuniquei algo de muito importante mas muito difícil de comunicar numa situação pedagógica oficial, devido ao fato de ser preciso despertar experiências adormecidas.

## A gestão do capital simbólico do grupo

Agora tentarei ser mais formal e dizer parte do que queria dizer inicialmente. Em todos os universos sociais – e isso se enxerga melhor nas sociedades em que as coisas são pouco formalizadas, pouco codificadas –, as relações sociais são objetivos de luta. Os nomes que as designam são objetivos de luta e, nessas lutas, as pessoas investem interesses muito importantes, interesses simbólicos. Uma dimensão da identidade social que leva a fazer alianças é o capital simbólico possuído pela pessoa em questão: se a pessoa em questão tem um prestígio social muito alto, o interesse em se aproximar dela é maior do que se ela estiver em queda, em declínio etc. Portanto, nessas sociedades o mundo social, como o mundo natural, está sujeito a jogos permanentes de classificação, a lutas de classificação, que tendem a separar o que estava unido ou unir o que estava separado, aumentar as distâncias, manter as distâncias contra os riscos de casamentos ruins ou, ao contrário, aproximar, se aproximar, se unir e estabelecer alianças.

Os agentes sociais manipulam os nomes e as realidades correspondentes, os pertencimentos, ao criar novas alianças, e manipulam também a imagem dos efeitos dessas manipulações. Por exemplo, há o que eu mencionei aula passada: as teorias, no sentido grego do termo, querem dizer o princípio de visão mas também a procissão[282]. Uma teoria é também a procissão, um cortejo. Na sociedade cabila e em muitas outras sociedades, os cortejos de casamento são muito importantes porque são uma ocasião para exibir o parentesco. É uma genealogia prática, teórica e prática, exposta aos olhos de todo mundo. Quando as pessoas que moram nas cidades dizem: "É preciso ser louco para gastar tanto dinheiro com um casamento", não enxergam que, na lógica dos lucros simbólicos, pode ser absolutamente fundamental gastar muito para exibir seu parentesco porque esse capital será útil para o próximo casamento. Essa é uma outra pequena observação contra os etnólogos tradicionais, os genealogistas: eles agem como se cada casamento fosse uma unidade autossuficiente, quando é evidente que cada casamento se situa na história de todos os casamentos; um casamento fracassado não é simplesmente fracassado para aquele que fracassa e do ponto de vista da lógica específica de um jogo matrimonial particular, mas também para todos os sucessores, que podem levar três gerações para compensar um casamento fracassado: é um capital simbólico arruinado.

Compreende-se nessa lógica que aquilo que Weber chamava de grupos de estamentos[283] (aqui há quilômetros de dissertações, aliás, em sua maioria ameri-

---

282. A palavra grega *théôria* (θεωρία) designa a "ação de ver", em particular a "ação de ver um espetáculo, de assistir a uma festa" e, por extensão, "a própria festa, festa solene, pompa, procissão, espetáculo" (BAILLY, A. *Dictionnaire Français-grec* [*Dicionário Francês-grego*]. Paris: Hachette, 1905, p. 933).

283. Max Weber distingue as classes, que se definiriam essencialmente pela "extensão e natureza do poder de disposição (ou da falta deste) sobre bens ou qualificação de serviço e da natureza

canas, sobre Weber e Marx, sobre o *Stand*[284] weberiano e a classe marxista), quer dizer, uma nobreza, uma ordem no sentido do Antigo Regime é no fundo uma classe, no sentido sociológico do termo, que toma em mãos sua própria representação simbólica, a representação coletiva de si mesma. Todas as propriedades que Weber associa à noção de *Stand* são desse tipo[285]: é o controle dos casamentos equivocados, controle do *connubium*, controle do *commercium*, controle de todas as relações que podem contaminar, comprometer, aniquilar a *diacrisis* originária, a separação que é constitutiva do *Stand*: nós somos diferentes, portanto é preciso marcar a diferença. As estratégias de distinção, no sentido consciente do termo, são todos os gastos simbólicos, como se diz, o consumo ostentatório[286], os trajes, as joias, a casa, as residências nobres, em outras palavras tudo aquilo que um grupo faz para ser percebido, para ter um *percipi* conforme à ideia que ele quer dar do que é.

Isso não é de modo algum característico do *Stand*, isso me parece ser característico de todos os grupos que, a partir do momento em que se constituem, precisam levar em conta a imagem de si mesmos que constituem ao se constituírem. Isso fica evidente no caso dos clubes que tomam tanto cuidado com o direito de entrada. Por exemplo, o sistema de padrinhos e de fiadores que, se pararmos para refletir sobre isso, é tão bizarro e tão arcaico quanto tudo aquilo que eu disse

---

de sua aplicabilidade para a obtenção de rendas ou outras receitas" dos grupos de estamentos, que corresponderiam a "uma pluralidade de pessoas que, dentro de uma associação, gozam efetivamente a) de uma consideração estamental especial e eventualmente, também, portanto, b) de monopólios estamentais especiais" (WEBER, M. *Economia e sociedade*. Vol. 1. *Op. cit.*, p. 199, 202).

284. P. Bourdieu tentou logo no começo da carreira superar essa oposição tradicional: "Condição de classe e posição de classe". *In*: MICELI, S. (org.). *A economia das trocas simbólicas*. Trad. de Sônia Miceli. São Paulo: Perspectiva, 1992, p. 3-26 ["Condition de classe et position de classe". *Archives Européennes de Sociologie*, v. 7, n. 2, p. 201-223, 1966].

285. "Denominamos *situação estamental* [*ständische Lage*] um privilegiamento típico positivo ou negativo quanto à consideração social, eficazmente reivindicado. Baseia-se a) no modo de vida e, por isso, b) no modo formal de educação e, nesse caso, α) em *aprendizagem* empírica ou β) racional, e nas formas de vida correspondentes; c) no prestígio derivado de descendência ou profissão. Na prática, a situação estamental manifesta-se, sobretudo α) no *connubium*, β) na comensalidade e, eventualmente, γ) com frequência, na apropriação monopólica de oportunidades de aquisição privilegiadas ou na estigmatização de determinados modos de aquisição, δ) em convenções estamentais ('tradições') de outra espécie" (WEBER, M. *Economia e sociedade*. Vol. 1. *Op. cit.*, p. 202).

286. A noção de "consumo ostentatório" ("*conspicuous consumption*") é utilizada por Thorstein Veblen em *A teoria da classe do lazer*. Trad. de Patrícia Xavier. Lisboa: Actual, 2018 [*The Theory of the Leisure Class*, 1899].

sobre o casamento com a prima paralela, tem como função controlar o direito de entrada, evitar os casamentos equivocados, quer dizer, evitar a entrada de alguém que por sua própria presença desacreditaria, no sentido forte do termo, anularia o crédito do grupo inteiro. Se Fulano pode estar lá, eu também poderia; é a famosa frase de Groucho Marx, "Que clube é esse que me aceita como membro?"[287], que é absolutamente magnífica, é um belíssimo paradoxo sociológico. Os grupos, ao defenderem suas fronteiras, defendem seu segredo. É a mesma coisa com o segredo – a gente se pergunta: "Por que o segredo está ligado ao poder?" Há, em muitas situações, uma sustentação deliberada do segredo [...]. Essas coisas que os etnólogos já disseram muitas vezes valem também para os grandes clubes, para muitos lugares reservados: eles fazem acreditar na raridade de sua existência ao sustentar o segredo ao redor do que se passa no lugar fechado. Aqui haveria muito a se dizer...

Vou resumir. Existem as manipulações da identidade pessoal, que os interacionistas, e especialmente Goffman, contribuíram muito para descrever. Mas as estratégias de apresentação de si, as estratégias pelas quais apresentamos uma imagem que nos valoriza não passam de uma parte muito pequena dessas estratégias e, em geral, são indissociáveis de estratégias coletivas de apresentação da identidade coletiva. Eu poderia dizer que é preciso combinar aquilo que Goffman fez, por exemplo, no livro sobre a apresentação de si com o que ele fez em *Estigma*[288], onde sentiu com muito mais força o papel da identidade coletiva. A manipulação da identidade pessoal me parece quase sempre ligada a uma manipulação da identidade coletiva na medida em que a identidade pessoal é a interseção de um certo número de identidades coletivas. Na linguagem que eu utilizo, essa banalidade me parece ganhar um certo valor para explicar as estratégias de fazer-ver, de se fazer-ver, sem ser exibido, sem ser "escada", de valorizar sua imagem etc.

---

287. Groucho Marx disse que essa foi sua resposta ao receber um convite para um clube privado de celebridades no final da década de 1940: "Não quero pertencer a nenhum clube que me aceitaria como membro" (MARX, G. *Groucho e eu*. Trad. de Maria José Silveira. São Paulo: Marco Zero, 1991 [*Groucho and Me*. Nova York: Da Capo, 1959]).

288. GOFFMAN, E. *A representação do eu na vida cotidiana. Op. cit.* • *Estigma: notas sobre a manipulação da identidade deteriorada*. Trad. de Márcia Bandeira Nunes. Rio de Janeiro: LTC, 1988 [*Stigma: Notes on the Management of Spoiled Identity*. Nova Jersey: Prentice-Hall, 1963].

## Efeitos de corpo

É desolador porque mais uma vez tenho a sensação de não ter transmitido a unidade da minha proposta. Direi simplesmente (retomarei este ponto na próxima aula) algumas palavras sobre as relações entre aquilo que poderíamos chamar de os efeitos do campo (eu falei constantemente de campo, esse espaço no qual, quando estamos no mesmo raio do espaço, temos muitas coisas em comum) e os efeitos de corpo, quer dizer, os efeitos que resultam do fato de que, como acabei de dizer, as pessoas próximas no espaço adicionam um efeito particular ao se constituírem em grupos[289]. O que acontece quando as pessoas que estão, por exemplo, na pior posição de todas as distribuições no espaço social, que menos têm todas as formas de propriedade raras num espaço social dado (os meios de capital econômico, os meios de capital cultural etc.), se reúnem para se constituir em classes, mobilizadas, com delegados, mandatários, representantes, porta-vozes?

Esse fenômeno é muito mais geral: o efeito de corpo vale para uma classe, mas também para um corpo (o corpo das Minas, o corpo das Pontes, o corpo dos antigos alunos da X [*i. e.*, a École Polytechnique] etc.[290]) e para uma família. Uma família é o corpo por excelência, é o modelo de todos os corpos. Uma família é exatamente o produto dessa alquimia que consiste em transformar a proximidade num dado espaço em proximidade eletiva, em alianças, em laços proclamados, professados e anunciados diante de todos, diante de todo mundo, com todas as estratégias correspondentes que acabo de mencionar a respeito do *Stand* weberiano, ou seja, as estratégias de fazer-valer e fazer-ver, de representação no sentido teatral do termo, através das quais o grupo se esforça para impor a percepção correta de si mesmo. [...]

Os efeitos de corpo que mencionei colocam muitos problemas para a análise sociológica empírica. Ano passado falei da noção de capital social, que inventei para dar conta dessas coisas que não podemos capturar na análise quando cap-

---

289. Pouco tempo depois deste curso, P. Bourdieu publicará "Effet de champ et effet de corps" ["Efeito de campo e efeito de corpo"]. *Actes de la Recherche en Sciences Sociales*, n. 59, p. 73, 1985.

290. Na França, o termo "corpo" ["*corps*"] também serve para designar associações oficiais de funcionários públicos. Assim, o *corps des Mines*, "corpo das Minas", é a associação que reúne os engenheiros de mineradoras estatais, o *corps des Ponts*, "corpo das Pontes", reúne engenheiros civis e florestais etc. Em português, a palavra "corpo" tem um significado próximo em expressões como "corpo docente", "corpo diplomático" etc. [N.T.].

turamos apenas os indivíduos[291]. Nas pesquisas empíricas, a unidade de análise, com algumas exceções, é o respondente, é um indivíduo. Podemos perguntar a ele sobre a profissão ou os diplomas de seu cônjuge, seus pais, seus avós. Isto posto, ele é a unidade; ora, sabemos muito bem que, quando se trata de explicar certos efeitos sociais, por exemplo uma decisão em matéria de habitação, o consumidor *singularis* não é a verdadeira unidade. As decisões são coletivas. Muitas vezes, é a família nuclear, às vezes a família estendida, que entra em jogo numa decisão importante. Assim, se quisermos, por exemplo, distribuir as pessoas no espaço social, é preciso levar em conta esses efeitos que têm a ver com o fato de que os indivíduos estão inseridos nas relações e que têm relações de pertencimento. A noção de capital social permitia dizer que além daquilo que têm a título individual (uma renda, um salário, ações, capital econômico e capital cultural, codificado ou não sob a forma de título acadêmico), há também tudo aquilo que lhes advém do fato de terem relações, pertencerem a uma família etc.

Isso que eu tentava nomear é o que chamaria agora de um "efeito de corpo", ou seja, qualquer coisa que, dentro dos limites do efeito de campo, dos efeitos ligados à ocupação de uma posição num campo, se exerce a mais, e que é o produto propriamente social da ação de fatores simbólicos do tipo desses que mencionei, que tendem a constituir – dando à palavra "constituir" o sentido forte – grupos enquanto tais por atos de aliança e de consagração, pela consagração de alianças, cujo paradigma é o casamento já que o casamento é, como eu disse outro dia, o ato que oficializa uma relação prática, que transforma um parentesco prático em parentesco teórico, que consagra no sentido de tornar legítimo, exibível, publicável, público alguma coisa que até então era privada, secreta, um pouco vergonhosa, dependendo das normas em questão. O "efeito de corpo", "fazer corpo", o "espírito do corpo": essas são coisas muito importantes.

Os corpos têm um espírito (poderíamos falar sobre isso por horas...), o que quer dizer, entre outras coisas, que seus interesses enquanto corpo não são iguais às somas dos interesses individuais. Eles têm também lucros simbólicos enquanto corpo. Os clubes são muito interessantes porque são uma forma quase racional de constituição de corpos. Dentro das sociedades capitalistas, acho que eles permitem

---

291. P. Bourdieu mencionou muito rapidamente a noção no ano anterior (na aula de 19 de abril de 1984). Em compensação, dedicou a ela um número de sua revista (*Actes de la Recherche en Sciences Sociales*, n. 31, 1980) em que redigiu o texto de abertura: "O capital social – Notas provisórias". *Art. cit.*

ver aquilo que descrevi sobre o casamento cabila: a constituição quase consciente e controlada de grupos separados, sagrados. Seria possível fazer uma monografia magnífica sobre o Jockey Club no século XIX, ou os grandes clubes ingleses que são absolutamente extraordinários: são grupos separados, sagrados, que afirmam sua diferença e ao mesmo tempo a homogeneidade de todas as pessoas presentes. Essa homogeneidade muitas vezes se manifesta, no plano simbólico, através de uma gíria, de uma linguagem diferente, de sinais de distinção, mas também por solidariedades muito mais fundamentais do que aquelas que existem entre as pessoas de uma mesma família. A honra de todos está engajada na conduta de cada um: isso é absolutamente cabila. Teria sido muito grave, no século XIX, que o membro de um clube chique como o Jockey Club se casasse com uma judia: o controle se torna um controle total sobre a pessoa. Daí a necessidade de ter padrinhos: o padrinho garante a totalidade da pessoa, ele se coloca como fiador de seu *habitus*, ou seja, de sua aparência mas também de sua maquininha, de sua gramática geradora, que permite prever todas suas condutas [...]. O corpo é uma coisa extremamente poderosa. Seria a mesma coisa para os antigos estudantes das universidades americanas, para os antigos estudantes das *grandes écoles*, em graus diferentes.

No fundo, poderíamos dizer que as pessoas estão menos engajadas nessas unidades do que num empreendimento econômico, mas estão muito mais engajadas num outro aspecto, que engaja valores muito mais vitais do que aquilo que chamamos de simbólico, a honra e a desonra, essas coisas pelas quais podemos nos suicidar e que engajam coletivamente. Todo mundo é ameaçado pela conduta de cada membro do grupo, mas todo mundo também lucra com o crédito de cada membro do grupo. Daí a importância, para todos os clubes, das listas: todos os clubes (vejam por exemplo os anuários das *grandes écoles*) celebram tudo aquilo que aconteceu de bom com todos os seus membros; é uma das únicas situações em que as pessoas se alegram com o que acontece de bom com as outras [*risos na sala*] já que todos participam do capital coletivo e de seu crescimento. Seria muito interessante ler nessa lógica *La Jaune et la Rouge*, a revista da École Polytechnique. Ela é extraordinária: ela funciona de maneira absolutamente cabila, com lutas do mesmo tipo.

O corpo é portanto uma espécie de identidade coletiva que será objeto de preocupações coletivas, de estratégias coletivas, ele vai ser gerado coletivamente (a dificuldade com um clube é que não se pode não ter um porta-voz, isso é muito complicado, muito delicado...). A identidade coletiva é conhecida e reconhecida socialmente. Ela em geral é marcada por um nome. Existem fronteiras, o que é muito importante: um corpo é contável, enquanto é absurdo contar os membros de uma classe (isso foi feito na fase hipermarxista dura, as pessoas tentaram contar os pequeno-burgueses com exatidão[292] – o que mostra que tudo é possível no mundo científico...). Como um clube pode ser contado, podemos dizer ao mesmo tempo que um clube é o *numerus clausus*: é a mesma coisa já que basta uma ovelha negra, como se diz, para que o corpo inteiro sofra. Aqui, seria preciso ver também quais profissões (isso estranhamente renovaria toda a teoria americana da "profissionalização"[293]) são corpos (eu não disse isso, mas "corpo" é certamente melhor do que "profissão") – por que se diz: "Há ovelhas negras entre os tabeliões"? Eu acho que existem profissões para as quais não diríamos isso (não diríamos "Há ovelhas negras entre os O.S. [operários especializados]", [isso é quase a definição dos O.S. (?)]). Tudo isso se diz em termos éticos, mas, na verdade, é uma contabilidade.

Eu deveria ter dito isso no começo: existe uma contabilidade, uma gestão racional desse capital, tanto de sua acumulação – por uma série de bons casamentos – quanto de sua dilapidação – por casamentos equivocados que introduzem agentes que desacreditam ou que dão com a língua nos dentes (isso é clássico, as pessoas que dão com a língua nos dentes são as piores de todas: elas dizem que não existe segredo enquanto toda a existência do grupo consiste em fazer acreditar que, quando seus membros se reúnem, dizem coisas extraordinárias [*risos na sala*]!).

Continuarei na próxima aula. Se vocês me concederem um minuto para minha boa consciência [de grupo (?)]: [...] eu aproximei o máximo possível as estra-

---

292. A alusão visa "o primeiro censo dos pequeno-burgueses na França" proposto por Christian Baudelot, Roger Establet e Jacques Malemort: *La Petite bourgeoisie en France* [*A pequena-burguesia na França*]. Paris: Maspero, 1974, esp. p. 302-303: "Quantos eles são? A fração I, comerciante, contém cerca de 1.171.000 ativos. A fração II, pequena-burguesia envolvida com o Estado, cerca de 1.194.000. A fração III, gerentes do setor econômico, cerca de 1.180.000. No total, arredondando muito para cima, são menos de quatro milhões de ativos. Isso é muito? Isso é pouco? É muito se os compararmos com os efetivos (aliás, impossíveis de estimar) da burguesia capitalista. É menos se lembrarmos que a classe proletária no sentido amplo do termo contava, em 1968, treze milhões de trabalhadores de uma população ativa de vinte milhões. Eis sobre o que devemos refletir em termos de relações de força".

293. A profissionalização, no contexto dos Estados Unidos, designa o processo pelo qual uma atividade profissional se torna, como o exemplo da medicina, uma *profession* regulamentada e dotada de direitos específicos. A análise desse processo suscitou uma literatura abundante na sociologia funcionalista americana a partir dos anos de 1930.

tégias de acumulação do capital simbólico, de gestão, de manipulação da identidade social, da honra nas sociedades pré-capitalistas das estratégias cotidianas em nossas sociedades, mas existem diferenças consideráveis que têm a ver com o fato de que as coisas são muito mais codificadas em nossas sociedades. Existe um Estado e eu gostaria de analisar no que a existência de um Estado muda esses jogos. Ao mesmo tempo, isso é uma maneira de dizer o que é o Estado nesse aspecto; em outras palavras, sob esse aspecto eu posso dizer o que faz o Estado. Assim, falarei tanto sobre aquilo que acontece com as estratégias simbólicas de valorização e de representação quando o capital simbólico se institucionaliza com os títulos (títulos de nobreza, títulos acadêmicos etc.) quanto sobre o papel específico do Estado. Gostaria de me perguntar sobre o papel dos cientistas de Estado: os demógrafos, os estatísticos do Insee, a maioria dos economistas e obviamente os juristas (existem formas novas de cientistas de Estado, mas os juristas são a forma antiga) dizem, pública e oficialmente ("oficialmente", "publicamente", "diante de todos": é como entre os cabilas...), o que é o mundo social sem serem contestados por ninguém porque são incontestáveis: sua metodologia é tal que não dá espaço para contestação, ou seja, é positivista – voltarei a isso. Portanto, essas pessoas podem dizer diante de todos como é o mundo social. Elas podem dizer: "Eis a cifra correta, há 1.500.000 desempregados, não há o que discutir"[294]. Ora, os desempregados são mais complicados do que os primos [*risos na sala*]!

## Segunda hora (seminário): a invenção do artista moderno (5)

[*P. Bourdieu começa lendo uma pergunta escrita que recebeu no intervalo:*] "O senhor disse: 'Não dizemos que existem ovelhas negras entre os O.S. como dizemos que existem ovelhas negras entre os tabeliões'. Parece-me que os O.S. não constituem nem um corpo nem uma profissão, e sim um nível de classificação na hierarquia trabalhadora". Isso é absolutamente verdadeiro. Digo sim imediatamente. Isso é evidente, é o que eu achava ter dito. Eu disse implicitamente que não era um corpo.

Passo para a sequência do curso sobre a arte e a história da arte, mas voltarei um pouco porque neste meio-tempo li um texto de Jacques Thuillier. Eu hesitei

---

294. Referência à publicação trimestral do Insee da taxa de desemprego que é considerada, por muitas instâncias nacionais (e internacionais), como a única válida.

em falar dele para vocês porque Jacques Thuillier é um grande amigo e colega[295] que se encontra escrevendo sobre os problemas de que tenho falado (eu sabia de uma conferência que ele deu aqui mesmo, no Collège de France, sobre a arte *pompier*[296], mas só descobri este texto muito recentemente). Ainda assim, vou falar disso porque acho que isso fará vocês enxergarem o *quid proprium* [a propriedade] da maneira sociológica de formular um problema. O texto é o prefácio de um livro publicado na ocasião de uma exposição dos prêmios de Roma entre 1797 e 1803[297]. Esse livro contém a reprodução dos quadros que foram os três ou quatro primeiros colocados nos concursos dos prêmios de Roma entre 1797 e 1803, o que dá uma visão global extraordinária do que era a pintura: era uma espécie de exercício de dissertação de concurso. Em sua maioria, esses quadros estão na [Escola de] Belas-Artes, ou bem guardados em museus provincianos. Eles foram reunidos para a exposição e Philippe Grunchec, que é o especialista nessa pintura, fez um catálogo. Aliás, em sua introdução ele explica muito bem o funcionamento dos concursos, o modo de recrutamento dos juízes, os sucessivos júris. É um documento de primeira ordem.

Na última aula, eu disse *in abstracto* em que aquilo que faço é útil para escapar do anacronismo e dessa forma de etnocentrismo que é o etnocentrismo da sincronia. O etnocentrismo consiste em projetar sobre uma outra civilização as categorias de percepção associadas ao pertencimento a uma certa civilização, em se servir, para decodificar uma outra civilização, do código inerente a uma dada civilização. Essa é a definição rigorosa do etnocentrismo. O anacronismo, no sentido rigoroso, é uma forma de etnocentrismo histórico. Ele consiste em aplicar a uma civilização do passado as categorias de percepção, os princípios de visão e de divisão constitutivos do estado presente, com um efeito particular que mencionei um pouco: como o historiador estuda uma civilização mais ou menos imediatamente anterior, ele se arrisca a tomar sobre ela o ponto de vista de uma civilização que é o produto dessa civilização. Não se refletiu o suficiente sobre essa particu-

---

295. Jacques Thuillier ocupou a cátedra de História da Criação Artística na França, no Collège de France, entre 1977 e 1988. Ele pertencia à mesma turma da École Normale Supérieure que P. Bourdieu.

296. THUILLIER, J. *Peut-on parler d'une peinture "pompier"? Op. cit.*

297. THUILLIER, J. "Art et institution: l'École des beaux-arts et le prix de Rome" ["Arte e instituição: a Escola de Belas-Artes e o prêmio de Roma". *In*: GRUNCHEC, P. (org.). *Le Grand Prix de peinture – Les concours des prix de Rome, de 1797 à 1803*. Paris: École Nationale Supérieure des Beaux-arts, 1983, p. 9-17.

laridade: quando eu observo os Kwakiutl[298] com um olhar de americano, faço um certo tipo de deformação; quando observo os pintores *pompiers* com um olhar de francês de 1984, quer dizer, um olho formado pela percepção de pinturas nascidas da revolução contra as pinturas que vou estudar, o perigo do anacronismo, do etnocentrismo, é de uma ordem muito especial; é realmente a lógica da gafe porque é preciso que eu veja as coisas contra as quais meus olhos foram constituídos.

Foi isso que eu disse, que podia parecer um pouco abstrato. Eu mesmo me dizia que esse tipo de anacronismo era pouco provável. Ora, Jacques Thuillier se apresenta, no fundo, como uma espécie de revisionista daquilo que se diz a respeito da arte *pompier*. Ele diz: "Nós estamos, de certa forma, num período anti-institucional, em que as instituições têm má fama e, por causa disso, não compreendemos a arte *pompier*". Aliás, eu gostaria de dizer que quando topei com a referência desse artigo e vi "O artista e a instituição", eu me disse que no fundo aquilo que contei na aula passada e que eu imaginava ser original não o era nem um pouco. Isso sempre dói um pouco mas ao mesmo tempo ficamos contentes: como Thuillier é um grande especialista sobre a questão, é muito reconfortante [encontrar o que dissemos]. Portanto, li o texto com muita simpatia. (Falo sobre o texto serenamente, e de forma alguma para me valorizar, e sim para fazer ver o que é o trabalho sociológico.)

Assim, Thuillier diz implicitamente que, já que a instituição tem má fama, ele vai reabilitá-la: ele se diz *a favor* da instituição num momento em que ela tem má fama. Ele entrega assim o princípio de sua visão, mas sem tomá-lo como objeto enquanto tal. Quando eu digo que é preciso fazer a sociologia do sociólogo que faz a sociologia, pode-se pensar que é uma questão de honra espiritualista; poderíamos dizer que isso é "muito europeu", que é uma espécie de vestígio teórico de filósofo. Na realidade, vocês verão o funcionamento do que descrevo. Portanto, Thuillier diz que no fundo o princípio de sua análise é que ele é *a favor* das instituições: "Trato aqui de uma instituição. Eu mesmo vim de uma instituição de produção cultural". Eu fiz a analogia: para compreender realmente, de maneira não anacrônica, o que é a revolução impressionista, é preciso pensar nas *grandes écoles* e imaginar que exista um Salão dos primeiros colocados no con-

---

298. Os Kwakiutl são um povo ameríndio situado na costa oeste do Canadá, cujas cerimônias de troca não comerciais, os *potlatch*, foram amplamente estudadas pelos etnólogos americanos, principalmente Franz Boas.

curso da École Normale Supérieure[299]. Mas essa analogia consciente e controlada pressupunha uma relação consciente e controlada com a instituição, enquanto o princípio motor da análise de Jacques Thuillier será uma relação não analisada com aquilo que chamo de "humor anti-institucional". Para aqueles que conhecem meu trabalho, realizei recentemente uma obra sobre o humor anti-institucional como fenômeno da geração do período 1968[300]. Tento mostrar como um certo tipo de relação com a família e o sistema escolar, constituído por agregação, é uma disposição geral numa certa geração, entendendo "geração" no sentido social do termo: a geração das pessoas que têm uma certa relação num certo momento com um certo sistema escolar.

Quando eu trabalho sobre a noção de instituição, não posso não saber que a relação com a instituição hoje em dia não é neutra – se é que ela pode ser; não se pode falar bem ou mal de uma instituição, ou simplesmente analisá-la, sem despertar a suspeita reflexiva sobre a relação que investimos nessa análise da instituição. O que está envolvido na revisão dos *pompiers* que Thuillier propõe é uma espécie de postura paradoxal, anticonformista em segundo grau: como, hoje em dia, tornou-se chique, quer dizer, banal, ser contra as instituições, como existe uma espécie de humor anti-institucional e as academias de pintura, as Belas-Artes, são instituições, Thuillier considera que, para compreender ou reabilitar a pintura de instituição que é a pintura *pompier*, é preciso reabilitar a instituição. Ele se dá, portanto, uma função normativa, de juiz [*judicatoire*], o que é sempre a função do crítico: as lutas de reabilitação que mencionei consistem em mudar a hierarquia dos valores, em inverter a tabela dos valores.

Em seu texto, Jacques Thuillier defende o concurso e faz uma aproximação explícita com a École Normale: "Essa espécie de '*khâgnes*'[301] artísticos que foram os ateliês de Léon Cogniet, de Ingres ou de Gleyre, simples aulas preparatórias sem laços administrativos com a escola, talvez tenham tido mais importância para o destino da arte francesa do que o ensino da própria escola e os laureados do 'Grande Prêmio'"[302]. Isso é absolutamente verdade: concordo dez vezes e fico muito feliz que ele diga isso, mas o fato de não se autoanalisar analisando o leva a utilizar

---

299. P. Bourdieu fez essa analogia na aula de 18 de abril de 1985 (cf. *supra*, p. 139).
300. BOURDIEU, P. *Homo academicus*. Op. cit., esp. p. 227.
301. Nome informal dos cursos preparatórios para a entrada nas *Grandes Écoles* dedicadas à literatura e às humanidades, realizados depois da conclusão do ensino médio na França [N.T.].
302. THUILLIER, J. "Art et institution". *Art. cit.*

como instrumento de análise uma relação não analisada com o objeto de análise e uma relação metafórica já que – esse é todo o objetivo do que digo – é a relação não analisada do analista com a Escola Normal que serve de princípio de compreensão não analisado da relação do analista com o equivalente estrutural da École Normale que é a Escola de Belas-Artes. Como resultado, o discurso é apologético e não científico e, surpreendentemente, esse artigo que parece se dar como objetivo compreender e descrever a arte *pompier* acaba não falando nada sobre a arte.

Já a minha empreitada (isso não é valorização) consistia em dizer que é apenas se analisarmos a instituição enquanto instituição e tivermos em mente os invariáveis trans-históricos não da instituição, mas das instituições de produção e reprodução cultural (por exemplo, o fato do produtor ser anônimo, de não ser pessoal, de ser um mestre e não um artista), que podemos de certa forma deduzir da análise da instituição definida em sua especificidade as propriedades da obra (por exemplo, o fato dela enfatizar o virtuosismo). Uma coisa muito surpreendente: finalmente o analista das obras se refere à instituição, o que me agrada muito, mas Thuillier não faz nada com isso para compreender a obra. É porque seu objetivo não é realmente compreender a obra, e sim reabilitar a instituição e em última análise reabilitar a instituição cujo valor ele recebe.

Era preciso dizer isso porque esse problema é frequente. Eu encontrei esse artigo esta semana por acaso: é provável que se eu tivesse deixado o anzol por mais tempo, teria fisgado muito mais anacronismos desse tipo. De passagem: há no texto de Thuillier uma reabilitação muito surpreendente do lado democrático da instituição das Belas-Artes. Dizem – e eu também disse[303] – que os *pompiers* tinham uma grande desvantagem na concorrência com os impressionistas mais arrojados: de origem popular, muitas vezes provinciana, eles eram pouco capazes de realizar as estratégias de valorização que fazem parte da produção. Com efeito, a partir do momento em que o artista é produzido enquanto tal, não se trata mais de simplesmente produzir produtos materiais, mas também de produzir a representação do artista que faz parte da produção do valor do produto material, e para produzir o artista como artista é preciso se produzir como artista, é preciso se vestir como artista, falar como um artista, frequentar os cafés dos artistas, e essa aptidão não se distribui igualmente dependendo das origens sociais e geográficas. Isso já foi verificado mil vezes: os provincianos, que têm um sotaque etc., não são

---

303. P. Bourdieu voltará a esse ponto em maiores detalhes na aula seguinte, 9 de maio de 1985.

bons no trabalho de valorização e de representação, que faz parte da definição implícita do pintor a partir do momento em que ele se constituiu como artista. Como resultado, eles têm desvantagens na concorrência. Essa é a análise que fiz.

Em Thuillier há uma espécie de defesa da instituição, frequentemente em nome do argumento "de esquerda" de hoje em dia que valoriza seu caráter democrático: eram pessoas muito pobres que faziam parte dela; e além disso, os mestres protegiam os mais pobres, dispensando-os de pagar as despesas do ateliê. Compreende-se assim por que insisti muito no fato de que a possibilidade de fazer uma sociologia descritiva sem ser positivista, a possibilidade de fazer uma sociologia neutra sem ser neutro axiologicamente, no sentido de Weber[304], a possibilidade de compreender uma instituição em sua lógica e seu funcionamento sem juízo de valores (mesmo que, como todo mundo, eu tenha mais simpatia com os valores impressionistas), pressupõe ser capaz de analisar sua relação com o objeto analisado. É por isso que, depois de ter hesitado por muito tempo, transgredi o imperativo de não criticar um colega, que é também um amigo, sem lhe dar a possibilidade de defesa. Eu poderia ter dado qualquer outro exemplo. Se posso dizer certas coisas que, em outras circunstâncias, seriam *ad hominem* [contra a pessoa], é porque eu as digo num modo onde isso não é mais, acho, um objetivo de lutas, de reabilitação, de concorrência ("Eles são melhores", "Eles são ruins").

Eu acho que a condição dessa espécie de objetivação, que não é de forma alguma um neutralismo social, é a objetivação da posição ocupada no espaço social (e mais precisamente num certo estado do espaço social), com seus interesses ocultos que, no caso de um fenômeno histórico, podem desejar muito enxergar efeitos de homologia. (Por exemplo, eu citei os filósofos que, para deixar ao gosto do momento um pensamento do passado, muitas vezes evocam o presente. Às vezes o fazem conscientemente. Quando eles dizem: "É como Fulano hoje em dia", "O sofista de hoje seria [André] Glucksmann", eles acertam suas contas ou fazem estratégias.) Portanto, considero muito importante objetivar o espaço, sua posição no espaço, e ter um pressentimento das homologias que podem criar relações de interesses ocultos com gente morta e enterrada há muito tempo, com as quais aparentemente não temos mais nada a fazer. Para mim, esse é o verdadeiro controle

---

304. WEBER, M. "O sentido da 'neutralidade axiológica' nas ciências sociais e econômicas". *In*: *Metodologia das ciências sociais*. Trad. de Augustin Wernet. São Paulo: Cortez, 2015, p. 559-610 ["Der Sinn der 'Wertfreiheit' der soziologischen und ökonomischen Wissenschaften". *Logos*, n. 7, p. 40-88, 1917].

epistemológico do trabalho histórico. (Demorei um pouco mas isso é relativamente importante.) "É uma lição para o presente", "Essa história que conto ainda é um objetivo para mim": a maioria das histórias ainda é de objetivos nas lutas entre historiadores, e muitas vezes para além delas[305]; senão, não as contaríamos...

## A aliança entre os pintores e os escritores

Volto agora para minha proposta. Na última aula, insisti no fato de que a revolução simbólica que os artistas realizaram era importante como condição suficiente, mas a condição necessária foi a crise objetiva da instituição: para que essa crise objetiva se torne uma revolução simbólica foi preciso um trabalho simbólico de transformação dos nomes. É como quando renomeamos as ruas, [...] era preciso chamar as coisas de outra forma, era preciso que o positivo se tornasse negativo. Nessa luta, os pintores tiveram os escritores como aliados objetivos e também ativos. Sem a ajuda dos escritores não teriam tido sucesso. Como eu disse na última aula, a conversão coletiva que representou a transformação da representação da pintura, do pintor, do que é pintar, do que é expor, do lugar onde se expõe, da relação entre o pintor e os críticos, essa revolução simbólica do aparato inteiro de produção simbólica pressupôs um monte de pequenas conversões individuais orquestradas objetivamente.

Trata-se também de uma coisa importante: nós sempre nos colocamos na alternativa entre o individual e o coletivo enquanto os fenômenos históricos importantes são na verdade mudanças individuais orquestradas objetivamente devido ao fato da afinidade dos *habitus* e reforçadas pela explicitação realizada pelos profissionais do explícito que, ao dizer o que se passa nas cabeças (porque isso se passa nas cabeças), aceleram a transformação simbólica que chamamos, com uma expressão muito ruim que é preciso banir, de "tomada de consciência". Trata-se aqui de um modelo muito geral: acho que é esse tipo de mecanismos que deve ser invocado para compreender, por exemplo, o que aconteceu na Igreja francesa entre 1950 e 1970, ou o que se passa nas universidades há uns vinte anos na França[306]

---

305. BOURDIEU, P. "*Le mort saisit le vif* – As relações entre a história reificada e a história incorporada". In: *O poder simbólico. Op. cit.*, p. 75-106 ["Le mort saisit le vif – Les relations entre l'histoire réifiée et l'histoire incorporée". *Actes de la Recherche en Sciences Sociales*, n. 32-33, p. 3-14, 1980].

306. P. Bourdieu menciona aqui as transformações que analisou em "La sainte famille" (*Art. cit.*) e em *Homo academicus* (*Op. cit.*).

e que é uma boa ilustração da relação entre as mudanças práticas e as mudanças no discurso, pois as mudanças nos discursos acompanham um movimento que aceleram pelo fato de enunciá-lo.

Portanto, os pintores tiveram a aliança com os escritores, mas para compreender o que aconteceu no século XIX é preciso enxergar o movimento nos dois sentidos: os pintores ajudaram muito os escritores ao representar o papel de "profetas exemplares"[307]. Esse é um conceito de Weber, para quem existe uma forma de profecia que não é realmente uma profecia da palavra, e sim uma profecia do exemplo. Esse seria, por exemplo, o mártir que fala através de seus atos, através de sua *praxis*, através de seus feitos ou de suas virtudes e que tem um efeito de transformação simbólica por sua própria existência. Os pintores, em sua maioria, eram pessoas sem palavras porque em geral eram de origem social inferior e menos instruídos que os escritores (com exceções como as que já citei: Manet, Delacroix etc.). Apesar de tudo, eles encarnavam a vida de artista até o patético, quer dizer, até a morte. O tema da morte do artista me parece importante. Mais uma vez, vocês dirão que isso faz parte da hagiografia ([Alfred de Vigny, em] *Chatterton* e outros grandes artistas românticos escreveram as aventuras trágicas dos artistas que morriam pelo amor pela arte).

Eu retomo isso como um fato social: na medida em que não existe maior atestação do valor de uma coisa do que o fato de morrer por ela (eu acho que isso é um fato social que podemos aceitar como uma proposição), o fato de muitos artistas, muitos pintores terem morrido pelo amor pela arte é um fato social que impressionou as pessoas. As memórias, por exemplo, estão cheias de anedotas sobre esse tema. Há uma que já contei[308]: é o coveiro que, ao ver chegar ao cemitério *rapins*

---

307. "Restam ainda dois tipos de profetas, em nosso sentido, sendo o primeiro representado mais claramente por Buda e o segundo, com especial clareza, por Zaratustra e Maomé. É que o profeta, como ocorre no caso dos dois últimos, pode ser um instrumento que anuncia um deus e a vontade dele – seja esta uma ordem concreta ou uma norma abstrata –, uma pessoa que, em virtude do encargo divino, exige a obediência como dever ético (*profecia ética*). Ou pode ser um homem exemplar que, por seu próprio exemplo, mostra aos outros o caminho para a salvação religiosa, como o fez Buda, cuja prédica nada sabe de um encargo divino nem de um dever ético de obediência, mas se dirige ao interesse daqueles que sentem necessidade de salvação, o interesse de seguir o caminho exemplificado (*profecia exemplar*)" (WEBER. *Economia e sociedade*. Vol. 1. Op. cit., p. 308).

308. P. Bourdieu alude à anedota muito parecida que contou em 18 de janeiro de 1983 (*Sociologia geral*. Vol. 2. Op. cit., p. 381 [633]), retirada "desses romances que ninguém lê (porque não fazem parte daqueles que sobreviveram devido às instâncias de consagração)".

famélicos, malvestidos, com chapéus pretos completamente esfarrapados, diz: "Esses aí, é só irem embora que logo voltam" (eles haviam enterrado um amigo e chegavam para enterrar outro...). Em outras palavras, as pessoas morriam como moscas e morriam pelo amor pela arte. A luta contra o sistema acadêmico que descrevi outro dia foi paga por sacrifícios reais, e os pintores criam uma espécie de realização exemplar dessa antinomia que está se constituindo entre a arte e o dinheiro, o burguês e o artista, com o artista colocando os valores da arte acima de tudo, acima até da vida.

## O modo de vida artístico e a invenção do amor puro

Seria preciso retomar todas essas coisas bem conhecidas. Primeiro, os escritores e os artistas se encontravam. Por exemplo, Théophile Gautier, que foi muito importante, originalmente era um pintor. Isso é dito de modo geral nos livros quando se insiste sobre o lado pictórico de sua poesia, mas há uma outra coisa muito importante: Gautier conhecia bem a vida dos pintores e trouxe não apenas as metáforas pictóricas ou o gosto pela Espanha que estava em voga entre os pintores, mas também essa espécie de arte de viver que é a arte de viver na miséria com tudo que isso implica: o modo de vida artístico é por exemplo a arte de encontrar os pequenos restaurantes onde se pode comer pagando quase nada. O estilo de vida artístico se torna em seguida um estilo de vida chique. Aliás, esse é um fenômeno histórico interessante que continua sempre: os artistas descobrem os pequenos bistrôs que se tornam chiques e dos quais passam a ter que fugir porque não conseguem mais pagar. Esse papel de explorador desse tipo de vida foi muito bem descrito por Flaubert, por Balzac e em todos os romances do século XIX. Isso também faz parte do papel de profeta exemplar.

Um livro importante é obviamente *A vida da boemia* de Murger[309], onde vemos que os artistas são ao mesmo tempo os inventores do amor puro pela arte (quer dizer, o amor pela arte até a morte) e do amor puro pelo amor. As duas coisas estão estreitamente ligadas: os artistas foram ao mesmo tempo os inventores do amor puro e do erotismo. Isso é muito importante como fato social. Em Murger, tudo isso está entrelaçado. Dizem, por exemplo, que "o amor é uma invenção

---

309. A crônica de Henry Murger, *Scènes de la vie de bohème* [*Cenas da vida da boemia*], data de 1851. Hoje em dia ela talvez seja conhecida sobretudo por ter inspirado a ópera *La Bohème* [*A boemia*] (1896), de Puccini.

do Ocidente"[310]; mas eu acho que as formas modernas do amor, como oposto ao dinheiro, são uma invenção dos artistas. A oposição entre o amor e o dinheiro, entre o amor venal e o amor puro será uma das estruturas fundamentais de *A educação sentimental* de Flaubert, onde há por exemplo as duas personagens: a mulher venal que se entrega gratuitamente ao artista e a mulher pura que não se entrega, mas que também é gratuita, as duas opostas ao amor burguês que é ou o amor doméstico mercenário ou o amor extradoméstico, igualmente mercenário[311]. O conceito de "mercenário" é muito importante. Ele sustenta uma mitologia moderna do amor solidária à mitologia moderna do amor pela arte e, de fato, falar do amor e falar do amor pela arte é quase a mesma coisa, independente de estarmos elogiando a relação perversa com a arte ou a relação pura com a arte... Digamos que existe uma espécie de erotismo estético e uma espécie de otimismo ingênuo estético.

Vocês percebem as analogias, mas o que estou propondo não é de modo algum jogos de palavras literárias. O que descrevo é a invenção de modelos sociais da arte de viver, e em *A educação sentimental*, que é um romance extraordinário porque é uma quase-sociologia do universo descrito mascarada enquanto tal, Flaubert associa a relação com a arte à relação com o amor: as duas coisas são inseparáveis, a invenção do amor puro e a invenção do amor puro pela arte são contemporâneas. O livro de Murger é muito importante a esse respeito, apesar de ser bastante aborrecido e não muito interessante [literariamente (?)]. Em toda época existe um livro muito estruturante, que todo mundo lê, mas que em seguida as histórias literárias esquecem. Isso é ainda mais verdadeiro na filosofia. Daí a falsidade das histórias da filosofia: elas retêm apenas os sinais e esquecem de que Hegel – que disse isso, então nós nos lembramos[312] – e de modo mais geral todos os filósofos liam o jornal todas as manhãs. Eles liam, como todos nós, coisas

---

310. Possível alusão ao livro de Denis de Rougemont, *O amor e o Ocidente*. Trad. de Paulo Brandi e Ethel Cachapuz. Rio de Janeiro: Guanabara, 1988 [*L'Amour et l'Occident*. Paris: Plon, 1939].

311. BOURDIEU, P. "L'invention de la vie d'artiste". *Art. cit.*, esp. p. 85 e 88-89. Até o final desta aula, P. Bourdieu fará várias referências à análise de *A educação sentimental* que propôs nesse artigo e retomará no começo de *As regras da arte. Op. cit.*

312. "*A leitura do jornal* de manhã é uma espécie de oração matinal do realista. Orientamos na direção de Deus ou na direção do que é o mundo, nossa atitude em relação ao mundo. Ambas dão a mesma segurança para sabermos onde se está" (HEGEL, G.W.F. *Notes et fragments – Iéna 1803-1806* [*Notas e fragmentos – Iena 1803-1806*]. Trad. de Catherine Colliot-Thélène *et al*. Paris: Aubier, 1991, fragmento n. 32, p. 53).

completamente idiotas (por exemplo, não sei... o equivalente a *Ciência e vida*[313]), e agimos como se eles tivessem passado a vida inteira só lendo Kant [*risos na sala*], o que falseia um pouco a leitura que temos desses autores. Quando Hegel passeava na rua, ele via, como todos nós, placas e um monte de outras coisas normais que tinha na cabeça quando falava de filosofia.

É a mesma coisa no domínio da arte [*silêncio curto*]... Hesito porque existe um lugar-comum: dizem que os sociólogos, diferentemente dos literatos, reintroduzem autores menores. Essa é uma maneira absolutamente irresponsável de desqualificar a sociologia da arte: "Nós, os literatos, nós protegemos a elite, a seleção, os pedaços de primeira" [*risos na sala*], o que é verdade historicamente (aqueles que são conservados são aqueles que são incluídos nos pedaços de primeira). Para aqueles que estão com dificuldade de encontrar um trabalho a fazer: um trabalho magnífico que prestaria um serviço histórico seria uma história social das listas de vencedores. Como são constituídas as listas de vencedores que aceitamos como autoevidentes, às custas de algumas reabilitações chiques de vez em quando, que reintroduzem por exemplo [o dramaturgo do século XVII Jean de] Rotrou ou [o poeta da mesma época Honorat de Bueil de] Racan? Haskell, que está no Collège de France neste momento (faço a propaganda: é uma ocasião única, não percam), fez um trabalho magnífico que já mencionei [na aula de 18 de abril de 1985] sobre as redescobertas na arte. É uma espécie de história social das listas de vencedores artísticos. No livro há uma análise magnífica de um quadro de [Paul] Delaroche, que foi professor da École des Beaux-arts e que está no centro de meu universo de pintores acadêmicos. Na década de 1880, ele pintou sua visão do Olimpo dos pintores[314]. Quem estava lá? Percebemos que há pessoas, [o pintor do *Quattrocento*] Piero della Francesca, por exemplo, que hoje em dia certamente incluiríamos numa lista desse tipo, que não aparecem nele. Comparar as listas, como Haskell faz, é comparar e estudar as categorias de percepção: "Diga a mim quem você coloca em sua lista e eu te direi como você enxerga a pintura". Isso é muito difícil.

---

313. *Ciência e Vida* é uma revista mensal de vulgarização científica. O público dessa revista foi objeto de uma pesquisa na década de 1970 feita por dois pesquisadores do centro de Pierre Bourdieu: Luc Boltanski e Pascale Maldidier (*La Vulgarisation scientifique et son public: une enquete sur* Science et vie [*A vulgarização científica e seu público: uma pesquisa sobre* Ciência e Vida]. Paris: CSE, 1977). P. Bourdieu também menciona essa revista em *A distinção. Op. cit.*, p. 28 e 80 [24 e 91].

314. Trata-se de *O semicírculo do Palácio das Belas-Artes* (1841), que representa 75 artistas. Cf. HASKELL, F. *Rediscoveries in Art. Op. cit.*

Como reconstituir as categorias de percepção das pessoas do século XII? É claro que podemos usar a *Einfühlung* ["empatia"] com os textos, mas ainda assim é preciso estratégias. Uma estratégia consiste em procurar indícios indiretos: sabemos o que essas pessoas pintavam e podemos fazer a hipótese de que elas pintavam aquilo que era considerado digno de ser pintado, que era bem-visto de pintar. Podemos ter, portanto, através daquilo que pintavam, uma ideia de suas categorias de percepção, sobretudo quando há muitas.

Esse trabalho deve ser feito exatamente da mesma maneira para o processo que, em meu jargão, recebe o nome teórico de "processo de canonização dos autores": quais são os autores – é que nem para os santos... – que aceitamos como "clássicos", ou seja, como dignos de serem ensinados nas salas de aula, quais são os autores legítimos, quer dizer, sagrados, consagrados? Existem os clássicos e os não clássicos: os clássicos têm o direito de entrar nas salas de aula, eles ultrapassam o limiar e o sacerdote da cultura tem o direito de falar deles com legitimidade, independentemente de dizer que havia melhores ou piores. Isso é completamente diferente para os não clássicos: eles são excluídos, fora das salas de aula, estão no inferno. Um dos efeitos mais poderosos produzidos por um sistema acadêmico ou escolar é exatamente fazer com que um limite seja aceito como autoevidente: ele faz acreditar que o pequeno universo dos clássicos inculcados nas salas de aula é coextensivo ao universo. Imaginem, portanto, o interesse que haveria em explorar os limites dos cérebros franceses, ocidentais, contemporâneos[315], fazendo uma análise histórica do processo de canonização: como se constitui essa espécie de lista de autores consagrados, sagrados, que aceitamos como evidentes, como dignos de serem lidos? Isso, com efeito, implica obrigações, e existe também um direito, um direito escolar: existem os autores que temos o direito de ignorar, aqueles que devemos conhecer ("Que ninguém entre aqui..."[316]) etc. Haskell fez esse trabalho e seria preciso, numa lógica análoga, estudar a história desses limites para ver que os autores que foram muito estruturantes numa certa época desapareceram das listas, muitas vezes por razões sociológicas. Por esse motivo, toda a percepção que podemos ter dessa época é falsa.

---

315. O número de *Actes de la Recherche en Sciences Sociales* sobre os "Inconscientes da escola" (n. 135, 2000) aborda questões desse tipo.

316. Referência à frase "Que ninguém entre aqui se não for geômetra", que supostamente estaria gravada na entrada da academia fundada por Platão.

Volto ao que dizia antes de falar do processo de canonização: a sociologia da literatura, do ponto de vista daqueles que lhe são hostis – e Deus sabe que eles existem –, reintroduz as massas. Ela reintroduz a estatística, ela nivela. É a oposição um/múltiplo: a estatística está do lado do múltiplo, do vulgar, do médio, da média – tudo isso está em Heidegger[317] – e o sociólogo, ao reintroduzir as massas, destruiria a literatura enquanto tal. Eu concordaria com isso para dizer que a sociologia da literatura associada ao nome de Escarpit[318] corresponde muito a isso: parece-me, sem nenhum juízo de valor, que ela deve ser excluída, que não é realmente científica. A sociologia da literatura tal como eu a concebo também reintroduz – mas de maneira diferente – a totalidade das pessoas que, num certo momento, eram eficientes num campo[319]. Existem pessoas que não devemos esquecer de introduzir de jeito nenhum porque tiveram efeitos nesse campo, e essa é a única definição aceitável de pertencimento a um campo: alguém faz parte dele se é impossível compreender certas coisas que se passam nesse campo sem supor sua existência. Murger é o tipo de personagem que, independentemente do que pensemos sobre seu valor a partir de nossas categorias de percepção, produziu efeitos enormes. Enquanto posição no espaço da literatura, ele deve portanto ser reintroduzido e isso não tem nada a ver com a estatística (o que não quer dizer que a estatística não seja útil).

A análise propriamente sociológica de um universo como esse deveria, assim, levar em conta as pessoas que contribuíram para moldar a visão do mundo, por exemplo ao representar uma das posições em relação à qual as pessoas que estão vivas hoje se constituem. Assim, Flaubert e as pessoas que ocupavam com ele a posição da arte pela arte, e que não tinham nada em comum além de ocupar essa posição, só são inteligíveis em relação a pessoas cujos nomes vocês se esqueceram completamente[320], que nem sequer são mencionadas nas literaturas e que representavam, por um lado, o polo da arte burguesa (aquilo que na época se chamava de "teatro do bom-senso" com os autores de *boulevard* que são reprisados de

---

317. BOURDIEU, P. *A ontologia política de Martin Heidegger. Op. cit.*
318. P. Bourdieu citou em maiores detalhes a sociologia da literatura, de Robert Escarpit (*Sociologie de la littérature* [*Sociologia da literatura*]. Paris: PUF, 1958). E organizado por ele, *Le Littéraire et le social* [*O literário e o social*]. Paris: Flammarion, 1970), quando analisou o campo literário em 1982-1983 (*Sociologia geral*. Vol. 2. *Op. cit.*, p. 309, 420 [546, 681]).
319. Cf. BOURDIEU, P. *As regras da arte. Op. cit.*
320. *Ibid.*, em particular p. 109, 112 [153, 157].

tempos em tempos na televisão em "Esta noite no teatro"[321]), e por outro lado, o que na época se chamava de "arte social", quer dizer, algumas pessoas que, como [Pierre] Leroux, permaneceram porque desempenharam um papel político, mas que em sua maioria foram completamente esquecidas. Não se trata de reintroduzi-las para "fazer massa", para que tenhamos todo mundo, mas porque elas eram, por sua existência, princípios de estruturação da percepção do campo: quem quer que vivesse nesse campo tinha os olhos estruturados em função dessa oposição arte social/arte burguesa e podia portanto se constituir como não sendo nem um nem outro; a "arte pela arte" foi constituída em grande parte dessa maneira[322].

## A transgressão artística hoje em dia e um século atrás

Depois desse novo parêntese, retomo: os artistas e os escritores estavam ligados através de uma espécie de aliança de interesses mútuos. Os escritores encontraram um modelo na vida e na morte dos artistas e em contrapartida deram aos artistas aquilo que mais lhes faltava, ou seja, um discurso de celebração que os ajudasse a se constituir como artistas. Dito isso, a celebração dos artistas muito rapidamente se tornou constitutiva do papel do intelectual, do escritor. Hoje em dia, por exemplo, para superar o papel estreito do escritor, do artista, do filósofo, um intelectual pode ou fazer política ou falar da pintura. Faz parte da definição tácita do intelectual que é preciso escrever sobre a pintura – em geral, escrever coisas horrorosas. Trata-se aqui mais uma vez de uma invenção histórica que poderia não ter se constituído: ela está ligada a um estado do campo.

Portanto, os artistas encontraram porta-vozes nos escritores, ideólogos, que podiam ajudá-los a encontrar as palavras, que os acompanhavam em sua conversão. Os escritores diziam não somente: "É bom ser artista", mas também "Eis o que é a vida de artista, o amor artístico" etc. Os escritores inventaram isso, criaram as palavras. A expressão "educação sentimental" é extraordinária. É como se Flaubert tivesse tomado consciência de que surgia um papel absolutamente novo e que era preciso aprendê-lo. Intitular assim um romance quer dizer: "Este é um romance de edificação, de construção de um novo gênero, de uma nova pessoa", e Frédéric [o personagem principal de *A educação sentimental*] é uma espécie

---

321. "Esta noite no teatro" foi um programa de televisão muito popular que, entre 1966 e 1986, apresentava retransmissões televisionadas de peças de teatro de *boulevard*.
322. Cf. BOURDIEU, P. *As regras da arte. Op. cit.*, em particular p. 107ss. [149ss.].

de personagem que, por não chegar a encarnar um dos dois papéis possíveis no espaço em questão (o de banqueiro e o de artista), oscila entre os dois, vai de um ponto ao outro e jamais consegue se constituir – especialmente porque o papel de "artista" era mais difícil de sustentar por ser mais recente.

Isso é mais uma coisa que se esquece quando se faz anacronismo etnocêntrico. Hoje em dia, certos impostores bem conhecidos em Paris podem representar sem problema o papel do artista (desde que não vão muito longe na impostura) porque ele está completamente constituído. Sabe-se o que é preciso fazer, o público está preparado. Faz parte do papel fazer um certo número de coisas que foi preciso inventar: estar em certos cafés em certas horas, escrever transgressões, escrever sobre o erotismo, reabilitar Sade[323]... O papel está constituído e ao abrigo dos críticos... É porque os próprios críticos foram constituídos pelas experiências anteriores. Como eles sabem que seus precursores cometeram erros históricos dos quais todo mundo ri hoje em dia, eles têm uma espécie de preconceito a favor da vanguarda. Eis um outro exemplo de efeito de anacronismo: quando o papel está constituído, ele é ocupado por pessoas diferentes daquelas que o constituíram. Eu não quero simplesmente dizer que os revolucionários não são a mesma coisa que os epígonos (essa pequena lei histórica é conhecida), mas que a invenção do papel, a invenção da arte pela arte foram formidavelmente difíceis, e as pessoas que fizeram essas invenções tinham propriedades sociais diferentes de seus sucessores: em geral, elas tinham mais capital; é preciso mais capital para inventar um papel do que para ocupá-lo uma vez inventado. Essa é uma lei simples para se ter em mente: como é preciso mais capital e também mais energia, a descrição das propriedades sociais dos ocupantes desses papéis descobrirá diferenças sobre as quais não se pode dar conta se, por nos atermos à homologia, esquecermos que a vanguarda num campo em que a vanguarda tem cem anos é homóloga da vanguarda no campo onde ela surgiu, com essa diferença enorme que existe de antiguidade.

Em outras palavras, hoje em dia temos uma vanguarda à antiga, estamos num universo em que todo mundo sabe o que é ser "de vanguarda", em que existem instituições que implicam o reconhecimento da vanguarda. Já o Salão dos Recusados foi inacreditável: é isso que precisamos recolocar no jogo, é preciso conseguir

---

323. Aqui e na passagem que se segue P. Bourdieu tem particularmente em mente Philippe Sollers (que será citado nominalmente um pouco adiante) e sobre o qual publicará, dez anos depois, um texto curto, retomando temas mencionados aqui: "Sollers tel quel" ["Sollers tal qual"]. *Liber*, n. 21-22, p. 40, 1995. • *Libération*, 27/01/1995.

desbanalizar a percepção para conseguir se surpreender com o fato de um Salão dos Recusados ter sido possível.

## O artista mercenário e a arte pela arte

Nessa espécie de aliança, os escritores e os artistas tinham interesses, mas fiz essa digressão para que vocês não projetassem na compreensão dos interesses dos escritores do passado os interesses dos escritores do presente. (Eu deploro as grandes bulas, como essa que acabo de fazer, mas infelizmente elas são necessárias para evitar que vocês importem a sociologia espontânea...) Se os escritores tinham interesse em se aliar aos pintores, não é no mesmo sentido de Sollers hoje em dia... É uma coisa completamente diferente. Eles tinham um interesse quase constitutivo, eles também estavam em vias de constituição. É preciso entender a palavra "constituição" no sentido em que a empreguei há pouco: eles estavam em vias de constituição, quer dizer, em vias de autoconstituição; era preciso saber quem sou, o que faço. Por exemplo, como é observado com frequência, um tema obsessivo de todos os escritores da arte pela arte é a comparação entre o escritor e a prostituta[324]. Essa espécie de solidariedade – que também se manifestava na pintura: a *Olympia* etc. – deve, em minha opinião, ser levada muito a sério. Isso não é um simples tema literário, mesmo que depois tenha se tornado. Isso é "mercenário": o amor mercenário, a arte mercenária são o fato da venda. É uma coisa que desenvolverei.

De maneira muito paradoxal, os artistas se libertaram da Academia ao se servirem do mercado. Isso é mais uma coisa que não foi nem um pouco compreendida: quando fazemos uma sociologia um pouco desvairada (o "capitalismo", o artista a serviço do "grande capital" etc.), temos a tendência de dizer que o artista odeia a burguesia. Na verdade, existem revoluções – que podemos dizer, se quisermos (isso não adiciona nada) "contra a burguesia" – que só podem ser feitas com a burguesia e com um mercado burguês. Por exemplo, os impressionistas fizeram a revolução contra a Academia com a ajuda ideológica dos escritores (que eram para eles um pouquinho do que se diz que os intelectuais são para o proletariado) e com a aliança objetiva de um mercado de compradores que lhes permitia viver de uma nova forma de encomendas e adquirir uma liberdade em relação à Aca-

---

[324]. Cf. BOURDIEU, P. *As regras da arte. Op. cit.*, em particular p. 23, 72, nota 12, 98-99 [29, 97, 136].

demia. Aqui também, eles estavam inventando uma coisa muito bizarra: ao tocar o dinheiro, o artista não se desacredita? Esse é velho problema de Sócrates e os sofistas: uns recebem pagamento, outros não[325]. Muitas vezes, a única diferença – pensem na diferença entre um curandeiro e um médico (às vezes digo as coisas muito rapidamente porque sei que sua intuição nativa vai funcionar) – é recusar o dinheiro ou não o tocar diretamente.

O problema dos artistas e dos escritores era muito patético: será que somos mercenários? Será que somos prostitutas? Será que escrevemos por dinheiro? Será que basta não escrever por dinheiro para ser artista? Isso coloca um problema sagrado porque, se todos aqueles que não ganham um centavo forem consagrados como artistas, sou obrigado a reconhecer todos os lamentáveis como iguais. Esse era o grande problema de Flaubert. Não ganhar dinheiro é, portanto, uma condição necessária mas não suficiente. É a recusa opcional contra a recusa forçada. Esse problema sempre está presente: existem aqueles que se recusam a ir aos congressos e aqueles que não são convidados; existem aqueles que se recusam a falar com a televisão ou a mídia e outros que não são chamados – os mais virtuosos são aqueles que não são convidados, com certeza...

Esse problema se colocava concretamente. Os pintores que morriam nos barracos cantando canções para Mimi eram muito importantes como modelos ("Vale a pena viver desse jeito, já que há gente que morre por isso"). Ao mesmo tempo, era preciso inventar novas palavras para nomear isso. Eu ia dizer que os escritores, ao falar pelos artistas, obviamente falavam por si mesmos. No momento em que a maioria deles fazia folhetins, eles também estavam inventando o artista que, para poder fazer a arte pura, serve-se do mercado e do cliente, e sob a forma mais primária: no folhetim, é preciso prolongar a narrativa o máximo possível para ganhar o bastante para poder escrever romances ambiciosos que só serão lidos por algumas pessoas.

Essa é uma contradição fantástica. Vocês devem reconhecer no que digo muitas coisas que já sabem, mas se retomarmos tudo isso sistematicamente, temos uma visão muito diferente disso que foi o trabalho artístico. Por exemplo, compreendemos que *A educação sentimental* é um romance que Flaubert escreveu

---

325. Platão, através de Sócrates, criticava os sofistas (que, diferentemente dele, não vinham da aristocracia ateniense) por receberem pagamento pelos seus ensinamentos. Cf., por exemplo, *Hípias maior*.

para Flaubert. Não se trata de dizer que "Frédéric é Flaubert". Essa questão é completamente estúpida, mesmo do ponto de vista dos cânones literários um pouco em moda (aliás, agora não diríamos isso: Barthes passou por aqui e sabemos que isso não é chique [*risos na sala*]!). Mas ainda assim é verdade que é Flaubert, que todo o espaço projetado em *A educação sentimental* é a visão de mundo de Flaubert e que ao construir o fracasso de Frédéric, Flaubert resolve simbolicamente, no sentido da psicanálise, seu problema: o que quer dizer ser artista? Será que isso vale a pena? "Será que não seria melhor eu estudar medicina como meu irmão"? "Será que meu pai não tinha razão"? Isso é uma coisa muito difícil, que existe nas maiores consciências. Nós esquecemos que tais problemas se colocam e acho que eles estão no princípio da obra.

# Aula de 9 de maio de 1985

> Primeira hora (aula): certificação e ordem social – O princípio e a justiça das distribuições – Caridade privada e assistência pública – Os três níveis da análise de uma distribuição – Onde está o Estado? – Os vereditos e os efeitos de poder – O campo da certificação – Segunda hora (seminário): a invenção do artista moderno (6) – A pintura acadêmica como universo teológico – A institucionalização do perspectivismo – A invenção do personagem do artista – O par pintor-escritor

## Primeira hora (aula): certificação e ordem social

[...] Retomarei de onde parei, quer dizer, da análise desse fenômeno de categorização legítima que a palavra *nomos* condensa como operação que consiste em dividir e dividir com autoridade, com força de lei. Eu poderia ter estendido essa análise na direção que segui na última aula, a saber, a análise dos efeitos característicos da divisão jurídica no espaço social. Eu apenas indiquei que as divisões sociais, tais como as divisões em corpos (por exemplo, o corpo dos engenheiros das Pontes) e, em particular, as divisões em famílias, acabam misturando a análise do espaço social e das distribuições no espaço social. Não desenvolverei esse ponto, voltarei a ele se tiver tempo mas, para seguir a lógica do meu discurso, gostaria de chegar ao essencial. O que vou fazer hoje é tentar mostrar como a divisão legítima e os agentes socialmente encarregados de operá-la exercem uma função construtiva da ordem social.

Para que vocês entendam a intenção de minha proposta desde o começo, gostaria de refletir um momento sobre a ideia de certificado. Existem certificados de aptidão (em todos os níveis) concedidos pelo sistema escolar, e existem certificados de inaptidão, por assim dizer, tais como aqueles que os médicos concedem. Em nossas sociedades, os médicos estão socialmente encarregados de certificar que uma pessoa está doente, que ela tem esta ou aquela doença, que ela é inválida, que ela tem este ou aquele grau de invalidez, invalidez essa que pode ser medida em porcentagens às quais correspondem vantagens reconhecidas socialmente. Eu acho que a ideia de certificado é extremamente importante e, se tivesse que resumir em uma palavra as análises que propus a vocês, empregaria sem dúvida a palavra "certificado": alguém certifica que uma coisa é verdadeira (o latim já diz: *certus-facio*) e seu ato de certificação, de consagração de uma fala como verdadeira, é garantido pelo Estado. O certificado é um juízo de verdade com uma garantia do Estado; é um juízo de uma espécie absolutamente particular, que a filosofia nunca analisou. Aquele que te dá um certificado de doença certifica que você não é um impostor ou, em todo caso, que ele não detectou impostura, o que é um problema central: a questão que se coloca para as pessoas encarregadas de conceder certificados é saber se tratam com impostores ou pessoas sinceras. Elas precisam detectar a trapaça e toda forma de dissimulação. Por exemplo, um problema para o médico encarregado de conceder certificados é saber se está tratando de alguém que tem estratégias excelentes para valorizar seus direitos ou de alguém que tem estratégias excelentes para fazer acreditar que tem direitos.

Estamos, portanto, no universo da crença. Aquele que certifica tem inicialmente a certeza de que tem fundamentação para certificar. Isso é muito importante porque ele poderia ter dúvidas. Por exemplo, quando há uma crise da Ordem dos Médicos[326], os médicos começam a se perguntar se seu poder de certificação jurídica está realmente implicado em seu poder de certificação médica, e se não seria preciso distinguir entre a certificação de que um indivíduo tem uma doença e a certificação de que ele tem os direitos que correspondem a essa doença. Mas o ato de certificação supõe, além da crença no fato de estar fundamentado a certificar, a crença na validade do juízo de certificação. Isso vale tanto para o certificado médico quanto para o escolar (com certeza, um estudo comparado das duas formas de certificados seria importante: um é um

---

326. O curso aconteceu no começo de um período em que a própria existência da Ordem dos Médicos era discutida (sua supressão foi até uma das "cento e dez proposições para a França" apresentadas por François Mitterrand em sua campanha presidencial de 1981). Como P. Bourdieu aludirá mais tarde, existiam especialmente médicos que se recusavam a aderir à Ordem dos Médicos (invocando em particular as tomadas de posição políticas e morais da Ordem). A justiça havia sido convocada a se pronunciar sobre sua situação.

certificado positivo, um certificado de aptidão, o outro é um certificado negativo, de inaptidão – aliás, uma pergunta a se fazer seria saber se é mais fácil certificar o positivo ou o negativo). A autoridade que concede um certificado médico é detentora de um poder reconhecido de conferir privilégios extramédicos, privilégios que são de duas ordens: são privilégios positivos (um certificado médico pode dar direito a auxílios) ou privilégios negativos (que dispensam de obrigações; por exemplo, um certificado médico pode te dispensar da obrigação de fazer o serviço militar[327], de pagar tuas dívidas ou, nos casos extremos, de sofrer a justiça – esse é o problema dos técnicos da justiça...).

Vemos imediatamente o que está em questão. Eu já disse várias vezes aqui que existem campos nos quais a verdade é um objetivo de lutas. Aqui, isso fica absolutamente evidente. A questão de saber se a pessoa em questão é uma enferma autêntica ou uma fingidora é central: existe todo o sistema da perícia do médico pessoal, da contraperícia de um médico burocrata etc. Todo um aspecto do sistema médico se baseia na ideia de que é possível haver simulação e trapaça: o diagnóstico (sempre estamos na lógica do perceber, e do perceber corretamente), a *diacrisis* médica pode ser abusada pelas estratégias do cliente em potencial pelos benefícios associados à desvantagem reconhecida. A questão é portanto saber quem pode dizer que alguém tem uma desvantagem, e de quantos por cento.

Um aspecto importante do que acabo de dizer são essas noções de desvantagem [*handicap*], de invalidez. Todo esse léxico ("desvantagem", "deficiência", "inválido", "invalidez", "incapacidade", "incapacidade de trabalho" etc.) evidentemente tem uma gênese histórica. Esse processo de categorização social garantida juridicamente tem uma história social e, para compreendê-lo completamente, seria preciso voltar pelo menos ao século XVIII, às políticas de assistência aos pobres. Uma parte enorme do discurso dos "filantropos", como se diz, consistia em se perguntar como saber se um pobre é um pobre de verdade, um pobre legítimo: "Será que ele é pobre por causa dos vícios ou um pobre por causa do azar, do destino?" Esse grande problema de teologia política ainda sustenta as discussões atuais sobre a Previdência Social[328]: o que está em discussão é sempre a redistri-

---

327. Na época do curso, o serviço militar ainda era obrigatório na França para todos os homens de nacionalidade francesa. Os motivos de isenção ou de adiamento (temporários ou definitivos) deviam-se principalmente a razões médicas (que precisavam ser certificadas) ou à situação familiar.

328. Por exemplo, na época do curso, Margaret Thatcher denunciava uma "cultura da dependência" no Reino Unido, reativando os debates dos filantropos do século XIX ao redor dos pobres "merecedores" e "não merecedores".

buição associada ao fato de categorizar as pessoas como mutiladas socialmente (o que muitas vezes – mas nem sempre – quer dizer "mutiladas pelo efeito da ação da sociedade") – é no fundo o princípio da redistribuição legítima.

## O princípio e a justiça das distribuições

Em outras palavras, o que discuti até o momento era a questão das distribuições: em todo espaço social (o campo universitário, o campo político, o campo religioso etc.) há uma certa distribuição dos bens raros em jogo nesse espaço e sempre há uma certa representação da distribuição correta dos bens em jogo dentro desse espaço. A questão da representação justa da distribuição no interior desse espaço, a distribuição justa no *nomos*, ou seja, a distribuição correta, a distribuição legítima, faz parte daquilo com o que deve contar a luta (que acontece em todo espaço ou campo social) pela transformação da distribuição desse espaço. Ter consigo o *nomos*, ter, como entre os cabilas, "a regra ao seu lado"[329], ter consigo a representação da distribuição correta é ter uma força simbólica, e um dos objetivos é dizer: "A distribuição atual é justa tal como é", "O modo de redistribuição atual, a maneira de dar aos pobres, por exemplo a caridade ou a assistência pública, são legítimos". Há portanto uma discussão dupla: uma discussão sobre a justeza ou a justiça da distribuição, e uma discussão sobre a justeza ou a justiça do modo de redistribuição em vigor ("A Previdência Social custa caro demais"[330], "A caridade é humilhante, é preciso substituí-la pelas formas públicas, midiáticas, estatais de assistência"). Portanto, na luta que sempre existe pela transformação da distribuição, a representação da redistribuição faz parte das forças que podem ser utilizadas.

Aquele que tem o poder de certificar tem um poder considerável nessa luta. Se a inteligência, por exemplo, é um dos princípios legítimos de justificação da distribuição ou da redistribuição, aquele que tem o poder de certificar que tal pessoa é inteligente dispõe de um poder importante. (Eu acabei de dizer que se pode certificar aptidões ou inaptidões; em geral – acabei de pensar nisto, por isso não tive tempo de verificar – me parece que os princípios positivos

---

329. Cf. BOURDIEU, P. *O senso prático. Op. cit.*, p. 182-186 [185-189].

330. A ideia de que a Previdência Social custa caro demais, que ela pesa sobre o custo do trabalho e do emprego e prejudica a competitividade progredia no contexto ideológico e econômico da década de 1980, em que acontece este curso.

devem ser invocados para justificar os princípios de distribuição e os princípios negativos para justificar as redistribuições. Seria preciso verificar...) Aquele que certifica que alguém é inteligente segundo as normas em vigor socialmente num momento dado do tempo (é evidente que a inteligência é objeto de uma definição social num certo momento: existe uma infinidade, ou pelo menos um grande número de formas de inteligência, mas o sistema escolar, por exemplo, tende a privilegiar apenas uma[331]), aquele que dá uma avaliação quantitativa da inteligência servindo-se de padrões exteriores tem um poder social considerável de justificação da distribuição.

Podemos ver, a partir dessa análise do certificado, que uma prática como a medicina tem um estatuto bizarro. Eu falei disso um pouco em *Homo academicus*: ao distinguir as faculdades de dimensão jurídica, como as faculdades de direito e de medicina, das faculdades como as de letras e de ciências, eu me referia a essa propriedade que consiste em realizar atos intelectuais que têm valor jurídico[332]. O conjunto das faculdades realiza esses atos na ocasião do exame acadêmico (que, como o exame médico, é um diagnóstico acompanhado de um efeito de certificação), mas a faculdade de medicina tem uma capacidade suplementar: ela também pode certificar as incapacidades, com a garantia do Estado e com vantagens sociais relacionadas. Nesse sentido, o médico funciona como um técnico: é um agente social cujo ponto de vista é reconhecido socialmente, cujos vereditos têm força de direito.

## Caridade privada e assistência pública

Mesmo que se apliquem a indivíduos, esses vereditos não são vereditos individuais. São vereditos categoriais, já que o problema todo é saber se o indivíduo em questão é realmente justificável dele (a palavra "justificável" diz bem a coisa), se ele cai numa categoria tal que possa lhe dar um certificado de invalidez. Essa é a diferença da caridade, que é um juízo estritamente individual, *idios*[333], particular, que acontece em um segundo: o mendigo estende a mão, eu julgo ("Será que é

---

331. P. Bourdieu dedicou desenvolvimentos sobre a noção da inteligência em "O racismo da inteligência". In: *Questões de sociologia. Op. cit.*

332. BOURDIEU, P. *Homo academicus. Op. cit.*, cap. 2: "O conflito das faculdades", p. 63-102 [53-96].

333. Como aconteceu com frequência em suas primeiras aulas no Collège de France, especialmente aquelas sobre o insulto, P. Bourdieu se refere aqui à palavra grega *idios* (ἴδιος), que significa "particular", "que pertence caracteristicamente a alguém".

um impostor ou não?"), posso decidir com toda a liberdade. Haveria uma análise a se fazer... Se eu quisesse dar uma definição, uma parábola do Estado, diria: "O Estado é aquilo que estabelece a diferença entre um mendigo e um assistido, ou alguém filiado à Previdência Social". O mendigo solicita diretamente, de pessoa a pessoa, de particular a particular, e obtém uma espécie de ato de *Kadijustiz*, como Weber teria dito, um ato de justiça de cádi, ou seja, fundamentado na intuição individual e absolutamente não universalizado. É a justiça de Sancho Pança e a justiça de Salomão: se Sancho Pança estiver de mau humor ou não tiver comido um bom almoço, ele não dá esmola; se estiver de bom humor, dá. Isso é completamente flutuante. É como as morais da simpatia, as morais do sentimento que Kant criticava[334].

Pelo contrário, a Previdência Social é um ato que é realizado por um indivíduo, mas um indivíduo encarregado socialmente pela sociedade. Não se trata de um indivíduo singular, ele é juramentado, acreditado. Seu humor e seu mau humor certamente podem intervir, mas nos limites que são previstos pela lei: ele será controlado. Se ele tiver uma relação pessoal com seu paciente, um técnico burocrático controlará seu ato ou haverá confrontos... É portanto um indivíduo burocrático como Weber descreve, quer dizer, intercambiável, substituível, que realiza atos universais e portanto formais[335]. A moral burocrática, no fundo como a moral kantiana, tem como princípio a possibilidade de universalizar o ato singular[336]: é um ato que supomos que qualquer outro indivíduo colocado nas mesmas circunstâncias e apresentando as mesmas garantias estatutárias do ponto de vista do Estado realizaria da mesma maneira.

---

[334]. Na passagem que se segue, P. Bourdieu menciona pontos que desenvolveu no ano anterior: ele tratou da noção de *Kadijustiz* (e dos exemplos de Sancho Pança e Salomão) que Max Weber utiliza especialmente nas aulas de 26 de abril e 10 de maio de 1984; ele mencionou a crítica de Kant das morais da simpatia na aula de 17 de maio de 1984. Cf. *Sociologia geral*. Vol. 3. *Op. cit.*

[335]. P. Bourdieu se refere à passagem em que Max Weber descreve a "dominação legal": "[...] os membros da associação, ao obedecerem ao senhor, não o fazem à pessoa deste, mas, sim, àquelas ordens impessoais e que, por isso, só estão obrigados à obediência dentro da *competência objetiva, racionalmente limitada*, que lhe foi atribuída por essas ordens (WEBER, M. *Economia e sociedade*. Vol. 1. *Op. cit.*, p. 142).

[336]. Referência ao "imperativo categórico" de Kant: "devo proceder sempre de maneira que *eu possa querer também que a minha máxima se torne uma lei universal*" (KANT, I. Fundamentação da metafísica dos costumes. In: *Os pensadores*. Vol. XXV. Trad. de Paulo Quintela. São Paulo: Abril, 1974, p. 209 [*Grundlegung zur Metaphysik der Sitten*, 1795]).

O ato de justiça, em oposição ao ato de caridade (isso é uma velha história, mas muitas vezes é preciso refletir sobre as velhas histórias, já que os velhos tópicos de dissertações muitas vezes escondem problemas sociais importantes que é preciso repensar ingenuamente), é portanto um juízo categorial que subsume um indivíduo singular a uma categoria geral que é construída socialmente e que tem uma história social. A categoria dos "deficientes" ["*handicapés*"], por exemplo, foi criada por um decreto de tal ano, ao final de lutas de definição entre os médicos, os filantropos, os sociólogos, os historiadores etc., ela está inscrita no direito, tem um nome que foi o objetivo de uma luta. Da mesma maneira, as pessoas lutaram para não serem mais chamadas de "carteiros"[337] etc. A aplicação dessa categoria genérica a um indivíduo particular é o monopólio de certos agentes que supomos ter a capacidade de perceber a categoria e reconhecer suas manifestações singulares. Em certa medida, o ato clínico de diagnóstico, que consiste em subsumir um indivíduo a uma classe, a fazer um indivíduo entrar numa classe, coincide com o ato jurídico de categorização já que, nos dois casos, trata-se de subsumir o indivíduo a uma classe, mas essa classe é ao mesmo tempo científica e jurídica. Aqui estamos num ponto importante: essa classe é ao mesmo tempo um *nomos* no sentido de divisão (*nemo*, eu separo; eu digo "Este é este, aquele é aquele") e um *nomos* no sentido de lei ("Este merece, aquele não merece", e se digo, por exemplo, "Este merece ser liberado do serviço militar, e aquele é um simulador", seus destinos sociais serão totalmente diferentes: um irá para a prisão, o outro para o hospital).

## Os três níveis de análise de uma distribuição

O problema da percepção legítima (sobre o qual voltarei na última aula, para mostrar a vocês um pouco de uma espécie de genealogia teórica desde Kant e outros pais fundadores) pode parecer um pouco especulativo para vocês. Com essa análise, fica claro que ele é ao mesmo tempo concreto [...]. Parece-me que essa sociologia da percepção que propus leva a compreender o que são as percepções elementares de classificação que são ao mesmo tempo operações de codificação. De fato, sob a noção de *nomos* que mencionei, coloca-se todo o problema clássico da justiça distributiva na filosofia moral. A distribuição de que os estatísticos

---

337. Na França, os carteiros dos Correios reivindicaram a mudança de seu título de *"facteur"* para *"préposé"*, o que ocorreu num decreto de 1957, que vigorou até 1993. Ambos os termos são traduzidos para o português como "carteiro", e essa mudança não teve grandes consequências [N.T.].

falam parece um dado: os sociólogos ou os economistas estudam as distribuições, buscam os principais princípios explicativos de distribuição e captam as estruturas. A maioria das estruturas sociais, com efeito, manifesta-se sob a forma de distribuições e essa é a maneira pela qual podemos captá-las com facilidade. Como eu já disse muitas vezes, a estrutura de um campo é a distribuição das capacidades específicas que dão poder sobre aquilo que está em jogo nesse campo: para saber, por exemplo, qual é a estrutura do campo universitário, devo determinar quais são as propriedades interessantes para ter poder nesse campo e em seguida ver como elas se distribuem entre os indivíduos. Essa estrutura me dará o princípio explicativo das atitudes dos indivíduos: aquele que tem muito daquilo que é preciso ter para dominar vai tender a ter uma propensão a se conduzir de uma certa maneira, diferente daquele que tem muito pouco etc. A distribuição é isso: é o *nomos* realizado, é a lei fundamental de um campo transformada num espaço de bens distribuídos desigualmente.

Sempre é preciso pensar na metáfora do jogo: há jogadores que têm pilhas enormes de fichas, outros que não têm nada, e o jogo continua sem parar... Fazer a análise da estrutura de um campo é parar o jogo num certo momento e observar a estrutura das pilhas de fichas. A partir dessa estrutura, posso compreender o que aconteceu antes (alguém ganhou etc.) e também ter uma antecipação do que vai acontecer porque sempre há uma ligação entre a estrutura da distribuição das fichas e a estratégia que os agentes vão empregar para conservar ou subverter a estrutura das fichas. É isso que é um campo. Assim, o sociólogo é de certa maneira o equivalente de um *censor* romano (uso a palavra de propósito, e voltarei a ela em seguida: o *censor* era o encarregado de fazer o *census* – a palavra de onde vem "recenseamento" – e de ver como estavam distribuídas as fortunas para determinar como os agentes deveriam ser taxados). Ele faz o *census* como recenseamento positivo (qual é a distribuição?): ele não faz juízos, ele descreve a distribuição, ele diz quem tem pouco, quem tem muito, quem tem mais ou menos.

Em geral, as pessoas que param aí (dizendo: "Meu trabalho, enquanto sociólogo, consiste simplesmente em fazer o *census*") são as sociólogas de Estado (voltarei depois a isso), elas fazem recenseamentos oficiais. Seu trabalho é determinar as categorias estatísticas que muitas vezes (são sociólogos de Estado, cientistas oficiais...) *eo ipso* são categorias jurídicas. O *censor* burocrático do Insee e o demógrafo oficial estão, em última instância, muito mais próximos do médico (eles dão certificados) do que do sociólogo autônomo (voltaremos a falar dessa autonomia). Parar no *census*, quer dizer, no estudo de uma distribuição real, garante todas as aparências de cientificidade. Quando queremos garantir as aparências de cientificidade, quando queremos que digam: "Seu trabalho é realmente científico", é preciso parar aí. Dou um exemplo muito simples: quando a sociologia da educação começou, ela logo estabeleceu as leis de distribuição do sucesso no sistema escolar propondo hipóteses sobre os princípios determinantes dessa distribuição[338], o que, obviamente, é um objetivo de luta, isso pode ser contestado.

Um livro do Sr. Thélot que se chama *Tal pai, tal filho*[339] fez uma retomada burocrática da coisa sob a forma de uma constatação bruta e se tornou uma espécie de obra de referência burocrática que não é discutida. Ele diz mais ou menos a mesma coisa que havia sido dita pela sociologia da educação e está claro que, sem essa sociologia da educação, ele jamais teria dito o que diz, isso jamais teria lhe ocorrido, mas, ao dizê-lo de modo burocrático, com a garantia burocrática, e sem tirar nenhuma consequência sobre as minúcias, sobre os fatores determinantes e as consequências possíveis, ele tem o rótulo burocrático e pode ser ensinado em todas as paróquias com uma espécie de garantia burocrática de cientificidade. Voltarei a esse ponto que é muito importante e que acho que decide o problema de saber o que é científico e o que não é nas ciências sociais.

Portanto, a distribuição pode ser objeto de uma análise estatística e positiva ("Eis como isso se distribui"). Não podemos parar aí, mas o que é preciso fazer em seguida não consiste em se perguntar se a distribuição é justa ou injusta. Isso não é realmente problema do sociólogo, mesmo que ele possa ter uma opinião. Ele pode dizer: "Em relação às normas da distribuição igual, isso é desigual". Assim, para medir a força de uma relação, muitas vezes comparamos a distribuição constatada com a distribuição teórica, em caso de independência estatística. Isso significa fazer uma hipótese. Os físicos fazem a mesma coisa, mas como se trata de partículas, as pessoas não dizem para eles: "Você tem um preconceito igualitarista". Quando se trata de indivíduos, a operação científica que consiste

---

338. P. Bourdieu tem em mente os trabalhos realizados no Centro de Sociologia Europeia na década de 1960, especialmente BOURDIEU, P.; PASSERON, J.-C. *Os herdeiros: os estudantes e a cultura*. Trad. de Ione Ribeiro Valle e Nilton Valle. Florianópolis: Ed. da UFSC, 2013 [*Les Héritiers – Les étudiants et la culture*. Paris: Minuit, 1964].

339. THELOT, C. *Tel père, tel fils – Position sociale et origine familiale* [*Tal pai, tal filho – Posição social e origem familiar*]. Paris: Dunod, 1982. Claude Thélot foi um administrador do Insee. P. Bourdieu voltará a tratar da regressão que lhe parecia acontecer nesse livro em *La Noblesse d'État* [*A nobreza do Estado*]. Paris: Minuit, 1989, p. 191.

em comparar a distribuição constatada com a teórica, que obteríamos no caso de independência das variáveis, é obviamente percebida como política: a independência das variáveis é a hipótese igualitarista... Isso também é uma coisa importante para compreender as dificuldades especiais do sociólogo. Ao descrever a distribuição, ao dizer que ela é muito fortemente dissimétrica, ou bimodal, o sociólogo toma posição, querendo ou não, sobre o valor dessa distribuição, sobre a questão de saber se ela é justa ou injusta. Em todo caso, ele fornece armas àqueles que lutam para saber se ela é justa ou injusta. É por isso que as constatações mais constativas são necessariamente objetivo de lutas. Haverá pessoas que dirão que isso é falso mesmo que salte aos olhos. No mundo social não conseguimos converter as pessoas através de dados estatísticos. Um cientista jamais terá a última palavra se, no momento em questão, a verdade social for mais forte do que a verdade científica. Eu acho que isso também é extremamente importante para compreender o estatuto particular da ciência social.

Assim, um primeiro nível consiste em constatar. No segundo nível, dizemos: "Eu sou neutro, não tomo posição nas lutas". Isto posto, essa neutralidade é fictícia porque, não importa o que se faça, o número correto, como se diz, é um objetivo de lutas. O que é preciso colocar no modelo é que existe uma distribuição mas que também existe uma luta pela distribuição. Terceiro nível: existe no objeto uma luta para saber se a distribuição é justa ou injusta e se o modo de redistribuição que contribui para corrigir a distribuição é justo ou injusto. O sociólogo positivista que registra uma distribuição (pode ser de sabonetes, espuma de barbear, automóveis, seja o que for) sempre registra simultaneamente um estado da distribuição e o resultado de lutas para transformar a distribuição e para transformar o princípio de redistribuição. Em outras palavras, as distribuições constatadas englobam o resultado das lutas pela distribuição legítima e ao mesmo tempo pela representação legítima da distribuição. Estou me repetindo um pouco demais, mas acho que isso é importante: a ideia da distribuição justa faz parte dos fatores que determinam a distribuição, e a luta pela transformação ou conservação da distribuição implica lutas pela determinação da representação legítima da distribuição, do *nomos*. Basta pensar na Previdência Social: para não me repetir, deixo que vocês façam o exercício mentalmente e verão que é disso que se trata em todas as discussões sobre a Previdência Social, suas funções etc.

## Onde está o Estado?

Qual é a questão central nessa luta? Se pensarmos no problema da deficiência, que mencionei através do certificado médico, as questões fundamentais são as seguintes. Primeiro, quando se trata da redistribuição legítima para as pessoas que podem receber direitos porque têm desvantagens físicas ou intelectuais reconhecidas socialmente, essa questão tomará duas formas. Primeiro ela tratará da fundamentação da distribuição e da redistribuição legítima: é o mérito (de modo geral, nas nossas sociedades isso quer dizer o trabalho) ou a necessidade? É a velha distinção marxista: "De cada um segundo suas capacidades, a cada um segundo suas necessidades"[340]. Depois que essa questão for decidida (ela não será decidida da mesma maneira em momentos diferentes, mas se dissermos, por exemplo, que os cegos receberão vantagens sociais, reconheceremos a necessidade), há uma luta para deslocar a fronteira que define a categoria daqueles que têm direito a vantagens sociais compensatórias. Em outras palavras, haverá uma luta entre aqueles que buscarão, por exemplo, estender as categorias dos "inválidos" e aqueles que trabalharão para restringi-las.

Podemos, por exemplo, voltar ao certificado médico. Aquele que concede um certificado realiza um diagnóstico em função de um monte de parâmetros manipulados mais ou menos conscientemente. Ele pode ter recebido instruções (o governo governa por instruções) e injunções. Essas espécies de intimações podem estar acompanhadas de sanções ou não [...], sua observação pode ser controlada ou não (recentemente algumas instruções foram enviadas para os professores[341]: será que sua execução é controlável ou não? Existem inspetores gerais, mas será

---

340. Pode-se citar, por exemplo, esta passagem célebre: "Numa fase superior da sociedade comunista, quando tiver sido eliminada a subordinação escravizadora dos indivíduos à divisão do trabalho e, com ela, a oposição entre trabalho intelectual e manual; quando o trabalho tiver deixado de ser mero meio de vida e tiver se tornado a primeira necessidade vital; quando, juntamente com o desenvolvimento multifacetado dos indivíduos, suas forças produtivas também tiverem crescido e todas as fontes da riqueza coletiva jorrarem em abundância, apenas então o estreito horizonte jurídico burguês poderá ser plenamente superado e a sociedade poderá escrever em sua bandeira: 'De cada um segundo suas capacidades, a cada um segundo suas necessidades'!" (MARX, K. *Crítica do programa de Gotha*. Trad. de Rubens Enderle. São Paulo: Boitempo, 2012, p. 31-32 [*Kritik des Gothaer Programms*, 1875]).

341. Trata-se sem dúvida dos programas e instruções oficiais que foram publicados no final de abril de 1985 pelo Ministro da Educação Nacional, Jean-Pierre Chevènement. Elas insistiam particularmente na importância do aprendizado da leitura, suprimiam as "atividades de desenvolvimento" [*"activités d'éveil"*] e reintroduziam a educação cívica nos currículos escolares.

que eles controlam, será que têm vontade de controlar?). Os agentes sociais que entregam certificados devem levar em conta a existência de instruções, mas também do paciente que tem estratégias. Na relação particular entre o paciente e o médico, o médico pode ser levado a ter uma definição extensiva ("Você tem dor nas costas, portanto indico vinte sessões de fisioterapia") ou então uma definição restritiva ("O Estado está em dificuldades, você é um simulador...").

Essa seria uma longa análise que eu precisaria estender, mas o autor do diagnóstico tem diante de si alguém que sofre e que, para expressar seu sofrimento, tem uma linguagem mais ou menos elaborada. Ele pode ter apenas uma linguagem corporal e não verbal, ele pode ter uma linguagem científica legítima (que pode impressionar o autor do certificado) ou semilegítima com pretensão de ser legítima (que pode exasperar o médico). Há portanto uma estratégia simbólica da parte daquele que tenta converter sua dor, seu sofrimento, em sintomas reconhecidos e reconhecíveis por um médico. Ele busca entrar numa categoria reconhecida e ter as vantagens dessa categoria (ele quer, por exemplo, ser liberado do serviço militar). Diante dele, o médico tem suas categorias clínicas. Ele sabe, mas não quer saber, que essas são categorias jurídicas. Ele realiza um ato de diagnóstico, [...] converte uma necessidade definida individualmente em necessidade legítima, legitimada, sancionada socialmente com vantagens garantidas juridicamente de dimensão econômica.

Operações desse tipo vão se reproduzir milhares de vezes e de maneiras muito diversas. Elas podem, por exemplo, ser reproduzidas por um fisioterapeuta que poderia dizer: "Mas esse médico me mandou um simulador que não tem dor nenhuma nas costas, na verdade ele só quer fazer ginástica, ou ganhar uns dias nas termas de Vittel"[342] e, dependendo de sua relação com o médico, reagirá de maneira diferente. Aqui entro no que pode parecer anedótico, mas neste momento estou falando do Estado... (Houve um período em que os filósofos descobriram o Estado e, como muitas vezes acontece quando os filósofos descobrem alguma coisa, isso imediatamente ficou enorme: o Estado com E maiúsculo. Nem sequer se coloca a pergunta de saber se isso existe: já que a palavra existe, isso existe... A descida que faço na imanência do anedótico é muito importante, ela permite reconhecer o Estado onde ele está, e não o colocar onde não está.)

---

342. Cidade no leste da França conhecida por suas águas de supostas propriedades terapêuticas [N.T.].

O Estado é portanto o fisioterapeuta que, por exemplo, não vai dizer que o médico é um impostor (ou o cúmplice de um impostor, ou um imbecil enganado por um impostor etc.) e que sua legitimidade, sua competência garantida socialmente deve ser questionada... Em vez de denunciar o médico, há uma espécie de interlegitimação: um certificador que, em função de seu estatuto mas também de seus interesses específicos (manter a clientela, não a perder – "Se eu não faço isso para ele, ele irá num outro" etc.), envia para um outro certificador, certificado [...]. Existe uma espécie de processo de certificação circular. Em seguida, pode intervir aquele encarregado de controlar, aquele encarregado de validar economicamente a operação etc. Passo a passo, há uma série de atos de clarividência e de créditos garantidos juridicamente que, através do acúmulo de um monte de decisões, criam aquilo que poderíamos chamar de uma "política de previdência social". Normalmente, quando pensamos em "política de previdência social" pensamos imediatamente que há um agente, um funcionário do Estado[343], que concede através do direito etc.

## Os vereditos e os efeitos de poder

O que sugiro em minha análise, que não estenderei, é que o sujeito dessa política não é um ministro, não é um conselho de ministros, nem um governo, e sim um conjunto de agentes concorrendo pelo monopólio do exercício legítimo do ato de certificação e da entrega de direitos de vantagens sociais, isenções etc. É um sistema de agentes em concorrência, uma espécie de sistema sem sujeito, em que cada sujeito intervém no limite do poder reconhecido estatutariamente que lhe pertence e com os interesses específicos que tem na concorrência com os outros agentes. Em outras palavras, os interesses específicos intervêm em cada momento. Consequentemente, comete-se um engano formidável quando se diz que minhas análises são deterministas. Minhas análises são muito diferentes daquelas visões em termos de aparelho (a palavra "aparelho" é mecanicista) que descrevem as instâncias dominantes como tipos de máquinas e que levam, de alguma forma, a uma espécie de delegação para além dos atos de responsabilidade exercidos por

---

343. P. Bourdieu sem dúvida pensa na "teoria da agência", formulada pela economia na década de 1970 e que trata das situações em que um agente está em posição de tomar decisões em nome de outro (assim, numa empresa, os gerentes que agem em nome dos acionistas ou, no caso de tratamentos médicos, o paciente ou o médico que agem enquanto o pagador pode ser um convênio ou a Previdência Social).

agentes singulares. Se quisermos inserir a qualquer preço os problemas morais na análise que proponho, vemos que cada agente não pode muita coisa, mas pode um pouquinho, no limite de sua posição num campo, dos interesses associados a essa posição. Esse foi um pequeno parêntese ético que normalmente não faço, [...] seria possível desenvolvê-lo.

Esse universo de técnicos tem uma propriedade muito particular: eles têm a capacidade de fornecer vereditos, quer dizer, juízos de verdade, que são ao mesmo tempo efeitos de poder. Sobre a relação em questão aqui, minha análise tende a substituir a ideia de Estado por algo que poderíamos chamar de campo da técnica [*expertise*], ou o campo dos agentes em concorrência pelo poder de certificação social, ou seja, pelo poder de dizer o que será do mundo social, com autoridade, com poder, com consequências jurídicas. O juiz, por exemplo, tem o poder de dizer o que será de uma pessoa, com a consequência dela ir para a prisão ou continuar livre. Mas os médicos e os professores também estão nessa categoria. Esses agentes decidem de uma maneira que pode ser irregular mas que não será considerada como tal; decidem de uma maneira que pode ser idiota[344] mas que não será considerada como tal, de uma maneira que pode ser idiossincrática mas que não será considerada como tal, que será imediatamente percebida como universal. Eles precisam resolver problemas de discriminação (discriminação, *dia-crisis*[345]...), problemas de verdade: "A incapacidade que vou certificar é verdadeira ou simulada?" Essa análise sobre o certificado médico, o ato de certificação, fornece uma resposta à pergunta "O que é a classe dominante?": poderíamos dizer que os dominantes nesse campo do poder simbólico são aqueles que têm a maior autoridade reconhecida publicamente para dizer o que será do mundo social.

Desenvolver completamente as implicações fenomenológicas dessa proposição – "Existe uma luta pela verdade do mundo social" – não é fácil, acho, mas volto a isso por um instante. Trate-se de pobreza ("Será que essa é uma pobreza reconhecida, que merece assistência?"), de deficiência física ou mental ("Será que ele é louco ou não? Será que ele é responsável por seus atos?"), esses atos sociais são confiados a agentes que são de alguma forma arrancados da esfera do privado. Mas os indivíduos singulares, sem mandato, continuam a portar juízos, e isso é

---

344. P. Bourdieu provavelmente emprega aqui a palavra "idiota" em referência ao termo grego *idios* (ἴδιος), que utilizara um pouco antes.

345. P. Bourdieu aproxima a palavra "discriminação" (formada a partir de *crimen*, "ponto de separação") da palavra *diacrisis*, cuja etimologia comentou duas aulas atrás.

muito importante. Tudo que eu disse aula passada ainda é verdade: a cada instante, cada um de nós tem o poder de dizer: "Esse aí é completamente maluco, devia ser internado" ou, pelo contrário, "Isso é um escândalo, ele jamais devia ter sido internado". Aliás, na medida em que cada agente detém seu poder, ele contribui para a definição do *nomos*. Num momento dado, existe um certo sentimento de equidade ou de inadaptação, e quando, por exemplo, os grupos de pressão querem lutar pela expansão de uma categoria de deficientes, dizem: "Não é suficiente colocar nessa categoria a tuberculose, é preciso incluir também a tuberculose óssea", com base numa espécie de senso expandido de equidade. (Hoje em dia, infelizmente, eles se baseiam na pesquisa de opinião, que supostamente registra uma opinião mas, na realidade, a produz[346].) Eles se baseiam naquilo que é, num momento dado, o sentimento de justiça e que é ele próprio o produto de todas as pequenas transações cotidianas sobre a definição da justiça ("De qualquer forma, isso não é possível, fulano já está em casa há quinze meses, ele é sustentado pela Previdência Social..."). Essa espécie de trabalho permanente do cidadão singular contribui para definir uma coisa muito indefinível, uma espécie de *nomos* implícito (Antígona teria dito "leis não escritas"[347]), um tipo de sentimento difuso do justo e do injusto, que o legislador deve levar em conta para poder transformar esse sentimento do justo e do injusto em leis públicas do justo e do injusto.

O ato do técnico de dimensão jurídica é característico de nossas sociedades, e a ciência se torna uma dimensão da maioria dos atos jurídicos, como vemos no caso do diagnóstico médico. O ato jurídico com dimensão científica ou, pelo contrário, o ato científico com dimensão jurídica, é um ato público, visível, oficial, mediado e regulado pelo Estado, e leva à concessão de títulos. Assim como existem títulos positivos que dão direito aos cargos, existem títulos negativos que dão direito a vantagens sociais, um certificado de deficiência é um título que "intitula a", "dá direito a" vantagens oficiais, privilégios categoriais que não são aqueles do indivíduo. Em outras palavras, existe uma espécie de percepção instituída. Por exemplo, uma categoria como a dos "deficientes motores" é uma percepção insti-

---

346. BOURDIEU, P. "A opinião pública não existe". *Art. cit.*
347. Referência às "não escritas e intangíveis leis" que Antígona opõe ao decreto do Rei Créon, proibindo o enterro de seu irmão: "Nem nas tuas ordens reconheço força que a um mortal permita violar aquelas não escritas e intangíveis leis dos deuses. Estas não são de hoje, ou de ontem: são de sempre; ninguém sabe quando foram promulgadas" (SÓFOCLES. Antígona. *In*: *Três tragédias gregas*. Trad. de Guilherme de Almeida. São Paulo: Perspectiva, 1997, p. 62).

tuída, reconhecida, uma percepção social homologada que implica um tratamento diferencial das pessoas que caem nessa categoria. Enxergamos bem que essas categorias se opõem às categorias privadas do indivíduo singular, aquele que diz: "Dou esmolas para essa pessoa porque não sinto cheiro de vinho". Trata-se aqui de um diagnóstico da existência cotidiana, de um diagnóstico privado, cujos princípios são implícitos, confusos, difusos, permanecem invisíveis; não há nenhuma publicação, ele é controlado completamente pelo indivíduo que decide dar ou não dar esmolas sem ter que prestar contas ao Estado... a não ser que deseje deduções nos impostos. (Essa observação mostra de passagem a dificuldade de definir o público e o privado: o que está em jogo aqui é uma espécie de fronteira permanente.) Assim, esse ato é uma atribuição pessoal, totalmente livre mas sem consequências. No outro caso, trata-se de uma atribuição completamente codificada, mas com consequências. É isso uma instituição.

O que fiz com a deficiência poderíamos ter feito com a identidade social. O problema é o mesmo. Aquele que usurpa uma identidade engana a percepção, como aquele que simula uma enfermidade, e passamos de maneira contínua das estratégias de blefe da existência cotidiana, das estratégias descritas por Goffman[348] que consistem em se fazer passar por mais do que se é para as estratégias de simulação pelas quais conseguimos a isenção do serviço militar quando estamos perfeitamente sãos de espírito... e de corpo.

## O campo da certificação

Portanto, os vereditos sociais legítimos são o monopólio de um certo número de agentes e, em última instância, eu substituiria a noção de Estado, na relação que analiso aqui, pelo espaço dos agentes em luta com chances razoáveis de sucesso (é isso que os caracteriza, pois todos os agentes estão em luta) pelo monopólio da violência social. Essa é uma generalização da definição weberiana do Estado: "O Estado é detentor do monopólio da violência legítima"[349]. Weber obviamente pensava na violência em matéria de política externa (o poder de decretar e conduzir a guerra) e na violência em matéria de polícia interna (o poder de restringir

---

348. GOFFMAN, E. *A representação do eu na vida cotidiana. Op. cit.*

349. "Uma *empresa com caráter de instituição* política denominamos *Estado*, quando e na medida em que seu quadro administrativo reivindica com êxito o *monopólio legítimo* da coação física para realizar as ordens vigentes" (WEBER, M. *Economia e sociedade*. Vol. 1. *Op. cit.*, p. 34).

os agentes individuais pela violência). O que introduzo é uma espécie de generalização do conceito. Essa definição de Weber é um progresso considerável, mas é evidente demais que o Estado tem o monopólio da coerção. O direito moderno e racional é um veredito acompanhado do poder de executá-lo: é a justiça mais a polícia. Simplificando um pouco, é isso que Weber diz.

O que introduzo é importante e muito menos visível. É a ideia de que o Estado tem o monopólio da violência simbólica legítima, quer dizer, o monopólio de decretar, discernir, dividir, separar, dizer: "Você está aqui, você está ali, vocês estão bem, vocês estão mal, você é neurótico, você é etc." O monopólio da violência simbólica legítima é o monopólio dos atos nômicos, dos atos de divisão, acompanhados de sanções jurídicas, acompanhados de efeitos sociais. O que é preciso descrever [...] seria o subcampo das lutas, dentro do campo do poder, pela determinação das reivindicações legítimas de incapacidade. Temos os agentes sociais que, a partir de uma espécie de senso jurídico, de um conhecimento aproximado de seus direitos, dizem para um indivíduo: "Sabe, você tem direito...", "Você devia ir ver um médico". O indivíduo em questão vai ver um médico, diz a ele que sente dor nas costas e utiliza a melhor estratégia, levando em conta os meios de que dispõe, para valorizar seus direitos reais ou supostos. Quem vai dizer que essa reivindicação de incapacidade é uma reivindicação legítima? É esse subcampo do qual acabei de falar. Um dos problemas de um estudo empírico será definir os limites desse campo: quem hoje em dia tem o poder de dizer o que é uma reivindicação legítima? Será que o curandeiro faz parte disso? Teremos imediatamente as definições simples de medicina legal/medicinas ilegais (vocês têm periodicamente debates na televisão em que médicos se confrontam com curandeiros) que são fáceis de compreender a partir das análises que faço aqui: retomem minhas categorias, é "público/privado". (Digo isso para valorizar minhas análises, porque senão talvez vocês digam: "Meu Deus, como ele demora para uma coisa tão simples". Na verdade, não é tão trivial assim.)

Portanto, de um lado temos os indivíduos singulares que, com suas armas, buscam fazer com que sua invalidez seja conhecida, e do outro lado um universo de agentes que mudam. Em cada momento temos novos entrantes: o psicanalista, o psiquiatra, o psiquiatra infantil etc. Esses novos entrantes vão lutar para criar um lugar, para definir sua competência. A palavra "competência" é muito importante porque é uma palavra técnica com dimensão jurídica. O técnico tem uma "competência", ou seja, uma capacidade reconhecida (esse é o problema das capacidades: existem aptidões não certificadas). Aquele que concede um certificado deve ser certificado como fundamentado para conceder certificados, e ele é certificado para conceder certificados por outras pessoas que também são fundamentadas para conceder certificados. Pensem no que é a Ordem dos Médicos. Num certo momento houve todo um debate porque os médicos que estavam certificados tecnicamente pela faculdade se recusavam a participar da Ordem dos Médicos[350]; a Ordem dos Médicos os excluiu. Eles ainda eram certificados tecnicamente e não eram mais certificados socialmente (se vocês refletirem, verão que não é tão simples...).

Assim, quem são esses certificantes que certificam que outras pessoas podem certificar com legitimidade? Um matemático é alguém que os matemáticos chamam de matemático. Todos os universos dos técnicos são desse tipo. Dito isso, no caso dos técnicos e das competências tais como eu as descrevi, essa certificação é estatal, ela pertence à ordem do Estado. É a violência simbólica legítima porque ela resulta em sanções. Que um matemático chame um outro matemático de matemático não muda nada na ordem social, não dá nenhum poder, ou muito pouco, para este matemático. Quando um médico qualifica um outro médico como fundamentado para certificar, esse é um ato de tipo jurídico que faz entrar o ato de certificação desse médico na ordem do Estado. Seria preciso analisar o campo que envolve esse ato diagnóstico elementar que é o diagnóstico clínico: hoje em dia, quem faz parte dele? Um fisioterapeuta faz parte? Uma enfermeira faz parte? Um anestesista faz parte? Temos aqui toda uma série de debates com lutas de fronteira. As fronteiras são vitais porque a certificação daquele que certifica está em jogo na definição dos limites de seu poder de certificar. Será que a anestesia deve acontecer na presença de um médico ou não? Todas essas lutas para ter o monopólio da violência simbólica são, num certo momento, decididas pelo Estado. Alguns ganham e conseguem fazer com que sua definição da fronteira seja reconhecida como legítima.

O Estado não é alguma coisa com E maiúsculo que teria vontades, pensamentos, sentimentos, veredítos. É a estrutura, num dado momento, da relação de força simbólica entre os agentes que pretendem ter a certificação legítima das vantagens ou das desvantagens em todo tipo de domínio da prática. E, em últi-

---

350. Cf. *supra*, nota 326.

ma instância, fazer uma sociologia do Estado é fazer uma análise das lutas pela definição do princípio de distribuição e de redistribuição legítima como luta para transformar, estendendo-as ou restringindo-as, as categorias de percepção das divisões legítimas do mundo social que são, ao mesmo tempo, categorias legítimas de distribuição e de redistribuição das vantagens sociais em jogo numa sociedade. Mudar a categoria dos deficientes terá efeitos na Previdência Social: um certo número de pessoas que não tinham direito a vantagens passará a ter direito. Como resultado, as fronteiras nômicas, as fronteiras que têm efeitos sociais, serão transformadas. É claro que com muita frequência a tentativa de mudar as fronteiras leva a mudar as palavras.

O que faz o sociólogo nisso tudo? Esse não é o objetivo de minha análise, mas uma das coisas que eu queria mostrar é a posição muito particular, acho que única (não especifico isso de modo algum para inventar a singularidade da sociologia), da análise sociológica quando ela é completamente consequente, que ela não se torne uma técnica, que não sacrifique sua liberdade teórica para ganhar em técnica. Existe uma transação: se vocês entenderam o que eu disse há pouco, verão imediatamente que podemos ganhar poder de certificação desde que entremos no jogo da luta pelo poder simbólico. Uma outra estratégia consiste em descrever como tal a luta pelo poder simbólico, o que pressupõe sair dela (pelo menos para descrevê-la) e acho também que pressupõe sair dela para poder ter a ideia de descrevê-la. [...] Uma questão será saber qual é a posição da sociologia enquanto ciência que, através de seu trabalho de divisões e de representação das divisões, intervém inevitavelmente na luta pela representação legítima das divisões. Mas, como mostrarei na próxima aula, ela se distingue nesse [...] espaço de técnicos em luta pelo monopólio da violência simbólica legítima: ela tenta fazer sua análise situando-se lá dentro, mas situar-se nesse espaço constantemente é uma maneira de sair dele (e a única maneira). Voltarei a isso na próxima aula.

## Segunda hora (seminário): a invenção do artista moderno (6)

Tenho dificuldade para começar a segunda hora dedicada à sociologia e à história social da gênese social do campo artístico como campo e do artista como personagem tal qual nós o conhecemos. Muitas vezes acontece de, depois de me interromper na primeira hora, sentir o efeito [Zeigarnik] que os psicólogos descrevem em relação às crianças cuja brincadeira interrompemos e que têm vontade

235

de continuar. Em vez de começar de saída com o campo artístico, gostaria então de fazer uma ligação entre o que eu disse no fim e o que vou dizer. Eu disse no fim que podíamos chamar o "Estado" de um certo estado da relação de forças no campo de certificação. Um veredito estatal se imporá como o veredito, por exemplo sobre um objeto ou uma aptidão, que é objeto de luta de definição no mundo social. Com o exemplo da pintura, isso é absolutamente simples.

Eu sempre formulo a pergunta da legitimidade sob uma forma simples: quem será juiz da legitimidade dos juízes?[351] Essa é a própria questão da legitimidade que formulei a respeito de Kafka[352]. Espero que aqueles entre vocês que, nos anos anteriores, podem ter ficado surpresos de me ver mencionando Kafka como sociólogo compreendam cada vez melhor o que eu queria dizer... Habitualmente, quando dizemos "kafkiano", pensamos em burocracia ofensiva, esmagadora etc. Eu acho que Kafka descreve muito mais a própria lógica do universo burocrático, quer dizer, um universo no qual todos lutam para ser o juiz supremo, para poder dizer: "Fulano é culpado, fulano é inocente". Obviamente, quando se trata de justiça, quando veredito são julgamentos de vida ou morte, isso é muito mais chocante. Mas um certificado médico ou um certificado de isenção do serviço militar é um pequeno julgamento de vida, ou de morte, assim como um certificado de aptidão ao ensino ou ao ensino secundário. Portanto, a pergunta sempre se coloca: quem será o juiz da legitimidade dos juízes? E sob quais condições o juiz fará com que essa pergunta seja esquecida?

Acredita-se que essa questão não se coloca mais quando existe um Estado e que é preciso personagens bizarros, um pouco perversos, como Kafka ou o sociólogo, para fazê-la reaparecer. É por isso que acontece de eu me perguntar se a sociologia deve existir, o que é uma pergunta absolutamente legítima. A sociologia deve existir *independentemente dos interesses dos sociólogos em existir como sociólogos*? Essa especificação do final é importante. Por exemplo, há alguns anos os encontros da filosofia[353] começavam com discussões sobre o interesse da filosofia, mas ninguém formulou a questão do interesse na filosofia. É de certa forma

---

351. Podemos lembrar que isso se trata do título que P. Bourdieu deu a seu artigo sobre a "parada de sucessos dos intelectuais franceses", que publicou no ano anterior de seu curso, logo antes das aulas que trataram de Kafka.
352. Cf. *Sociologia geral*. Vol. 3. *Op. cit.*, aulas de 22 e 29 de março de 1984.
353. Trata-se sem dúvida dos "Estados Gerais da Filosofia" organizados em 1979 por Jacques Derrida na Sorbonne: *États généraux de la philosophie (16 et 17 juin 1979)*. Paris: Flammarion, 1979.

extraordinário, para pessoas que pensam com tanta força e radicalidade, que ninguém na sala tenha dito: "Mas será que nós não teríamos interesse na filosofia? Será que a filosofia teria interesse se os professores de filosofia não tivessem interesse em que isso existisse?" Essa é uma pergunta que eu responderia afirmativamente, mas acho que a [questão do interesse na filosofia ganha ao ser formulada].

Como os sociólogos observam que a existência de um técnico coloca a questão do direito à técnica, em geral recebem de volta a própria pergunta e é verdade que, paradoxalmente, os sociólogos muitas vezes esquecem de voltar à pergunta para si mesmos. É porque com muita frequência eles fazem sociologia para fazer essas perguntas irritantes para outras pessoas. Fundamentalmente, a sociologia do conhecimento, em sua forma espontânea, é uma sociologia dos fundamentos sociais, e portanto dos limites, do conhecimento das outras pessoas. Nós somos todos espontaneamente sociólogos do conhecimento (das outras pessoas) quando dizemos: "Isso que você diz vem do seu ressentimento etc." Não se pode escapar da pergunta feita em sua generalidade: "Quem será o juiz da legitimidade dos juízes?" Ela se aplica a qualquer juízo: "Quem será o juiz da legitimidade dos juízes, portanto dos meus juízos?" Existe uma instância última que possa emitir vereditos sobre os vereditos? O veredito, na lógica [etimológica (?)], é *veredictum*, é um juízo com pretensão de verdade, como todo juízo, com chances razoáveis de sucesso, de tal maneira que nem sequer se coloca a questão de sua fundamentação. Um veredito jurídico é um veredito que, além do fato de se fazer aceitar, faz esquecer a própria questão de sua fundamentação, ou seja, da fundamentação do próprio ato de julgar, sem ter que justificar sua fundamentação.

## A pintura acadêmica como universo teológico

Agora que aliviei minha tensão, vamos passar para a Academia, mas vocês verão que isso que acabei de dizer se justifica. Com efeito, quando havia uma Academia, havia uma instância legítima que tratava de dizer quem podia legitimamente se chamar de pintor. É um objetivo permanente de luta dizer quem é realmente pintor, quem será o juiz da legitimidade dos pintores. Da mesma forma, quem dirá que fulano é realmente sociólogo, quem dirá que fulano é realmente historiador? No caso dos pintores, hoje em dia essa pergunta da legitimidade se coloca de maneira permanente; o universo dos pintores é um daqueles em que a pergunta que fiz no começo – "Quem será o juiz da legitimidade dos juízes?" – menos surpreenderia. O universo da pintura é o lugar da ideologia carismática, da descoberta do pintor realmente grande, da convicção, da vocação, da predestinação (tudo isso que define o carisma), mas o mundo da pintura é atormentado pela ansiedade de sua legitimidade. Talvez ele só seja tão carismático porque os pintores devem viver num estado de alta insegurança em relação à legitimidade. Com efeito, há campos de maior ou menor insegurança em relação à legitimidade. No campo jurídico, é preciso realmente crises muito grandes para que os juízes se coloquem a questão da legitimidade dos juízes (mas isso pode acontecer, em 1968 por exemplo [...]). O campo da pintura hoje em dia está num estado de insegurança permanente quando se trata de saber quem dirá que fulano é um pintor, além dele mesmo.

A teoria geral dos campos que tento propor tem esse mérito de permitir formular perguntas gerais a todos os campos que só podem ser respondidas com respostas particulares e estudos empíricos de cada campo. Acabo de produzir uma pergunta geral: podemos perguntar, a respeito de todo campo, em que grau a pergunta da legitimidade da dominação específica que se exerce nele se coloca na consciência comum. O que vou descrever é a passagem da pintura acadêmica à pintura moderna, ao artista moderno. A pintura acadêmica corresponde a um estado do campo da produção pictórica onde havia um monopólio estatal, por assim dizer, da legitimidade: havia um lugar onde estava concentrado o conjunto das pessoas reconhecidas como fundamentadas a dizer quem é pintor e quem não é pintor, o que é pintura e o que não é. Havia em algum lugar um deus, um último recurso ao qual se podia referir.

Isso não é de modo algum o universo kafkiano. Se vocês se lembrarem[354], eu disse que a análise de Kafka coloca um problema sociológico absolutamente fundamental. Ela talvez seja simplesmente a universalização da pergunta que o escritor se coloca no momento em que Kafka escrevia, ou seja, um período em que a autonomização do campo literário estava bem avançada: "Será que sou um escritor, e quem pode me dizer se sou um escritor?", "Será que é meu editor? Será que são meus amigos?", "Quando faço leituras públicas, meus amigos me dizem que está bom, mas será que isso é um certificado de complacência ou será que estou realmente certificado, e quem pode me certificar?", "E eu, será que eu certificaria aquele que me certifica? Não tenho certeza..." É a *regressio ad infinitum*: voltamos até Deus... ou nada. O que Kafka universaliza é um estado possível de todo campo

---

354. Cf. *Sociologia geral*. Vol. 3. *Op. cit.*, aulas de 8 e 22 de março de 1984.

e se baseia em sua experiência do campo artístico num certo momento de sua história, no término de tudo isso que estou contando.

O universo acadêmico era um campo de lutas pela definição legítima do pintor e da pintura, pela definição certificada do pintor e da pintura, na qual havia uma instância detentora do monopólio da certificação, uma instância dominante do ponto de vista da certificação da validade do ato de pintar. Podemos aproximar essa situação ao estado do campo religioso na Idade Média, onde uma instância, a Igreja, tinha o monopólio da certificação do ato religioso legítimo. O corte entre "esse é realmente um crente" e "é um impostor, um curandeiro, um mago, um feiticeiro, é preciso queimá-lo" era relativamente simples, relativamente claro. Como havia uma instância detentora do monopólio da definição e de reconhecimento bastante universal, as heresias aconteciam mais dentro da instância de legitimação do que fora[355] e não questionavam a própria ideia de certificação.

Vocês verão que minhas discussões sobre os *nomos* não eram simples jogos de palavras: se vocês tiverem uma cultura sociológica, encontrarão imediatamente o oposto do *nomos* – é a anomia durkheimiana[356]. Durkheim inventou a palavra "anomia" para designar os estados do mundo social em que não existem mais – essa não é de jeito nenhum a linguagem durkheimiana, mas pouco importa – normas dominantes. Eu não vou apresentar a noção de anomia para vocês, posso pressupor que vocês a conheçam. Pode-se dizer que, na época da pintura acadêmica, o campo era "nômico": a Academia detinha coletivamente o monopólio da certificação quando se tratava de dizer, discriminar, dividir, dizer quem é pintor e quem não é. Esse monopólio coletivo é um monopólio estatutário que só pertence a cada um de seus membros sob uma forma delegada: o pintor acadêmico – já insisti nesse fato – era um mandatário, um delegado, que não

---

355. BOURDIEU, P. "Gênese e estrutura do campo religioso". In: *A economia das trocas simbólicas*. Trad. de Sergio Miceli. *Op. cit.*, p. 27-78 ["Genèse et structure du champ religieux". *Revue Française de Sociologie*, v. 12, n. 13, p. 295-334, 1971].

356. A palavra "anomia", que existia em grego, é formada pela simples adição do prefixo de privação "a-" à palavra *nomos*. É em *Da divisão do trabalho social* (Trad. de Eduardo Brandão. São Paulo: Martins Fontes, 1995 [*De la division du travail social*. Paris: PUF, 2007 (1893)]) e em *O suicídio* (Trad. de Monica Stahel. São Paulo: Martins Fontes, 2000 [*Le Suicide*. Paris: PUF, 1981 (1897)]) que Émile Durkheim a emprega, sem realmente a definir de outro modo que não ausência relativa de regra ou de moral coletiva. P. Bourdieu utilizará a noção em uma de suas primeiras publicações sobre a revolução impressionista: "A institucionalização da anomia". In: *O poder simbólico. Op. cit.*, p. 255-280 ["L'institutionnalisation de l'anomie". *Les Cahiers du Musée National d'Art Moderne*, n. 19-20, p. 6-19, 1987].

exercia seu ato de *diacrisis* ("É um verdadeiro pintor!") em seu próprio nome ou, segundo a definição do carisma, em nome de sua inspiração, convicção, sinceridade etc.; ele o exerce em nome da instituição, no término não de um exame pessoal do tipo: "Não dou esmolas para ele porque sinto cheiro de vinho", mas de um exame socialmente instituído e constituído, de um concurso que foi preparado segundo normas instituídas e que só envolvia pessoas já pré-selecionadas como tendo direito a concorrer. Em outras palavras, era uma instituição autolegitimadora coletivamente e capaz de legitimar cada um de seus membros dentro dos limites de sua obediência à instituição. Como resultado, a questão de saber: "Mas o que é um pintor?" absolutamente não se colocava.

Aqui, a analogia entre sociologia e teologia que mencionei a respeito de Kafka é evidente[357]: esses são universos teológicos onde existe um deus. Sabe-se que a verdade está em algum lugar e a instituição é o equivalente temporal de Deus. É o que Kant chama de *intuitus originarius*[358]: é a visão que faz existir aquilo que ela vê – "Eu te percebo como pintor, portanto você é pintor", e não se deve tentar ir além disso. Vocês ficariam surpresos se eu fizesse algumas analogias... Recentemente, uma alta personalidade da Educação nacional me disse: "Mas eu sei bem que há uma diferença entre os agregados e os 'capesianos' [*i. e.*, os titulares do Certificado de Aptidão ao Professorado do Ensino de Segundo Grau (Capes)]. Tem um na minha família e vejo imediatamente a diferença..." [*risos na sala*]. Ele não enxergava que a ação do sistema escolar é precisamente dar a ilusão da diferença ao se instituir como *intuitus originarius* que produz a diferença e, como resultado, faz percebê-la. A força da instituição social é fazer ver como preexistente a seu ato de olhar uma diferença que o olhar produz. Acho que isso que digo para vocês aqui é importante.

Eu posso chocar as consciências, mas sempre é preciso colocar essa pergunta da competência. Pode ser que exista uma diferença de competência técnica entre as pessoas definidas como desigualmente competentes socialmente, mas sempre é preciso se perguntar se essa percepção da diferença não se deve a uma diferença de percepção, instituída socialmente no olhar daquele que percebe através do olhar dominante, através do *nomos* que lhe diz: "Ele é diferente, portanto você deve enxergá-lo de maneira diferente". Em outras palavras, uma brincadeira de

---

357. Cf. *Sociologia geral*. Vol. 3. *Op. cit.*, em particular a aula de 8 de março de 1984.
358. KANT, I. *Crítica da razão pura*. *Op. cit.*, § 8, IV, p. 95.

agregado parecerá mais sutil do que uma brincadeira de "capesiano" [*risos na sala*] se tivermos os olhos feitos para enxergá-los de maneira diferente... O *nomos* é isso.

## A institucionalização do perspectivismo

Passar do *nomos* à anomia é passar de um campo com monopólio para um campo onde o poder simbólico explodiu. Eu acho que o melhor exemplo da anomia é o campo da pintura hoje onde, sem ser excluído do universo dos pintores, todo mundo pode dizer para todo mundo: "Esse não é um pintor". Em outras épocas, dizer que Ingres não era um pintor seria realmente se excluir. Hoje em dia, pode-se dizer isso de quase todo mundo. No campo literário, é bastante parecido. O que muda é a maneira de dizer isso (para alguém que tenha as categorias de percepção para perceber essas diferenças, é claro...). É disso que se trata na história que faço do campo artístico: o desabamento do monopólio acadêmico é a morte de Deus. Já se escreveu "Deus está morto", "o ser humano está morto" numa certa época[359] e não gosto muito dessas metáforas ontológicas ou teológicas, mas nesse caso em particular a analogia me parece completamente fundamentada, isso não é um gracejo filosófico nem sequer uma tese de filosofia. Como eu penso que a visão espontânea do mundo social é uma teologia, é absolutamente normal descrever em linguagem teológica a relação dos indivíduos sociais com sua identidade social, com o veredito social que lhes dirá o que são.

Para terminar com isso: o estado de anomia do campo é o momento em que o *nomos* entra em colapso, onde existe uma infinidade de *nomoï*, um *nomos* para cada um, não há nada além dos *idioï nomoï*, dos pontos de vista idiotas, singulares. Todos podem dizer para alguém: "Você é um idiota", sem se exporem a passar por idiotas, enquanto num universo em que as estruturas objetivas e as estruturas incorporadas da percepção do mundo social são fortemente garantidas por ins-

---

359. A frase "Deus está morto" é associada a Nietzsche (ele a utiliza especialmente em *A gaia ciência*) que, na década de 1960, torna-se uma referência importante na vanguarda filosófica. Na mesma época, o tema da "morte do ser humano" pode ser utilizado para reunir em particular o estruturalismo de Lévi-Strauss, o marxismo de Louis Althusser ou o pensamento de Michel Foucault, que emprega quase explicitamente a frase no final de *As palavras e as coisas*: "O homem é uma invenção cuja recente data a arqueologia de nosso pensamento mostra facilmente. E talvez o fim próximo. Se estas disposições viessem a desaparecer tal como apareceram [...] então se pode apostar que o homem se desvaneceria, como, na orla do mar, um rosto de areia" (FOUCAULT, M. *As palavras e as coisas*. Trad. de Salma Muchail. São Paulo: Martins Fontes, 2000, p. 535 [*Les Mots et les choses*. Paris: Gallimard, 1966, p. 398]).

tâncias também fortemente garantidas, não se pode denunciar a instituição que se condena sem se condenar, o que é um problema. Como eu disse na última aula, o problema dos excluídos era excluir sua exclusão sem se excluírem. O problema da vanguarda é excluir a instituição que me exclui sem me excluir pela própria intenção de excluir, sem confessar meu ressentimento contra a instituição na minha própria revolta contra a instituição. Esse é o grande problema das heresias: como não trair o amor-ódio que tenho pela instituição na violência com a qual eu a denuncio? Existem denúncias que são a própria forma do reconhecimento, e o problema do artista em relação à Academia estava aí.

Era preciso passar para uma espécie de sociedade sem Deus, para um universo sem ponto de vista privilegiado. Existe uma analogia que eu não saberia descrever entre a constituição de um campo da pintura sem ponto de vista privilegiado e a evolução da pintura na direção de formas de produção como o cubismo, onde se destrói o ponto de vista privilegiado sobre as coisas e sobre o mundo social e onde, em última instância, damos ao mesmo tempo vários pontos de vista sobre o objeto. Uma vez que o ponto de vista dominante, ou seja, Deus, está morto no campo da pintura, não há ponto de vista privilegiado, não há mais a perspectiva central, tradicional, que era o ponto de vista a partir do qual todo mundo via o que o pintor tinha pintado; era essa a perspectiva. Essa espécie de perspectivismo que se instituiu no mundo sobre o que é um pintor possibilita o perspectivismo que se institui sobre o mundo natural. Sem ter mais a possibilidade de dizer quem é pintor, o pintor não pretende mais dizer qual é o verdadeiro ponto de vista sobre o mundo... Talvez a sociologia que eu proponho a vocês seja um pouco cubista [*risos na sala*]... (Digo isso não para revelar um segredo, mas para que vocês saibam o que fazem e possam se defender; se eu fosse cínico ou estrategista, essa seria uma das últimas coisas que diria.)

## A invenção do personagem do artista

Eu parei no momento em que falava da miséria dos excluídos que estão diante do problema que acabo de descrever. [...] Creio que demonstrei para vocês o papel determinante que os escritores desempenharam no trabalho de reabilitação, de alguma maneira, dos excluídos: eles forneceram um discurso capaz de legitimar a existência de um pintor sem função. Vou andar rápido porque aqui são coisas mais conhecidas. Todo o período romântico, desde [François-René de] Chateaubriand passando por [Alfred de] Musset, [sua peça] *Lorenzaccio*, Théophile Gautier etc., trabalhou para inventar um novo personagem social, o personagem do pintor ou do artista que é capaz de viver por fins diferentes dos fins da pessoa comum. A oposição que se tornou trivial para nós entre o artista e o burguês, entre o financista sórdido submetido aos interesses e o artista pronto para morrer pelo amor da arte, foi inventada muito lentamente. Há obviamente as *Memórias d'além-túmulo* [redigidas entre 1809 e 1841] em que Chateaubriand exalta a resistência e os sacrifícios dos artistas. Também há Musset. Penso em particular em *Lorenzaccio* [1834], onde o personagem Tebaldeo tem essa frase extraordinária: "É ele [o pintor] que exorciza o mal, a tentação da corrupção e que realiza os sonhos dos homens comuns ao romper com as mesquinharias e as baixezas do homem cotidiano, alienado às satisfações materiais"[360]. Essa construção da arte contra o dinheiro, da arte livre contra a submissão mercenária à encomenda, foi inventada muito lentamente.

Para compreender (não desenvolverei isso) o surgimento de um mercado da arte, que tem uma lógica totalmente específica e que pode ser uma fonte de lucro absolutamente extraordinária, é preciso compreender o trabalho inicial que foi necessário para constituir as coisas da arte como coisas sem preço. Hoje em dia, dizer que alguma coisa "não tem preço" é dizer que ela é muito cara, e é o caso das obras de arte... O preço das coisas sem preço... A existência das coisas sem preço torna-se possível pela instituição de um corte entre as coisas que têm um valor mercantil avaliável imediatamente e as coisas da arte que são de uma outra ordem, que não calculamos, não contamos, se não quisermos cair na baixeza burguesa. A ruptura entre o artista e o artesanato é um dos tópicos corriqueiros da história da arte que quer dizer a qualquer preço em que momento se passou do artesão ao artista. Digo muito rapidamente, de passagem, que me parece que resolvi esse problema (existem problemas que podemos resolver nas ciências sociais...): obviamente não existe um instante *t* em que aparece um certo número de personagens que têm todas as propriedades do artista.

O surgimento do artista é um problema contínuo que jamais termina. É o surgimento de um campo artístico relativamente autônomo de modo que os critérios que definem sua produção pictórica, reconhecida socialmente como legítima,

---

360. Aqui não se trata de uma citação, mas de uma espécie de síntese do que diz o personagem pintor Tebaldeo (*Lorenzaccio*, ato II, cenas 2 e 6).

sejam completamente diferentes dos critérios que definem a produção pictórica comum. Para empregar uma oposição brutal: para compreender a diferença entre um pintor e um pintor de paredes, é preciso estudar o campo, senão não conseguiremos. Por exemplo, os historiadores demonstraram que num certo momento avaliava-se a pintura – isso ainda se faz hoje – pelo peso, pela superfície da pintura ou pelo custo das tintas empregadas[361]. Para que exista uma autonomização do juízo de valor pictórico em relação ao juízo da pintura como objeto material (*i. e.* tinta sobre tela), é preciso que o campo artístico inteiro se constitua como tal, que exista o universo dos críticos, todo um sistema de avaliação etc. [...]. O trabalho de constituição do artista enquanto artista não terminou no século XIX; ele está muito mais avançado hoje em dia, mas sempre é possível um recuo. Não existe uma evolução linear com cortes.

Os românticos constituem o artista contra o artesão através de todo um trabalho. Por exemplo, eles inventam o personagem do artista. Eles lhe designam uma natureza apaixonada, enérgica, uma espécie de sensibilidade imensa, fora do comum, uma espécie de capacidade de transubstanciação: o artista é aquele que transforma, que transmuta as coisas numa lógica alquímica. Isso acontece numa relação permanente entre os especialistas das diferentes artes. No prefácio à primeira edição de *Jocelyn*, em 1836, Lamartine diz: "Belos versos, um belo quadro, uma bela música, é a mesma ideia em três línguas diversas"[362]. Esse texto diz em todas as letras uma convicção prática que se constitui nessa época, a saber, a união de interesses da corporação dos artistas. Os artistas frequentam os mesmos cafés, vão aos mesmos concertos, encontram-se nos mesmos lugares, têm os mesmos temas (um exemplo entre mil, o tema de *Mazeppa* circula da música à pintura), há uma circulação dos temas, preocupações, representações... Sobre *Mazeppa*, temos obviamente os poemas de Victor Hugo em *Os orientais*, mas também Louis Boulanger, Horácio Vernet, [Théodore] Chassériau, em seguida [Franz] Liszt escreve

---

361. P. Bourdieu pensa na obra de M. Baxandall: "L'œil du Quattrocento". *Art. cit.*

362. Trata-se de uma nota adicionada, na primeira edição de *Jocelyn*, ao poema "Os lavradores": "Na leitura destes versos, o leitor não poderá duvidar de que o poeta não tenha sido inspirado aqui pelo pintor. O inimitável quadro *Os colhedores* do infeliz Robert é evidentemente o tipo desse extrato. É assim que as artes se inspiram umas nas outras e às vezes até se traduzem. Belos versos, um belo quadro, uma bela música, é a mesma ideia em três línguas diversas. Robert, Rossini, Lamartine podiam compreender-se e sentir-se mutuamente. Eles são ao mesmo tempo pintores, poetas e músicos" (LAMARTINE, A. *Œuvres*. Bruxelas: Adolphe Wahlen, 1836, p. 887).

uma obra de piano, depois uma obra para orquestra[363] etc. Essa espécie de união é comprovada pela produção na vida cotidiana e também na representação que ambos os lados criam de sua atividade. Já conhecemos as figuras exemplares: Delacroix ou Berlioz que, porque eram mais cultos no sentido tradicional do termo do que os outros, deixaram mais visível essa espécie de interpenetração entre as artes. Mas, de modo mais geral, pessoas muito mais obscuras, gravuristas e litógrafos como [Tony] Johannot, escultores quase desconhecidos, pintores absolutamente menores, encontram-se nos mesmos cafés, nos mesmos concertos e participam de uma ideologia coletiva do artista. A palavra se deslocou completamente, mas criou-se uma espécie de "clube" ou de sindicato dos artistas. Uma associação ou uma união dos artistas forjou uma ideologia.

Dentro dessa sociedade dos artistas, os pintores, que são muito particulares porque encarnam no maior grau o sofrimento e o espírito de sacrifício do artista, encontram um discurso que lhes era necessário para justificar sua maneira de viver a arte. Eu já disse para vocês: a noção de "arte pela arte" é invenção de um escultor, Jean Duseigneur, que em 1831 expôs no Salão. Ele é o primeiro a empregar a expressão "arte pela arte", depois ela circula dentro do grupo que chamamos de "Pequeno Cenáculo", do qual faziam parte gente como [Gérard de] Nerval, [Pétrus] Borel, Gautier etc. Ela será teorizada na poesia essencialmente por Théophile Gautier, que desempenha o papel de profeta exemplar (Rémy Ponton escreveu um belíssimo artigo sobre essa questão[364]): ele constitui simultaneamente o personagem do artista e o discurso do artista como capaz de definir sua demanda independentemente de qualquer solicitação exterior. É o famoso prefácio de *A senhorita de Maupin* [1835] em que ele define os princípios do que é ao mesmo tempo a vida e o trabalho do artista. De modo geral, trata-se, em oposição àqueles que recebem encomendas, de desenvolver livremente a invenção intelectual, e isso correndo o risco de chocar o gosto, ou seja, de atacar a definição legítima dominante do gosto, de parecer bárbaro do ponto de vista da Academia.

---

363. P. Bourdieu toma essa observação sobre o tema de *Mazeppa*, de BAILBÉ, J.-M. *Le Roman et la musique en France sous la monarchie de Juillet* [*O romance e a música na França sob a monarquia de Julho*]. Paris: Minard, 1969, p. 4.

364. P. Bourdieu talvez pense na tese de Rémy Ponton que orientou: "Le champ littéraire en France de 1865 à 1905" ["O campo literário na França de 1865 a 1905"] (Ehess, 1977) ou no artigo "Programme esthétique et accumulation de capital symbolique – L'exemple du Parnasse" ["Programa estético e acumulação de capital simbólico – O exemplo do Parnaso"] (*Revue Française de Sociologie*, v. 14, n. 2, p. 202-220).

Essa ideia de liberdade é inseparável da ideia de transgressão que se torna constitutiva da definição da arte (não foi Bataille quem inventou a transgressão, sinto muito[365]): enquanto o filisteu respeita as convenções e as regras, o artista se define como o transgressor que detesta os comerciantes, os burgueses etc. A transgressão intelectual é ao mesmo tempo transgressão em matéria sexual. (Aqui também não foi Bataille quem a inventou... não digo isso pelo prazer [de cutucar aqueles que se referem a Bataille] mas porque é importante para o trabalho intelectual: a incultura histórica é às vezes tão extraordinária que me parece levar a erros relativamente importantes; ninguém diz nada de atribuir a Bataille algo que existe desde 1830, ou de atribuir à Escola de Frankfurt algo que lhe é anterior.) [...] A transgressão se torna o ato de vanguarda por excelência. A transgressão dos limites da polidez ética é inseparável da transgressão dos limites do gosto. Isso se compreende já que, como eu disse, a Academia é uma instância que define o bom gosto como postura; o bom gosto é inseparavelmente polidez, as virtudes estéticas são virtudes éticas. Desafiar os filisteus é portanto glorificar o amor, sob a forma do amor puro (MURGER. *A vida da boemia*[366]) ou sob a forma do erotismo.

Uma outra dimensão da definição é o antiutilitarismo: a arte contra o dinheiro, contra a moral convencional, contra a religião, contra os deveres, contra as responsabilidades, contra a família; resumindo, em última instância é a arte contra a ordem moral, quer dizer, tudo aquilo que poderia mencionar de perto ou de longe os serviços que a arte poderia prestar à sociedade. Isso é importante para compreender a dificuldade de fazer uma sociologia da arte: a sociologia deve fazer a sociologia de atividades que se constituíram contra aquilo que a sociologia estuda... É um paradoxo: a redução sociológica é denunciada por antecipação por aqueles que ela reduz. É por isso que uma sociologia rigorosa tem que ser uma sociologia das condições da redução sociológica. É preciso fazer uma sociologia

---

365. P. Bourdieu alude ao fato de que as obras de Georges Bataille sobre a transgressão, violência e sexualidade, em seu livro *A parte maldita* (1949), são referências mobilizadas com muita frequência por muitos intelectuais franceses da época: Jacques Lacan, Jacques Derrida, Philippe Sollers e Michel Foucault, que publicou uma homenagem célebre na morte de Bataille ("Prefácio à transgressão". In: *Ditos e escritos III*. Trad. de Inês Barbosa. Rio de Janeiro: Forense, 2009, p. 28-46 ["Préface à la transgression". *Critique*, n. 195-196, p. 751-769, 1963]) e prefaciou o primeiro volume das obras completas do escritor (BATAILLE, G. *Œuvres complètes*. Vol. I. Paris: Gallimard, 1970). Como dirá explicitamente em *Esboço de autoanálise* (Trad. de Sergio Miceli. São Paulo: Companhia das Letras, 2005, p. 38 e 104 [*Esquisse pour une auto-analyse*. Paris: Raisons d'Agir, 2004, p. 13 e 102]), P. Bourdieu sempre manterá distância desse autor.
366. P. Bourdieu discutiu longamente esse livro na aula anterior.

do campo, senão uma sociologia ingênua e toda redução de uma arte que se constituiu contra o reducionismo, essencialmente de tipo social, são desqualificadas por antecipação.

## O par pintor-escritor

Tudo isso [o antiutilitarismo (?)] se encontra em Théophile Gautier, que não é considerado um autor de vanguarda, depois se desenvolve nos [irmãos] Goncourt, em Flaubert, Leconte de Lisle, Baudelaire, que já celebram a pintura como a arte por excelência, a arte superior. É a época em que se constitui o par pintor-escritor que, com rupturas, permaneceu absolutamente inalterado até hoje. Por exemplo, em certos momentos no campo artístico, os chefes de escola foram empresários-escritores: o chefe de escola era um não pintor que constituía o grupo através de um discurso que fazia sobre ele, dando-lhe um nome, escrevendo prefácios, catálogos, fazendo todos os atos de consagração ordinários de imposição da percepção legítima. É nesse momento que se constitui esse par e que a admiração da pintura se torna uma dimensão obrigatória do papel do escritor. É também a época em que se inventa o personagem do artista como personagem saturnino. (Digo isso porque há um livro relativamente importante de Wittkower sobre o tema saturnino com o qual não concordo de jeito nenhum[367]. Ele propõe a descrição, para mim completamente anacrônica, do surgimento do artista saturnino desde o século XVI florentino: a licenciosidade sexual, o elo entre o gênio e a loucura. Conta-se o número de loucos que pode ser encontrado entre os artistas desde o século XVI. Nota-se também a taxa elevada de suicídios de artistas, a licenciosidade sexual, a luxúria etc. Em outras palavras, através de um efeito clássico de ilusão retrospectiva, Wittkower encontra traços desde o século XVI de propriedades que foram inventadas enquanto tais num período romântico e pós-romântico.) Baseando-se no modelo dos pintores, os escritores descrevem o personagem saturnino, destinado ao azar e à tristeza. Eles descrevem o pintor como personagem excêntrico e insensato, mas também como personagem socialmente impossível de localizar, nunca se sabe o que ele pode dizer e o que pode fazer. Ele é um personagem totalmente imprevisível e, nesse sentido, a encarnação da liberdade absoluta, do irredentismo, de alguma forma, do intelectual.

---

367. Wittkower, R.; WITTKOWER, M. *Born under Saturn: The Character and Conduct of Artists* [*Nascido sob Saturno: o caráter e conduta dos artistas*]. Nova York: Random House, 1963.

Nesse trabalho de construção da imagem do artista, seria preciso retomar a obra de Baudelaire, que participa não somente dessa construção do artista maldito mas simultaneamente da demolição do personagem do pintor acadêmico, que descreve como artista burguês. Isso é muito interessante: os artistas acadêmicos, que em sua maioria são de origem social mais baixa do que os artistas não acadêmicos, são percebidos como "burgueses" porque acadêmicos, em nome de uma assimilação entre o pertencimento institucional estável e o estatuto burguês. É um erro de percepção muito comum: também hoje em dia, a oposição entre o professor de desenho e os artistas reproduz a oposição entre os pintores acadêmicos e os pintores de vanguarda. A oposição entre os músicos que passam pelo conservatório e aqueles que desviam também reproduz essa oposição. Apesar de, entre os professores de desenho, uma pequena fração conseguir se fazer reconhecer como pintores de vanguarda, os professores de desenho são percebidos pelo artista como mais burgueses, apesar de serem professores de desenho porque não podem correr o risco social implicado no fato de se tornar artista. Existe uma espécie de identificação com a disposição burguesa da regularidade, da estabilidade, do estatuto que dá o pertencimento à instituição acadêmica, universitária ou escolar. Ora, existe uma espécie de relação quiasmática: são os pintores ou escritores de origem social mais desfavorecida que vão para os lugares mais garantidos porque não podem se dar ao luxo da ruptura destrutiva. Essa espécie de quiasma tem uma importância extraordinária para compreender os conflitos dentro da pintura – assim como os conflitos entre críticos e escritores durante todo o século XIX, entre professores e escritores e entre filósofos professores e filósofos livres.

Baudelaire denuncia como "burgueses" os pintores acadêmicos que na verdade são muito mais pequeno-burgueses. Ele os descreve como herdeiros sem mérito (ora, eles são herdeiros acadêmicos, mas não herdeiros sociais) que possuem apenas "a arte dos molhos, das pátinas, dos vernizes, das veladuras, das preparações, dos *ragoûts*"[368]. Sua descrição desacredita e desqualifica todo o lado "cozinheiro" da arte acadêmica. Eu poderia continuar por muito tempo, mas quero falar sim-

---

368. "Quando domina a arte dos molhos, das pátinas, dos vernizes, das veladuras, das preparações, dos *ragoûts* (falo de pintura), a *criança mimada* assume atitudes arrogantes e repete para si mesma, com mais convicção do que nunca, que todo o resto é inútil" (BAUDELAIRE, C. "Salão de 1859: o artista moderno". *In: Poesia & prosa*. Trad. de Suely Cassal. São Paulo: Nova Aguilar, 1995, p. 798-799 ["Salon de 1859 – Lettres à M. Le Directeur de la *Revue Française*: I. L'artiste moderne". *In: Œuvres complètes*. Vol. II. Paris: Gallimard, 1976, p. 613]). • Nesta citação, Baudelaire utiliza termos que em francês servem tanto para a pintura quanto para a culinária [N.T.].

plesmente de um dos grandes paradoxos (há muitos) da revolução impressionista: ela tende a afirmar a autonomia do universo da pintura em relação a qualquer demanda externa, em particular das demandas morais, mas uma das garantias da autonomia de um espaço profissional é a posse de uma herança técnica. Uma das propriedades que faz a especificidade de uma profissão é a posse de uma tradição, são os "vernizes, molhos, *ragoûts* etc.", é uma certa maneira transmitida hereditariamente, que tem uma história relativamente autônoma; a história das técnicas pictóricas é no fundo a história da autonomia da pintura em relação às outras maneiras. Como afirmar então a autonomia recusando a herança? Se a revolução impressionista assume uma forma muito radical, é porque romper com a Academia é de certa maneira soltar todas as amarras que podem garantir a autonomia [...], é claramente abdicar da competência garantida socialmente pela Academia e é romper com a competência no sentido técnico do termo. Não somente não reconheço mais o veredito da Academia (quando ela diz: "Fulano é um pintor", posso dizer que isso é um absurdo) mas, além disso, recuso a justificação técnica desse veredito, quer dizer, a existência de uma competência técnica especifica que define o pintor realmente pintor, a arte de fazer uma paisagem ou a arte de fazer esta ou aquela proeza técnica.

Consequentemente, como vou poder fundamentar uma arte autônoma se não tenho nem sequer a possibilidade de invocar a competência? Os pintores em ruptura se encontram de certa forma à mercê dos literatos. No período seguinte, Odilon Redon, segundo Dario Gamboni[369], é o primeiro a denunciar a submissão do pintor ao olhar do escritor. Ele foi o primeiro a dizer: "Nós estamos cheios dessa gente que faz poemas montada em nossas costas". [Joris-Karl] Huysmans fazia uma espécie de paráfrases das pinturas de Redon e as publicava em seguida como poemas: o pintor era o pretexto para um exercício literário autônomo e ficava duplamente dependente do escritor já que, por um lado, o pintor era um "escada" e, pelo outro, o escritor produzia um valor independentemente do valor do pintor. Odilon Redon denuncia essa espécie de contrato que, útil na fase que descrevo, depois dela torna-se odioso.

---

369. Essa obra foi publicada após o curso: GAMBONI, D. "Odilon Redon et ses critiques – Une lutte pour la production de la valeur" ["Odilon Redon e seus críticos – Uma luta pela produção do valor"]. *Actes de la Recherche en Sciences Sociales*, n. 66, p. 25-34, 1987. • *La Plume et le Pinceau – Odilon Redon et la littérature* [*A pena e o pincel – Odilon Redon e a literatura*]. Paris: Minuit, 1989.

A "obra aberta", como diz Umberto Eco[370], é uma invenção histórica que se inscreve na lógica de Odilon Redon. Pode-se dizer que há tantos olhares sobre a obra quanto há sujeitos que a percebem e que a obra é portanto objetivamente polissêmica, mas eu acho que temos base para dizer que a invenção da obra aberta como obra pensada, feita para ser o objeto de um olhar múltiplo, poderia ter alguma relação com esse problema da relação entre a pintura e seus comentadores. Se a obra é realmente polissêmica, então não existe comentário correto, não há mais o Deus do comentário, não há mais ponto de vista absoluto. Da mesma forma, o pintor nivela todos os comentadores e se mantém como mestre da verdade de sua obra como não tendo verdade.

Duchamp leva isso a um grau ainda maior. Temos assim entrevistas com Duchamp onde se pergunta a ele por que deu um título bizarro a tal obra e ele responde: "Não sei", e então diz para um comentador "Oh sim, era nisso que eu pensava", e depois para outro comentador [que lhe submete uma interpretação diferente] "Sim, sim, pode-se dizer isso"[371]. Em outras palavras, ele aprova todas as interpretações possíveis, o que é uma maneira de permanecer mestre absoluto das interpretações e dos intérpretes. Essa estratégia será reproduzida na filosofia, particularmente por Heidegger. A obra aberta é o domínio do pintor sobre sua obra: ele é, em última instância, aquele que pode dizer o verdadeiro sentido, ou que ela não tem sentido. Em geral, ele diz que não há nada a procurar, o que remete os universitários a seu ridículo acadêmico de procuradores de conceitos. Isso é muito importante nas lutas entre agentes.

[*Longo momento de silêncio.*] O que eu queria expor é o paradoxo da conquista da autonomia quando nos privamos de um dos fundamentos mais indiscutíveis da autonomia do ponto de vista dos comentadores, ou seja, a técnica. Os artistas opunham aos escritores: "Você não entende nada. Você faz literatura. Existe uma técnica". Os escritores obviamente entenderam muito rápido porque os pintores lhes diziam e Zola, por exemplo, diz: "Não pergunte sobre o sentido, vocês podem ver que se trata de cor". Fica mais difícil largar os escritores quando eles adotam o discurso legítimo, e por fim chegamos a Odilon Redon que diz: "Eu recuso

---

370. ECO, U. *Obra aberta*. Trad. de Giovanni Cutolo. São Paulo: Perspectiva, 2015 [*Opera aperta*. Milão: Valentino Bompiani, 1962].

371. P. Bourdieu voltará à dúvida que Duchamp "deixa pairar [...], pela ironia ou o humor, sobre o sentido de uma obra *deliberadamente polissêmica*" em *As regras da arte*. Op. cit., p. 280 [407-408].

qualquer discurso, incluindo o discurso técnico..." Mas cheguei rápido demais ao término da ruptura entre os pintores e os escritores. [...]

Para os pintores, abandonar a técnica como fundamento da autonomia da arte é abdicar de qualquer legitimação possível do estatuto de pintor. Ora, esse é o paradoxo da ruptura com a Academia: romper era não apenas denunciar a pretensão de uma instância, qualquer que seja, a dizer o que é a pintura e o que é o pintor legítimo, é também se privar de tudo aquilo que a Academia representava, ou seja, uma tradição técnica, uma instância encarregada de conservar, perpetuar, reproduzir, inculcar e consagrar uma tradição técnica definindo a pintura como atividade específica em oposição à escrita, em oposição à escultura. A ruptura com a Academia representa assim uma espécie de vazio absoluto que, de alguma forma, joga o pintor nos braços do escritor que é o único que consegue encontrar para ele uma justificação absoluta ("Você é pintor porque... você encarna a pintura"). O escritor, por exemplo, pode dizer (é aqui que vemos aparecer a invenção do artista como personagem): a pintura é aquilo que faz o verdadeiro pintor, aquele que tem o comportamento verdadeiro de pintor, que vive como dizemos que o artista deve viver; ele está disposto a morrer por sua pintura, ele não é conformista, ele tem amores extraordinários etc. É *A obra-prima ignorada* de Balzac[372], que está completamente numa lógica romântica. Ele não é de modo algum um texto moderno, como poderíamos acreditar. É um texto absolutamente típico dessa época: é uma exaltação do pintor como personagem em busca do absoluto, e justificado enquanto pintor por essa espécie de postura ética ao mesmo tempo exemplar e desesperada.

O que quero mostrar em seguida é como o surgimento de um campo artístico anômico, no qual toda referência absoluta, todo último recurso, toda última instância (eis a expressão exata) está excluída, resulta numa redefinição completa tanto da noção de artista quanto da própria pintura e do que merece ser pintado, da maneira legítima de pintar, tornando possível a coexistência no mesmo estado do campo, se não de uma infinidade, pelo menos de uma pluralidade de maneiras de pintar concorrentes mas que se consagram mutuamente através do próprio fato da luta para se consagrar. Em outras palavras, o que resta do absolutismo acadê-

---

372. *A obra-prima ignorada* é uma novela que Balzac publica em 1831. Um velho pintor, Mestre Frenhofer, tenta pintar uma tela, *A bela impertinente*, sobre a qual pensa por muitos anos e que atingiria uma forma de perfeição, de absoluto.

mico é a luta pelo absoluto, para ser absoluto. A única prova da legitimidade, a única prova da existência de Deus, do Deus pictórico, é essa pretensão de cada um a ser Deus. Mas essa pretensão é necessariamente frustrada num universo onde não há mais lugar a partir do qual se pode dizer: "Eis o verdadeiro pintor"; não há mais lugar divino. É isso que tentarei descrever na próxima aula mostrando como me parece que o próprio trabalho do pintor foi mudado.

# Aula de 23 de maio de 1985

> Primeira hora (aula): as intuições de Paul Valéry – Amador e profissional – A burocracia como enorme fetiche – A mediação categorial – A percepção homologada – Ciência e ciência de Estado – Segunda hora (seminário): a invenção do artista moderno (7) – O policentrismo e a invenção de instituições – A falsa antinomia entre a arte e o mercado – O juízo coletivo da crítica – As três críticas

## Primeira hora (aula): as intuições de Paul Valéry

[*Não foi possível reconstituir o começo da aula. P. Bourdieu responde a uma pergunta que lhe foi feita.*] Gostaria de ler rapidamente para vocês um certo número de textos que considero interessantes e que estão diretamente relacionados aos problemas que proponho neste curso; trata-se do capítulo chamado "Ensino" nos *Cadernos II* de Paul Valéry na [coleção] Pléiade. Nele Valéry formula um certo número de observações muito surpreendentemente modernas sobre o sistema de ensino e o autor da pergunta citava um certo número de passagens que tratam do ensino da filosofia. Lerei rapidamente: "o que é mais feio do que a filosofia ou a coisa que se chama como tal quando ela é ensinada a título de valor de carreira e como uma especialidade profissional?"[373] "A filosofia ensinada – como uma matéria definida, transformada em coisa de programa, *meio* de controle nos exames, graus, ganha-pão, retribuída, distribuída – com tudo que isso inclui de bobagens, resumos, dissertações e obrigações de imitar, – psitacismo, tudo isso – repetições[374] – macaqueando as ciências positivas, deixando de ser o produto *individual* por

---

373. VALÉRY, P. *Cahiers II*. Paris: Gallimard, 1974, p. 1.565.
374. P. Bourdieu explica este ponto para os ouvintes do curso "Isto são anotações".

excelência. 'Curso completo de filosofia'! Daí a degenerescência fatal na direção da 'História', os estudos comparados! – etc. Tudo isso favorecido pelos Estados – filosofias controladas"[375].

[...] A pergunta foi a seguinte: "A autoridade do autor dessas reflexões proíbe que possamos suspeitar e assimilar (segue-se uma citação extraída de um dos meus textos). Isso significa dizer que não podemos criticar Valéry por ser inspirado pelo ressentimento. Como consequência, como ler esse discurso na dialética da luta pela representação legítima das visões?" Eu acho que essa é uma pergunta importante. Ela está ligada ao problema das lutas pela imposição de uma imagem. Além do mais, encontrei na passagem, sob a pena de Valéry, uma belíssima definição da burocracia. Eu gostaria de comentar tudo isso. O texto de Paul Valéry é evidentemente um texto polêmico. É a visão que um escritor tem, num momento dado, do professor de filosofia. Se folhearmos o volume, veremos que os títulos das partes ("Ciência", "Bios", "[a letra] Teta", "Eros", "Afetividade", "O eu e a personalidade" etc.) são assuntos de filosofia, e até de filosofia de bacharelado ("O eu e a personalidade", "Atenção", "Consciência" etc.). Podemos perceber bem que o que está em jogo é uma concorrência pela definição legítima da filosofia e, efetivamente, esses textos foram escritos numa época em que a luta pela definição dominante do discurso legítimo chamado "filosofia" se intensifica com a profissionalização do filósofo e com a definição cada vez mais estrita do papel do filósofo profissional, em oposição ao filósofo amador que era o escritor.

Sobre esse processo de profissionalização e o surgimento de uma espécie de corpo profissional a partir de 1900, eu os remeto às obras de Fabiani publicadas em parte em *Actes de la Recherche en Sciences Sociales*[376]. O kantismo, por exemplo, marcava a diferença. Valéry e Alain (que poderia comentar Valéry) estavam separados pela pretensão do filósofo profissional de conhecer os autores, de ser detentor de um saber canônico, de ter o domínio dos autores canônicos. Essa é

---

375. VALÉRY, P. *Cahiers II. Op. cit.*, p. 1.566.
376. FABIANI, J.-L. "Les programmes, les hommes et les œuvres – Professeurs de philosophie en classe et en ville au tournant du siècle" ["Os programas, os homens e as obras – Professores de filosofia na sala de aula e na cidade na virada do século"]. *Actes de la Recherche en Sciences Sociales*, n. 47-48, p. 3-20, 1983. Jean-Louis Fabiani defendera uma tese orientada por P. Bourdieu (FABIANI, J.L. *La Crise du champ philosophique: 1880-1914 – Contribution à l'histoire sociale du système d'enseignement* [*A crise do campo filosófico, 1880-1914 – Contribuição para a história social do sistema de ensino*]. Paris: Ehess, 1980) e publicará, após o curso, *Les Philosophes de la republique* [*Os filósofos da república*]. Paris: Minuit, 1988.

uma das definições tradicionais da religião. Em Weber, a oposição entre o sacerdote e o profeta gira ao redor do problema dos autores canônicos: a partir do momento em que há a rotinização de uma profecia, constitui-se um *corpus* finito de autores[377], uma espécie de panteão de autores legítimos, e os *lectores* que são os professores são instaurados como comentaristas legítimos dos textos legítimos, e apenas deles. O que Valéry enuncia ilustra o que eu disse muitas vezes: numa luta num campo, cada um enxerga bem a posição oposta à sua (nós somos sempre bons sociólogos para os outros, nós encontramos o ponto de vista correto sobre o ponto de vista deles, sobre os interesses deles). Valéry toca em coisas absolutamente essenciais: o lado de "rotinização", "simulacro", "usurpação de identidade" da profecia. Ele toca até em coisas bastante [sociológicas (?)]: "A Universidade representa na ordem do intelecto a mesma timidez, a mesma pequenez, [...] a mesma dúvida inferior, e as mesmas qualidades que o pequeno-burguês francês demonstra na ordem da vida"[378] [...] "O hábito de utilizar as coisas do espírito como instrumentos de controle, tortura, prova, medida – como objetivo prático, aquisição de ganha-pão etc. – Viver das coisas sagradas – Isso é remover toda nobreza – toda –"[379].

Em outras palavras, Valéry critica os filósofos profissionais por fazerem profissão de filosofia, transformarem a filosofia em ganha-pão, portanto, darem a ela uma função utilitária: é a oposição "arte pela arte" *versus* "arte por fins sociais"[380]. É evidente que não tomo nenhuma posição sobre esse debate (e tenho medo de esconder uma nas propostas que faço), porque o que está em jogo são duas representações sobre as quais não podemos dizer que uma é verdadeira e a outra não. Poderíamos também bater de frente com os textos: a partir do momento em que ela se profissionaliza, a filosofia tende a desacreditar essa filosofia de escritores ao denunciar as máximas um pouco rasas. Quando Valéry diz, por exemplo, que "o

---

377. Em sua releitura da sociologia da religião de Max Weber ("Gênese e estrutura do campo religioso". *Art. cit.*), P. Bourdieu insiste nas passagens em que Weber destaca que os clérigos garantiam sua dominação em particular através da delimitação de um conjunto de "escritos canônicos e dogmas": "Nem todas, mas a maioria das coleções canônicas sagradas foi isolada de elaborações profanas ou, pelo menos, sem compromissos religiosos, na luta entre vários grupos e profecias que disputavam a soberania na comunidade" (WEBER, M. *Economia e sociedade*. Vol. 1. *Op. cit.*, p. 315ss.).
378. VALÉRY, P. *Cahiers II. Op. cit.*, p. 1.557.
379. *Ibid.*
380. P. Bourdieu dedicou longos desenvolvimentos a essa oposição em *As regras da arte. Op. cit.*

tempo é um relógio fatigado", isso não é extraordinário; manifestamente, ele não leu Kant, "ele não sabe formular os problemas". Ele responde antecipadamente a essa crítica de que os professores de filosofia não se colocam os problemas que se colocam a eles e sim problemas que sabem que devem ser colocados e que, como resultado, eles destroem em seus clientes a propensão a colocar problemas reais ao imporem problemas que eles não se colocam[381]. Trata-se aqui de análises extraordinárias e coloca-se o problema do uso que a sociologia pode fazer disso. É extremamente difícil: podemos estudá-las em primeiro grau ou destacá-las (os destaques muitas vezes são uma frase que antecipa toda uma análise [...]).

Eu gostaria de estender um pouco e introduzir uma citação de Valéry que me parece muito importante na lógica daquilo que eu disse na última aula sobre o efeito de certificação ou de diploma. Valéry diz que Napoleão estragou um pouco a concepção do sistema escolar: "Napoleão, depois de se deitar rapidamente com Minerva, fez para ela a Universidade". [*P. Bourdieu comenta*: um filósofo de profissão (e muito menos um historiador...) jamais escreveria isso [*risos na sala*], aliás, é uma pena... Mas isso tem uma força de intuição.] "Esse grande homem, realmente grande porque tinha o senso das Instituições, do fiduciário organizado e dotado de automatismos, da independência das pessoas, e tão pessoal tentando reduzir o papel da personalidade cujas irregularidades conhecia"[382]. O estilo é um pouco mallarméano, ou lacaniano, ou neomallarméano, mas temos a teoria weberiana da burocracia inteira numa frase. Vou reler: Napoleão "tinha o senso das Instituições", e uma instituição é o quê? É "o fiduciário", ou seja, as coisas que têm relação com a fé, a confiança. É até, mais precisamente, o "fiduciário organizado": não se trata do fiduciário espontâneo, como no caso do carisma do profeta singular que pede que acreditemos nele, em sua pessoa. Existe a delegação a uma organização; organiza-se a fé, e a destinação da fé é uma organização: uma burocracia é isso, em oposição a um profeta.

A frase "do fiduciário organizado e dotado de automatismos" é muito interessante, "dotado de automatismo" se opõe ao que mencionei na última aula: Sancho Pança ou a *Kadijustiz* de Weber que consistem em reagir dependendo

---

381. P. Bourdieu sem dúvida tem em mente as seguintes frases: "Filósofos falsos. Aqueles que engendram o ensino da filosofia, os programas. Lá eles aprendem problemas que não inventaram e que não sentem. E aprendem *todos*! Os verdadeiros problemas de filósofos são aqueles que atormentam e incomodam para viver" (VALÉRY, P. *Cahiers II. Op. cit.*, p. 1.567).

382. VALÉRY, P. *Cahiers II. Op. cit.*, p. 1.558.

de seu humor. Já o "fiduciário organizado" reage todos os dias da mesma maneira; o burocrata, esteja ele de bom ou mau humor, reage de modo geral de uma maneira constante. Em todo caso, o mau humor do burocrata está previsto. É o que diz Valéry: "dotado de automatismos, da independência das pessoas". A burocracia existe acima das pessoas, ela é impessoal, o que desespera os defensores do autêntico[383]: ela despersonaliza, ela é "a gente", ela é anônima. Isso pode ser aborrecido se quisermos relações de pessoa a pessoa, se precisarmos de *Einfühlung* [de empatia] com uma pessoa, mas do ponto de vista da constância das reações, da confiabilidade no tempo, isso fornece muitas garantias. Valéry continua: "Esse grande homem [...] tão pessoal tentando reduzir o papel da personalidade cujas irregularidades conhecia". De passagem, ele sublinha um paradoxo: Napoleão, que era tão pessoal, "tent[ava] reduzir o papel da pessoa"; o inventor da burocracia racional, que é por definição carismático, tende a reduzir o papel da personalidade cujas irregularidades conhece. Pode-se criticar a moral kantiana por isso em oposição à moral dos escoceses, que queriam fundamentar a moral nas irregularidades do sentimento[384]. O bom burocrata, como o bom moralista no sentido de Kant, sabe que não se deve confiar nos sentimentos. Para garantir a constância, é preciso o "fiduciário organizado". O paradoxo da burocracia está aqui.

## Amador e profissional

Meu objetivo não era somente comentar esse texto e fazer uma transição com o que disse na última aula. Eu queria também mostrar a diferença entre um filósofo amador, um filósofo profissional e, poderíamos adicionar, um cientista do mundo social que está numa tradição cumulativa. Um amador diz máximas, frases que podem ter uma força de introdução à intuição extremamente grande e poderosa, mas um pouquinho por acaso. Valéry tem reflexões formidáveis, por exemplo: "Os diplomas – espírito de desafio ao qual responde o espírito de simulação –, ingenuidade – esquecimento imediato. Através deles o Estado permite esquecer, terminar o esforço. Vantagens – um certo treinamento malcompreendi-

---

383. P. Bourdieu voltará a isso um pouco depois: ele pensa particularmente em Martin Heidegger.
384. Alusão às análises formuladas por Kant em *Fundamentação da metafísica dos costumes*. P. Bourdieu já mencionara isso na aula anterior e também em *Sociologia geral*. Vol. 3. *Op. cit.*, na aula de 17 de maio de 1984.

do"[385]. É realmente o *homo academicus singularis* que aparece e diz: "Os diplomas não são lá grande coisa, mas temos uma garantia". Ele não refletiu muito e deveria ter partido disso. Num certo momento ele cai em fórmulas felizes. Seria preciso analisar isso. Com efeito, por trás das lutas entre visões antagônicas, muitas vezes há verdadeiros problemas de definição do posto: qual é a maneira correta de obter o posto? Poderíamos, sem qualquer juízo de valor e com uma preocupação de análise, colocar juntos Valéry, Alain e Max Weber (existe um monte de livros que têm títulos do tipo "O cientista e o político") para compreender os cargos, como se se tratasse de descrever o cargo de um almoxarife, de um carregador de bagagem ou de um mascate.

Estou fazendo isso sem preparação, mas, muito rapidamente, quais são as diferenças? Ao comparar Valéry e Alain, vemos imediatamente que Alain não teria falado da burocracia: isso não está no programa, Platão não fala disso, nem Kant... com Hegel haveria um pequeno tema no qual ele poderia aliás inserir sua experiência ordinária do mundo social, não sublimada cientificamente. (Essa é uma coisa muito interessante: os textos filosóficos são sempre textos de duas velocidades. Há o nível arquitetônico manifesto, o discurso manifesto e, sob ele, um discurso oculto que corre, que reaparece. Posso remeter vocês à minha análise crítica da *Crítica da faculdade de julgar* de Kant[386] que faz os profissionais da filosofia berrarem. Fiz a respeito de Kant uma análise análoga àquela praticada por Carl Schorske em seu livro *Viena fin-de-siècle*. Schorske analisa sociologicamente os sonhos sucessivos que Freud descreve em *Introdução à psicanálise*[387] e, sob o discurso patente que a psicanálise retém, descobre um outro discurso, esse social, em que Freud fala de sua relação com seu pai e a Universidade, de seu medo de não fazer uma carreira universitária etc. Isso obviamente depende muito do terreno – há terrenos em que isso é mais o caso do que outros –, mas acho que o discurso filosófico, qualquer que seja o controle, muitas vezes esconde um discurso social rampante cuja coerência só é encontrada na escala do conjunto. É como se houvesse buracos no discurso de coerência patente, de

---

385. VALÉRY, P. *Cahiers II. Op. cit.*, p. 1.558.
386. BOURDIEU, P. "*Post-scriptum* – Elementos para uma crítica 'vulgar' das críticas 'puras'". In: *A distinção. Op. cit.*, p. 448-460 [565-585].
387. SCHORSKE, C.E. *Viena fin-de-siècle: política e cultura*. Trad. de Denise Bottmann. São Paulo: Companhia das Letras, 1990, cap. 4 [*Fin-de-Siècle Vienna: Politics and Culture*. Nova York: Alfred Knopf, 1979].

onde surgem bruscamente a pulsão social, pequenos restos, como fugitivos do fantasma social, exemplos, notas...) Resumindo, é provável que Alain não teria falado da burocracia.

Agora Weber. Eu disse que Valéry formulou sem saber uma definição "weberiana". A diferença entre Valéry e Weber é que, se Weber cai numa certa definição, ele sabe disso. Ele sabe o que faz, ele sabe que fala da burocracia, ele se dá os instrumentos teóricos e empíricos, procede através do método comparativo, tenta acumular os resultados anteriores, leu Hegel e tudo aquilo que é pertinente do ponto de vista do que se deve compreender. Ele *elabora* sua construção, primeiro porque a oferece explicitamente como objeto, e também porque, ao lhe oferecer como objeto, desenvolve todas as propriedades em vez de fazer uma observação de passagem que só pode ser inteligível para alguém que leu Weber. (Uma outra observação trivial mas talvez um pouco "desbanalizadora": o que é uma releitura? As releituras são muito praticadas, é uma arma nas lutas entre posições. Se fazemos semiologia literária, poder dizer "Valéry está comigo" é uma força; em outros universos, isso pode ser, ao contrário, uma desvantagem. Numa releitura, o releitor muitas vezes importa suas categorias de percepção. Assim, Weber diz que Lutero "leu a Bíblia pelas lentes de toda sua atitude"[388], com todo seu *habitus*. Evidentemente, as releituras permitem uma reconstrução extraordinária, e quando Troeltsch compõe a leitura dos Evangelhos por vinte séculos[389], isso é muito extraordinário, é um teste projetivo de primeira ordem. Um outro problema importante é a citação: o que é uma citação? Alguém que coloca entre aspas na mesma página as palavras de uma pessoa que entrevistou e as palavras de Hegel apenas excepcionalmente se pergunta o que quer dizer, nos dois casos, citar essas palavras: será que é uma atestação de verdade, uma certificação de autoridade? A citação e a releitura têm um efeito de recriação.) Se Weber lesse o texto de Valéry, ele evidentemente teria visto tudo aquilo que Valéry disse e que, de certa maneira, não sabia.

---

388. "Lutero leu a Bíblia pelas lentes de sua índole geral de momento, e esta, no curso de seu desenvolvimento, entre aproximadamente 1518 e por volta de 1530, não apenas permaneceu como se tornou cada vez mais tradicionalista" (WEBER, M. *A ética protestante e o espírito do capitalismo*. Trad. de Tomas da Costa. Petrópolis: Vozes, 2020, p. 67-68 [*Die protestantische Ethik und der Geist des Kapitalismus*. Tübingen: Mohr, 1934 (1904-1905)].

389. TROELTSCH, E. *Die Absolutheit des Christentums und die Religionsgeschichte* [*O caráter absoluto do cristianismo e a história das religiões*], 1902.

Vou parar por aqui, mas aproveito para agradecer o autor da pergunta e, de modo geral, aqueles que me fazem perguntas. Eu não sei se [os meus desenvolvimentos] que isso provoca são úteis, mas para mim as perguntas são muito úteis psicologicamente porque me dão a sensação de conhecer melhor a demanda.

## A burocracia como enorme fetiche

Volto à minha proposta, e não é difícil encontrar a ligação. Na última aula eu falava do certificado, do efeito da certificação, do efeito de atestação garantido pelo Estado. Seria preciso constituir todo o campo semântico das palavras burocráticas desse tipo ("diploma", "certificado", "atestação" etc.) que estão todas na lógica do fiduciário. "Atestação" quer dizer: "Eu fui testemunha e atesto que...", "Eu digo, dando a mim mesmo como garantia, que esta é realmente uma pessoa capaz e válida", e um dos problemas é saber quem garante a atestação. Quem é o garantidor do garantidor? O garantidor burocrático tem um crédito institucionalizado. Ele atesta enquanto funcionário. É enquanto garantido por sua função impessoal que ele dá uma garantia pessoal, que vai assinar – ou, aliás, não assinar. O debate "é preciso que os funcionários assinem ou não?" é um debate teórico muito importante: será que a personalização da burocracia não cria uma espécie de peixe solúvel[390], uma espécie de contradição institucional? (Não vou desenvolver porque vocês irão pensar que afundo nas atualidades anedóticas e me afasto das alturas teóricas.)

Quando paramos para pensar, todas essas noções ("títulos", "diplomas", "certificados" etc.) designam atos sociais extremamente misteriosos, atos no limite mágicos. Imaginem, por exemplo, a importância que pode ter a garantia de autenticidade que um crítico de arte dá, muitas vezes sem ver o quadro. Telefonamos para ele de Tóquio dizendo: "Tenho um Monet". Ele conhece aquele que liga, confia nele, dá crédito a ele e assina. Como resultado, ele multiplica cem vezes o valor pelo único fato de assinar. Mas ele assina para dizer que a assinatura de Monet é autêntica; portanto, assina a propósito de uma assinatura que por si mesma multiplica o valor cem vezes. Porque se, como Duchamp fez num certo momento, eu assino um bidê – esse é um exemplo real[391] –, multiplico o valor cem vezes.

---

390. Referência a *Poisson soluble* (1924), livro do poeta André Breton considerado um marco do movimento surrealista [N.T.].

391. Referência ao mictório assinado "R. Mutt" e intitulado *Fonte* (1917), um *ready-made* de Duchamp. Cf. BOURDIEU, P. *A produção da crença. Op. cit.*, p. 96-97 [42]. • *As regras da arte. Op. cit.*, p. 279-280 [406-408].

Aqueles que vão estudar o fetichismo da mercadoria nas sociedades arcaicas têm diante dos olhos, todos os dias, fenômenos do mesmo tipo. Com muita frequência, temos um ato mágico que consiste em dizer que as coisas são realmente aquilo que aquele que assina diz sobre elas. O problema, obviamente, é sempre saber quem garante aquele que garante. Se a assinatura atesta que o quadro é realmente de Miró, por que é importante que ele seja assinado por Miró? (Esta é a pergunta: "Quem criou o criador?") É preciso dar credência ao fato de que Miró é importante para que a assinatura que atesta que foi Miró que fez o quadro seja importante, para que a assinatura de alguém que atesta que foi Miró que assinou seja importante, e assim em diante. O campo artístico é uma série de assinaturas, e jamais sabemos quem começou. [...]

Por exemplo, existe uma frase de Benjamin que é muito citada (Benjamin foi muito útil há vinte ou trinta anos mas, como sempre, as coisas chegam com atraso na França...): "É preciso lutar contra o fetichismo do nome do mestre"[392]. Isso é relativamente importante: por exemplo, uma certa sociologia da literatura é prisioneira do fetichismo do nome do mestre e, como resultado, se proíbe a própria análise. Isto posto, o que acabo de dizer é que o nome do mestre é realmente um fetiche. Em outras palavras, é preciso antes de mais nada dizer: "Atenção com o fetichismo do nome do mestre!" – é um erro estudar Victor Hugo sem estudar o processo (os mestres de escola, os currículos, os centenários etc.) que produz Victor Hugo como sendo Victor Hugo. Mas um segundo erro é a ilusão da desmistificação que faz esquecer de que o nome do mestre é realmente um fetiche e o que se deve compreender é como se faz um fetiche. Como, em nossas sociedades, podemos fazer um fetiche, como podemos fazer a exposição Renoir?[393] O que é esse processo pelo qual, de crédito em crédito, de cheque em branco em cheque em branco, produzimos uma enorme realidade objetiva que tem efeitos econômicos? (Essa seria uma análise muito longa de fazer mas acho que seria absolutamente fundamental.)

---

392. Talvez se trate da seguinte frase: "O fetiche do mercado da arte é o do nome do mestre" (BENJAMIN, W. "Eduard Fuchs, colecionador e historiador". In: *O anjo da história*. Trad. de João Barrento. Belo Horizonte: Autêntica, 2012, p. 163 ["Eduard Fuchs, der Sammler und der Historiker". *Zeitschrift für Sozialforschung*, 6, p. 346-380, 1937]). P. Bourdieu voltará a essa frase na aula de 24 de abril de 1986.

393. Uma exposição importante apresentando 124 obras de Pierre-Auguste Renoir acabara de começar no Grand Palais de Paris em 2 de maio de 1985.

A analogia que acabo de fazer com o campo artístico não é uma analogia desvairada. O campo artístico é um bom terreno para estudar o fetichismo da assinatura, do diploma, do certificado, do técnico ou da técnica, mas tudo isso que eu disse poderia se aplicar *mutatis mutandis* à burocracia. A burocracia talvez seja um enorme fetiche que garante os atos mágicos que garantem o fetiche. Isso não quer dizer que ela não existe. Nada existe mais do que um fetiche, já que todo mundo acredita que ele existe e que é importante... Seria preciso refletir sobre a noção de "importante", é o "correlato noemático", como o outro [Husserl[394]] teria dito, do interesse: o interesse é aquilo que dá importância. Os filósofos da linguagem estudaram recentemente essa noção de importância que corresponde àquilo que é constituído socialmente como tendo valor, e valor reconhecido de forma unânime.

## A mediação categorial

Volto agora ao que disse na última aula. Eu formulei o problema desses atos que poderíamos chamar de "nômicos", através dos quais um técnico com mandado social registra alguma coisa por escrito e, por exemplo, impõe uma classificação. Por exemplo, falei – recapitulo rapidamente – sobre a caridade privada em oposição à assistência pública. Lembrei que essa oposição entre o ato de caridade privada, pelo qual dou uma esmola a um mendigo, e o ato de assistência pública, pelo qual um médico dá um certificado de invalidez a uma pessoa que ganha um direito, é a oposição entre os atos [...] deixados ao controle do indivíduo e os atos controlados, garantidos, mediados e regulamentados pelo Estado.

De passagem: isso fornece um esquema para pensar, de maneira relativamente surpreendente, o debate que agitou muito a França nos últimos anos sobre a oposição entre o público e o privado[395]. (Minha maneira de trabalhar consiste em oferecer não teses, mas sim maneiras de pensar.) Não vou desenvolver isso com-

---

394. Cf. HUSSERL, E. *Ideias para uma fenomenologia pura e para uma filosofia fenomenológica*. Trad. de Márcio Suzuki. Aparecida: Ideias & Letras, 2006, § 88, p. 203 [*Ideen zu einer reinen Phänomenologie und phänomenologischen Philosophie*. Tübingen: Max Niemeyer, 1913].

395. Podemos pensar que se trata dos debates ao redor das nacionalizações realizadas pelo governo socialista em 1982, a menos que se trate dos debates sobre o ensino público e privado: a criação de um serviço público unificado e laico da educação nacional fazia parte dos engajamentos do governo socialista; o projeto de lei apresentado pelo ministro da Educação Nacional, Alain Savary, foi abandonado em julho de 1984 devido à oposição encontrada no Parlamento após uma manifestação importante de defesa da "Escola livre".

pletamente, dou apenas uma única indicação. Com o sistema escolar, as propensões inerentes a todos os grupos, e especialmente aos grupos familiares, a garantir sua própria reprodução não apenas biológica mas também social, quer dizer, essa espécie de *conatus*, de tendência a perseverar no ser que é a característica de todos os grupos que querem se perpetuar, idênticos ou aumentados, defrontam-se com algo absolutamente novo. No caso das famílias camponesas ou aristocráticas, o direito hereditário, por exemplo, era uma maneira da família controlar ela mesma a transmissão, de ter o domínio completo da certificação: o pai de família podia deserdar ou consagrar como herdeiro. Com o sistema escolar, introduz-se uma mediação impessoal controlada pelo Estado, regulamentada pelo Estado, de tal modo que as famílias precisam levar em conta esse veredito que não depende mais delas. Do ponto de vista global, percebe-se que há uma relação estatística entre o capital possuído pelas famílias, o capital cultural, e aquilo que elas obtêm do sistema escolar. Mas essa é uma constatação estatística e sempre ouço a objeção que minhas análises não levam em conta o fato de que muitos politécnicos não levam seus filhos à Escola Politécnica. Efetivamente, um politécnico tem muito mais chances de produzir um filho politécnico do que um não politécnico, mas ele não tem todas as chances. Como resultado, há uma espécie de incerteza que tem efeitos sociais consideráveis. Ela permite mascarar todo o mecanismo e tem efeitos psicológicos muito potentes. Temos aqui uma oposição do mesmo tipo da oposição caridade privada/caridade (ou assistência) pública: num caso, posso escolher dar ou não dar, tenho o controle completo da operação; no outro, fico à mercê do veredito de uma instituição que pode cumprir globalmente a função que exijo dela, mas de tal maneira que eu, no meu caso particular, não fique satisfeito. Em outras palavras, a satisfação se dá à classe, no sentido lógico do termo, sem que todos os membros da classe tenham satisfação.

Eis uma contradição que se introduz com o desvio pela mediação categorial. Isso está muito ligado à oposição entre os julgamentos burocráticos e os julgamentos pré-burocráticos que, tais como o julgamento do cádi ou o direito de costumes descrito por Weber, sempre vão do particular ao particular: ele vê uma mulher particular com uma criança particular[396] e chega a um veredito particular. Quando Weber descreve o julgamento burocrático ou o direito racional como algo que passa pela mediação do universal, tem um pequeno lado ideológico (nin-

---

396. P. Bourdieu tem em mente o julgamento do Rei Salomão.

guém está a salvo...): o tema "burocratização = racionalização" é uma das grandes ambiguidades de Weber (aliás, da qual ele sabia, já que distinguia a racionalidade formal da racionalidade material). Mas é verdade que a burocratização introduz julgamentos de um tipo novo. O *nomos* é um julgamento, uma categorização, uma separação, por exemplo entre deficientes e não deficientes, mas é um *nomos* categorial: ele não se aplica mais a fulano ou sicrano; ele permite distinguir os cegos verdadeiros dos falsos. Como sempre, temos aqui continuidades, e o *nomos* corta. Segundo o exemplo simples que sempre menciono: no aeroporto, a partir de 30kg há um "excesso" de bagagem, é preciso um corte simples... um outro exemplo é a piada de Allais: "O que devo fazer se pego um trem com meu filho e no meio do caminho ele completa três anos [e não pode mais se beneficiar da redução para crianças com menos de três anos]?"[397] [*risos na sala*]. A imaginação dos comediantes com frequência é muito poderosa sociologicamente. As burocracias levam em conta o fato de que ninguém pensaria em levar a honestidade a extremos como esse, mas é provável que prevejam o caso da criança [que completa três anos durante a viagem]. Os julgamentos burocráticos, diferente dos julgamentos do cádi, são portanto universais. E são universais porque são categoriais. E, por serem categoriais, tornam-se estatísticos: eles podem valer para a categoria sem valer para o indivíduo. Reencontramos os paradoxos que mencionei há pouco.

### A percepção homologada

No fundo, eu reflito sobre o que é uma instituição (essa é a pergunta que Valéry fez). A institucionalização de uma percepção social homologada é a constituição de um *nomos*. A palavra "homologada" é extraordinária, se pensarmos nela. É uma palavra burocrática típica. O que quer dizer "homologar um registro"? Isso quer dizer *homologein* [ὁμολόγειν, "falar de acordo com", "estar de acordo"]: todo mundo dirá a mesma coisa, desde que tenhamos tomado todas as precauções, que tenhamos chamado quatro cronometradores e tirado a média dos tempos medidos. Um outro exemplo: a homologação de um diploma ou de um título, que é um dos grandes objetivos de luta nas nossas sociedades. Como eu disse na última aula, o estado civil em nossas sociedades pode ser definido como a soma dos atributos burocráticos: nossa identidade social é a soma desses atributos ca-

---

397. ALLAIS, A. "Un honnête homme dans toute la force du mot" ["Um homem honesto com toda a força da palavra"]. *In*: *Deux et deux font cinq*, Paris: Paul Ollendorf, 1895, p. 69-72.

tegoriais que nos são concedidos por essa entidade que chamamos de "Estado" e que aparecem, por exemplo, numa carteira de identidade. Esses atributos são atributos homologados sobre os quais há discussões consideráveis. As convenções coletivas, por exemplo, são lutas para saber o que é ser isso ou aquilo, o que isso implica. São lutas lógicas que também são lutas sociais, lutas sócio-lógicas. Dizer "Eu tenho direito ao uniforme" ou "Eu tenho direito a uma camisa branca ou a uma camisa cinza" são objetivos de lutas. Se eu tenho direito a uma camisa branca, tenho direito aos salários das pessoas que têm uma camisa branca. Existem jogos lógicos que se servem da lógica social para obter implicações inesperadas. Se eu mudo de título e em vez de me chamar "assistente", me chamo "mestre-assistente"[398], isso muda tudo, porque vou mudar na grade dos salários.

Todas essas lutas de homologação remetem ao problema que venho formulando de maneira obsessiva durante todo o ano: como podemos chegar a dizer a mesma coisa sobre o mundo social? Existe um lugar de onde podemos dizer a mesma coisa? Como eu disse, existem apenas pontos de vista. É por isso que muitas vezes fico um pouco irritado diante de certas formas de fenomenologia do vivido e de teoria husserliana: as filosofias da comunicação que exigem "se colocar no lugar" são de uma ingenuidade formidável: é impossível se colocar no lugar de alguém![399] Se minha sociologia tem um pouco de verdade, não se pode se colocar no lugar [de alguém] a não ser através do ato teórico que consiste em construir o espaço dos lugares. Através de um trabalho teórico, podemos ter uma quase-intuição do que é estar num certo lugar, e, por exemplo, através desse tipo de trabalho, discutindo com pessoas que trabalhavam em meios que eu absolutamente não conhecia e dos quais não tinha nenhuma experiência nativa, já me aconteceu de antecipar suas observações a partir de uma intuição construída do que é tal lugar em tal espaço. Isso não tem nada a ver com uma intuição – essa palavra em geral é pejorativa: ela [tende a significar nas ciências sociais:] "Muito bem, mas enfim, seria melhor escrever romances..." (Observem que, por outro lado, poderiam dizer: "Isso é formidável, daria até um romance" [*risos na sala*]. Os elogios

---

398. Nas universidades, os "assistentes" e os "mestres-assistentes" formavam os docentes "de escalão B" que davam cursos enquanto preparavam um doutorado (de terceiro ciclo ou de Estado). Nos anos em que este curso ocorreu, uma reforma criou o corpo dos "mestres de conferências" (ao qual foram integrados os "mestres-assistentes") e acabou com o recrutamento dos "assistentes".

399. P. Bourdieu desenvolveu suas críticas sobre a ideia de que seria possível "se colocar no lugar de" durante o segundo ano de seu ensino (cf. *Sociologia geral*. Vol. 2. *Op. cit.*, p. 61, 123, 272-273 [248, 320, 504]).

são reversíveis! A sociologia ajuda bastante a viver [*risos na sala*]... Você sempre pode transformar uma injúria em elogio se sabe de onde ela vem... [*P. Bourdieu tem dificuldades para continuar.*] Quando digo coisas como essas, sempre perco o fio! [*risos na sala*].)

A percepção institucional é uma percepção homologada: garante-se que todo o mundo deve estar de acordo com ela. Isso eu já disse usando uma outra linguagem: o Estado é o monopólio da violência simbólica; o Estado tem o poder de dizer o que você é ("Você é agregado") de tal maneira que ninguém possa dizer o contrário, que todo mundo deva contar com isso, e com os direitos, deveres, pretensões, obrigações que isso implica. Essa definição homologada é algo absolutamente extraordinário de um ponto de vista sociológico e eu me surpreendo que as pessoas não se surpreendam muito. Essa é a dificuldade da sociologia: nós passamos o tempo nos interrogando sobre o que pensamos das pessoas e concedemos às instituições o crédito extraordinário de dizer o que elas realmente são, mas esses fenômenos saltam tanto aos olhos que não nos surpreendemos.

As filosofias da autenticidade são importantes porque representam a revolta de uma certa categoria de agentes que buscam o monopólio da violência simbólica legítima contra a violência simbólica, para eles "ilegítima", de tipo burocrático. Ninguém percebeu isso, mas eu acho que Heidegger na verdade está em diálogo com Weber, e que seus famosos textos sobre o "a gente", *das Man*[400], que se comenta como se fossem metafísica, são sociologia transformada em ontologia. Heidegger é a pretensão professoral em ser tratado como pessoa: "Eu tenho o direito de ser constitutivo de minha identidade", "Quem é esse cavalheiro que me diz o que sou?"

Ilustro isso muito concretamente: numa pesquisa sobre as relações entre os bancos e seus clientes, analisamos os protestos contra o tratamento que os clientes recebiam dos bancos[401] e eles vinham em proporção considerável dos professores, especialmente professores do ensino superior e até professores de direito. Poderíamos dizer que isso ocorre porque eles têm uma *libido protestandi* maior do que as outras pessoas, na medida em que a constituição de si enquanto

---

400. HEIDEGGER, M. *Ser e tempo*. Trad. de Marcia Schuback. Petrópolis: Vozes, 2005, p. 255-256 [*Sein und Zeit*. Tübingen: Max Niemeyer, 1927].
401. BOLTANSKI, L.; CHAMBOREDON, J.-C. *La Banque et sa clientèle* [*Os bancos e sua clientela*]. Relatório do Centro de Sociologia Europeia, 1963.

pessoa, a pretensão em ser o sujeito de sua própria definição, de ser o fundador (o problema do fundamento poderia ser formulado nessa lógica...), faz parte das definições de sua função.

## Ciência e ciência de Estado

Para terminar com a homologação. No fundo, o efeito burocrático é extraordinário: ele consegue apresentar uma perspectiva como sendo neutra, transindividual, transperspectiva, como sendo o veredito dos vereditos (para empregar a imagem de Leibniz, que dizia que Deus é o geometral de todas as perspectivas, o lugar geométrico de todos os pontos de vista[402]). Quando o Estado diz que uma profissão foi homologada, isso significa que há um consenso sobre o senso. Produz-se uma significação transubjetiva e objetiva dessa objetividade que é a objetividade do social. As lutas pela homologação, pelo *nomos*, são lutas pela objetividade, pela verdade. O problema da posição do cientista nessa luta se coloca então muito concretamente. Qual é a posição particular do sociólogo? Se eu devo dizer a verdade sobre o mundo social, será que devo ser questionado por aqueles que têm o poder de proferir vereditos? Uma das principais razões pelas quais nos tornamos sociólogos está muito próxima daquela que faz com que nos tornemos filósofos: é a pretensão a ser produtor legítimo da verdade sobre o mundo social. Ao mesmo tempo, o adversário principal é o detentor do poder de certificação: o burocrata, o alto funcionário, o tecnocrata, aquele que pode produzir certificados homologados, ou seja, reconhecidos socialmente como não enviesados, objetivos, não emitidos a partir de um ponto de vista.

Trata-se do problema (que, de novo, Valéry formulou) da ciência do Estado em oposição à ciência: os filósofos, enquanto filósofos de Estado, não são burocratas de Estado? Um sociólogo pago pelo Estado é necessariamente um sociólogo de Estado? Em geral, só se formula esse problema para postular a equação: "sociólogo pago pelo Estado = sociólogo de Estado". Isso, como sempre, é uma maneira de fugir do problema. Existe, de fato, uma maneira de pseudorradicalizar as perguntas que consiste em levar até o limite – por exemplo, passar da constatação de que "a escola tende a reproduzir as desigualdades" para a posição radical "é preciso suprimir a escola": com muita frequência, esses tipos de radicalização

---

402. Cf. *supra*, nota 88.

de um problema real são uma maneira de descartá-lo. [...] Quando se trata da questão dos filósofos de Estado, uma história antiga permite escamotear a pergunta: fazemos um discurso sobre Hegel, a burocracia alemã etc. [...]. Na verdade, é preciso se perguntar o que quer dizer "ser um cientista de Estado". Agora temos a resposta: um cientista de Estado é alguém cujos veredictos são homologados e homologadores, alguém sobre quem dizemos: "Isso é neutro, isso é científico", alguém sobre quem não dizemos de onde fala (o Insee, por exemplo). É alguém que "assina" anonimamente, o que é uma junção interessante de palavras.

Eu teria muito a dizer sobre a relação do burocrata com a assinatura: existem coisas que um burocrata não pode assinar, ou somente sob pseudônimo. Fala-se então de simulação ou covardia, mas isso não tem nada a ver com a psicologia; essas variáveis individuais apenas mascaram relações e efeitos estruturais. Quando virem uma publicação, reparem se ela é assinada ou não e, se for assinada por um nome, se há uma sigla ou não. Um nome mais uma sigla quer dizer "ciência de Estado", "ciência garantida pelo Estado". Isso é uma teoria (no sentido de "visão", de "ponto de vista") legítima, quer dizer, arbitrária: ela é emitida a partir de um ponto de vista, mas ela é desconhecida como tal, e portanto reconhecida como legítima. Em outras palavras, ela vem de um ponto de vista cujas condições sociais de produção são tais que sua particularidade, seu arbitrário, desaparece, é abolido. Essa é a condição para que essa teoria se torne teoria potente, legítima, para que ela tenha força de lei e possa dar direitos. As taxonomias do Insee, por exemplo, acabam de ser refeitas em grande parte (três quartos, quatro quintos ou talvez mais) com base no meu próprio trabalho, mas ao se tornarem categorias do Insee, elas [minhas categorias] mudaram de estatuto completamente[403].

A diferença entre o sociólogo e o cientista de Estado é que o sociólogo que quer fazer um trabalho científico sobre o mundo social deve formular, não como ponto de honra epistemológico, mas como preliminar crítica absoluta, a questão de sua posição no espaço das posições. Ele tem que saber que o mundo social é um objetivo de lutas, que existe todo tipo de tomadas de posição incompatíveis sobre o mundo social e que existe uma posição particular, a posição de Estado, que se dá – ou que consegue se fazer passar – como posição sem posição, como

---

403. Numa aula anterior, de 28 de março de 1985, P. Bourdieu desenvolveu esses pontos relacionados ao fato da mudança da nomenclatura das categorias socioprofissionais do Insee ocorrida em 1982 ter se baseado em particular nas análises de *A distinção*. *Op. cit.*

uma posição quase divina (existe Deus no mundo social). Enquanto indivíduo, o sociólogo está nesse espaço (ele tem seus olhos, seus objetivos etc.), mas toma por objeto o espaço. Ao mesmo tempo, ele se toma por objeto como ocupando uma posição no espaço, e objetiva (ou, pelo menos, se dá por projeto objetivar, com os meios dos quais dispõe) todas as formas de objetivação. Essa é a particularidade de sua objetivação. Assim, ele renuncia à certificação de Estado e pode portanto ser pago pelo Estado sem ter a certificação de Estado. (É óbvio que não penso em fazer com que o Estado assine tudo o que eu disse sobre o mundo social... Deus me livre!) A sociologia da técnica é a diferença entre o sociólogo e o técnico e o que faz com que o sociólogo jamais seja um técnico. Dizem (também já aconteceu de eu dizer – nem sempre sabemos por que dizemos o que dizemos...) que a sociologia é necessariamente crítica, mas não se trata de uma escolha. Isso é constitutivo de sua atividade. Eu acho que se o sociólogo faz seu trabalho, que consiste em objetivar todas as objetivações, começando pelas objetivações potentes, as objetivações legítimas, ele não pode não introduzir uma distância. A ciência do poder científico é o que faz a especificidade da ciência.

Na próxima aula, de uma forma um pouco artificial, darei a vocês uma espécie de panorama perspectivo teórico de todas as teorias que podem ser propostas a propósito do que é pensar o mundo social. Será um pouco acadêmico: falarei de Kant, Hegel, Weber, Durkheim. Se eu tivesse feito isso no começo, vocês talvez teriam uma ideia muito elevada do meu pensamento, mas acho que talvez não teriam compreendido as coisas como as compreendem depois de ouvirem as historinhas que contei, e depois as vendo coroadas pelo que Kant e alguns outros disseram...

## Segunda hora (seminário): a invenção do artista moderno (7)

[...] A título de introdução a esta hora sobre a história da revolução impressionista, gostaria de falar de um quadro muito extraordinário que consta da exposição Renoir[404]: ele se chama *Monet pintando em seu jardim* [1873]. Em geral, o pintor se pinta pintando. Aqui, o pintor é pintado enquanto pinta por um outro pintor. O que é divertido é que não conseguimos ver o que Monet pinta (mas é possível adivinhar: ele está cercado de flores, deve pintar um jardim etc.) e que

---

404. P. Bourdieu já mencionara na primeira hora essa exposição que acabara de ser inaugurada no Grand Palais de Paris (cf. *supra*, nota 393).

Renoir pinta o que Monet não pinta. A pintura de Monet nessa época é um universo muito fechado, um universo de jardins. Na biografia de Monet, esse é o momento em que, depois de se instalar em Argenteuil, ele alcança um estatuto de pequena burguesia. Pela primeira vez, está um pouco fixo, um pouco tranquilo, tem um jardim do qual se orgulha muito, tem boa comida. Resumindo, ele está instalado e sente uma espécie de euforia que se expressa nesse efeito de fechamento, de ambiente feliz. Ora, o que vemos no horizonte no quadro de Renoir é um subúrbio com casas muito feias. Nas fotografias – por exemplo, no livro *Monet em Argenteuil*[405], graças ao qual sei disso tudo –, vemos um ambiente industrial de fábricas sendo construídas. A bobagem, de certa maneira, implicada no ponto de vista de Renoir (todo ponto de vista é um ponto de vista a partir de um ponto e implica algo não dito) está relacionada a um conjunto de coisas que fazem a modernidade (quando dizemos "Manet, Monet, pintores da modernidade", trata-se de uma certa modernidade).

Através dessa anedota inicial, que eu certamente queria ligar a essa história de ponto de vista, eu queria colocar o problema das relações entre revolução estética e revolução política. Esse é um problema que acho que as pessoas formulam muito mal. A noção de campo tem a virtude de permitir formular, melhor do que normalmente se faz, esse problema das relações entre as mudanças da visão do mundo introduzidas, por exemplo, por uma revolução cultural (isso que estudo é uma revolução cultural) e as mudanças sociais. Na lógica tradicional da história social da arte, nem sempre se colocam esses problemas na lógica muito simplista do reflexo como faz Goldmann (que pelo menos tem o mérito de ir até o fim da lógica)[406]. Mas, com muita frequência, postula-se implicitamente a existência de uma relação entre as mudanças sociais e as políticas, por exemplo através de periodizações que, como nos manuais, reproduzem os cortes da história política (como o corte da "revolução de 1848"), o que introduz uma filosofia da história que pode ser muito criticada.

---

405. TUCKER, P.H. *Monet at Argenteuil*. New Haven: Yale University Press, 1982.
406. Referência à teoria do reflexo tal como empregada por Lucien Goldmann na análise das obras literárias (cf. em particular *Le Dieu caché – Étude sur la vision tragique dans les* Pensées *de Pascal et dans le théâtre de Racine* [*O deus escondido – Estudo sobre a visão trágica nos* Pensamentos *de Pascal e no teatro de Racine*]. Paris: Gallimard, 1955). P. Bourdieu desenvolveu suas críticas a esse tipo de empreitada em suas aulas sobre o campo literário (cf. *Sociologia geral*. Vol. 2. *Op. cit.*, em particular p. 343-344 [585-586]).

A noção de campo permite descartar as ideias ultrapassadas que vêm um pouco do problema infraestrutura/superestrutura[407], para formular o problema de maneira mais realista: a revolução se produz num subespaço relativamente autônomo – no qual as relações de força de um tipo particular baseiam-se num tipo particular de capital etc. –, e a questão é a das condições que devem ser reunidas para que uma revolução cultural tenha sucesso. Com efeito, existem revoluções culturais fracassadas. Marx falava de "revoluções parciais"[408] e existem revoluções artísticas parciais. Como se dizia depois de maio de 1968, "A revolução foi recuperada" (mas essa é uma linguagem absurda, finalista, como se houvesse um recuperador para fazer publicidade ou um jornal de vanguarda que seria lido por executivos apressados[409] [*risos na sala*]). Acho que essa ideia de "revolução específica" é extremamente importante. Não ousamos empregar a palavra "revolução" devido à ideia de que "a única revolução verdadeira é aquela que destrói a infraestrutura", mas existem revoluções verdadeiras, revoluções específicas no nível da superestrutura (obviamente, só emprego essa linguagem absurda pelas necessidades da comunicação). Como os campos são espaços sociais relativamente autônomos, com relações de força específicas, transformar essas relações de força resulta em mudanças muito profundas da visão do mundo. Quando esse campo tem como função principal produzir visões do mundo, olhares objetivados sobre o mundo, uma "teoria" no sentido de visão objetivada (o que é o caso para as pinturas, mas também pode ser o caso para as palavras, os discursos sobre o mundo social), transformar as relações de força no campo representa uma revolução cultural, uma revolução teórica.

---

407. Referência à ideia desenvolvida por Karl Marx e retomada por muitos representantes da tradição marxista, segundo a qual as produções intelectuais de uma sociedade (direito, política, arte etc.) são a expressão ou produto da "infraestrutura", ou seja, da "estrutura econômica da sociedade", formada, segundo uma frase de Marx, pelas "relações de produção [que] correspondem a um grau determinado de desenvolvimento de suas forças produtivas materiais" ("Teoria e processo histórico da revolução social". *In*: FERNANDES, F. (org.). *Marx & Engels: História*. Trad. de Florestan Fernandes. São Paulo: Ática, 1989, p. 233).

408. Cf. *supra*, nota 129.

409. Alusão à utilização pela publicidade de temas ligados a maio de 1968 e, muito provavelmente, ao diário *Libération* que, nascido no esquerdismo do pós-1968, transforma-se em "diário de executivos" no começo da década de 1980 (P. Bourdieu comentará em 1988 sobre a nova composição de seu público leitor; o texto será publicado em 1994: "*Libé*, vingt ans après" ["*Libé*: vinte anos depois"]. *Actes de la Recherche en Sciences Sociales*, n. 101-102, p. 39, 1994).

Podemos nos perguntar se essa revolução teórica não teria certos limites em razão das características sociais daqueles que fazem essa revolução, em razão do que era a relação de força dentro desse campo e do fato de que, por ser relativa, a autonomia do campo não exclui uma dependência em relação a outros fatores sociais. Mas também podemos fazer a pergunta de saber por que uma revolução cultural é vivida como formidavelmente revolucionária, no sentido mais político do termo, pelos defensores da ordem ordinária (em outras palavras, isso é: "Não toquem na minha visão!"). Os críticos da época falavam de Manet com uma violência extraordinária. Como se pode chegar a tal violência se na verdade esse homem estivesse apenas mudando a visão da superestrutura? Courbet e Manet foram odiados como nenhum político jamais foi; eles deviam estar tocando em coisas extremamente importantes. É porque, acho, mudar a visão é em si algo de extremamente revolucionário. *A fortiori*, acho que a sociologia da visão como ponto de vista, a sociologia que se dá o gênero de objetos que me dei este ano, é intrinsecamente inquietante.

Não estou de jeito nenhum fazendo diante de vocês a jogada do intelectual que faz a história avançar, não tenho muitas ilusões sobre o alcance e os limites do discurso que posso fazer, mas acho que ele é o mais subversivo possível porque isso toca no *nomos* interiorizado, porque isso é a-nômico. Isso é formidavelmente anômico porque um *nomos* que tem sucesso se faz esquecer enquanto *nomos* segundo a definição que repito: o reconhecimento é o desconhecimento do arbitrário. Tudo isso já foi dito há muito tempo, mas através de frases ("A cultura dominante é a cultura da classe dominante"[410] etc.) que não tocam em nada, enquanto trata-se de descobrir concretamente que as lutas pela percepção do mundo social têm uma certa lógica de funcionamento, que elas só são "decidíveis" historicamente, e que a única verdade que podemos ter sobre essas lutas é que existem lutas pela verdade. Às vezes eu me pergunto se a única verdade que podemos proferir sobre o mundo social não seria que o mundo social é o objetivo de uma luta pela verdade. Talvez vocês pensem que procedo por identificação? (Acontece tanto de escolhermos um objeto para ter um pretexto para falar de nós mesmos.) Digo

---

410. Alusão a uma passagem célebre de *A ideologia alemã*: "As ideias da classe dominante são, em cada época, as ideias dominantes, isto é, a classe que é a força *material* dominante da sociedade é, ao mesmo tempo, sua força *espiritual* dominante" (MARX, K.; ENGELS, F. *A ideologia alemã. Op. cit.*, p. 47).

isso para dar a vocês a liberdade de pensar isso, mas não acredito nisso! [*risos na sala*] [...]

## O policentrismo e a invenção de instituições

Recapitulo. Ao terminar a última aula, mencionei o paradoxo da revolução cultural que os impressionistas estavam fazendo: eles eram obrigados a conquistar sua autonomia contra a instituição que garantia sua autonomia, na medida em que ela estava encarregada de transmitir a competência específica, herdada do passado, que, para qualquer instância profissional, é [...] aquilo que lhe é característico e permite afirmar sua diferença. Eu também lembrei que a ruptura, para se tornar uma revolução cultural bem-sucedida, baseava-se em condições objetivas favoráveis (a crise da Academia ligada à superprodução de diplomados etc.), e também que ela precisaria constituir uma nova infraestrutura específica, quer dizer, reconstituir uma nova instituição. Não entrarei em detalhes porque essas são coisas conhecidas que foram contadas em todos os livros. O que adiciono é simplesmente a modelização: o campo artístico no sentido moderno foi constituído pela constituição de um conjunto de instituições em concorrência, em outras palavras, por uma espécie de institucionalização da anomia. É esse paradoxo que, quando comecei a falar de campo artístico e disse que "o campo artístico é o local de uma luta pela legitimidade: todos estão em disputa", levou-me a adicionar: "Mas não digo que existe legitimidade, digo que há uma luta pelo monopólio da legitimidade, o que é uma maneira de reconhecer a legitimidade".

Há estados no campo nos quais existe uma ortodoxia, quer dizer, um ponto de vista que consegue se impor como dominante. Por exemplo, se o que eu disse agora há pouco for verdade, podemos imaginar que, no campo da sociologia, a ciência de Estado, a ciência certificada, a ciência do Insee se torna pouco a pouco, por razões ao mesmo tempo econômicas, sociais e políticas, detentora do monopólio da produção de dados reconhecidos socialmente como científicos e que existe um monopólio real da legitimidade científica de modo que aqueles que dizem o que eu disse esta manhã aparecem como filósofos antiquados, fazendo críticas sem fundamento, sem ter as cifras que correspondem a suas pretensões. Isto posto, mesmo se, em alguns de seus estados, o campo possa ser o local de uma legitimidade dominante, ele é essencialmente um local onde se luta pelo monopólio da legitimidade. No campo da pintura, depois da revolução cultural feita pelos impressionistas, temos um estado de anomia institucionalizada: criou-se um conjunto de instituições e nenhuma delas tem o monopólio do *nomos*. Em outras palavras, para que exista anomia, é preciso que exista instituição.

Isso orienta minha política no domínio das ciências sociais há muito tempo: quanto mais há pontos onde se produz ciência social, maior a chance da ciência social ser científica: a anomia é a condição da cientificidade. (Isso que digo aqui é muito sério, não é brincadeira nem paradoxo...) Isso é muito importante porque, como eu disse há muito tempo, como a sociologia é uma ciência dominada, ela sempre é tentada pelo que chamo de "efeito Gerschenkron"[411], ou seja, a tentação de macaquear as ciências mais avançadas, de se dar uma aparência de consenso (dizem: "Os físicos estão todos de acordo, não é como vocês, sociólogos, que discutem sobre tudo"). Houve uma fase do campo da sociologia mundial em que se criou uma espécie de "consenso de trabalho", segundo o termo empregado por Goffman[412], para designar essa espécie de consenso fictício criado entre pessoas que não se conhecem muito bem e que querem evitar o conflito: as pessoas se encontram, não sabem quem está ligado a quem, elas se olham, prestam atenção ("Ele tem a Legião de Honra"), não se fala do exército, nem do Estado, nem dos padres, mas da chuva e do tempo bom... Nas ciências sociais, um tal trabalho de consenso foi realizado nos Estados Unidos na década de 1950[413]: diziam que a sociologia havia se tornado uma ciência respeitável e que havia acordo. Parsons nos dizia como era o mundo social, Lazarsfeld estava na empiria mas no fundo estavam de acordo, e Merton arranjava tudo dizendo que era preciso "teorias de médio alcance": essa espécie de tríade capitolina da ciência mundial podia dar a ilusão de que a sociologia era uma ciência já que era consensual.

---

411. Desde o começo de seu curso, P. Bourdieu mencionou em várias ocasiões esse efeito (para a primeira ocorrência, cf. *Sociologia geral*. Vol. 2. *Op. cit.*, p. 137-138 [337]). Esse nome vem de um historiador que chamou a atenção para as características do capitalismo na Rússia deverem-se ao fato dele ter se desenvolvido mais tarde do que em outros países.

412. O *working consensus* para Goffman é um acordo, um *modus vivendi* que os participantes de uma interação tentam efetivar; ele "implica não tanto um acordo real sobre o que existe mas, antes, um acordo real sobre [quais] pretensões de qual pessoa referentes a quais questões serão temporariamente acatadas" (GOFFMAN, E. *A representação do eu na vida cotidiana*. *Op. cit.*, p. 18 – tradução modificada [9-10]).

413. Para desenvolvimentos sobre esses pontos, cf. em particular uma conferência que será feita por P. Bourdieu em Chicago em abril de 1989: "Sur la possibilité d'un champ international de la sociologie" ["Sobre a possibilidade de um campo internacional da sociologia"]. *In*: LECLERC, C.; LIZE, W.; STEVENS, H. (orgs.). *Bourdieu et les sciences sociales – Réceptions et usages*. Paris: La Dispute, 2015, p. 33-49.

O efeito de dominação exercido pelas outras ciências é evidente. Para começar, as coisas jamais funcionaram dessa maneira em nenhum estado da ciência mais avançada. Depois, essa maneira de imitar o consenso é a paródia das condições sociais favoráveis à ciência – e acho que também à produção artística. A institucionalização do consenso é o processo que leva à existência de uma pluralidade de locais de produção e de avaliação – mas nenhum deles exerce uma dominação definitiva e durável, nenhum deles tem o poder de impor seu *nomos*, ou seja, seu ponto de vista particular como ponto de vista universal, homologado. Na sociologia, estamos sempre entre duas ingenuidades. À ingenuidade da visão autocrática (existe um papa da sociologia, uma Meca da sociologia e um veredito sobre aquele que é realmente sociólogo e aquele que não é) opõe-se uma visão espontaneísta, anarquista, segundo a qual qualquer um pode dizer qualquer coisa. ("Meu juízo feito por mim, que jamais fiz uma entrevista, jamais vi uma pesquisa, jamais vi uma estatística, jamais li Weber, Marx ou Durkheim, vale tanto quanto o de qualquer outro...") A visão anarcoespontaneísta é um erro absolutamente lógico; ela é sociológica. As homologias entre o campo político e o campo científico se devem ao fato de serem homologias de estrutura.

De fato, o que digo é o seguinte: como a institucionalização da anomia é uma espécie de policentrismo, cada vez que se cria um novo polo de desenvolvimento constituído socialmente como capaz de produzir algo que tem chances de ser reconhecido, mesmo na discussão, como ciência, as chances da ciência progredir crescem. Trata-se de uma proposição normativa, mas acredito que ela está inscrita na análise do processo de institucionalização e nessa espécie de paradoxo que formulei: a institucionalização da anomia. A anomia, no caso da pintura no século XIX, significa a ausência de lugar dominante de certificação e de consagração, quer dizer, o colapso da Academia como lugar de onde era possível dizer quem era pintor e o que era pintar. A história do impressionismo é a história de uma série de invenções: invenção das galerias, (enorme) invenção da noção de exposição em grupo, invenção da ideia do Salão dos Recusados, invenção de uma nova definição do artista, de uma nova definição de crítico, invenção de novos jornais etc. Esse trabalho coletivo obviamente não é concertado, ele não se orienta por algum tipo de fim da história; ele é o produto de interesses muitas vezes antagônicos. Pouco a pouco, as coisas se organizam de tal maneira que um campo passa a funcionar, já que essas instituições concorrentes são geradoras de conflitos que fazem as coisas mudarem nesse sentido. (Não sei se falarei disso porque é um problema muito complicado e não sei se serei capaz de explicá-lo para vocês de maneira nuançada o bastante... Acho que essa luta pelo monopólio da pintura legítima leva a uma espécie de trabalho de depuração prática da definição da pintura que poderíamos comparar a uma análise de essência histórica... Não vou falar mais sobre isso, talvez eu volte ao tema...[414])

Seria preciso mencionar o nascimento dessa infraestrutura específica, de todas essas instituições. É claro que temos os nomes, as palavras simples... Um dia contei para vocês que a invenção da palavra *"jogging"* [espécie de corrida para condicionamento físico] foi extremamente importante. Da mesma forma, no século XIX, foi preciso inventar palavras, foi preciso inventar as palavras de artista, foi preciso inventar o "café", o café como lugar legítimo, como lugar de encontro dos pintores, músicos, artistas... Há portanto usos sociais de instituições que já existiam...

## A falsa antinomia entre a arte e o mercado

Aqui temos um outro paradoxo contra as teorias do reflexo: muitas vezes, quando colocamos o problema, como se diz, das relações entre "a arte e a sociedade" (o que na verdade não faz nenhum sentido: isso é apenas relacionar duas palavras), perguntamo-nos sobre o sentido e a forma da determinação e tendemos sempre a fazer uma pergunta desconfiada para a arte: "Você não está comprometida com a sociedade?" Por trás da sociologia da arte, sempre há uma pergunta desconfiada (Valéry teria dito "pequeno-burguesa"): "E se isso for falso?", "E se ele trapacear?", "E se ele estiver vendido para a burguesia?" Esse olhar atravessado é um dos charmes subjetivos de um certo tipo de ciência social (Wittgenstein denuncia isso com muita maldade – recentemente, descobri um texto em que ele diz, com sua linguagem apocalíptica: "Que prazer em dizer 'isso não passa disso'"). Existem satisfações subjetivas em dizer: "Isso não passa disso". Há uma espécie de prazer em reduzir e dizer, por exemplo: "Os impressionistas não passam de pequeno-burgueses", depois de ler obras que mencionei como *Monet em Argenteuil*. Esse é um tema na moda nos Estados Unidos – até na revista *Time* podemos ler: "Essas pessoas que são apresentadas como revolucionárias na verdade são pequeno-burgueses que exibem seu jardim" [*risos na sala*]. Essa visão desconfiada,

---

414. P. Bourdieu retomará parcialmente esse trabalho de depuração na aula seguinte, 30 de maio de 1985.

que pode se exercer em todos os sentidos, mascara coisas muito importantes. Em vez da alternativa "será que a arte serve à sociedade (muitas vezes é preciso entender "será que a arte serve à burguesia") ou será que é independente?", podemos fazer perguntas extremamente simples: "Não podemos nos servir das pessoas que servimos?", "Será que uma das maneiras de conquistar a liberdade não é pegar emprestado seus meios daqueles que nos prendem?" Dito dessa forma, isso parece um paradoxo, mas talvez seja a tese principal das análises que proponho.

Eu não concordo realmente com uma análise célebre de Raymond Williams que muitas vezes expus em minhas aulas. Em *Cultura e sociedade*[415], Raymond Williams mostra que a teoria moderna da cultura (no sentido das "humanidades", no sentido acadêmico do termo) constituiu-se nos românticos ingleses em reação contra o mundo industrial, e mais exatamente contra a industrialização da literatura, e contra o fato de que a arte e a cultura tornavam-se uma mercadoria como as outras. Ele mostra, através de incontáveis documentos, a revolta dos grandes poetas românticos ingleses contra essa espécie de "massificação" da produção: descobrindo-se como uma espécie de trabalhador especializado da cultura, o produtor cultural desenvolve uma espécie de definição carismática, centrada na pessoa e na singularidade do produtor, contra sua verdade objetiva ligada à criação de uma literatura industrial. Segundo essa tese, os produtores culturais reagem à dominação exercida pelos poderes econômicos através da imprensa. Mas a história da pintura e, em particular, a análise da revolução cultural impressionista mostra que é de certa forma servindo-se do mercado que os impressionistas conseguiram escapar da Academia; foi servindo-se da liberdade concedida pela existência de um mercado e de uma clientela de origem aristocrática que os impressionistas se libertaram da demanda de tipo burocrático que era a demanda acadêmica.

A análise da revolução impressionista tem interesse por ser um caso particular de um modelo muito geral de revolução contra uma burocracia da arte: a Academia é menos interessante como instrumento da classe dominante que domina do que como forma burocrática de dominação do campo artístico. A encomenda

---

415. WILLIAMS, R. *Cultura e sociedade: de Coleridge a Orwell*. Trad. de Vera Joscelyne. Petrópolis: Vozes, 2011 [*Culture and Society: 1780-1950*. Londres: Chatto & Windus, 1958]. P. Bourdieu utiliza essas análises de Raymond Williams em particular em "Campo intelectual e projeto criador". *In*: POUILLON, J. et al. (orgs.). *Problemas do estruturalismo*. Trad. de Rosa Maria Ribeiro da Silva. Rio de Janeiro: Zahar, 1968, p. 105-145 ["Champ intellectuel et projet créateur". *Les Temps modernes*, n. 246, p. 865-906, 1966].

de Estado me parece ter propriedades invariantes, e um de meus projetos é fazer, com outras pessoas, uma sociologia comparada das burocracias da arte, das encomendas de Estado, que permitam compreender, por exemplo, o jdanovismo ou certas características da pintura confuciana etc. Eu acho que existem propriedades invariantes das demandas de Estado. Por exemplo, na ordem jdanovista, certamente há o *habitus* pequeno-burguês, mas também o *habitus* burocrático que quer uma pintura sem história, uma pintura anônima que expresse sentimentos homologados (a família, o trabalho, o trabalhador, ou seja, coisas com as quais todo mundo concorda). Não continuarei este tema.

A esse respeito, a Terceira República [1870-1940] é muito significativa. Os revolucionários na pintura, e em particular aqueles que começaram a revolução, são muitas vezes de origem mais alta. É uma espécie de lei: as revoluções culturais são muitas vezes realizadas pelos privilegiados em relação exatamente ao que se trata de subverter – os hereges costumam sair do sacerdócio – enquanto as pessoas menos favorecidas do ponto de vista do capital cultural específico estão mais submetidas à demanda burocrática. Isso é fácil de compreender: por serem oblatas, ou seja, por deverem tudo à instituição, elas não podem contestar a instituição sem destruir exatamente os fundamentos de sua própria autoridade. A Terceira República é muito interessante nesse aspecto: são as pessoas de origem social mais baixa, mais provinciana, que se beneficiaram das grandes encomendas de Estado (as pinturas da Sorbonne, das prefeituras etc.) que foram objeto de uma distribuição democrática. Enquanto isso, durante esse tempo (estou simplificando e peço desculpas àqueles que conhecem os detalhes mas é preciso esquematizar, nem que seja pelas necessidades da comunicação), a subversão artística ([*P. Bourdieu hesita em continuar*]: faço tantas perguntas a mim mesmo que fico paralisado [*risos na sala*]) era mais provável em pessoas menos empobrecidas de capital específico e de capital social (relações, linguagem, palavra etc.) e beneficiadas pelo surgimento de um mercado livre da arte que evidentemente foi obra de categorias favorecidas, a aristocracia ou certas frações da grande burguesia.

A antinomia mercado/arte, que leva a ver o mercado como automaticamente alienante, é portanto simplista. Existem circunstâncias nas quais a conquista da autonomia e da liberdade passa pelo recurso ao mercado. Quando se trata de se libertar de uma burocracia de Estado, o mercado pode fornecer uma liberdade, o que não significa que em seguida não será necessário se libertar dessa liberdade alienante dada pelo mercado, e que o recurso à burocracia não poderá ser então uma proteção contra a alienação do mercado. A linguagem que utilizo pode parecer estratégica; no caso concreto, a questão é saber se, para fazer uma pintura livre, não seria melhor ser empregado em meio período pelo Estado, se para fazer uma sociologia livre, não seria melhor ser pago pelo Estado do que estar à mercê das encomendas dos publicitários[416]. Essas são perguntas absolutamente concretas que cada um resolve de sua maneira... [417] Resumindo, parece-me que existem invariantes da demanda burocrática e, contra certas tendências clássicas, é preciso enxergar que o mercado não é necessariamente um fator de alienação; ele pode fornecer uma liberdade.

## O juízo coletivo da crítica

Recapitulo: eu tratei das condições sociais e demográficas da possibilidade da revolução cultural impressionista e acabo de mencionar as condições institucionais de institucionalização do sucesso. Agora, gostaria de falar muito rapidamente sobre as resistências da crítica, o que me fornecerá uma espécie de verificação daquilo que eu disse ao começar [este conjunto de seminários sobre a revolução impressionista], quando de certa maneira "deduzi" as propriedades da pintura *pompier* a partir da instituição acadêmica. Farei um exercício diferente, tentando deduzir as categorias de percepção que estavam em vigor no momento em que os impressionistas começaram a inventar novas categorias de percepção e novas instituições para impor essas categorias de percepção, e que estão expressas nos juízos dos críticos sobre os revolucionários. Lerei trechos de belíssimas obras sobre os impressionistas diante da crítica, a partir da ideia de que esses críticos tinham lentes e que suas lentes se revelavam diante dessa espécie de monstruosidade que era Manet. O que se expressa quando eles falam de Manet são suas categorias de percepção, e seu horror é o horror diante do monstruoso... (Poderíamos ler dessa maneira os livros de maio de 1968 que são muito reveladores, não do que aconteceu em maio de 1968 – sobre isso não dizem quase nada –, mas das lentes daquele que fala sobre maio de 1968. Parece-me que um historiador das estruturas men-

---

416. P. Bourdieu sem dúvida queria dizer "patrocinadores".
417. P. Bourdieu se colocou muito concretamente a questão do financiamento das pesquisas em sociologia no quadro de seu centro, o Centro de Sociologia Europeia, e lembrava regularmente, por exemplo, que a pesquisa sobre a fotografia que gerou *Un art moyen – Essai sur les usages sociaux de la photographie* [*Uma arte média – Ensaio sobre os usos sociais da fotografia*] (Paris: Minuit, 1965) beneficiou-se de um financiamento da empresa Kodak.

tais deve proceder dessa maneira – e depois é claro que ele pode se perguntar o que, de qualquer forma, esses livros dizem a respeito do real.)

Primeiro cito minhas fontes. A mais importante é o livro de Hamilton: HAMILTON, G.H. *Manet and His Critics* [*Manet e seus críticos*]. New Haven: Yale University Press, 1954. Em seguida: BOIME, A. *Thomas Couture and the Eclectic Vision* [*Thomas Couture e a visão eclética*]. New Haven: Yale University Press, 1980. • SLOANE, J.C. *French Painting between the Past and the Present: Artists, Critics and Traditions from 1848 to 1870*. Princeton: Princeton University Press, 1951. Hamilton é o livro de base. É uma lei das tradições letradas [...]: num universo científico, existem alguns livros matriz que os outros retomam com mais ou menos mais-valor, valor adicionado. Em geral levamos muito tempo para encontrar o livro que todos os outros retomaram. Esse livro de Hamilton foi um dos que encontrei por último [...] porque era mais antigo... Nós achamos que o progresso existe, mas num universo de tradição letrada, no qual a ciência é muito pouco cumulativa, o trabalho mais antigo muitas vezes é o melhor porque foi ele que realmente teve contato com os dados. Dito isso, os livros de Boime e de Sloane também são importantes. Um outro livro extremamente importante é o de Cassagne, *Théorie de l'art pour l'art en France*[418], porque tem todos os elementos para uma descrição em termos de campo: em vez de focar em Lamartine, Cassagne se interessa pelo conjunto do movimento da "arte pela arte" e o situa em relação aos movimentos ao redor.

Para a análise da crítica, a obra de Hamilton é extremamente importante porque oferece, ano a ano, as reações suscitadas pela pintura de Manet. O que faço é muito superficial e poderia ser feito muito melhor. Por exemplo, um objeto do qual não tratei é a lógica de transformação do juízo coletivo tal como se expressa através dos críticos. É um trabalho considerável: seria preciso constituir sociologicamente o campo da crítica (e isso os autores que citei não permitem fazer), ou seja, ter informações completas sobre o conjunto dos órgãos nos quais as pessoas escreviam e conhecer a posição relativa desses órgãos (isso já seria uma informação sobre as propriedades sociais das pessoas que escreviam nesses jornais...). Poderíamos então situar as críticas feitas à obra de Manet nesse espaço. Essa espécie

---

418. CASSAGNE, A. *La Théorie de l'art pour l'art en France chez les derniers romantiques et les premiers réalistes* [*A teoria da arte pela arte na França nos últimos românticos e primeiros realistas*]. Genebra: Slatkine, 1979 [1906]. P. Bourdieu já destacara a importância desse livro nas aulas que dedicou ao campo literário (cf. *Sociologia geral*. Vol. 2. *Op. cit.*, esp. p. 340-341 [583-584]).

de juízo coletivo cuja evolução mencionarei no limite não existe. Não faz sentido dizer "*os* críticos" (por exemplo, há um livro que se chama *Os impressionistas diante da imprensa*[419]). A ideia de que existiria uma espécie de juízo global não faz sentido; o juízo é necessariamente diferenciado. Existe um espaço dos críticos, e a mudança terá em grande parte como motor as lutas dentro desse espaço, os críticos transformados em campo. Aliás, isso faz parte do objeto, já que uma dimensão do processo de institucionalização da anomia é a institucionalização do crítico livre, portanto a institucionalização do campo da crítica, no qual o crítico não se dá mais como única missão fornecer uma espécie de resumo para o leitor (para explicar a história etc.), mas dá como garantida sua relação pessoal com o autor, engajando-se, de certa forma politicamente, na luta dentro do campo.

Esse é um dos grandes princípios de evolução. À medida que avançamos no tempo, isso fica cada vez mais claro e há cada vez mais críticos carismáticos, para chegar aos nossos dias com o crítico empresário que não é mais aquele que fala do quadro mas aquele que "faz" o quadro ao fazer a teoria do quadro. Para compreender completamente esse processo, seria preciso reconstituir simultaneamente a história social do campo da pintura, as lutas internas entre os pintores acadêmicos e os de vanguarda, as lutas internas no subcampo dos pintores de vanguarda etc. É dentro dessas últimas lutas que os críticos vão escolher em função de sua posição (por exemplo, alguns dirão: "Apesar de tudo, Manet é melhor que os outros, porque acabamos nos acostumando"). Portanto, seria preciso ter toda essa história muito completa. O que vou contar é uma história muito simplificada e, até do ponto de vista de minhas próprias categorias, muito injustificável: ajo como se houvesse uma espécie de ponto de vista coletivo dos críticos, quando isso não é o caso de jeito nenhum.

## As três críticas

O que é que, de certa maneira, deixa os críticos estupefatos diante das obras de Manet? Diante do que eles se perturbam? O que é que inverte sua visão de mundo? Temos aqui uma das propriedades das revoluções culturais. Alguns livros sobre maio de 1968 – que foi uma revolução cultural – dizem apenas coisas do tipo "O mundo vai embora, tudo vai embora, minha integridade cognitiva des-

---

419. Talvez seja o livro de Jacques Lethève: *Impressionnistes et symbolistes devant la presse* [Impressionistas e simbolistas diante da imprensa]. Paris: Armand Colin, 1959.

morona". Uma revolução cultural explode em pedaços as estruturas mentais das pessoas. Não há nada mais horrível. De certa maneira, é uma lavagem cerebral. As pessoas sofrem muito. Em *Homo academicus* mencionei isso em duas frases ao aproximar as reações de certos universitários de alto escalão diante de maio de 1968 e as reações de velhos cabilas falando sobre os jovens cabilas, sobre seu modo de trabalhar[420]; era realmente o mesmo tipo de reação: "Vai tudo embora", "O mundo está morto", "O mundo virou do avesso", "É como no século XIV, os rios correm para a fonte, as mulheres vão ao mercado" etc. Em outras palavras, o impensável torna-se pensável, o monstruoso torna-se cotidiano, o extraordinário torna-se banal... e já que meu cérebro está em incompatibilidade com o mundo, melhor morrer. As revoluções culturais provocam um enorme sofrimento simbólico e é isso que as pessoas vão dizer.

Assim, elas diziam o seguinte sobre Manet: "Manet nos tortura" – o que significa "Manet tortura nossas estruturas mentais". Elas faziam críticas: "Ele não sabe pintar", "O que ele faz é chato", e uma das grandes interrogações era saber se ele fazia isso de propósito ou não, o que sugere a questão da certificação. Diziam que ele não sabia pintar e que, aliás, havia abandonado o ateliê de Couture muito cedo: ele não passou nos exames, não ganhou o prêmio de Roma. Já que ele não tem os certificados, não é garantido pela instituição, "não sabe". Um quadro célebre no qual se vê um toureiro e um touro, não lembro como se chama, foi muito discutido: o touro é imenso e o toureiro, pequenino, há um problema de perspectiva[421]. Isso é de propósito ou não? Observa-se que, depois de ter passado cinco anos com Couture, ele teria chegado ao estágio de saber fazer uma perspectiva; portanto, ele fez de propósito. Esse é um grande debate entre os críticos. "Será que ele fez de propósito ou não?" significa "Será que ele acredita nisso ou não?" Se ele acredita, ele é acreditável. Se não acredita, é cínico, portanto, ele nos engana.

---

420. Assim, P. Bourdieu cita um livro publicado em 1969 por Jacqueline de Romilly: "Tal como os velhos camponeses da [Cabila] falando das maneiras de cultivar heréticas dos jovens, eles não podem senão expressar sua estupefação, sua incredulidade diante do *incrível*, do mundo revolto, desmentido de sua crença mais íntima, de tudo o que é considerado muito importante: 'Em compensação, mas como dizê-lo? Isso é verdade? Isso não é uma mentira ou uma calúnia? Disseram-me que professores nessas últimas semanas chegaram não apenas a se recusar a aplicar as provas – o que em si é defensável – mas a boicotá-las, avaliando-as deliberadamente de maneira incorreta. Disseram-me, mas não consigo acreditar [...]'" (BOURDIEU, P. *Homo academicus. Op. cit.*, p. 235 [238]).

421. Cf. *supra*, nota 250.

Portanto, o problema da pessoa que dá a si mesma como caução do ato pictórico torna-se muito importante e há todo um debate sobre a personalidade do Sr. Manet. O Sr. Manet tem crédito? Ele é bem-vestido? Mostraram-me um texto extraordinário que diz: "Mas o Sr. Manet, eu o encontrei, ele se veste como você e eu [*risos na sala*], ele se apresenta muito bem, ele se expressa muito bem, portanto sua pintura não é uma mistificação. Ele não é um impostor, não é um mistificador". Encontramos assim o problema do impostor e do certificado e, nessa lógica, não temos nada além da pessoa como garantia. Uma coisa importante é que ao fazer essas perguntas os críticos mais combativos contribuem eles próprios para a revolução: ao pedir garantias, eles contribuem para a invenção de um universo da pintura no qual o artista vai dar a si mesmo como garantia, e mais ninguém. Ler as críticas do outro lado leva a ver os efeitos de campo.

Eu já disse várias vezes aqui: "Minha problemática é o 'campo'..." Essa é uma coisa que levei muito tempo para encontrar: existe um espaço de posições e a problemática é o estabelecimento de relações entre as posições. No caso em questão, quando surge alguém que diz: "Mas será que ele é sincero?", todos os outros são obrigados a responder. Em outras palavras, mudar um campo consiste muitas vezes simplesmente em entrar com um problema que não existia. Se você consegue entrar no campo do jornalismo com um jornal, você cria problemas para os outros, e você mudou a problemática. Aqui, o simples fato de formular a pergunta da sinceridade faz surgir a resposta do tipo: "Mas sim, ele é sincero, ele sofre por sua pintura, ele não tem como alimentar seus filhos" – surge uma mitologia parcialmente fundamentada como resposta à crítica mais acadêmica. Como resultado, os acadêmicos, a partir de sua representação do mestre bem-vestido, condecorado, membro de trinta e seis júris, de certa forma engendram negativamente o artista cabeludo. Os outros replicam de duas maneiras; eles dizem: "Mas não, ele é burguês como vocês" ou então "Ele sofre", inventando assim o tema do artista maldito, com os filhos famintos, as dúvidas noturnas, a obra-prima absoluta etc.

Portanto, um primeiro ponto é: "Eles não sabem pintar", "O que eles fazem é chato", "Não tem perspectiva". O segundo é a estupefação diante da pintura sem objeto que talvez seja o escândalo mais extraordinário: o que significa pintar coisas que não conseguimos entender por que são pintadas? O que significa pintar coisas absurdas? É a própria ideia do "representável" que está em questão. Há alguns anos fizemos um trabalho sobre a fotografia no qual mostramos que todos temos uma definição implícita do que é fotografável: num certo momento, existe o "digno de ser fotografado", o "indigno de ser fotografado" e uma espécie de consenso implícito sobre a hierarquia dos objetos fotografáveis[422]. É a mesma coisa na pintura do século XIX: existia uma definição implícita do "representável", do "digno de ser representado", uma hierarquia dos objetos "pintáveis". As pessoas como Manet se colocam absolutamente fora desse espaço, elas estão fora do sistema de categorias, o que, para os lógicos, é horrível: o que é essa coisa para a qual nenhuma categoria funciona?... É alguma coisa sobre a qual não sabemos o que dizer... Não sabemos nem como interrogá-la...

Acho que é aqui que a experiência do atentado à integridade cognitiva atinge seu máximo. Eles não somente não pintam aquilo que é designado [como digno de ser pintado], mas passam a pintar coisas que não são designadas ou até recusadas... Essa é a provocação: eles fazem uma espécie de promoção ontológica do nada, do nada social, do recusado. Nessas condições, ou é o escândalo e o problema da sinceridade ("Essas pessoas são loucas", "Isso é uma provocação"), ou então é a recuperação inconsciente: para escapar dessa experiência patética da descoberta da valorização do insignificante, para anular o escândalo da promoção ontológica do insignificante, tornamos o insignificante significante, procuramos um sentido. Sloane cita o texto magnífico de um crítico que ele classifica entre os "humanitaristas" (isso quer dizer mais ou menos "um pouco de esquerda"). (Sloane é útil em relação a Hamilton porque tenta dar algumas informações sobre os críticos; infelizmente, elas são taxonomias intuitivas.) Esse crítico considera insuportável um quadro, *A garota branca* [de James Whistler], que faz jogos de cores, jogos com os brancos, e diz: "Vejam, no fundo, esse é o dia seguinte da noiva, é o momento perturbador em que a jovem se questiona e se surpreende por não encontrar mais nela a virgindade da noite anterior" [*risos na sala*], e o compara com [Jean-Baptiste] Greuze. Em outras palavras, ele procura uma lição. É portanto uma espécie de debate permanente e o efeito de campo será jogado entre aqueles que, diante do escândalo da falta de sentido promovida à importância, vão projetar sentidos e aqueles que dirão: "Mas não tem sentido".

De certa maneira, aqueles que querem um sentido a qualquer preço, por referência a um estado da pintura (Greuze etc.) em que era preciso haver um sentido, provocam a réplica ("Mas isso não tem sentido") e aceleram a constituição enquanto projeto do fato de não ter sentido. Isso poderia não ter sido produzido

---

422. BOURDIEU, P. (org.). *Un art moyen. Op. cit.*

porque o projeto não era não ter sentido, e sim fazer jogos de cores. Mas, na luta crítica, existe uma espécie de antecipação do campo da crítica em relação à própria consciência do pintor: os críticos não somente acompanham os pintores, mas podem precedê-los em nome de seus interesses específicos. Para fechar o bico de críticos de um jornal oposto, ele chegará quase a dizer: "Não é preciso que exista um sentido", "É estupidez procurar um sentido". E os pintores são um pouco como os atletas que, nas entrevistas ao rádio ou à televisão, falam às vezes como [o jornal esportivo] *L'Equipe*, como os comentaristas [*risos na sala*]: as pessoas vêm dizer a eles que não é preciso que exista um sentido quando elas não haviam pensado nisso... Realmente, Renoir ou Monet não eram intelectuais... mas se alguém lhes diz isso a propósito do que fazem, eles passam a repetir, e também a trabalhar de maneira diferente fazendo realmente aquilo que outras pessoas acreditaram que tinham feito.

Esse é um dos grandes princípios da evolução e poderíamos fazer a mesma análise sobre coisas contemporâneas. Por exemplo, não se pode compreender a evolução do novo romance sem compreender que ele está completamente habitado pela relação com a crítica (cf. o diálogo entre Robbe-Grillet e Barthes[423]) na qual essa espécie de explicitação do que é a reação percebida da intenção artística voltada contra o autor dessa intenção modaliza essa intenção, transforma-a e, ao mesmo tempo, contribui para transformar a obra. Para mim, há dois grandes mecanismos do envelhecimento de um produtor cultural. O primeiro é este: ele acredita descobrir o que é através do que se diz que ele é (aliás, tanto positiva quanto negativamente, porque uma maneira de um produtor ser dominado pelo que se diz dele é recusá-lo ou opor-se a isso). O segundo é o efeito de consagração, ou seja, o envelhecimento específico (em oposição ao envelhecimento biológico) e o efeito exercido sobre um produtor pelo reconhecimento social de sua importância. Esse mecanismo é importante para compreender as trajetórias dos pintores e, mais do que isso, dos escritores que muitas vezes recebem um papel profético. Isso é fácil de ver no caso do fracasso, com os efeitos de ressentimento, mas no caso do sucesso é muito mais sutil. A armadilha social é então a tentação da identificação

---

423. Alusão aos comentários sobre várias obras de Alain Robbe-Grillet que Roland Barthes publicou na revista *Critique* e ao diálogo entre o autor e o crítico que se segue à intervenção do primeiro no colóquio de Cerisy dedicado ao segundo: ROBBE-GRILLET, A. "Pourquoi j'aime Barthes" ["Por que gosto de Barthes"]. In: *Prétexte: Roland Barthes – Colloque de Cerisy*. Paris: UGE, "10/18", 1978, p. 244-272.

com a imagem consagradora (a biografia de [Victor] Hugo poderia ser compreendida nessa relação). Isso acontece em particular com aqueles que dominam um campo num certo momento. Não é paradoxal dizer que os mais dominados pelo campo são aqueles que dominam o campo (poderíamos dizer isso de Sartre) e que devem mais e mais de suas propriedades ao que é preciso fazer e ser para dominar o campo. Mas a objetivação crítica e a volta à produção da consciência dessa objetivação são, creio eu, um dos mecanismos mais importantes para estudar a evolução, como se diz na linguagem ordinária (mas estritamente isso não faz nenhum sentido) de um "autor".

Uma terceira crítica, muito ligada ao escândalo da insignificância que acabo de mencionar, consiste em procurar uma função a qualquer preço e dizer: "Isso não diz nada, portanto não serve para nada". Em outras palavras, constitui-se a pintura pura no enunciado do escândalo que ela constitui dizendo-se: "Não é possível pintar coisas como essa, sem razão". No fundo, os críticos escandalizados instituem uma pintura formalista contra uma definição funcionalista da pintura. Olhando as pinturas com expectativas funcionalistas (é preciso que ela diga alguma coisa, que conte uma história, que tenha uma moral, que mobilize uma cultura histórica etc.), eles dizem necessariamente o oposto pelo fato de deplorar a falta do que esperam. Em última instância, a maior contribuição para a teoria da arte pela arte foi produzida pelos críticos funcionalistas que não a suportavam. Falamos sempre das artimanhas da história, perguntamos quem faz a história, de maneira consciente ou inconsciente... Aqui, acho que há uma espécie de "artimanha": aqueles que fazem o sentido são aqueles que não compreendem; uma maneira de não compreender contribui para fazer o sentido da coisa compreendida.

Vou parar aqui. Na próxima aula, tentarei concluir contando para vocês sobre a fase posterior em que os pintores, libertados graças aos escritores, vão lutar para se libertar dos escritores.

# Aula de 30 de maio de 1985

> Um resumo das perspectivas teóricas – A tradição kantiana: as formas simbólicas – As formas primitivas de classificação – Das estruturas históricas e performativas – Os sistemas simbólicos como estruturas estruturadas – A lógica marxista – Integrar o cognitivo e o político – A divisão do trabalho de dominação simbólica – O Estado e Deus

## Um resumo das perspectivas teóricas

Não posso começar esta última aula sem dizer uma palavra sobre o que aconteceu ontem, porque isso tem uma relação com o que vou contar hoje, e é muito importante[424]. Nós seremos sem dúvida inundados por comentários indignados e moralizadores quanto a essa violência. Eu acho que o importante é se perguntar o que significa a violência pura tendo em mente que buscar uma significação talvez já seja demais. Existem pessoas que, num certo estado de anomia do *nomos*, não têm outro meio para se fazerem reconhecer como existindo do que a violência e talvez exista um elo entre a conduta da Dama de Ferro que acaba de quebrar uma das greves mais longas da história[425] e os jovens com barras de ferro. Como essa ligação será muito pouco feita, quero enunciá-la: existem pessoas que são conde-

---

424. Trata-se da tragédia do estádio de Heysel ocorrida na véspera, vista ao vivo na televisão durante a transmissão da final da Copa dos Clubes Campeões Europeus entre o Liverpool FC e a Juventus FC. Antes da partida, os *hooligans* de Liverpool invadiram uma seção de torcedores da Juventus. A correria resultante provocou o desmoronamento de uma arquibancada, que deixou 39 mortos.

425. Referência à longa greve, entre março de 1984 e março de 1985, do sindicato britânico dos mineradores contra o fechamento de poços deficitários, decidida pelo governo da "Dama de Ferro" (apelido dado a Margaret Thatcher). Esta foi inflexível, pois queria quebrar por bastante tempo o movimento sindical.

nadas por todos os sistemas, por todos os vereditos sociais, pelo sistema escolar, pelo mercado de trabalho, e a quem não resta senão o último veredito, o da prisão, e acho que a violência, mesmo essa violência pura, como finalidade sem fim, também é uma maneira de fazer reconhecer uma identidade. Não estou justificando essa violência, eu a descrevo, tento explicar o inexplicável. Talvez outros façam isso, mas isso me parece improvável.

Isto posto, hoje vou tentar fazer o que havia anunciado, quer dizer, uma espécie de resumo, de perspectiva teórica das análises que propus. Talvez vocês terão a impressão de um malabarismo teórico, e poderão achar que estão no colégio de filosofia[426]. Na verdade, não farei um trabalho teórico, e se digo no final o que outros teriam dito no começo, é exatamente porque esse discurso teórico vem depois da batalha, ou seja, uma vez que aquelas que considero como algumas pequenas descobertas tenham sido feitas. Se esse discurso teórico não é um "trabalho teórico" (como alguns diziam[427] em certa época), podemos nos interrogar sobre sua função. Ele tem uma função de verificação e de controle teórico. Com efeito, uma cultura filosófica, como uma cultura política e de modo mais geral uma cultura teórica, parece-me ter como função principal saber o que se faz, permitir àquele que produz um discurso teórico e que está, de qualquer maneira, situado num espaço teórico em que um certo número de posições já foram tomadas, saiba que linha segue. O autodidata, o inculto teoricamente, passeia num espaço e se deixa impor a verdade objetiva do que faz; ele não pode nem sequer corrigir a recepção de seu discurso. A função principal da cultura teórica consiste em definir uma linha teórica, em dar àquele que produz um discurso objetivamente teórico um meio para dominar o sentido objetivo de seu discurso.

Portanto, vou objetivar o espaço teórico no qual meu discurso se situou. O problema que coloquei ao longo deste ano é aquele entre poder e conhecimento. É o problema do poder que se exerce através de uma ação sobre o conhecimento[428]. Ele pretendia superar (algo que outras pessoas fizeram mais ou menos na

---

426. Alusão ao Collège de Philosophie, fundado por Jean Wahl em 1974 ou ao Collège International de Philosophie, criação um pouco mais recente (datada de 1983) de François Châtelet, Jacques Derrida, Jean-Pierre Faye e Dominique Lecourt.

427. A alusão visa os althusserianos. Em particular, Louis Althusser publicou *Sobre o trabalho teórico*. Trad. de Joaquim José M. Ramos. Lisboa: Presença, 1978 ["Sur le travail théorique". *La Pensée*, n. 132, p. 3-22, 1967].

428. Um primeiro estado da perspectiva teórica que P. Bourdieu propõe nesta aula foi apresentado em "Sobre o poder simbólico". *Art. cit.*

mesma época, isso não é por acaso) a antinomia tradicional entre poder e conhecimento, essa velha oposição platônica entre o político e o teórico, entre as preocupações políticas do homem da *ágora* e as preocupações puras e desinteressadas do filósofo que tem a *skholè*, o tempo, que está na escola[429]. Era preciso superar essa antinomia clássica entre a teoria e o poder para afirmar que existe um poder da teoria e para fazer uma teoria do poder teórico, entendendo "teoria" aqui no sentido extremamente amplo de princípios de visão, de princípios explícitos de constituição de uma visão (de passagem: digo "princípios explícitos"; existem, no sentido muito amplo da palavra "teoria" que adotei, teorias implícitas e um dos sentidos da análise é expor os princípios dessas teorias do mundo social que os agentes sociais veiculam e que são, em parte, constitutivas desse mundo social). Evidentemente, é como sociólogo que pratiquei esse exercício teórico: não fiz um "trabalho teórico", e sim tentei definir as leis de funcionamento do poder teórico, as condições específicas de seu exercício e de sua distribuição entre os agentes, o que esquecem regularmente os filósofos que pensam em termos de essência pura.

Agora que defini o objetivo, procederei através de uma série de sínteses. Meu discurso terá um aspecto hegeliano, e vou aparecer como o pensador final que totalizou uma série de abordagens. Os filósofos procedem muito dessa maneira, mas já me antecipo: isso não é um objetivo para mim de jeito nenhum, eu não trabalhei dessa forma de jeito nenhum, minha história da filosofia não é uma filosofia da história. O que proponho é simplesmente, repito, um retorno retrospectivo depois de ter percorrido um certo caminho (obviamente, não sem conhecer as diferentes posições teóricas), e esse caminho percorrido não pode deixar de aparecer como a totalização de um certo número de posições. Essas sínteses sucessivas permitem fazer ver que o que proponho acumula contribuições feitas por filósofos, historiadores, sociólogos e teóricos normalmente percebidas como incompatíveis: essencialmente Marx, Durkheim e Weber. Por essa razão, podem me criticar (porque em certos casos isso é uma crítica) por ser marxista, durkheimiano e weberiano. Já eu diria que isso é meu orgulho: um capital teórico foi acumulado pelos pesquisadores do passado e parece-me que, quando nos situamos numa perspectiva cumulativa, o trabalho científico não consiste em se distinguir de seus predecessores e sim acumular tudo o que eles conseguiram trazer como

---

429. A palavra grega *skholè* (σχολή) significa "lazer", mas também o local de lazer (em oposição a uma ocupação prática), que é a "escola"(*schola* em latim).

conhecimento, não de maneira eclética, mas superando as incompatibilidades que se devem ao ponto de vista que eles tomavam sobre o mundo social e, ao mesmo tempo, tentando tomar o ponto de vista que eles tomavam uns sobre os outros. Portanto, para compreender os pensadores do passado eu me sirvo daquilo que não paro de dizer sobre o presente: as visões do mundo social são tomadas a partir de um ponto de vista e, de certa maneira, para acumular, para ver a vista e o disparate [la vue et la bévue], é preciso ver o ponto de vista, o ponto a partir do qual se tomam as vistas e, ao mesmo tempo, os disparates em que elas implicam.

Por exemplo, os disparates de Marx são vistos magnificamente por Weber. Se Weber é um pouquinho o fim da história no meu esquema, ainda que eu o supere (ao acumulá-lo com outros), é porque ele é sem dúvida aquele que menos jogou o joguinho da distinção; ele declarou: "No essencial, sou marxista"[430], enquanto todos os seus comentadores persistem em opô-lo a Marx com base nos interesses ideológicos do momento. Acho que, sem forçar as coisas, poderíamos dizer que Weber muito conscientemente trouxe o materialismo histórico para terrenos nos quais o materialismo histórico era particularmente fraco, quer dizer, o terreno do simbólico: aqui onde tínhamos uma frase ao mesmo tempo fundamental e um pouco simples ("A religião é o ópio do povo"[431]) e algumas análises sobre a superestrutura, Weber fez toda a construção da teoria da religião e do sacerdócio, o que me parece consistir em levar até suas últimas consequências uma teoria materialista das formas simbólicas.

## A tradição kantiana: as formas simbólicas

Depois deste preâmbulo, vou tentar pelo menos uma vez dizer em uma hora o que quero dizer. Primeiro momento ("primeiro", "segundo", isso não tem nenhum

---

430. Por exemplo, às vezes se relata essa fala que Max Weber teria dito em 1920, pouco antes de sua morte, para seus estudantes: "A sinceridade de um intelectual hoje em dia, e singularmente de um filósofo, pode ser medida pela maneira como ele se situa em relação a Nietzsche e a Marx. Aquele que não reconhece que, sem o trabalho desses dois autores, ele não poderia realizar grande parte de seu trabalho engana a si mesmo e às outras pessoas. O mundo intelectual em que vivemos foi formado em grande parte por Marx e Nietzsche" (BAUMGARTEN, E. *Max Weber: Werk und Person* [*Max Weber: obra e pessoa*]. Tübingen: Mohr, 1964, p. 554-555).

431. "A miséria *religiosa* constitui ao mesmo tempo a *expressão* da miséria real e o *protesto* contra a miséria real. A religião é o suspiro da criatura oprimida, o ânimo de um mundo sem coração, assim como o espírito de estados de coisas embrutecidos. Ela é o *ópio* do povo" (MARX, K. *Crítica da filosofia do direito de Hegel. Op. cit.*, p. 145).

sentido [que não seja facilitar a exposição], não se trata nem de uma ordem histórica nem de uma ordem lógica): os sistemas ou as formas simbólicas, segundo a linguagem empregada pelas pessoas a que me refiro. Cassirer, por exemplo, escreveu *A filosofia das formas simbólicas*[432] (um outro livro, mais difícil mas acho que mais importante, e que corresponde a um ponto de vista diferente do que adoto hoje é *Substância e função*[433]; um mais fácil é *Ensaio sobre o homem*[434] [...]). Para Cassirer, que se situa explicitamente na tradição kantiana, a língua, religião, mito, ciência e arte são "formas simbólicas", quer dizer, princípios de "construção do mundo dos objetos", como ele diz num artigo célebre publicado em *Le Journal de Psychologie* de 1933[435]. Essas formas simbólicas são estruturas estruturantes, ou seja, categorias no sentido de Kant que organizam o mundo percebido. Cassirer tenta encontrar a lógica dessas estruturas estruturantes: como veremos num segundo momento, ele tenta, por exemplo, mostrar como funciona um mito, qual é a lógica de um mito e como essa lógica específica do mito, que não é a da ciência – o princípio de causalidade, o princípio de identidade etc., nele assumem uma forma particular –, vai construir um mundo particular. Isto posto (e isso será um problema na sequência), ele fala do mito em geral; ele não distingue o mito zuni do mito bororo, do mito basco, do mito bretão.

Trata-se de conhecer essas estruturas estruturantes e poderíamos dizer que uma sociologia que podemos chamar de cognitiva se dá como objeto analisar esses sistemas de construção da realidade. Assim, a tradição etnometodológica, que se desenvolveu, para resumir, a partir do livro de Garfinkel, *Estudos de etnometodologia*[436], [...] se dá como objetivo explicitar os métodos de construção do mundo social que os agentes ordinários utilizam: trata-se de uma antropologia das estruturas cognitivas que os agentes ordinários empregam para se encontrarem no mundo, quer dizer, implantar nele seus princípios de estruturação. Essa

---

432. CASSIRER, E. *A filosofia das formas simbólicas*. Trad. de Marion Fleischer. 3 vol. São Paulo: Martins Fontes, 2001 [*Philosophie der symbolischen Formen*. Berlim: Bruno Cassirer, 1923-1929].

433. CASSIRER, E. *Substanzbegriff und Funktionsbegriff* [*O conceito de substância e o conceito de função*]. Berlim: Bruno Cassirer, 1910.

434. CASSIRER, E. *Ensaio sobre o homem*. Trad. de Tomás Rosa Bueno. São Paulo: Martins Fontes, 1994 [*An Essay on Man*. New Haven: Yale University Press, 1944].

435. CASSIRER, E. "Le langage et la construction du monde des objets" ["A linguagem e a construção do mundo dos objetos"]. *Journal de Psychologie Normale et Pathologique*, n. 1-4, p. 18-45, 1933.

436. GARFINKEL, H. *Estudos de etnometodologia*. *Op. cit.*

sociologia cognitiva, como vemos por sua origem kantiana, conduz a uma visão idealista do mundo social. Como diria Bachelard, o vetor epistemológico vai do racional ao real[437]; o movimento de conhecimento do mundo social vai do sujeito para a realidade, e o mundo social é de alguma forma uma construção do sujeito social. Em relação a essa forma de sociologia, poderíamos parafrasear o título célebre da obra de Schopenhauer, *O mundo como vontade e representação*: no limite, o mundo social seria o produto da construção humana. Por exemplo, tratando-se do problema das classes sociais, não deveríamos procurar as classes sociais na realidade, bastaria estudar a gênese transcendental, de alguma maneira, dessas realidades de "classes". No fundo, é conhecendo as estruturas cognitivas que conheceríamos o mundo social.

Estou caricaturando um pouco, mas esse exercício é importante como controle teórico porque muitas vezes as pessoas que fazem avançar a ciência não sabem o que fazem (o que não é um problema, mas apenas até certo ponto). Por não saberem o que fazem, elas podem ter uma filosofia do conhecimento que não conhecem. Elas poderiam ficar chocadas por serem qualificadas como idealistas ou kantianas, mas poderia ser bom para elas saber disso; elas poderiam dizer: "Sim, e por causa disso..." ou "Não, isso não é o que eu queria sugerir..." Era isso que eu dizia no começo sobre a função de controle teórico [do resumo das perspectivas que proponho]. Além dessas sociologias cognitivas, também existem linguísticas cognitivas, psicologias cognitivas e talvez logo uma história cognitiva (a história sempre junta tudo, mas sempre depois que as coisas já passaram...). Todo mundo agora diz que é "cognitivo", isso está na moda. Na verdade, trata-se aqui também de um efeito de ignorância. As modas muitas vezes correspondem ao retorno de coisas muito antigas que voltam bruscamente depois de um ciclo. Portanto, é melhor ter cultura histórica.

Essas empreitadas cognitivas, essas empreitadas de conhecimento dos meios de conhecimento tendem muito naturalmente a uma versão idealista. Elas se dão por objeto fazer uma análise dos sistemas de classificação, das taxonomias, das teorias, no sentido geral que dei a isso, ou daquilo que chamei de *nomos*, no sentido de princípios de visão e de divisão. Esse ponto de vista, que resumi um pouco grosseiramente, pode ser situado na tradição neokantiana que se desen-

---

437. BACHELARD, G. *O racionalismo aplicado*. Trad. de Nathanael C. Caixeiro. Rio de Janeiro: Zahar, 1978.

volveu em duas linhas [*P. Bourdieu vai escrever na lousa*]: uma tradição europeia, que chamamos de tradição Humboldt-Cassirer, e uma outra tradição anglo-saxã, que chamamos de Sapir-Whorf. Essas duas tradições, que se desenvolveram independentemente, dizem que a linguagem não é simplesmente meio de expressão mas também meio de construção do mundo. Foi [Benjamin] Whorf que levou a hipótese mais longe: ele tentou encontrar correlações entre a estrutura das línguas de um certo número de sociedades americanas tradicionais e a estrutura das representações do mundo. Houve até tentativas de verificar experimentalmente a correspondência entre as estruturas linguísticas e as estruturas do mundo.

Há entre os etnólogos todo um desenvolvimento do qual a etnometodologia é o prolongamento: é o que se chama "análise componencial", uma técnica muito interessante, que eu mesmo empreguei em relação à política; aliás, um dia já falei sobre isso para vocês[438]. Ela consiste em pedir aos pesquisados para classificar coisas ou signos, de maneira a ver os princípios de classificação que empregam e que podem não dominar cientemente. Nós todos temos princípios de classificação cujo domínio não temos. Se quisermos conhecer seus princípios de classificação na política, uma técnica simples consiste em escrever em pedacinhos de papel nomes de políticos e pedir a vocês que os classifiquem e depois que nomeiem as classes que fizerem. Tentamos então fazer uma espécie de teorização de sua teoria implícita do universo político. Vocês sabem dominar praticamente os itens de classificação, mas vocês não têm o domínio dessas classificações; elas são parcialmente coerentes, até certo ponto... exatamente como as oposições de um sistema mítico ou de um sistema ritual tais como eu as descrevi[439].

Essa tradição Humboldt-Cassirer/Sapir-Whorf poderia ser relacionada à frase célebre de Saussure: "O ponto de vista cria o objeto"[440]. Saussure empregou essa

---

438. Cf. *Sociologia geral*. Vol. 1. *Op. cit.*, p. 82 [96] e *supra*, aula de 28 de março de 1985.

439. Cf. a aula de 28 de março de 1985.

440. "Qual é o objeto, ao mesmo tempo integral e concreto, da Linguística? [...] Outras ciências trabalham com objetos dados previamente e que se podem considerar, em seguida, de vários pontos de vista; em nosso campo, nada de semelhante ocorre. Alguém pronuncia a palavra *nu*: um observador superficial será tentado a ver nela um objeto linguístico concreto; um exame mais atento, porém, nos levará a encontrar no caso, uma após outra, três ou quatro coisas perfeitamente diferentes, conforme a maneira pela qual consideramos a palavra: como som, como expressão duma ideia, como correspondente ao latim *nūdum* etc. Bem longe de dizer que o objeto precede o ponto de vista, diríamos que é o ponto de vista que cria o objeto; aliás, nada nos diz de antemão que uma dessas maneiras de considerar o fato em questão seja anterior ou superior às outras" (SAUSSURE, F. *Curso de linguística geral. Op. cit.*, p. 15).

frase em relação ao ponto de vista do cientista; tratava-se de fundamentar o ato de constituição da língua como objeto a partir do ponto de vista constitutivo, que não é de modo algum constativo mas que é construtivo, assim o ponto de vista cria o objeto. Nessa lógica, o mito, a religião etc. são construtores ou, melhor, produtores do mundo. O problema do numenal não se colocará nesse gênero de pensamento, mas está nele implicitamente. Em todo o caso, as teorias míticas fazem existir o mundo dos objetos; as formas simbólicas são aquilo que nos dá um cosmos no sentido de mundo ordenado e não um caos. Pode-se dizer que essa filosofia é a filosofia do culturalismo e acho que é a filosofia implícita do primeiro Foucault [...]. O culturalismo considera que as formas simbólicas são históricas e estão ligadas a uma tradição. Ele se distingue nisso da filosofia das formas simbólicas que, em sua expressão mais coerente, em Cassirer, considera essas formas simbólicas como universais e propõe, como Kant, um sujeito transcendental, mas com uma diferença. Kant se deu um único *datum* (a física e a matemática) a partir do qual refletir para encontrar as formas que se manifestam no *opus operatum*, enquanto Cassirer generaliza a interrogação kantiana e diz que é preciso aplicar o modo de reflexão kantiano a outros *opera operata* que, como os mitos, a religião, a arte, também são objetos estruturados nos quais descobriremos estruturas. Isto posto, as formas simbólicas de Cassirer são estruturas universais da mente humana; entretanto, um problema que Cassirer formulou (pela metade) no fim de sua vida era saber por que as estruturas universais da mente humana como as estruturas míticas encontram um desenvolvimento maior nas sociedades primitivas, enquanto as formas simbólicas como a ciência encontram um desenvolvimento maior em nossas sociedades. Menciono os problemas muito rapidamente; eles geraram volumes inteiros.

Essa tradição neokantiana pode portanto ser rigorosamente kantiana ou assumir a forma culturalista. Uma coisa importante, de passagem: essa visão kantiana implica uma ruptura com a teoria marxista do reflexo. Com efeito, a partir do momento em que se está nesse pensamento (e eu o coloquei no começo [desta aula (?)] para marcar o corte), não se pode mais conceber que as visões do mundo sejam o reflexo do mundo e o sujeito cognoscente encontre seu poder ativo. Poderíamos colocar isso sob o signo de Marx. (Como Marx mesmo disse, sempre se pode ser marxista... também podemos não ser, certamente...) Marx, em uma das teses sobre Feuerbach, diz que no fundo o drama do materialismo é ter deixado para o idealismo o aspecto ativo do conhecimento e que é preciso dar ao materialismo (é o que estou fazendo) o aspecto ativo do conhecimento; é preciso restituir ao sujeito cognoscente essa capacidade de construir o mundo dos objetos. Isto posto, não se trata de uma capacidade pura e teórica, e Marx corrige isso na hora, porque tem uma linha teórica absolutamente consciente: ele diz que, se o idealismo realizou essa espécie de restituição do aspecto ativo do conhecimento, ele fez disso um ato de conhecimento quando na verdade é uma construção prática; é na prática que se constroem os instrumentos de construção – o sujeito que constrói é um sujeito agente[441]. Não desenvolverei este ponto hoje, mas ele está ligado às reflexões que propus, muitas vezes de passagem, sobre o que são as lógicas práticas.

Assim, o neokantismo postula estruturas universais. O culturalismo é uma forma mole dele. É um neokantismo mole, mas historicizado: as formas *a priori* tornam-se formas *a posteriori*. São formas históricas e arbitrárias, como teriam dito Mauss[442] e Saussure[443], ligadas a condições históricas, quer dizer, a condições materiais de existência (geográficas, climáticas etc.) e, no fundo, a acasos culturais porque, em geral, sobretudo nas sociedades sem história (no sentido de sem história escrita), os etnólogos podem apenas tomar os fatos como eles são, eles não podem voltar ao ato histórico originário que estaria no princípio desta ou daquela oposição. Portanto, a tradição culturalista conserva a capacidade construtiva do sujeito cognoscente, mas opera uma mudança considerável: os próprios sistemas de classificação são produtos históricos.

---

441. É a primeira tese: "O principal defeito de todo o materialismo existente até agora (o de Feuerbach incluído) é que o objeto [*Gegenstand*], a realidade, o sensível, só é apreendido sob a forma do *objeto* [*Objekt*] ou da *contemplação*, mas não como *atividade humana sensível*, como *prática*; não subjetivamente. Daí o lado *ativo*, em oposição ao materialismo, [ter sido] abstratamente desenvolvido pelo idealismo – que, naturalmente, não conhece a atividade real, sensível, como tal. Feuerbach quer objetos sensíveis [*sinnliche Objekte*] efetivamente diferenciados dos objetos do pensamento, mas ele não apreende a própria atividade humana como atividade objetiva [*gegenständlich Tätigkeit*]" (MARX, K.; ENGELS, F. *A ideologia alemã. Op. cit.*, p. 533).

442. "*Todo fenômeno social* tem, efetivamente, um atributo essencial: quer seja um símbolo, uma palavra, um instrumento, uma instituição; quer seja mesmo a língua, mesmo a ciência mais elaborada; quer seja o instrumento mais adaptado a melhores e às mais numerosas finalidades, quer seja o mais racional possível, *é ainda arbitrário*" (MAUSS, M. *Ensaios de sociologia. Op. cit.*, p. 486).

443. "O laço que une o significante ao significado é arbitrário ou então, visto que entendemos por signo o total resultante da associação de um significante com um significado, podemos dizer mais simplesmente: *o signo linguístico é arbitrário*" (SAUSSURE, F. *Curso de linguística geral. Op. cit.*, p. 81).

É aqui que Durkheim intervém na minha genealogia... mítica. Durkheim tem o mérito de se considerar explicitamente kantiano: na introdução das *Formas elementares da vida religiosa*, ele não trapaceia, diz que quer estudar, mas de maneira ao mesmo tempo empírica, positiva e verificável, a gênese dessas categorias de pensamento que somos obrigados a pressupor para compreender o que se passa no mundo social[444]. Portanto, ele quer fazer uma ciência *a posteriori* dessas categorias *a priori* e escapar assim da alternativa entre o apriorismo e o aposteriorismo, que foi assunto de muitas dissertações nessa época[445]. Resumindo, ele quer fazer uma sociologia das formas simbólicas.

Posso contar uma anedota: uma coletânea dos meus primeiros trabalhos foi traduzida na Alemanha com o título "Sociologia das formas simbólicas"[446], o que causava ótima impressão no país de Cassirer... Mas a combinação é desafinada: uma "sociologia das formas simbólicas" é uma espécie de barbarismo, e, conhecendo a nobreza das "formas simbólicas", muitos comentaristas alemães viram nisso uma espécie de combinação um pouco monstruosa, um pouco bestial, entre o inferior e o superior. Isso é importante: os obstáculos aos casamentos teóricos que realizo para produzir aquilo que me parece a teoria correta muitas vezes são puramente sociais. Sou levado a fazer casamentos impróprios em relação àquilo que está interiorizado sob a forma de *diacrisis* nos cérebros. As pessoas sentem: "Cassirer nobre, Durkheim ignóbil; como podemos casar uma mulher de pouca virtude com um homem de alta linhagem?" Os problemas de teoria muitas vezes são dessa ordem. O que me permite dizer, de passagem, que as estruturas cognitivas do pesquisador também são sempre estruturas avaliativas: não se pode dizer "alto/baixo" sem imediatamente preferir o alto ao baixo; não se pode dizer "masculino/feminino" sem imediatamente privilegiar o primeiro, nem que seja porque o colocamos em primeiro...

---

444. "Toda uma parte da história da humanidade encontra-se como que resumida [nessas categorias]. Vale dizer que, para chegar a compreendê-las e julgá-las, cumpre recorrer a outros procedimentos que não aqueles utilizados até o presente. Para saber de que são feitas essas concepções que não foram criadas por nós mesmos, [...] é a história que devemos observar, é toda uma ciência que é preciso instituir, ciência complexa [...]" (DURKHEIM, É. *As formas elementares da vida religiosa. Op. cit.*, p. xxvii).

445. A introdução das *Formas elementares da vida religiosa* é apresentada como uma tentativa de superação do debate que opunha o "empirismo" ao "apriorismo".

446. BOURDIEU, P. *Zur Soziologie der symbolischen Formen*. Frankfurt: Suhrkamp, 1970.

## As formas primitivas de classificação

Essas estruturas cognitivas e de formas simbólicas se tornam, em Durkheim, as "formas primitivas de classificação". Esse é o título de um artigo célebre de Durkheim e Mauss, o "Ensaio sobre as formas primitivas de classificação"[447]. É um artigo magnífico no qual está, em estado implícito, todo o estruturalismo... (Digo "em estado implícito" porque ainda era preciso fazer a passagem ao estruturalismo... Aqueles que querem demolir as pessoas que fizeram alguma coisa sempre são tentados a dizer: "Tudo isso já estava em fulano ou sicrano", mas, obviamente, só enxergamos isso – e eu também – nas "Formas primitivas de classificação" depois de ter lido Lévi-Strauss, que, aliás, não o encontrou nesse texto... o que é muito importante. [...] Uma pequena anedota histórica: eu digo que a filosofia das formas simbólicas torna-se uma sociologia das formas de classificação, o que pode parecer um barbarismo, e os filósofos poderiam dizer que eu misturo tudo – "misturar tudo" é fazer casamentos equivocados, é "misturar alhos com bugalhos" ["*mélanger les serviettes et les torchons*"], ou seja, coisas nobres com coisas ignóbeis. Eu às vezes preparo armadilhas... De fato, acontece que há uma nota que vai nesse sentido num livro tardio de Cassirer, *O mito do Estado*[448]. Cassirer escreveu esse livro em 1946[449], logo depois de chegar aos Estados Unidos, numa época em que todo mundo se interrogava sobre o nazismo. Essa foi sua contribuição de filósofo: ele tentou responder com sua cultura a essa espécie de questão monstruosa que a realidade do nazismo formulava: como pode surgir um Estado totalitário? É um livro ao mesmo tempo muito interessante e muito ingênuo porque Cassirer não estava muito bem armado para pensar essa questão. Ele certamente tinha o maior equipamento intelectual nesse momento, mas sempre há limites para um equipamento intelectual. De qualquer forma, ele diz de passagem numa nota da p. 16: "As formas simbólicas são exatamente o equivalente daquilo que Durkheim chama de 'formas primitivas de classificação'"[450]. Obviamente, os

---

447. DURKHEIM, É; MAUSS, M. "Algumas formas primitivas de classificação". *Art. cit.*
448. CASSIRER, E. *O mito do Estado.* Trad. de Álvaro Cabral. São Paulo: Códex, 2003 [*The Myth of the State.* New Haven: Yale University Press, 1946].
449. O livro foi publicado em 1946. Cassirer faleceu em 1945; ele escreveu *The Myth of the State* nos últimos anos de sua vida, depois de partir em 1941 para os Estados Unidos.
450. "Exemplos concretos desses métodos 'primitivos' de classificação foram dados em meu ensaio 'Die Begriffsform im mythischen Denken'. *Studien der Bibliothek Warburg* (Leipzig, 1922). Cf.

comentadores ortodoxos de Cassirer não viram essa nota, mas ela não é importante apenas para a anedota: com efeito, ambos têm uma dívida com Kant. Isto posto, Cassirer comete uma imprudência ao dizer isso, porque as formas primitivas de classificação são formas históricas, constituídas socialmente, enquanto as formas simbólicas de Cassirer são formas transcendentais, inerentes à estrutura da mente humana. Portanto, ele fez uma concessão um pouco imprudente, mas eu, eu me divirto...)

Com "As formas primitivas de classificação", Durkheim portanto passa das formas universais transcendentais para as formas sociais, quer dizer, históricas, arbitrárias e relativas a um uso determinado e a um mundo social determinado. Ele até deu um outro passo em *As formas elementares da vida religiosa* ao dizer que as estruturas mentais são estruturas sociais que se tornam estruturas mentais: ele não diz apenas que essas formas primitivas de classificação são formas históricas, mas também que elas têm uma gênese histórica. Portanto, elas não somente são relativas, no sentido em que Saussure falava sobre o arbitrário do signo linguístico (para enfatizar que aqui dizemos "mesa", em outro lugar usam outra palavra). Durkheim tenta mostrar a raiz histórica das diferenças históricas. O arbitrário é o histórico, é o convencional histórico.

Há portanto uma gênese das formas primitivas de classificação e é na estrutura dos grupos que encontramos a fundamentação da estrutura das estruturas mentais com as quais pensamos o mundo e, entre outras coisas, os grupos. Essa última coisa Durkheim não diz, porque o que lhe interessava era fundamentar a lógica através da sociologia. Ele estava tomado por sua luta com os filósofos. Ele queria fundamentar uma ciência autônoma, essencialmente em relação à filosofia, e passou sua vida, como num faroeste, nas fronteiras com a filosofia, tentando roubar o terreno dos filósofos e evidentemente defender-se contra eles. Isso o levou a cometer erros. Eu acho que se ele não escreveu que as estruturas dos grupos eram constitutivas e fundadoras das estruturas mentais que permitem pensar o mundo, incluindo os grupos, apesar de só pensar em grupos por ser sociólogo, é porque ele pensava demais nos filósofos e nos problemas de lógica. Consequentemente, ao adicionar "incluindo os grupos", releio Durkheim, traduzo-o um pouquinho, mas é isso que é realmente ler, ler de forma útil: eu o faço dizer aquilo que

---

tb. DURKHEIM, É; MAUSS, M. 'De quelques formes primitives de classification'. *Année Sociologique*, VI (Paris, 1901-1902)" (CASSIRER, E. *O mito do Estado. Op. cit.*, p. 33).

me parece implicado no que ele buscava dizer, o que ele deveria ter dito se tivesse pensado completamente o que tentava dizer.

Durkheim diz que as estruturas cognitivas (quente/frio, seco/úmido nas mitologias que estudava) são estruturas estruturantes do mundo natural, e, assim, eu adiciono que também são estruturas estruturantes do mundo social. São estruturas de grupo (por exemplo, os sistemas dualistas estudados por Lévi-Strauss) transformados em estruturas mentais e tornados princípio de estruturação dos grupos. Esse círculo é extremamente importante e voltarei a ele. É isso que explica a experiência *dóxica* da qual os fenomenólogos falavam (olhem só: hoje misturo tudo): a experiência do mundo como óbvio, como autoevidente, parece-me fundamentada nessa espécie de coincidência absoluta, que jamais se realiza completamente mas se realiza mais ou menos dependendo da sociedade, entre as estruturas da coisa percebida e as estruturas do sujeito que percebe. Quando as estruturas podem ser sobrepostas perfeitamente, tudo parece absolutamente evidente, tudo é óbvio, não há nada a dizer. Essa é a forma suprema do conservadorismo, já que não é preciso nem conservar, pois ninguém tem a ideia de pensar que algo poderia ser diferente... Vocês constatarão que de passagem fiz um deslizamento considerável: parti de uma posição idealista e, agora, faço um retorno ao materialismo. As estruturas cognitivas não são mais as de um sujeito universal, mas de um sujeito histórico, e são o produto do mundo social. Essa é exatamente a passagem que Marx realiza nas *Teses sobre Feuerbach*. Isso significa dizer: há uma gênese econômica e social, e as divisões econômicas e sociais vão se reproduzir sob a forma de princípios de divisão – *principium divisionis* como diziam os escolásticos – e de princípios de visão do mundo social. Até certo ponto, vocês verão o mundo social como o seu mundo social exige que vocês o vejam.

De passagem, uma outra referência importante é a obra de Panofsky. Seus livros principais foram publicados ou pela Editora Gallimard (os *Estudos de iconologia* são os ensaios mais teóricos[451]), ou pela Minuit, como o livro ao qual me refiro aqui, *A perspectiva como forma simbólica*[452]. O título do livro já diz: Panofsky foi aluno de Cassirer. (No livro magnífico de Cassirer, *Indivíduo e cosmos na filosofia do renascimento*, ele diz numa nota em algum lugar: "Agradeço aqui ao meu aluno

---

451. PANOFSKY, E. *Estudos de iconologia*. Trad. de Olinda Braga de Sousa. Lisboa: Estampa, 1986 [*Studies in Iconology*. Oxford: Oxford University Press, 1939].
452. PANOFSKY, E. *A perspectiva como forma simbólica*. Trad. de Elisabete Nunes. Lisboa: Ed. 70, 1993 [*Die Perspektive als "symbolische Form"*, 1927].

Panofsky pela observação feita que me sugeriu..."[453] Era uma época em que... [*risos na sala por causa do caráter um pouco "antiquado" da nota*]). Panofsky empresta de Cassirer conscientemente, mas faz algo a mais: ele nos conta a história da perspectiva. Ele mantém a linguagem cassireriana, ou seja, neokantiana (a perspectiva é um princípio de estruturação do mundo etc.), mas ao mesmo tempo, por ser historiador e não filósofo, ele fará uma genealogia histórica desse ponto de vista, dessa visão particular do mundo, ao fazer uma espécie de história social da perspectiva na qual compara, por exemplo, a perspectiva dos romanos, a perspectiva do *Quattrocento* etc. Isto posto, ele permanece numa tradição idealista, ele ainda é um bom aluno de seu mestre e não chega ao ponto de escrever, como seu mestre faz inadvertidamente: "As formas simbólicas são formas sociais".

Portanto, ele faz a história social de uma forma que pode aparecer para nós como necessária; quando dizemos: "A fotografia é realista", dizemos que o ponto de vista que foi inventado historicamente e cuja história Panofsky nos conta, esse ponto de vista que é um ponto de vista histórico entre outros (há uma dezena de perspectivas) e que o aparelho fotográfico reproduz, é objetivo; ele nos dá a realidade. Por que é objetivo? Porque ele reproduz a realidade como nós a vemos, e nós a vemos como aprendemos a vê-la através de uma socialização fundamentada na percepção de representações do mundo social que também são construídas segundo a perspectiva. Eu expliquei rápido demais coisas importantes, mas vocês são capazes de desenvolver. Francastel desenvolveu isso frouxamente[454], sem citar Panofsky, de quem tirou o essencial. A fotografia é, portanto, um exemplo de experiência dóxica. Se ela nos dá a impressão da evidência, é porque ela é conforme às nossas categorias de percepção. Como resultado, ela nos faz esquecer de que é uma construção histórica e que nossas categorias de percepção são históricas. Quando dizemos: "Isso é realista", isso significa que temos uma experiência dóxica, que é "como eu o vejo", portanto "isso é correto", "isso é assim"; não nos inter-

---

453. "Conforme me informou gentilmente Erwin Panofsky, o autorretrato de Roger van der Weyden não existe mais. Dele resta hoje apenas uma antiga cópia em gobelin, que se encontra no Museu de Berna" (CASSIRER, E. *Indivíduo e cosmos na filosofia do renascimento*. Trad. de João Azenha Jr. São Paulo: Martins Fontes, 2001, p. 53, nota 42 [*Individuum und Kosmos in der Philosophie der Renaissance*, 1927]).

454. FRANCASTEL, P. *Pintura e sociedade*. Trad. de Elcio Fernandes. São Paulo: WMF Martins Fontes, 1990 [*Peinture et société – Naissance et destruction d'un espace plastique de la Renaissance au cubisme*. Lyon: Audin, 1951].

rogamos sobre as condições de produção dos princípios de visão, como a tradição durkheimiana exorta a fazer.

## Das estruturas históricas e performativas

O que se obtém neste estado é que as estruturas de percepção e – mas não desenvolverei esse ponto – de apreciação são históricas. Por exemplo, aquilo que chamamos de "gosto" é tipicamente uma espécie de sujeito transcendental histórico: o gosto permite fazer diferenças, classificar, é um princípio de *diacrisis*, de juízo. Esse é um exemplo que desenvolvi longamente[455]: existe uma correspondência entre a oposição margem direita/margem esquerda [do rio Sena] e os princípios de avaliação que aplicamos ao teatro. Da mesma forma, entre os cabilas, a oposição direita/esquerda corresponde a masculino/feminino, ou seja, à divisão do trabalho entre os sexos, princípio fundamental de divisão: há coisas que os homens fazem, há coisas que as mulheres fazem, e um homem jamais fará o que uma mulher faz; esse princípio de divisão que se encontra na realidade social torna-se princípio de visão fundamental, e todas as oposições (direita/esquerda, leste/oeste etc.) resumem-se à oposição fundamental masculino/feminino. Da mesma forma, os princípios de percepção do mundo estético, dos objetos estéticos, correspondem muito estreitamente às oposições objetivas desse mundo que são as oposições históricas constituídas num certo momento, no século XIX (daí a importância de fazer o que tento fazer nas segundas horas[456]: a genealogia de categorias de percepção que se tornaram óbvias para nós).

Ao proceder a uma genealogia das categorias de percepção, a sociologia das formas simbólicas se constitui contra qualquer tentativa de análise de essência. A análise de essência, que é o alfa e o ômega da fenomenologia, pretende responder a perguntas do tipo: "O que é o poder?", "O que é o belo?", "O que é o gosto?" A abordagem que proponho recusa imediatamente essas perguntas. Obviamente, seria preciso fazer uma genealogia da análise de essência, das condições sociais de possibilidade desse tipo de interrogação que é uma interrogação histórica, ligada a uma tradição. Porém, mais profundamente, na minha abordagem, se eu me pergunto o que é o *habitus* culto, realmente culto" hoje

---

455. Cf. a aula de 18 de abril de 1985.

456. Referência às análises que P. Bourdieu dedicou à revolução impressionista na parte de "seminário" de seu ensino durante todo esse ano de 1984-1985.

301

em dia, posso fazer uma pesquisa que mostrará de modo geral que ele consiste em observar uma obra como finalidade sem fim, sem fazer a ela perguntas de função ("Para que isso serve?"). O trabalho que apresentei a vocês sobre os impressionistas consistiu em fazer a genealogia histórica dessa percepção e da produção de objetos que correspondiam a essa percepção; é uma invenção histórica que começou antes do século XIX, mas que se realizou no século XIX: uma série de análises históricas isolou, pouco a pouco, essa espécie de essência da percepção pura, ou da obra pura, que a análise de essência, ingênua, colhe. A análise de essência recolhe a conclusão de uma análise teórica acreditando fazer um trabalho a-histórico. Ela acredita ter captado uma estrutura eterna da mente humana. É isso que critico nela. Entretanto, seu trabalho não é inútil. No começo dos *Estudos de iconologia*, há um belíssimo texto em que Panofsky se pergunta: "O que é uma coisa bela?", "O que é o olhar propriamente estético em oposição ao olhar prático?" Essa análise belíssima é uma análise de essência, mas Panofsky não consegue esquecer de que é historiador. Ele não se lembra o bastante, mas esquece menos do que a análise comum de essência se esquece de que aquilo que captura foi o produto de um trabalho de depuração.

Talvez eu volte a isso na segunda hora, mas a disposição estética pura que Kant descreve, a percepção da arte enquanto arte para além de qualquer consideração de função, é o produto de um trabalho de depuração tanto da produção quanto da recepção. Haskell, por exemplo, demonstrou muito bem que o nascimento do museu enquanto instituição corresponde ao surgimento de discursos estéticos puros como o de Kant[457]: uma vez que retiramos os retábulos, os objetos que serviam como objetos litúrgicos, dotados de funções sagradas, tornam-se passíveis de um olhar puro. [...] Essa espécie de depuração objetiva simbolizada pela passagem aos museus ["*muséification*"] não "determina", mas favorece, torna possível, encoraja o olhar puro, a apreensão da obra enquanto tal, independentemente de suas funções litúrgicas, pedagógicas, didáticas etc. Em suma, a análise de essência constitui em essências trans-históricas ou a-históricas disposições que têm uma gênese. Isso não significa que não existam coisas trans-históricas que são o produto da história, mas esse é o problema da ciência, não o abordarei agora[458].

---

457. HASKELL, F. "Les musées et leurs ennemis" ["Os museus e seus inimigos"]. *Actes de la Recherche en Sciences Sociales*, n. 49, p. 103-106, 1983.
458. P. Bourdieu retomará esse problema em *Para uma sociologia da ciência. Op. cit.*

Há portanto uma gênese social das oposições. Eu usei [nas aulas anteriores] o exemplo dos deficientes, dos certificados de aptidão e de inaptidão: por estarem constituídas na objetividade, essas oposições tendem a se tornar oposições constituintes. Não desenvolverei isso, mas lembro temas que abordei. Os nomes de grupo, por exemplo, que são o produto de atos de constituição, tornam-se constituintes. Assim, uma obra coletiva que acaba de ser publicada [pela Editora] Maspero[459] propõe uma crítica da noção de etnia: os nomes de etnias (Daomé etc.), que são produtos históricos cuja genealogia pode ser feita, tornam-se estruturas de percepção constitutivas da realidade social; essas taxonomias tornam-se constitutivas da identidade das pessoas que são seus objetos. Da mesma forma, os debates em torno da noção de região são interessantes. Lembro sempre que a palavra "região" é da mesma família da palavra *rex*, aquele que, ao dizer as fronteiras, tem o *nomos*[460]. Um outro exemplo de taxonomia social que é constitutiva da realidade: os termos de parentesco. Um etnólogo, não lembro mais quem, dizia que dizer a alguém "Essa é sua irmã" é lhe impor o tabu do incesto (não é por acaso que dizemos "E sua irmã..."[461] [...]). O enunciado constativo "Essa é sua irmã" não é autoevidente: é preciso já ter uma genealogia em mente para formulá-lo, portanto, ele é constitutivo.

Retomo a oposição kantiana que neste caso me parece muito útil entre o *intuitus originarius* de Deus (quando Deus vê, ele cria, ele vê o que cria, ele faz o que vê, basta que ele pense em alguma coisa para que ela exista) e o *intuitus derivatus* dos seres humanos[462]: as coisas existem e os seres humanos as veem. Na verdade, eles também as constroem, eles as constituem (é isso que acabo de dizer), mas elas já existem. Para poder dizer a alguém "Essa é sua irmã", certamente é preciso que exista alguma coisa chamada mulher, mas é um ato *originarius* que a cons-

---

459. AMSELLE, J.L.; M'BOKOLO, E. *Au cœur de l'ethnie – Ethnies, tribalisme et État en Afrique* [*No coração da etnia – Etnias, tribalismo e Estado na África*]. Paris: Maspero, 1985.

460. Referência às análises de Émile Benveniste que P. Bourdieu mencionou várias vezes em seu curso. Sobre a região, cf. BOURDIEU, P. "A força da representação". Trad. de Afrânio Catani e Denice Barbara Catani. In: *A economia das trocas linguísticas*. São Paulo: Edusp, 1996 [*Ce que parler veut dire – L'économie des échanges linguistiques*. Paris: Fayard, 1982. O livro foi ampliado e reeditado como *Langage et pouvoir symbolique*. Paris: Seuil, 2001].

461. A expressão francesa "*Et ta sœur*", literalmente, "E sua irmã", é utilizada coloquialmente com um significado próximo a "Cuide de sua vida!" [N.T.].

462. KANT, I. *Crítica da razão pura. Op. cit.* "Estética transcendental", § 8, IV, p. 94-95. P. Bourdieu já utilizara essa oposição em aulas anteriores, 25 de abril e 9 de maio de 1985.

titui com uma identidade que implica uma série de condutas, de não condutas, de coisas a fazer e não fazer, de coisas a dizer e não dizer, deveres, obrigações etc. Os termos de parentesco são exatamente o tipo de categorema (para retomar a linguagem de Aristóteles) que faz existir aquilo que constitui.

Estamos na ordem (aqui estou apenas desenvolvendo plenamente a tradição idealista) do dizer que faz o ser, ou seja, na ordem do performativo. Essas oposições classificatórias do tipo "Essa é sua irmã" têm uma potência normativa porque são proposições que poderíamos chamar de transpessoais. Quando digo: "Essa é sua irmã", tenho a meu favor todo o grupo e, portanto, o consenso sobre o senso que é o produto da concordância das categorias de percepção. É aquilo que Durkheim chama magnificamente de "conformismo lógico"[463]: é preciso haver homologação, é preciso que todas as pessoas, quando falam, estejam em condição de dizer a mesma coisa, em estado de *homologein* ["dizer a mesma coisa"]. A irmã do "Essa é sua irmã" é uma irmã homologada; todo mundo dirá: "Essa é sua irmã", e consequentemente isso é sério, não se pode brincar. Entretanto, se eu disser: "Você é um imbecil", isso engaja apenas a mim. Essa é a diferença entre um categorema homologado e um categorema singular como o insulto[464].

Assim, digo que os sistemas simbólicos são estruturas estruturantes, mas essas estruturas também são estruturadas, elas têm uma genealogia histórica; essas estruturas estruturantes são o produto da história por serem a incorporação das estruturas sociais.

## Os sistemas simbólicos como estruturas estruturadas

Segundo ponto (eu gostaria de descrevê-lo rapidamente, mas irei o mais rápido possível): a contribuição daquilo que chamamos historicamente de "estruturalismo" na França, de modo geral a tradição de Saussure e Lévi-Strauss. Para essa tradição, os sistemas simbólicos não são simplesmente estruturas estrutu-

---

463. "[Também] a sociedade não pode abandonar as categorias ao livre-arbítrio dos particulares sem se abandonar ela própria. Para poder viver, ela não necessita apenas de um suficiente conformismo moral; há um mínimo de conformismo lógico sem o qual ela também não pode passar. Por essa razão, ela pesa com toda a sua autoridade sobre seus membros a fim de prevenir as dissidências" (DURKHEIM, É. *As formas elementares da vida religiosa. Op. cit.*, p. xxiv – tradução modificada).

464. P. Bourdieu retoma aqui as análises com as quais começou seu curso no Collège de France. Cf. *Sociologia geral*. Vol. 1. *Op. cit.*, p. 36 [37].

rantes, são estruturas estruturadas no sentido de sistemas. Assim, o mito não é apenas um sistema de categorias de percepção do mundo social; ele é um sistema. Da mesma forma, a língua é um sistema de relações coerentes. Os sistemas simbólicos têm portanto uma estrutura, o que os torna passíveis de uma análise estrutural. Mais uma vez, aqui encontramos Durkheim que parece-me ter feito a síntese da corrente idealista ("estrutura estruturante") e da corrente estruturalista (os sistemas simbólicos têm uma "estrutura estruturada"). Ele foi o primeiro a sentir, em "As formas primitivas de classificação", que os sistemas míticos primitivos, que aparentemente são histórias tresloucadas, têm uma lógica e uma coerência que não é a da lógica ordinária, ainda que ela possa ser percebida como a origem da lógica de nossas teorias de grupos. É uma lógica particular, mas ela só pode ser descoberta se constituirmos o *opus operatum* no qual captamos as formas simbólicas como sistemas. A diferença entre a tradição estruturalista e a neokantiana é que poderíamos dizer que a tradição estruturalista é hermenêutica: ela se interessa mais pelo *opus operatum* do que pelo *modus operandi*; ela se interessa mais pelos sistemas míticos enquanto mitos constituídos, narrativas já feitas, do que por aquilo que Cassirer chamava de ato mitopoiético, quer dizer, o ato de estruturação, de construção, de produção do mito. Isto posto, Cassirer antecipou o estruturalismo.

Eu acho que Cassirer pode ser invocado como o filósofo do estruturalismo, já que um pensador jamais está completamente conforme a si mesmo (felizmente, ele supera a si mesmo). Cassirer, em particular num artigo que escreveu na revista *Word* no final de sua vida[465], constituiu-se como o filósofo do estruturalismo e o filósofo daquilo que Foucault chamava de *épistemè* – eu acho que em Cassirer está a filosofia de Foucault. Cassirer diz que é preciso compreender a lógica específica de uma forma simbólica: é preciso fazer o que ele chama, seguindo Schelling[466], de uma análise "tautegórica", quer dizer, interpretar o mito por si mesmo, e não fazer uma análise alegórica que interpreta o mito em relação a outra coisa (os eventos históricos dos quais ele seria a expressão, os eventos econômicos etc.). A

---

465. CASSIRER, E. "Structuralism in Modern Linguistics" ["O estruturalismo na linguística moderna"]. *Word. Journal of the Linguistic Circle of New York*, v. 1, n. 2, p. 99-120, 945. P. Bourdieu já havia falado desse artigo (cf. *Sociologia geral*. Vol. 2. *Op. cit.*, p. 261 [490]).

466. "A mitologia não é *alegórica*, ela é *tautegórica*. Para ela, os deuses são seres que realmente existem, que não *são* alguma outra coisa, que não *significam* alguma outra coisa, significam *apenas o que são*" (SCHELLING, F. *Historisch-kritische Einleitung in die Philosophie der Mythologie* [*Introdução histórico-crítica à filosofia da mitologia*], II, 1, 195-196).

mesma coisa valeria para a arte: a análise tautegórica da arte é a análise interna sobre a qual falei com muita frequência e que consiste em dizer: "A chave da arte está na arte, não a procure fora dela". Na lógica de Cassirer, a arte, antes de ser a expressão de outra coisa, é sistema, e você só pode compreendê-la se constituí-la como sistema.

A formulação mais típica do estruturalismo é obviamente a saussureana, pois a língua é para Saussure esse sistema estruturado que é a condição de possibilidade do discurso e que só pode ser descoberto no discurso, sem jamais ser redutível ao discurso no qual se revela. Nessa tradição, a língua torna-se um *medium* estruturado que é preciso constituir para dar conta da relação de comunicação: se dois sujeitos se compreendem, é porque eles associam o mesmo sentido ao mesmo som e o mesmo som ao mesmo sentido, portanto, que eles se referem ao mesmo *medium* que transcende seu ato de comunicação, que é a verdade de seu ato de comunicação. A língua é essa relação constante entre o som e o sentido, esse princípio de constância – ou de "veracidade", como Descartes teria dito (a língua, para Saussure, é um pouco o Deus de Descartes que garante que, quando digo: "2 mais 2 igual a 4", o gênio maligno não fará com que seja igual a 5[467]). Esse princípio de constância é a estrutura dos sistemas simbólicos.

Agora, integrarei as tradições idealista e estruturalista para dizer que os sistemas simbólicos agem, operam e produzem um efeito particular, porque eles são estruturantes, mas são estruturantes enquanto estruturados, ou seja, impõem uma estrutura enquanto sistemas, e o efeito de conhecimento que permitem é duplicado por um efeito de coerência. Uma frase de Humboldt diz que "só se pode sair de uma religião pulando para outra"[468]: a força de um sistema simbólico é que, quando estamos presos por ele, não podemos sair já que as próprias objeções que provoca são estruturadas pelas estruturas que o constituem. A potência dos

---

467. Referência ao Deus verdadeiro que se opõe ao deus enganador e garante nosso conhecimento (DESCARTES, R. "Meditações". *In*: *Os pensadores*. Vol. XV. *Op. cit.* Meditação quinta, p. 131-136 [*Meditationes de Prima philosophia*, 1641]).

468. A frase que P. Bourdieu empresta de Ernst Cassirer (*Linguagem e mito*. Trad. de J. Guinsburg e Miriam Schnaiderman. São Paulo: Perspectiva, 2003, p. 23 [*Sprache und Mythos*, 1925]) na verdade trata da linguagem: "O homem vive com seus objetos fundamental e até *exclusivamente*, tal como a linguagem lhos apresenta, pois nele o sentir e o atuar dependem de suas representações. Pelo mesmo ato, mediante o qual o homem extrai de si a trama da linguagem, também vai se entretecendo nela e cada linguagem traça um círculo mágico ao redor do povo a que pertence, círculo do qual não existe escapatória possível, a não ser que se pule para outro" (HUMBOLDT, W. *Einleitung zum Kawi-Werk*, VI, 60).

sistemas simbólicos, sua eficácia, incluindo a política, que descreverei, deve-se à sua coerência. Podemos pensar (aqui, eu me aventuro...) que essa filosofia estruturalista está no princípio de obras como as de Benveniste em *O vocabulário das instituições indo-europeias*, que utilizei muitas vezes e que consistem em extrair, através da análise linguística, uma filosofia do mundo (e, em particular, do mundo social) imanente à linguagem e coerente. Se, por exemplo, como lembro o tempo todo, posso passear quase naturalmente num campo semântico deslizando entre as palavras *nomos*, *nemo*, "dividir", "divisão", *diacrisis*, "diacríticos" é porque talvez exista uma filosofia imanente à linguagem, uma filosofia realista já que é produto de um diálogo incessante, hipótese-experiência, de um diálogo de vários milênios entre os princípios de visão e das divisões objetivas.

Ao combinar a visão idealista com a tradição estruturalista (segundo a qual os sistemas simbólicos são estruturados e coerentes: um mito não é uma história tresloucada, e sim uma lógica), somos levados a dizer que os sistemas simbólicos têm um efeito de estruturação enquanto estrutura, enquanto são coerentes. Eles dão uma visão de mundo coerente e, como esta é compartilhada por todos os agentes sociais que são o produto das mesmas condições sociais de produção, ela é reforçada pelo consenso, já que o consenso sobre o senso é um dos maiores fundamentos da objetividade. Portanto, esses sistemas simbólicos dão uma visão do mundo objetiva: era o exemplo da perspectiva e da fotografia. A percepção é reforçada constantemente, tanto pela realidade (já que deve a ela uma parte de suas estruturas) quanto pelos juízos das outras pessoas, pelo *homologein*, pelo consenso sobre o mundo social. Aqui também encontramos a teoria dessa espécie de solidariedade cognitiva em Durkheim, prolongada por Radcliffe-Brown[469]: a solidariedade social, diz essa tradição estruturalista, baseia-se no fato de que todos os agentes sociais compartilham o mesmo sistema simbólico, a mesma visão de mundo, a mesma teoria do mundo social. Há portanto uma função social do simbólico e do simbolismo (entendendo a palavra "função" no sentido do funcionalismo estrutural, ou seja, no sentido de "função para o todo" – há outros funcionalismos possíveis). Durkheim diz que a integração moral, ou seja, digamos, "política", baseia-se na integração lógica: um grupo se mantém porque tem as mesmas categorias lógicas de percepção. Há portanto uma função social do simbólico, que

---

469. RADCLIFFE-BROWN, A.R. *Estrutura e função na sociedade primitiva*. Trad. de Nathanael C. Caixeiro. Petrópolis: Vozes, 1973 [*Structure and Function in Primitive Society*. Nova York: Free Press, 1965].

é uma função política, que é uma função de comunicação, de conhecimento. Ao se realizar, essa função de conhecimento também realiza uma função política, e a classificação é o exemplo: os sistemas de classificação ajustados às classes sociais dão uma percepção do mundo social como evidente.

Assim, realizei uma nova síntese: os sistemas simbólicos são instrumentos de conhecimento e de comunicação que, por terem uma estrutura, por serem "coerentes" (eles são coerentes apenas até certo ponto, em graus desiguais e segundo modos diferentes: o mito não é lógico da mesma maneira que a ciência), produzem uma visão coerente e reforçada constantemente tanto pelo mundo quanto pelo consenso. Disso resulta que os sistemas simbólicos têm uma potência fantástica, contra a qual as revoluções não podem grande coisa. Portanto, as revoluções simbólicas são extremamente interessantes (daí o sentido daquilo que contei para vocês na segunda hora que tratava de uma revolução simbólica no domínio da arte[470]).

## A lógica marxista

Agora introduzo a tradição marxista. Vou simplificar e caricaturar, mas o que vou contar não é o forte do marxismo. Talvez esse seja o buraco no pensamento marxista que os durkheimianos e os weberianos cobrem: os sistemas simbólicos são instrumentos de dominação. No fundo, Marx se interessa muito pouco pelas estruturas dos sistemas simbólicos (com exceção de *A ideologia alemã*, onde ele se diverte ao fazer de modo polêmico, e realmente de forma muito divertida, a análise do discurso de seus adversários teóricos, descobrindo procedimentos e efeitos retóricos[471]). Ele atravessou o nível estruturalista porque estava interessado na função. Quando ele diz: "A religião é o ópio do povo", diz que o que o interessa na religião não é como ela foi feita, como ela opera, é o que ela faz, para que serve, as funções que cumpre. Obviamente, isso é funcionalismo, mas não no sentido

---

[470]. P. Bourdieu dedicará dois anos letivos (1998-1999 e 1999-2000) à análise da revolução simbólica inaugurada por Manet. Cf. *Manet – Une révolution symbolique. Op. cit.*

[471]. Em sua crítica dos filósofos críticos althusserianos, P. Bourdieu demonstra que eles empregam os mesmos procedimentos retóricos dos filósofos críticos alvejados por Marx. Cf. BOURDIEU, P. "La lecture de Marx ou quelques remarques critiques à propos de 'Quelques remarques critiques à propos de *Lire Le Capital*'" ["A leitura de Marx ou algumas observações críticas sobre 'Algumas observações críticas sobre *Ler O Capital*'"]. *Actes de la Recherche en Sciences Sociales*, n. 5, p. 65-79, 1975. Republicado com o título "O discurso de importância". *In*: *A economia das trocas linguísticas. Op. cit.*, p. 159-176 [*Langage et pouvoir symbolique. Op. cit.*, p. 379-396].

do funcionalismo estrutural. Em Marx, uma instituição pode ter uma função que não é uma função para o todo, mesmo que ela se exerça sobre o todo: a função de dominação evidentemente se exerce sobretudo para os dominantes, mesmo que os dominados a sofram. Não há nenhuma dúvida de que Marx é funcionalista. Ele o é até demais, neste caso, porque ele se interessa demais pela função dos sistemas simbólicos e não o suficiente por sua estrutura. Isto posto, é importante lembrar a função no sentido de Marx para aqueles que a esquecem, o que é comum no caso dos etnólogos. Quando o funcionalismo estrutural transfere teorias funcionalistas das sociedades diferenciadas, no sentido de Durkheim/Radcliffe-Brown, válidas até certo ponto para as sociedades pouco diferenciadas (ainda que, como eu disse, exista nas sociedades "primitivas" a diferença entre os sexos – o que não é pouco) em que as funções de integração são evidentes, ele cumpre uma função política, conservadora. [...]

Portanto, há em Marx o primado da função política em oposição à função gnosiológica como eu a descrevi até agora ("gnosiológica" significa "que concerne ao conhecimento", "que concerne à construção do mundo"). É a oposição, que em Marx acaba como linha pontilhada, entre o mito que, como a língua, é um produto coletivo ao qual não podemos designar autor e que funciona coletivamente (em todo caso, na definição saussureana – na realidade, não é assim de jeito nenhum), e aquilo que Marx chama de "ideologia". De modo geral, o mito, como a língua, tem uma função de comunicação, de integração, ele permite a comunicação entre as pessoas enquanto a ideologia tem uma função diferencial: ela é um instrumento de dominação a serviço de uma parte do todo e em detrimento da outra parte. O princípio fundamental da ideologia que Marx desenvolveu é deduzido de sua função: a ideologia tem uma função de universalização, ela transforma interesses particulares em interesses universais. Enxergamos bem essa função no caso da religião e remeto vocês ao texto que escrevi há muitos anos sobre o campo religioso[472]. Numa lógica marxista retrabalhada passando por Weber, percebemos que a função da religião é uma função de absolutização do particular, de absolutização do relativo: eu sou isso e não outra coisa, e o discurso religioso me diz que é preciso ser como sou. É a análise nietzscheana do ressentimento[473] como caso

---

472. BOURDIEU, P. "Gênese e estrutura do campo religioso". *Art. cit.*
473. NIETZSCHE, F. *A genealogia da moral*. Trad. de Paulo César de Souza. São Paulo: Companhia das Letras, 1998 [*Zur Genealogie der Moral*, 1887].

particular de uma teoria mais geral da religião como aquilo que permite transformar um particular contingente e histórico em absoluto, transcendente, universal, necessário.

A função da religião, na lógica marxista, como ideologia por excelência será portanto a integração da classe dominante a si mesma: não se deve esquecer – Marx diz isso muito bem – que, para a classe dominante, a religião cumpre a função que os funcionalistas estruturais no sentido de Durkheim/Radcliffe-Brown aplicam a todas as formas simbólicas, para todas as sociedades. Essa função unifica a classe dominante, ela lhe dá uma moral e uma moralidade [*un moral et une morale*]. Ao mesmo tempo, ela cumpre uma função de integração da sociedade global, mas trata-se de uma função de integração fictícia e isso é muito importante. O marxismo sumário esquece que as ideologias dominam porque têm as propriedades que eu já mencionei (são estruturantes e estruturadas). Se elas dissessem estupidamente: "Os últimos serão os últimos", os últimos acabariam entendendo e elas não dominariam. Para compreender como as ideologias dominam, o processo de universalização é muito importante. Ele consiste em transformar um discurso válido para alguns em discurso universal, válido para todos: "O que é bom para mim, diz o rico, é bom para todos; e é ainda melhor para os não ricos já que eles ganham seu paraíso". Esse tipo de estratégias de universalização (estou simplificando) torna-se possível pela própria estrutura do discurso mítico, do discurso complexo, coerente e constituído de tal forma que não passamos de uma condição social, por exemplo, ao discurso sobre um ponto particular ("É preciso fazer uma peregrinação a Saint-Jacques-de-Compostelle?") sem a mediação e a lógica de todo o sistema, ou seja, sofrendo o efeito de coerência e o efeito de conhecimento. É isso que falta na análise marxista porque, exatamente, ela tomou apenas a função, sem fazer a passagem que fiz pela coerência e complexidade do discurso mítico.

## Integrar o cognitivo e o político

Realizo uma nova síntese: as relações de comunicação e os atos de conhecimento são inseparavelmente relações de poder (e – mas isso é um detalhe – as relações de comunicação – no fundo essa é a tese central do que escrevi sobre a linguagem, em particular em *A economia das trocas linguísticas* – são inseparavelmente relações de poder que dependem, em sua estrutura e sua função, em sua forma, do capital acumulado pelos agentes que entram em comunicação). O importante é que é enquanto instrumentos estruturados e estruturantes de conhecimento e de comunicação que os sistemas simbólicos cumprem sua função política. Em outras palavras, não se pode compreender que a religião seja "o ópio do povo" se não tivermos em mente tudo aquilo que eu disse inspirado em Durkheim, Cassirer etc. Repito: é enquanto instrumentos estruturados de conhecimento e de comunicação que os sistemas simbólicos, por exemplo os sistemas de classificação, as taxonomias (masculino/feminino, quente/frio etc.) ou as classes sociais, cumprem sua função política de instrumentos de imposição e legitimação da dominação. Eu integro os aspectos cognitivos e os políticos.

Portanto, só podemos compreender seu efeito político se tivermos pensado esses sistemas como instrumentos de conhecimento. Só se pode compreender os fenômenos de poder simbólico se enxergarmos que o poder simbólico se exerce enquanto poder de conhecimento, através da lógica do conhecimento. É isso que eu queria dizer com a palavra *nomos*. Se, para retomar a expressão de Weber, as religiões contribuem para a "domesticação dos dominados"[474] (se me perguntassem o autor dessa frase, eu teria dito Marx...), se elas fornecem aos dominantes uma "teodiceia de seus próprios privilégios" (frase magnífica de Weber[475]), é exatamente porque elas agem sobre o conhecimento.

Agora vou desenvolver muito rapidamente as ligações entre as três palavras: "conhecimento", "reconhecimento" e "desconhecimento". Eu não invoquei a palavra *nomos* pelo prazer de falar grego, mas porque essa palavra resume tudo o que eu disse durante o ano. *Nomos* vem de *nemo* que quer dizer "dividir", mas também significa "pensar", ou seja, "conhecer", assim como "fazer as diferenças" e portanto "*censeo*" ("pensar", mas também "fazer as diferenças"); *censeo* leva a *census*, *census* leva a "recenseamento", ao Insee. *Nomos* e *census* são duas palavras fundamentais: o *nomos* é um princípio de visão e de divisão dominante arbitrário e desconhecido como tal, portanto reconhecido como legítimo, ou seja, universal. É porque o

---

474. Por exemplo: "A burocracia europeia [...] vê-se obrigada, no interesse da domesticação das massas, a respeitar oficialmente a religiosidade eclesiástica existente". E também: "O interesse das camadas privilegiadas em conservar a religião existente como meio de domesticação [das massas], sua necessidade de distância [social] e aversão contra o trabalho de elucidação das massas, o qual destrói seu prestígio [...]" (WEBER, M. *Economia e sociedade*. Vol. 1. *Op. cit.*, p. 326 e 350).

475. Cf. *Sociologia Geral*. Vol. 3. *Op. cit.*, p. 228, nota 321 [261-262, nota 2]. • WEBER, M. "O problema da teodiceia". *In*: *Economia e sociedade*. Vol. 1. *Op. cit.*, p. 350-355.

*nomos* é dotado de coerência (para as taxonomias do Insee, por exemplo, pode-se dizer que elas se baseiam em estatísticas, matemática, análise etc.) que seu poder estruturante se exerce completamente e que o efeito de dominação que se exerce através dele pode se exercer suavemente (o que é extremamente importante), ou seja, enquanto simbólico. À palavra "simbólico" (um dia alguém me pediu uma definição), adiciono a ideia de desconhecimento: um poder simbólico se exerce com a cumplicidade daqueles que o sofrem.

Isso não significa que "O poder vem de baixo"[476], nem nada desses temas um pouco repugnantes ("Gozar do poder"[477] etc.), mas que o poder simbólico é um poder que se exerce em virtude da lógica propriamente simbólica dos sistemas simbólicos e graças ao efeito de coerência que ele permite obter dos atos de conhecimento do mundo social, que são atos de desconhecimento que reconhecem o *nomos* devido ao ajuste entre as estruturas de percepção e as estruturas objetivas. Esses são atos de percepção que, por estarem estruturados segundo os mesmos princípios da realidade percebida, dão a essa realidade um *quitus*, [justificação] absoluta, a evidência. É estúpido tentar localizar essa espécie de desconhecimento. Há milênios dizemos que "o poder está no alto", mas é tão ingênuo quanto dizer, por amor ao paradoxo, que "o poder vem de baixo" e que os dominados colaboram com sua dominação. Essa filosofia completa e ingenuamente realista faz do poder uma espécie de realidade que estaria em algum lugar, reificada nas coisas, num trono ou num decreto-lei, enquanto o poder, em particular o poder simbólico, é tudo, é o todo. Como o Deus de Nicolau de Cusa[478], ele é um círculo cujo centro está em todo lugar e a circunferência em lugar nenhum, o que não quer dizer, longe disso, que todo mundo tenha o mesmo poder, mesmo se (é [...] isso que diz a noção de "campo") o poder dos todo-poderosos não funcione sem as estruturas que os unem e os separam dos impotentes. O poder simbólico é

---

476. Alusão em particular a Michel Foucault (que emprega a frase, por exemplo, em *História da sexualidade, I*. Trad. de Maria Thereza Albuquerque e J.A. Guilhon Albuquerque. São Paulo: Graal, 1988, p. 90 [*Histoire de la sexualité, I*. Paris: Gallimard, 1976, p. 124]).

477. Alusão a Pierre Legendre (*Jouir du pouvoir – Traité de la bureaucratie patriote* [*Gozar do poder – Tratado da burocracia patriota*]. Paris: Minuit, 1976. • *O amor do censor – Ensaio sobre a ordem dogmática*. Trad. de Aluísio Menezes e Potiguara Mendes da Silveira Jr. Rio de Janeiro: Forense, 1983 [*L'Amour du censeur – Essai sur l'ordre dogmatique*. Paris: Seuil, 1974) e talvez a Jean-François Lyotard. P. Bourdieu voltará a essas análises no ano seguinte.

478. Essa frase, citada (entre outros) por Nicolau de Cusa, já figura no célebre texto da filosofia medieval, composto de 24 definições de Deus, incluindo a seguinte: "Deus é a esfera infinita cujo centro está em todo lugar e a circunferência em lugar nenhum" (*Liber XXIV philosophorum*).

portanto um poder que supõe atos de conhecimento, que se exerce na lógica do conhecimento e que, por isso, se faz desconhecer como poder.

Aqui dou um pequeno salto [...]. Os diferentes agentes sociais lutam a respeito do mundo social pelo conhecimento do mundo social. À medida que uma sociedade se diferencia, o *homologein* originário, que está quase realizado nas sociedades muito pouco diferenciadas, muito integradas social e logicamente, explode e temos uma espécie de *heterologein*, de diálogo, disputa, luta a propósito do mundo social, e os diferentes agentes se engajam individualmente na luta para impor a visão do mundo social mais conforme a seus interesses, para absolutizar, para universalizar seus interesses particulares (todos os sujeitos sociais são os ideólogos de sua própria posição: eles universalizam etc.). Isto posto, a forma mais elementar da divisão do trabalho é sem dúvida a divisão do trabalho de produção simbólica: nessa luta surgem muito rapidamente os profissionais da visão do mundo ou do *nomos* (os juristas, sacerdotes etc.) que têm uma espécie de poder delegado e de autoridade para dizer o que é realmente o mundo, pois seus veredictos sobre o mundo têm mais força do que os da pessoa comum. É assim que se constitui o campo político, no verdadeiro sentido do termo (o campo político não é redutível à definição que recebe em nossas sociedades), como espaço dos agentes, dos grupos de agentes, das instituições que estão envolvidas na luta das classificações, na luta para impor a visão do mundo social mais favorável a seus interesses, com uma competência específica de profissionais.

## A divisão do trabalho de dominação simbólica

É assim que chegamos a Max Weber e, acho, à última etapa de minha análise. Em relação a Marx, Weber traz uma coisa muito importante. Marx e Engels a nomeavam de tempos em tempos (sempre há textos [onde podemos encontrar essa ideia expressa mais ou menos rapidamente]...) quando falavam das superestruturas mencionando os "corpos de profissionais". Numa carta famosa, Engels [...] diz que existem corpos de profissionais que têm uma autonomia relativa e fornecem uma "expressão simbólica das lutas"[479] (frase extraordinária). (Não deu certo para Engels – isso é, de qualquer forma, algo diferente da tradição do reflexo mecanicista... Poderíamos quase dizer que ele tem a intuição do campo enquanto

---

[479]. ENGELS, F. "Carta a C. Schmidt, 27 de outubro de 1890". Trad. de Flávio R. Kothe. *In*: FERNANDES, F. (org.). *Marx & Engels – História*. São Paulo: Ática, 1989, p. 458-464.

campo, ou seja, de um espaço de profissionais do discurso sobre o mundo social, que lutam e cujas tomadas de posição sobre a luta pelo mundo social devem algo à sua posição no subcampo de lutas que constitui o campo de produção simbólica, o campo político no sentido ampliado. Como resultado, o que eles dizem sobre o mundo social não é um reflexo, mas uma "expressão simbólica": há uma alquimia, isso não é direto... Mas quando Engels fala das guerras de religião[480], ele recai no nível mais simples – em todos os pensadores, há acidentes bons, mas depois eles voltam à rotina; há momentos bons e ruins, é preciso tentar acumular só os bons momentos: ele diz que as guerras de religião são lutas de classes. Então ele faz o efeito de campo desaparecer, por não enxergar que num certo momento as lutas de classes só podem assumir a forma das guerras de religião porque o aparelho de produção de representações do mundo social não fornece nenhuma outra coisa além dessa. Esse foi um parêntese que eu não deveria ter feito...)

Weber dá à ideia de autonomia relativa, que estava um pouco vazia na tradição marxista (pelo menos em minha opinião), um conteúdo muito forte ao descrever os corpos de profissionais e em particular aquele que é sem dúvida o corpo de profissionais mais significativo, o corpo dos profissionais da produção e comercialização do discurso religioso... Foi isso que retraduzi (não estava dessa forma em Weber, dizer isso dessa maneira consiste, mais uma vez, em dar a Weber aquilo que ele queria dizer) na linguagem do campo ao constituir a noção de campo religioso[481]. Weber diz que se produz uma divisão do trabalho e que surge um corpo de especialistas religiosos que se tornam pouco a pouco os detentores do monopólio da produção do discurso religioso, o que quer dizer, para começar, que se constitui a oposição entre os profissionais e os profanos. Falar de campo religioso significa – e essa é uma consequência importante que Weber não desenvolveu – que os profanos são expropriados de sua autogestão religiosa; eles devem contar com (é a mesma coisa no terreno político) os mandatários, os delegados. A partir do momento que um corpo de profissionais existe, os profissionais que podem lutar entre si chegam a um acordo para lutar contra os profanos se eles ousarem querer produzir eles mesmos, se ousarem fazer um *self--service* religioso. Pensem (faço uma analogia rápida e um pouco inconsequente)

---

480. ENGELS, F. *Revolução e contra-revolução na Alemanha*. Trad. de José Barata-Moura. Lisboa: Avante, 1981.
481. Cf. BOURDIEU, P. "Gênese e estrutura do campo religioso". *Art. cit.*

nas reações da imprensa quando um profano como Coluche foi candidato nas eleições[482]. Quem está em questão não é Coluche de jeito nenhum, e sim o fato de que um profano não legitimado pelo corpo de profissionais se mete a agir no terreno dos profissionais: os profissionais mais divididos sobre todo o resto estão de acordo para denunciar o profano que usurpa o estatuto profissional... [...]

Os profanos criam uma questão por sua simples existência. Os profissionais precisam que eles continuem leigos para constituir leigos, ou seja, clientes; é preciso constituí-los enquanto profanos, quer dizer, enquanto "não sabendo servir a si mesmos religiosamente". É preciso, portanto, um dos atos fundamentais do sacerdócio. Weber o diz magnificamente: "A diferença entre o sacerdote e o feiticeiro é que, quando o feiticeiro fracassa, a culpa é dele; quando o sacerdote fracassa, a culpa é do leigo, o leigo trapaceou etc."[483] [*risos na sala*]. É preciso portanto constituir o profano enquanto profano, ou seja, enquanto incapaz, desarmado, destituído, inapto (certificado de inaptidão[484]), por exemplo à produção dos sacramentos. Nas reformas religiosas, todo mundo, até as mulheres, passa a realizar sacramentos: isso é assustador do ponto de vista do sacerdócio; se todo mundo realiza sacramentos (esses debates são sempre atuais[485]), o que acontece com o monopólio do sagrado? Acabou o sacerdócio (*sacer-doce* = "quem dá os sacramentos"), liquida-se o monopólio ao se liquidar a *diacrisis* entre aqueles que estão legitimados a

---

482. O humorista Coluche anunciou, em 1980, que pretendia se lançar candidato à eleição presidencial de 1981, o que gerou reações muito violentas da parte de responsáveis políticos e de jornalistas. P. Bourdieu se juntou a Félix Guattari e Gilles Deleuze, que apoiavam essa pré-candidatura. Ele desenvolveu a análise mencionada aqui, em particular no artigo "A representação política – Elementos para uma teoria do campo político". *O poder simbólico. Op. cit.*, p. 163-208 ["La représentation politique – Éléments pour une théorie du champ politique". *Actes de la Recherche en Sciences Sociales*, n. 36-37, p. 3-24, 1981]. Cf. tb. *Propos sur le champ politique* [*Proposta sobre o campo político*]. Lyon: Presses Universitaires de Lyon, 2000, p. 55-56.

483. "A falta de êxito eventualmente acarreta a morte do mago. Os sacerdotes, ao contrário, têm a vantagem de poder passar de si próprios para seu deus a responsabilidade pelo fracasso. Mas o declínio do prestígio de seu deus significa também o deles. A não ser que encontrem meios para interpretar convincentemente a falta de êxito, de tal modo que a responsabilidade não recaia sobre o deus, mas sobre o comportamento de seus adoradores. [...] Os crentes não veneraram bastante o deus, não satisfizeram sua apetência de sangue de vítimas ou de filtro de soma o suficiente, ou até o pospuseram a outros deuses. Por isso, ele não atende a suas súplicas" [WEBER, M. *Economia e sociedade*. Vol. 1. *Op. cit.*, p. 296].

484. P. Bourdieu se refere à noção de "certificado", que discutiu numa aula anterior, 9 de maio de 1985.

485. Possível alusão ao surgimento, nas décadas de 1960 e 1970, de uma demanda da nova pequena-burguesia por uma "religião pessoal" (BOURDIEU, P.; SAINT MARTIN, M. "La sainte famille". *Art. cit.*, p. 35).

consagrar, que são consagrados para consagrar, que consagram aqueles que consagram, e aqueles que são consagrados como não consagrados, como profanos e cujos atos religiosos não podem passar de profanações, missas negras etc. Essa *diacrisis*, essa fronteira, é fundamental. Porém, depois de se colocar essa fronteira entre o campo religioso e o lado de fora (o selvagem, o bárbaro, o Anticristo etc.), não existe consenso dentro do campo, existe luta, como diz Weber, pelo monopólio da manipulação legítima dos bens de salvação: o campo, enquanto tal, entra de acordo para dizer que existem títulos que dão crédito a ter o monopólio, mas depois começa a guerra para dizer quem será consagrado para consagrar.

Não desenvolverei, mas o que Weber traz é portanto a existência de uma divisão do trabalho de dominação simbólica na qual surge um campo de poder simbólico que se constitui como independente do campo do poder político. É *bellatores/oratores* [cavaleiros/bispos]. Eu acho que a tríade de Duby, que é uma tríade histórica, pode ser fundamentada de maneira trans-histórica ([...] estou falando rapidamente; isso é bastante atrevido mas não tenho tempo para desenvolver). O campo do poder simbólico se constitui como autônomo em relação ao campo do poder político: um dos problemas é arrancar [uma parte do poder simbólico (?)] do *rex* originário, do *rex* primitivo, aquele que Benveniste descreve em *O vocabulário das instituições indo-europeias*[486] e que, como o rei aqueu, por exemplo, tem todos os poderes, é teocrático. Ele é chefe dos exércitos mas também é *rex* político, e é ele (eu sempre repito a fórmula, ela é importante) que vai *regere fines* e *regere sacra*, que diz onde estão as fronteiras, em particular entre os grupos (o que é absolutamente fundamental) e entre o sagrado e o profano, o que é a mesma coisa – as fronteiras entre os grupos são as fronteiras entre o sagrado e o profano, na medida em que as fronteiras do sagrado correspondem, para os grupos, aos limites que não devem ser transgredidos (exemplo: a fronteira entre os sacerdotes e os profanos).

Portanto, o *rex* originário quer todos os poderes, incluindo o poder de dizer onde está o poder legítimo: ele recusa um pensamento do poder que não esteja sob seu poder (seria muito importante desenvolver esse ponto para enxergar as relações entre a realeza e os poderes simbólicos, os escultores, pintores etc.). Aqui, as obras de Kantorowicz sobre as lutas em Bolonha no século XII entre os juristas e os

---

486. BENVENISTE, É. *O vocabulário das instituições indo-europeias*. Vol. II. *Op. cit.*

príncipes são muito ilustrativas[487] [...]. Os juristas tiveram que lutar passo a passo para tirar direitos do príncipe, para lhe dizer: "Você não pode julgar desse jeito. Existem textos, os romanos diziam..." O direito romano é muito importante: os juristas constituíram um capital de competência específica e conseguiram convencer o rei de que ele não poderia julgar se não tivesse lido o direito canônico e o direito romano e alguns outros direitos. Pouco a pouco, eles conquistaram uma esfera de autonomia. Há portanto uma gênese histórica dessas esferas e, exatamente como fiz para o campo artístico, podemos fazer a genealogia histórica desses espaços de jogo em que se joga um jogo irredutível aos outros jogos que se jogam.

Assim, o campo do poder simbólico se constitui com uma função própria de ser o local de uma luta pelo poder de impor e, numa certa medida, de inculcar (pela educação, o sistema escolar) os sistemas de classificação, categorias de percepção, categorias de expressão, arbitrárias, mas ignoradas como tais, portanto reconhecidas como legítimas. As categorias kantianas universais, trans-históricas, das quais eu falei no começo, tornam-se no limite programas; as categorias kantianas de nossas sociedades são os programas de exame. Vocês vão pensar: "Que declínio teórico!", mas acho que essa é a realidade. Os programas são programas de percepção, são programas de conhecimento. Eles definem as fronteiras entre legítimo e ilegítimo, entre dever ser lido (*legenda*) e dever não ser lido (ou poder ser lido) etc. Eles definem as categorias do importante e do não importante... Aqui, existe uma reflexão de filósofos da linguagem sobre a noção de "importante": o que é "importante" é o que importa, o que interessa. Os detentores do monopólio da visão legítima dizem a vocês o que importa, o que merece ser olhado. Por exemplo, o sistema escolar hoje é uma das peças-chave desse campo de produção da visão do mundo legítimo: ele contribui um pouquinho para produzir as categorias legítimas, mas sobretudo tem o poder de inculcá-las duravelmente, através de uma ação durável e repetida, e portanto de interiorizá-las profundamente. Se fosse preciso localizar socialmente a imposição das categorias de percepção, ou seja, de nossas estruturas mentais, é provável que um dos locais mais importantes, sobretudo para as pessoas cultas, seria o sistema escolar.

---

487. KANTOROWICZ, E.H. *Os dois corpos do rei – Um estudo sobre teologia política medieval*. Trad. de Cid Knipel Moreira. São Paulo: Companhia das Letras, 1998 [*The King's Two Bodies – A Study in Mediaeval Political Theology*. Princeton: Princeton University Press, 1957].

## O Estado e Deus

Recapitulo e encerro. Assim, os especialistas se constituem através da despossessão dos leigos; eles funcionam como campo, eles têm lutas. O espaço no qual lutam tem uma estrutura que (não conseguirei desenvolver isso hoje) é homóloga à estrutura do espaço social: a oposição ortodoxia/heresia, que se encontra sob formas variadas nos diferentes campos de produção simbólica, é homóloga à oposição dominantes/dominados dentro do espaço social. Devido a esse fato, os produtores de bens religiosos ou "ideológicos", no sentido de Marx, vão, ao expressar seus interesses particulares ligados à sua posição particular no campo de produção, expressar, com base na homologia estrutural entre seu campo de produção e o campo social, os interesses daqueles que ocupam uma posição homóloga no campo social. Consequentemente (aqui digo muito rapidamente algo que seria preciso desenvolver por muito tempo), a produção simbólica funcionará na lógica da jogada dupla. Ao dizer "isso que é bom para mim" no campo universitário, no campo político (no sentido restrito de nossas sociedades) ou no campo religioso, o produtor de representações do mundo social dirá automaticamente "isso que é bom" para aqueles que ocupam posições homólogas no espaço social e que se reconhecerão no que ele diz, com uma pequena distância, ligada ao efeito [de universalização (?)]. Com efeito, se o que digo for verdade, o efeito de universalização que Marx imputava a uma espécie de trabalho ideológico quase consciente é automático; ele é produzido pelos efeitos de homologia, e portanto pela homologia entre as estruturas dos campos de produção e o campo social, que faz com que as estruturas mentais dos produtores que têm a ver com a estrutura do campo de produção estejam em harmonia com as estruturas mentais dos receptores, que são elas mesmas estruturadas segundo as estruturas do campo social em seu conjunto...

Eu não fui claro aqui, mas vocês podem pensar na oposição alto/baixo (sentimentos elevados/sentimentos baixos): essa oposição pode ser utilizada para julgar uma pintura, uma obra de arte ou coisas mais sofisticadas; uma oposição desse tipo que, funcionando no espaço restrito dos produtores de bens simbólicos, vai se referir à estrutura desse subespaço poderá funcionar em outros espaços com conotações diferentes, por exemplo em referência às pessoas que têm em mente o alto e o baixo no espaço social, o vulgar e o distinto. Acredito que os discursos ideológicos funcionam quase automaticamente na lógica da jogada dupla, e existe uma espécie de duplicidade estrutural. Esse tipo de descrição se opõe à visão do tipo de [Claude-Adrien] Helvétius ou [o Barão de] Holbach, que diziam: "os padres enganam, eles escondem seus interesses, eles fazem os fiéis acreditarem que eles acreditam quando não acreditam". [...]

Quando o campo pensa, quando as estruturas mentais daquele que produz um discurso são as estruturas do espaço no qual ele produz, de modo que a homologia entre esse espaço e o espaço no qual estão situados aqueles a quem ele se dirige cria uma espécie de comunicação sem sujeito, o efeito de desconhecimento (aquilo que chamo de "efeito simbólico") atinge seu máximo. No limite, é o desconhecimento que é a própria fundamentação da ordem social e que é o equivalente do reconhecimento. O reconhecimento mais poderoso é o desconhecimento do arbitrário, e o desconhecimento absoluto consegue até excluir a pergunta "será que isso deve ser reconhecido?" É o "isso é óbvio"... Essa espécie de desconhecimento absoluto me parece ser um efeito estrutural do mecanismo que descrevi.

Último ponto [...]: o problema do Estado, que abordei várias vezes. Aquilo que sustenta o que eu disse hoje sobre a questão do poder é o que poderíamos chamar de "mito do banco central", ou seja, o mito de um lugar onde seriam garantidos todos os atos de garantias (aludi a isso quando disse: "O poder vem do alto"/"O poder vem de baixo"). Mencionei isso na última aula[488]: quando o médico emite um certificado, quem certifica o valor do certificado? Quando um crítico diz: "Esse pintor é genial", quem garante a legitimidade do ato de designação de sentido? A lógica que descrevi na verdade leva a dizer que existem efeitos de estrutura e que, mesmo dentro dos locais onde se proclamam vereditos e culpas, existem relações de força de uma forma particular, com efeitos de concentração de capital, efeitos de dominação etc. É o "Deus escondido"[489], porque me parece que no fundo o "banco central" é Deus. Quem, em última instância, pode dizer quem é legitimado a dizer o direito de dizer ou, segundo a frase que propus ao comentar Kafka, quem será o juiz da legitimidade dos juízes? Quem dirá que os juízes têm o direito de julgar? É um outro juiz? É um rei? Passo a passo, somos levados a Deus. A frase de Durkheim, "A sociedade é Deus"[490], fazia Raymond Aron

---

488. Cf. a aula de 9 de maio de 1985.
489. A noção de "Deus escondido" se encontra na Bíblia (e é reencontrada nos *Pensamentos* de Blaise Pascal).
490. "[...] se existe uma moral, um sistema de deveres e obrigações, é preciso que a sociedade seja uma entidade moral qualitativamente distinta das individualidades que ela engloba e de

rir – nunca entendi por que...[491] Obviamente, isso era num contexto *fin-de-siècle*, um pouco positivista e leigo, com o "paizinho Combes"[492], portanto fácil de ridicularizar. Mas é preciso levar a sério o que eu disse.

O que pedimos a Deus? O que está em questão em Kafka (como Kafka é um autor nobre, posso me referir a ele)? É o problema da última instância: quem, em última instância, vai parar essa espécie de circulação circular, cujos paradigmas são o campo científico ou o artístico? Quem vai parar o círculo louco em virtude do qual, no campo artístico, qualquer um pode dizer qualquer coisa sobre qualquer outro (aquilo que chamei [nas aulas sobre o campo artístico] de institucionalização da anomia)? O monopólio da consagração legítima, o monopólio do veredito é Deus. No fundo, dizer que os diferentes agentes sociais inseridos no campo de produção simbólica lutam pelo monopólio da violência legítima é dizer que eles lutam para ser Deus. De passagem [...]: eu acho que uma leitura das teologias poderia se inspirar nisso. Por exemplo, sugeri isso a respeito de Sartre (a oposição entre o em-si e o para-si tem algo a ver com a sociologia), e disse que Kafka poderia ser lido tanto como teólogo quanto como sociólogo[493]. É que na verdade os sociólogos falam de teologia sem saber disso quando falam do problema de saber quem, em última instância, tem o poder de dizer quem merece o poder.

O mito do banco central, o mito da última instância, é o mito de um lugar onde estaria depositado o poder de distribuição e de redistribuição legítima, não somente [dos bens materiais, mas também dos simbólicos]. Todos os economistas e historiadores das civilizações enxergaram que, historicamente, a acumulação inicial de poder e o surgimento dos Estados parecem associados

---

cuja síntese resulta. Pode-se observar a analogia que existe entre esse raciocínio e aquele pelo qual Kant demonstra a existência de Deus. Kant postula Deus porque, sem essa hipótese, a moral seria ininteligível. [...] Entre Deus e a sociedade, é preciso escolher. [...] Acrescento que, de meu ponto de vista, tal escolha me deixa bem indiferente, pois não vejo na divindade mais do que a sociedade transfigurada e concebida simbolicamente" (DURKHEIM, É. *Sociologia e filosofia. Op. cit.*, p. 64-65 [74-75]).

491. Como faz um pouco neste ano letivo, P. Bourdieu concluirá as *Meditações pascalianas* reabilitando a citação de Durkheim: "Como se vê, Durkheim não era tão ingênuo como se quer fazer crer quando dizia, assim como Kafka poderia tê-lo feito, que 'a sociedade é Deus'" (BOURDIEU, P. *Meditações pascalianas. Op. cit.*, p. 300 [351]).

492. Apelido dado a Émile Combes (que fora seminarista) que, no fim do século XIX e começo do XX, ocupou funções políticas de primeiro escalão e foi uma das grandes figuras da política que levaria à lei da separação entre a Igreja e o Estado.

493. Cf. *Sociologia geral*. Vol. 3. *Op. cit.*, aula de 8 de março de 1984.

ao surgimento de lugares onde os agentes sociais têm o poder de redistribuir as riquezas acumuladas. Por exemplo, coletamos impostos, mas como vamos redistribuí-los? Para quem? Para os ricos, para os pobres? Mas isso que descrevi durante todas essas aulas não é o poder de redistribuição dos bens materiais que foi visto corretamente pelos economistas e historiadores, e sim um poder de redistribuição de bens simbólicos, e o bem simbólico por excelência é a identidade. É por isso que eu diria que a frase "A sociedade é Deus" não tem nada de idiota, porque o poder simbólico por excelência é o poder de dizer a alguém quem ele é. De maneira absoluta. Volto sempre à oposição entre o insulto e o veredito. O "Você não passa de um imbecil" é um insulto; "Seu QI é inferior a 100" significa a mesma coisa, mas é um veredito, o que muda tudo. Lembrem-se do que eu disse no começo sobre a violência: essa espécie de violência metafísica me parece ser uma resposta a uma espécie de anomia do *nomos*, que distribui os vereditos de maneira absolutamente arbitrária.

O banco central é o *nomos*... Não é por acaso [...] que há uma ligação entre a palavra [grega] *nomos*, a lei, e a palavra [latina] *numisma*, a moeda. O banco central garante essa moeda financeira que é o título, a identidade, o estado civil etc. Se o campo de produção simbólica tem como objetivo o monopólio da enunciação legítima do que são realmente ("veredito"[494], "em última instância") os agentes sociais (eles devem ser condenados ou consagrados?), vemos que essa luta tem algo de teológico. É uma luta pela percepção institucional, pela percepção legítima (lembrem-se do que eu disse sobre o Insee), pela percepção homologada, e os agentes sociais engajados nesse campo, ou seja, os tecnocratas da estatística, os juízes, os professores, que enunciam vereditos, esses agentes sociais que, cada um deles, lutam em subcampos com caminhos particulares, participam de um campo global (aliás, eles passam seus clientes uns para os outros) dentro do qual o que está em questão é simultaneamente a verdade do mundo social e a verdade de cada indivíduo, o que dá às lutas simbólicas uma aparência de violência formidável. Em certa medida, o senso ingênuo de meu projeto científico era no fundo dar conta cientificamente do lado patético e absoluto de certas lutas que a análise econômica ou economicista não era capaz de compreender: as guerras de religião, as guerras de línguas, as guerras linguísticas, todas essas lutas das quais a história

---

494. Como fez em outras ocasiões no curso, P. Bourdieu se refere à origem da palavra *veredictum*: "dizer a verdade".

está cheia e cujos objetivos jamais são redutíveis à sua dimensão material. Essas lutas de vida e morte têm como objetivo alguma coisa talvez mais importante do que as condições materiais, a saber, a identidade, ou seja, uma dessas coisas [...] pelas quais estamos dispostos a morrer, porque elas tratam ao mesmo tempo da justificação de existir e da razão de ser.

Se eu disse agora há pouco que a religião era o paradigma de todas as instâncias de produção simbólica, é porque, em certa medida, ela responde (Weber demonstrou isso magnificamente – o que ele fala sobre a teodiceia é muito interessante) a uma pergunta social que é ao mesmo tempo uma pergunta metafísica: como estou justificado a existir? Como me justificar por existir como existo? Podemos dizer "justificado a existir, absolutamente" (a contingência, o princípio da razão suficiente etc.), mas existe também "justificado a existir, socialmente", como não passando de um professor, como sendo um banqueiro que ganha lucros, tem estados de alma etc. A religião responde de maneira absoluta a essas perguntas históricas e pretende fornecer aos agentes sociais justificações absolutas de existir: ela lhes dá os meios de absolutizar sua existência. De fato, eu acho que as lutas que mencionei, que são lutas a propósito das categorias de percepção, a propósito das categorias através das quais as pessoas percebem o mundo mas também se percebem, portanto lutas a propósito da construção da identidade e de si mesmas são, de certa maneira, lutas de vida e morte cujo local, em último recurso, hoje é o Estado, e o Estado não é alguma coisa à qual chegaríamos por uma espécie de anagogia, como nas visões místicas, mas sim esse espaço dos espaços de jogo, em que as pessoas que não sabem muito bem o que fazem lutam simultaneamente por sua identidade e pelo poder de definir a identidade das outras.

# Situação do quarto volume do Curso de Sociologia Geral em sua época e na obra de Pierre Bourdieu

*Por Julien Duval*

Este quarto volume continua a publicação do Curso de Sociologia Geral que Pierre Bourdieu ofereceu nos seus cinco primeiros anos de ensino no Collège de France a partir de 1982. Ele reúne as nove aulas de duas horas dadas durante o ano universitário 1984-1985[495].

De acordo com uma expressão que o sociólogo empregou na primeira de todas as aulas, o Curso de Sociologia Geral constitui uma apresentação dos "contornos fundamentais" de seu trabalho[496]. Oferecido no embalo de sua aula inaugural proferida em abril de 1982, o primeiro ano, relativamente curto, centrou-se sobre a questão da classificação, da constituição dos grupos e das "classes sociais". Ele parece, em relação ao conjunto do Curso de Sociologia Geral, uma espécie de prólogo. No segundo ano, Bourdieu explicou como concebia o objeto da sociologia e desenvolveu reflexões sobre o conhecimento e a prática, e depois começou uma apresentação dos principais conceitos de sua abordagem sociológica, explicitando seus pressupostos teóricos assim como a função que lhes designava na economia geral de sua teoria. Ele dedicou um conjunto de aulas ao conceito de *habitus*, que leva em conta o fato de que o sujeito da sociologia, diferentemente do sujeito da filosofia, é um sujeito socializado, ou seja, investido por forças sociais, e demonstrou como esse conceito permitia pensar a ação social escapando da alter-

---

495. A edição francesa deste curso foi dividida em dois volumes, o primeiro com os dois primeiros anos letivos e o segundo com os três últimos. Este texto, publicado ao final do segundo volume, contém, portanto, referências aos três últimos anos letivos de P. Bourdieu, um já publicado (*Sociologia geral*. Vol. 3. Op. cit.) e o ano final, que será publicado posteriormente nesta série [N.T.].
496. Aula de 28 de abril de 1982. Cf. BOURDIEU, P. *Sociologia geral* Vol. 1. *Op. cit.*, p. 15 [11].

nativa entre o mecanicismo e o finalismo. Em seguida, procedeu a uma primeira abordagem do conceito de campo, apresentando-o como campo de forças (uma abordagem "fisicalista") e deixando para uma etapa posterior do curso a análise do campo em sua dinâmica, ou seja, como campo de lutas que buscam modificar o campo de forças.

O terceiro ano contido no volume anterior centra-se no conceito de capital. Bourdieu lembra o elo desse conceito com o conceito de campo, e desenvolve em seguida as diferentes formas de capital (ligadas à pluralidade dos campos), assim como os diferentes estados do capital cultural. A codificação e a objetivação do capital são objeto de uma atenção particular: esses processos são designados como um dos motivos da continuidade do mundo social e como um princípio de diferenças importante entre as sociedades pré-capitalistas e nossas sociedades diferenciadas. O quarto ano, apresentado neste volume, aborda o conceito de campo enquanto um campo de lutas na medida em que é o objeto de percepções dos agentes sociais, percepções essas que se engendram na relação entre o *habitus* e o capital. Nesse quarto ano, Bourdieu desenvolve o projeto de uma sociologia da percepção social, concebida como um ato inseparavelmente cognitivo e político na luta em que se envolvem os agentes sociais para definir o *nomos*, a visão legítima do mundo social. O quinto ano prolonga essas análises, mas, preparando-se para concluir seu curso, Bourdieu busca também reunir os dois aspectos do conceito de campo (o campo como campo de forças e como campo de lutas) através da mobilização simultânea dos três conceitos principais. As lutas simbólicas buscam transformar os campos de forças. Sua compreensão pressupõe a introdução da noção de poder simbólico, de capital simbólico ou do efeito simbólico do capital, que se constitui na relação de *illusio* entre o *habitus* e o campo. O ano termina com interrogações relativas à posição das ciências sociais nas lutas simbólicas que buscam impor uma certa representação do mundo social e com a ideia de que as ciências sociais devem reunir as perspectivas estruturalista e construtivista para estudar o mundo social, que é ao mesmo tempo um campo de forças e um campo de lutas destinadas a transformar esse campo de forças mas também condicionadas por ele.

## Uma coerência na escala de cinco anos

Esse curso, oferecido durante cinco anos, permitiu a Bourdieu realizar um retorno ao sistema teórico que ele construiu progressivamente. Pouco tempo antes dessas aulas, e antes de sua eleição para o Collège de France, ele publicara duas longas obras de síntese: *A distinção* (1979) para o conjunto de pesquisas que realizou sobre a cultura e as classes sociais na França, e *O senso prático* (1980) para suas pesquisas na Argélia e a teoria da ação que deduziu a partir delas. O Curso de Sociologia Geral cobre simultaneamente esses dois conjuntos de trabalhos e tenta a elaboração de uma teoria social que valha tanto para as sociedades pré-capitalistas quanto para as sociedades fortemente diferenciadas. Contra a divisão habitual entre antropologia e sociologia, ele manifesta ao mesmo tempo a coerência dessas diferentes pesquisas e o projeto de unidade das ciências sociais. Especialmente em 1984-1985 e 1985-1986, o sociólogo se pergunta sobre o processo que leva das sociedades pré-capitalistas às sociedades diferenciadas, valorizando sua continuidade. Mais de uma vez, ele designa as sociedades pré-capitalistas como base de análise de nossas sociedades: elas oferecem uma "imagem ampliada" das relações entre os sexos, elas permitem ver "de modo amplo" a luta simbólica, menos perceptível mas sempre em operação nas sociedades diferenciadas (25 de abril de 1985); e ele destaca, por exemplo, que suas análises sobre as classes sociais devem-se a seu trabalho sobre as relações de parentesco na Argélia (2 de maio de 1985).

O esforço de síntese também se aplica aos conceitos. Um dos objetivos de seu ensino é, com efeito, "mostrar a articulação entre os conceitos fundamentais e a estrutura das relações que unem os conceitos"[497]. Para fins de clareza, uma parte do curso no segundo e terceiro anos consiste em apresentar sucessivamente os três conceitos-chave, e algumas aulas utilizam os primeiros estados das afirmações teóricas geralmente muito breves que Bourdieu publica, especialmente em sua revista *Actes de la Recherche en Sciences Sociales* no final da década de 1970 e começo dos anos de 1980, sobre as espécies e os estados do capital, sobre as propriedades dos campos, sobre os efeitos de corpos etc. Mas, mesmo nessa fase do curso, os conceitos permanecem ligados uns aos outros. O conceito de capital, por exemplo, é imediatamente introduzido em relação com o conceito de campo e o *habitus* reaparece quando é introduzida a noção de "capital informacional"[498]. A questão da codificação e da institucionalização, assim como a noção de campo de

---

497. *Ibid.*

498. "A noção de *habitus* quer dizer que existe uma espécie de capital informacional, estruturante e estruturado, que funciona como princípio de práticas estruturadas sem que essas estruturas que podemos encontrar nas práticas tenham existido anteriormente à produção das práticas enquanto regras" (10 de maio de 1984).

poder abordadas respectivamente no terceiro e no quinto anos, remetem às relações entre o capital e o campo; e o problema da percepção, no coração do quarto ano, implica diretamente a relação entre o *habitus* e o campo. Contra a tentação de empréstimos seletivos da sociologia de Bourdieu, este Curso de Sociologia Geral lembra o quanto os conceitos de *habitus*, capital e campo foram pensados como "conceitos [...] 'sistêmicos' porque sua utilização pressupõe a referência permanente ao sistema completo de suas inter-relações"[499].

Se Bourdieu se dá ao trabalho (cada vez com maior frequência à medida que avança em seu ensino) de recapitular sua proposta, é porque temia que sua preocupação em "produzir um discurso cuja coerência aparecerá na escala de vários anos" escapasse de sua plateia (1º de março de 1984). Ao espaçamento entre o tempo das aulas e dos anos de ensino se junta o fato de que o sociólogo se dirige a um "público descontínuo" (*ibid.*) que se renova parcialmente com o passar do tempo. Sua maneira de ensinar, aliás, garante a possibilidade de improvisações e de "digressões" às vezes muito longas dentro de um quadro preestabelecido. A exposição, em última instância, não pode seguir uma ordem perfeitamente linear: ela consiste em circular numa espécie de espaço teórico que autoriza diferentes encaminhamentos. Quando começa seu quarto ano letivo, Bourdieu por exemplo diz explicitamente que hesitou entre várias "interseções" possíveis (7 de março de 1985).

O curso não estava destinado a ser publicado, pelo menos não da maneira que o fizemos[500], mas sua "coerência de conjunto" talvez fique mais aparente aos leitores das retranscrições publicadas aqui do que teria sido possível para os ouvintes

---

499. Frase empregada em BOURDIEU, P.; CHAMBOREDON, J.-C.; PASSERON, J.-C. *O ofício de sociólogo. Op. cit.*, p. 47-48 [53-54].

500. P. Bourdieu certamente trabalhou sobre o texto, como ele costumava fazer, mas uma curta observação ("Aliás, isso existe sob forma de livro, ou existirá, espero, sob forma de livro", 25 de abril de 1985) e indicações posteriores ("Tentei extrair as propriedades gerais dos campos, levando as diferentes análises realizadas em um nível superior de formalização, nos cursos que dei no Collège de France de 1983 a 1986 e que constituirão o objeto de uma publicação posterior" [*As regras da arte. Op. cit.*, p. 402 [300]. Cf. tb. *Sobre o Estado. Op. cit.*) apontam que ele visualizou uma publicação (ou mais de uma). O Curso de Sociologia Geral talvez seja um desses cursos que ele não publicou por falta de tempo (sobre esse ponto, cf. BOURDIEU, P.; DELSAUT, Y. "Sobre o espírito da pesquisa" [entrevista]. Trad. de Paulo Neves. *Tempo Social*, v. 17, n. 1, p. 201, 2005 ["L'esprit de la recherche". *In*: DELSAUT, Y.; RIVIERE, M.-C. *Bibliographie des travaux de Pierre Bourdieu*. Pantin: Le Temps des Cerises, 2002, p. 224]). *Meditações pascalianas* (assim como a obra que ele quase terminou sobre a "teoria dos campos") foi uma ocasião de publicação de alguns desenvolvimentos do curso. • O livro inacabado de Bourdieu sobre a teoria dos campos foi publicado apenas em 2022: BOURDIEU, P. *Microcosmes* [*Microcosmos*]. Paris: Seuil, 2022 [N.T.].

do curso. O tempo da leitura dos cursos publicados não é o de sua elaboração, nem sequer de sua exposição oral. A leitura age, para o leitor, como uma espécie de acelerador dos processos de pensamento em operação no curso. A justaposição dos [cinco] volumes fará, por exemplo, aparecer o "fechamento" que uma das últimas aulas do Curso de Sociologia Geral realiza ao voltar para "esse famoso velho problema das classes sociais que é absolutamente central para as ciências sociais" (5 de junho de 1986), que estava no centro do primeiro ano letivo (1982-1983). Esse retorno ao ponto de partida, ou isso que pode parecer como tal em primeira análise, é um exemplo da coerência do conjunto do curso. Ele permitirá ao leitor medir o caminho percorrido e tomar consciência das questões que foram aprofundadas ou que tomaram uma nova amplitude devido aos desenvolvimentos propostos nesse intervalo.

Ele também pode sugerir uma leitura do curso. O primeiro ano, na primavera de 1982, foi apresentado como uma reflexão sobre a classificação e as classes sociais. As análises propostas mobilizaram os resultados de *A distinção*, mas também na mesma medida das obras que o sociólogo realizava então: particularmente seu livro sobre a linguagem e as análises dedicadas à nomeação ou ao poder performativo que as palavras recebem em certas condições sociais; assim, Bourdieu aprofundava notavelmente sua teoria das classes sociais[501]. O movimento do Curso de Sociologia Geral poderia então ser compreendido como uma maneira de amplificar, aprofundar e generalizar os temas expostos no primeiro ano sobre as classes sociais. O sociólogo faz um desvio no segundo e terceiro anos através de seu sistema teórico para formular, nos dois últimos anos, a questão da luta simbólica em torno dos princípios de percepção do mundo social dos quais a divisão em classes é uma espécie de caso particular. A concorrência dentro do "campo da perícia" e o poder muito particular do Estado em matéria de nomeação, que o problema das classes sociais obriga a tratar, são, de modo geral, dois aspectos principais da luta simbólica em nossas sociedades diferenciadas.

Lido dessa maneira, o curso não opera um movimento circular. Longe de se reunir ao ponto de partida numa vontade de fechamento, o retorno final às classes sociais representa uma abertura e uma progressão associada a uma forma de generalização. É menos um fechar e mais um movimento em "espiral" que teria sido

---

[501]. As reflexões propostas durante esse ano de 1981-1982 forneceriam o material de um importante artigo posterior: "Espaço social e gênese das classes". *Art. cit.*

realizado durante esses cinco anos. A imagem da "espiral"[502], como a da "eterna retomada" de suas pesquisas[503] que Bourdieu também utilizou para descrever sua maneira de trabalhar, não se impõe somente em relação à estrutura de conjunto do curso. Ela vale também para os ecos muito numerosos que as aulas sucessivas fazem umas das outras. Por temer dar a impressão de se repetir, o sociólogo às vezes assinala explicitamente que não se trata de "reprises" idênticas: "Acontece de eu passar pelo mesmo ponto por trajetórias diferentes" (17 de abril de 1986); "Eu disse isso numa aula antiga, hoje retomo esse tema num outro contexto" (18 de abril de 1985); "Eu desenvolvi aquilo que trata da dimensão objetiva – indico isso caso vocês queiram se lembrar – numa aula dois anos atrás" (15 de maio de 1986). Os temas retornam (por exemplo, a discussão sobre o finalismo e o mecanicismo e a crítica da teoria da decisão, ambas abordadas em 1982, voltam em 1986) e certos exemplos às vezes são convocados para ilustrar análises diferentes: assim, a trajetória dos escritores regionalistas do século XIX é citada dentro do campo literário no qual eles fracassam (25 de janeiro de 1983) e é relacionada mais tarde ao espaço de onde eles vieram e para onde retornam para fazer aparecer a contribuição desses escritores a uma certa mitologia escolar (12 de junho de 1986).

## Os "*impromptus*" da segunda hora

O [terceiro] ano corresponde ao momento em que o ensino de Bourdieu no Collège de France assume uma forma que se estabiliza. Desde que assumiu sua posição, na primavera de 1982, o sociólogo renunciara à fórmula que consiste, nessa instituição, em dar uma aula de uma hora e, num outro horário e numa sala menor, um seminário da mesma duração. Os pesquisadores que trabalhavam ao seu lado se lembram de que a primeira sessão do seminário acabou antes do tempo, numa atmosfera de grande desordem, já que a sala não era grande o bastante para receber a numerosa plateia que compareceu[504]. Depois dessa experiên-

---

502. "E quando me ocorre examinar e reexaminar cuidadosamente os mesmos temas, retornando em diversas ocasiões aos mesmos objetos e às mesmas análises, tenho sempre a impressão de operar num movimento em espiral que permite alcançar a cada vez um grau de explicitação e de compreensão superior e, ao mesmo tempo, descobrir relações insuspeitadas e propriedades ocultas" (BOURDIEU, P. *Meditações pascalianas*. Op. cit., p. 18 [19]).
503. Cf. BOURDIEU, P.; DELSAUT, Y. "Sobre o espírito da pesquisa". *Art. cit.*, p. 184 [193].
504. Esse incidente explica por que, como lembrado anteriormente, o primeiro ano publicado no primeiro volume da série é mais curto do que os quatro seguintes (e talvez também porque o

cia, Bourdieu decidiu, em 1982-1983, lecionar na forma de sessões de duas horas seguidas em que nada distinguia uma parte "aula" de outra parte "seminário".

Ele procede de modo um pouco diferente [nos anos posteriores]. Como menciona regularmente durante as aulas, a fórmula do ensino através de palestras diante de um público heterogêneo, anônimo e reduzido ao papel de ouvinte sempre lhe causou problemas. Ele julga esse quadro mal-adaptado àquilo que busca transmitir (mais um "método" do que saberes propriamente ditos[505]) e se recusa a adaptar-se totalmente a ele. Ele não resiste à tentação dos parênteses parcialmente improvisados que o levam a lamentar[506] com muita frequência no final das aulas por não ter dito tudo que havia previsto e a deixar certos desenvolvimentos para a sessão seguinte. Em intervalos regulares, ele também continua, como já havia feito nos dois primeiros anos, a responder a perguntas que lhe foram feitas através de bilhetes no intervalo ou no final das aulas e que lhe permitem manter um mínimo de trocas com aqueles que vieram escutá-lo[507]. Mas ele reintroduz, no começo do ano de 1983-1984, uma distinção entre suas duas horas de aula[508]: elas aconteciam nas manhãs das quintas-feiras e, enquanto a primeira hora, das 10 às 11 horas, era dedicada a "análises teóricas" (1º de março de 1984), a segunda, das 11 horas ao meio-dia, marca uma mudança de assunto e de tom[509].

Como ele não conseguia propor, no Collège de France, um verdadeiro seminário, ele busca na segunda hora "dar uma ideia do que seria um seminário, mostrando como podemos construir um objeto, elaborar uma problemática, e sobretudo aplicar essas formulações e essas fórmulas teóricas nas operações concretas, o que me parece ser a característica do ofício científico, a saber, a arte de reconhecer problemas teóricos nos fatos mais singulares e mais banais da vida

---

segundo ano seja o mais longo: Bourdieu talvez tenha preparado um número maior de aulas em 1982-1983 para recuperar as horas que não aconteceram na primavera de 1982).

505. BOURDIEU, P. *Sociologia geral*. Vol. 1. *Op. cit.*, p. 19 [15].

506. Entretanto, às vezes ele se divertia com eles (cf., por exemplo, a aula de 2 de maio de 1985).

507. "[...] as perguntas são muito úteis psicologicamente [para mim] porque elas me dão a sensação de conhecer melhor a demanda" (23 de maio de 1985).

508. Isso tem como consequência o fato de que todas as aulas publicadas neste volume duram mais ou menos duas horas, enquanto no ano de 1982-1983 algumas aulas ultrapassaram consideravelmente o tempo estabelecido.

509. Entre as duas horas, P. Bourdieu realiza sistematicamente uma pausa (ou um "entreato", como dizia um pouco ironicamente, talvez para lembrar o caráter objetivamente um pouco teatral da situação).

cotidiana" (1º de março de 1984). Com poucas exceções, a segunda hora das aulas publicadas neste volume são dedicadas a "trabalhos *in process* [em processo]" (29 de maio de 1986), a "ensaios provisórios, reflexões sobre assuntos arriscados" (26 de abril de 1984), a "*impromptus*" (17 de abril de 1986). Aqui Bourdieu "se permite mais liberdade" do que na primeira hora (15 de maio de 1986), especialmente em relação a um "itinerário linear" (12 de junho de 1986) e a um "discurso regular, coerente no tempo longo" que acarreta o risco de ser "um pouquinho fechado e total (alguns diriam um pouquinho totalitário)" (17 de abril de 1986). Na medida do possível, busca-se uma correspondência mínima entre "as aplicações [da] segunda hora [e] as análises teóricas [...] [da] primeira hora" (1º de março de 1984). Assim, no quarto ano [apresentado neste volume], as "análises teóricas" tratam da percepção do mundo social e a segunda hora sobre uma categoria social, os pintores, que, com Manet, realizam uma revolução da visão e da percepção (23 de maio de 1985): as primeiras desenvolvem notavelmente a noção de *nomos* enquanto a segunda enfatiza a "institucionalização da anomia" feita pela arte moderna.

A segunda hora geralmente é dedicada a trabalhos que Bourdieu apresenta pela primeira vez. Em 1984-1985, trata-se da pesquisa realizada com Marie-Claire Bourdieu sobre o campo da pintura. Nos anos imediatamente seguintes ao curso, ele publicará os primeiros artigos que resultaram dela[510]. No final da década de 1990, dedicará a ela dois anos inteiros de seu ensino[511]. As aulas dadas em 1985 dão a ocasião de medir que esse trabalho, que começou provavelmente no início da década de 1980[512], já estava bem avançado, mesmo que ainda faltassem, por exemplo, as análises das obras de Manet que serão propostas na década de 1990. Em 1985, Bourdieu trabalha paralelamente em *As regras da arte*, que será publicado em 1992, e o objeto dessa pesquisa parece residir antes de mais nada numa "série de análises das relações entre o campo literário e o campo artístico" (7 de março de 1985): o estudo das relações entre pintores e escritores ocupa um lugar central nas exposições, e certos desenvolvimentos remetem muito diretamente às análises da "invenção da vida de artista" realizadas no quadro do trabalho sobre

---

510. BOURDIEU, P. "A institucionalização da anomia". In: *O poder simbólico. Op. cit.*, p. 255-280 ["L'institutionnalisation de l'anomie". *Les Cahiers du Musée National d'art Moderne*, n. 19-20, p. 6-19, 1987]. • "La révolution impressionniste" ["A revolução impressionista"]. *Noroît*, n. 303, p. 3-18, 1987.

511. BOURDIEU, P. *Manet – Une révolution symbolique. Op. cit.*

512. Cf. as indicações fornecidas a esse respeito na aula de 14 de março de 1985.

Flaubert e o campo literário[513]. Nessa época, o sociólogo toma muito cuidado para demonstrar que o processo de autonomização ocorre na escala da totalidade do campo artístico e portanto não pode ser captado completamente numa pesquisa dedicada a um único setor (pintura, literatura, música etc.).

Em 1983-1984 e em 1985-1986, a segunda hora trata de trabalhos mais circunscritos que geralmente não ocupam mais do que duas ou três sessões sucessivas. O primeiro trabalho apresentado é a análise, que Bourdieu diz ter "[encontrado] folheando [suas] notas" (1º de março de 1984), de uma lista de vencedores publicada na revista *Lire* em abril de 1981. Ele talvez tenha utilizado a aula para redigir o texto que aparecerá sob a forma de artigo alguns meses mais tarde, e depois como apêndice de *Homo academicus* em novembro de 1984[514]. Quatro anos mais tarde, ele o aproximará da análise de um "jogo chinês" que havia proposto alguns anos antes[515]. Ele falará de uma espécie de "obra-prima, como aquelas feitas pelos artesãos da Idade Média" e apresentará assim sua empreitada[516]: "Eu direi: eis o material; ele está sob seus olhos, todo mundo pode ver. Por que isso está malconstruído? [...] O que você faria com ele? [...] É preciso questionar a amostra: quem são os juízes cujos juízos levaram a essa lista de vencedores? Como eles foram escolhidos? A lista de vencedores não estaria incluída na lista dos juízes escolhidos e em suas categorias de percepção? [...] Uma pesquisa idiota, cientificamente nula, pode assim fornecer um objeto cientificamente apaixonante se, em vez de lermos estupidamente os resultados, lermos as categorias de pensamento inconscientes que se projetaram nos resultados que elas produziram. [...] Trata-se de dados já publicados que precisavam ser reconstruídos"[517]. Entretanto, esse trabalho sobre a lista de vencedores não é somente um exercício de método ou de estilo. Bourdieu também encontra nele uma ocasião de refletir sobre as propriedades do campo intelectual, sua fraca institucionalização e sua vulnerabilidade diante de uma "ação

---

513. BOURDIEU, P. "L'invention de la vie d'artiste". *Art. cit.*

514. BOURDIEU, P. "Le hit-parade des intellectuels français, ou qui sera juge de la légitimité des juges?" *Art. cit.*

515. BOURDIEU, P. "Un jeu chinois – Notes pour une critique sociale du jugement". *Actes de la Recherche en Sciences Sociales*, n. 4, p. 91-101, 1976 "Um jogo de sociedade". In: *A distinção. Op. cit.*, p. 492-502 [625-640].

516. "Eu sou um pouco como um velho médico que conhece todas as doenças do entendimento sociológico". Entrevista com Pierre Bourdieu feita por Beate Krais (dezembro de 1988), publicada em BOURDIEU, P.; CHAMBOREDON, J.-C.; PASSERON, J.-C. *Le Métier de sociologue. Op. cit.*, p. xvi.

517. *Ibid.*, p. xvi-xvii.

social" de origem jornalística. A escolha de um material reduzido e de fácil acesso, mas também muito bem escolhido e explorado intensivamente, talvez tenha uma ligação com o fato de que Bourdieu certamente estava refletindo, nesses anos, sobre a maneira de poder continuar a realizar pesquisas empíricas. Sua eleição para o Collège de France foi acompanhada de novas obrigações e necessariamente reduziu sua presença no seu centro de pesquisa[518] e também na Escola de Altos Estudos em Ciências Sociais – uma instituição que, ao contrário do Collège de France, oferece a seus professores a possibilidade de orientar teses[519]. Sua disponibilidade para a pesquisa, do modo como a praticava desde a década de 1960, sem dúvida ficou um pouco mais limitada, mesmo que a pesquisa sobre a casa individual, começada na primeira metade da década de 1980 (2 de maio de 1985), assim como *A miséria do mundo*, demonstrem que ele conseguiu realizar novas pesquisas coletivas importantes com material de primeira mão.

Entre os outros trabalhos apresentados na "segunda hora", vários tinham a particularidade de se basear em textos literários, uma atividade que até então Bourdieu só havia praticado em sua análise de *A educação sentimental*[520]. Assim, ele discute *O processo* de Franz Kafka (22 e 29 de março de 1984), *Ao farol* de Virginia Woolf (15 e 22 de maio de 1986) e, um pouco mais rapidamente, *Esperando Godot* de Samuel Beckett (19 de abril de 1984) e *A metamorfose* de Kafka (22 de maio de 1986)[521]. O sociólogo parece dedicar um interesse maior do que no passado ao material e às análises literárias. A análise de *O processo* levou a uma comunicação apresentada, no final do ano letivo de 1983-1984, num colóquio multidisciplinar organizado pelo Centre Pompidou em ocasião do sexagésimo aniversário da morte do escritor[522]. É possível que esse interesse pela literatura tenha uma ligação com a redação de *As regras da arte*: Bourdieu não encontra apenas uma forma de alegoria em *O processo*, ele também de certa maneira pratica a "ciência das obras" cujos princípios serão desenvolvidos no livro de 1992, no sentido de

---

518. Podemos assinalar que em 1985 P. Bourdieu saiu da direção do Centro da Educação e da Cultura.

519. Com efeito, entre 1983 e 1997 Bourdieu orientou menos da metade das teses que orientara entre 1970 e 1983 (14 contra 29).

520. BOURDIEU, P. "L'invention de la vie d'artiste". *Art. cit.*

521. Bourdieu cita mais rapidamente *O jogador*, de Dostoiévski (29 de março de 1984). Ele publica, nesse mesmo período, um texto sobre Francis Ponge: "Nécessiter" ["Necessitar"]. "Francis Ponge". *Cahiers de L'Herne*, p. 434-437, 1986.

522. BOURDIEU, P. "La dernière instance". *Art. cit.*

que a visão "kafkiana" do mundo estaria ligada à incerteza que caracteriza o campo literário (e a posição de Kafka nele) que a produziu. Alguns anos mais tarde, ele mencionará uma leve mudança de sua relação com a literatura: ele se liberta pouco a pouco da tentação, forte no começo, num contexto em que a cientificidade da sociologia não estava bem garantida, de se distanciar de sua formação e de seus gostos literários[523]. No Curso de Sociologia Geral, a preocupação de conter o lugar das análises literárias permanece ("Não desenvolverei isso – como já fiz meu pequeno pedaço literário, vocês iriam achar que estou exagerando" – 15 de maio de 1986), mas os sociólogos ouvintes são convidados a refletir sobre sua relação com a literatura. Ao expor suas reflexões sobre a "ilusão biográfica" que mobilizam em particular William Faulkner e Alain Robbe-Grillet, Bourdieu chama a atenção para a "dupla vida intelectual" dos sociólogos, que podem ler, por interesse pessoal, obras do Novo Romance sem tirar delas consequências para suas práticas profissionais (24 de abril de 1986), e destaca que a repressão do "literário" na sociologia se deve à posição que esta ocupa no espaço das disciplinas; a forma particular tomada pela oposição entre as letras e as ciências no século XIX esconde o avanço que os escritores tinham em relação aos pesquisadores quanto a questões como a teoria da temporalidade.

## O anúncio de trabalhos posteriores

Ao misturar a apresentação de pesquisas em realização com retornos a trabalhos passados, o Curso de Sociologia Geral é levado por uma dinâmica na qual o leitor contemporâneo enxerga o esboço de alguns dos trabalhos que Bourdieu realizará na segunda metade da década de 1980 e até na de 1990.

Antes de mais nada, é o conjunto das aulas que Bourdieu dará no Collège de France de 1987 a 1992 que se anuncia. Não é por acaso que a aula que abre este volume contém uma observação incidental sobre as carências francesas da edição de Max Weber: esse autor será convocado com frequência nesse ano de 1983-1984[524]. Aliás, alguns anos antes, Bourdieu publicou no jornal *Libération*

---

523. BOURDIEU, P. *Images d'Algérie – Une affinité élective. Op. cit.*, p. 42.
524. O índice remissivo da edição completa de *Sociologia geral* confirma: Marx, Durkheim e Weber são os autores aos quais Bourdieu se refere com mais frequência (eles são seguidos por Sartre, Kant, Hegel, Flaubert, Lévi-Strauss, Platão, Goffman, Kafka, Foucault e Husserl). Weber é o mais citado (116 citações contra 86 e 81 para Marx e Durkheim), particularmente em 1983-1984.

um texto chamado "Não tenham medo de Max Weber!"[525] que parece ter sido motivado apenas por suas preocupações do momento. Em suas aulas, Bourdieu comenta textos que só conhecia através das edições alemãs e inglesas de *Economia e sociedade*[526] que tratam da codificação, da noção de "disciplina", ou discutem a sociologia do direito. As observações de Weber sobre a *Kadijustiz*, as justiças de Sancho Pança e de Salomão se tornam referências recorrentes durante as aulas. É provavelmente no período em que essas aulas acontecem que o interesse de Bourdieu por Weber e pela sociologia do direito se desenvolve com força. O tema da *vis formae*, nunca mencionado durante os dois anos anteriores, aparece em várias ocasiões. O artigo sobre a "força do direito" será publicado em 1986[527], ou seja, durante o ano de ensino que fecha o Curso de Sociologia Geral e que comporta referências a pesquisas de sociologia do direito (15 de maio de 1986, 5 de junho de 1986), assim como reflexões sobre o campo jurídico, que estará no coração das aulas dadas em 1987-1988.

Não é somente o direito mas, de modo mais geral, também o Estado que se torna um objeto de reflexão central. A frase com a qual Bourdieu ampliou a definição que Weber deu do Estado ("uma organização [...] que reivindica o controle da coerção física legítima") volta com frequência durante suas aulas do começo dos anos de 1980. Sua crítica, em 1983-1984, das interpretações lineares do processo de racionalização anuncia as reflexões que desenvolverá alguns anos mais tarde em seu curso sobre a gênese do Estado (29 de março de 1984). As referências ao Estado são muito numerosas nas últimas sessões do quarto ano. O tema principal da percepção social remete, com efeito, ao da percepção homologada cujo monopólio pertence ao Estado. Igualmente, a análise do certificado remete ao Estado, definido então como um "campo de técnica, ou [...] campo dos agentes em concorrência pelo poder de certificação social" (9 de maio de 1985), e a última aula do ano termina com a constatação de que uma sociologia das lutas simbólicas deve se interrogar sobre essa "última instância" que o Estado representa. Bourdieu registra que o Estado se tornou um

---

525. BOURDIEU, P. "N'ayez pas peur de Max Weber!" *Libération*, p. 25, 06/07/1982.
526. Em 1962-1963, Bourdieu, que então lecionava em Lille, dedicou um curso a Max Weber e convidou seus alunos a lerem e traduzirem passagens de *Economia e sociedade*. Na década de 1960, ele mimeografou algumas passagens para alunos e pesquisadores. Foi apenas em 1971 que uma tradição parcial do livro foi publicada pela Editora Plon.
527. BOURDIEU, P. "A força do direito". *Art. cit.*

objetivo principal de suas análises mesmo antes de começar, em 1989-1990, seu curso sobre o Estado[528]: a partir de 1987-1988, ele intitulará seu curso A propósito do Estado.

Da mesma forma, tanto o artigo (1990) quanto o livro (1998) que dedicará à "dominação masculina"[529] são esboçados no Curso de Sociologia Geral. No ano de 1985-1986, vários desenvolvimentos se relacionam à dimensão política da dominação masculina ou ao "inconsciente androcêntrico" das sociedades mediterrâneas. É também em 1985-1986 que ele comenta *Ao farol* (referência importante em seus escritos posteriores sobre as relações entre os sexos); ele se refere em particular à visão feminina do investimento masculino nos jogos sociais.

Se é mais difícil discernir no Curso de Sociologia Geral os sinais que anunciam os trabalhos que Bourdieu publicará na década de 1990, leitores contemporâneos não podem deixar de pensar, diante das reflexões de método sobre as dificuldades da restituição e da explicitação da experiência dos agentes sociais (12 de junho de 1986), no dispositivo da pesquisa coletiva que resultará em 1993 em *A miséria do mundo*. Da mesma forma, é tentador aproximar o trabalho sobre a "parada de sucessos" à análise que Bourdieu dedicará dez anos depois ao "domínio do jornalismo"[530]: ainda que não empregue essa última expressão em 1984, ele enxerga na lista de vencedores o sinal de uma transformação das relações de força entre o campo intelectual e o campo jornalístico em favor desse último. Entretanto, a mídia e a relação que Bourdieu travará com ela serão notavelmente transformadas na década que separa a análise da "parada de sucessos" (que o sociólogo só publicará em sua revista e como anexo de um livro acadêmico) e o pequeno livro

---

528. BOURDIEU, P. *Sobre o Estado. Op. cit.*

529. BOURDIEU, P. "La domination masculine". In: *Actes de la Recherche en Sciences Sociales*, n. 84, p. 2-31, 1990. • *A dominação masculina. Op. cit.*

530. Sobre essa reflexão (precedida por "L'évolution des rapports entre le champ universitaire et le champ du journalisme" ["A evolução das relações entre o campo universitário e o campo do jornalismo"], *Sigma*, n. 23, p. 65-70, 1987), que incluirá uma análise do jornalismo em termos de campo, cf. principalmente: "L'emprise du journalisme" ["O domínio do jornalismo"]. *Actes de la Recherche en Sciences Sociales*, n. 101-102, p. 3-9, 1984. • "Journalisme et éthique" ["Jornalismo e ética"] (Comunicação à ESJ Lille, 3 de junho de 1993). *Le Cahiers du Journalisme*, n. 1, p. 10-17, 1996. • "Champ politique, champ des sciences sociales, champ journalistique" ["Campo político, campo das ciências sociais, campo jornalístico"] (Aula do Collège de France, 14 de novembro de 1995). *Cahiers du Groupe de Recherche sur la Socialisation*. Lyon: Université Lumière-Lyon 2, 1996. • *Sobre a televisão. Op. cit.* • *Contrafogos*. Trad. de Lucy Magalhães. Rio de Janeiro: Zahar, 1998, p. 56-69 [76-92]. • "À propos de Karl Kraus et du journalisme" ["Sobre Karl Kraus e o jornalismo"]. *Actes de la Recherche en Sciences Sociales*, n. 131-132, p. 123-126, 2000.

de intervenção que será publicado no final de 1996 para um público mais amplo, *Sobre a televisão*, que é em parte um livro sobre os "intelectuais midiáticos"[531]. Para mencionar o essencial, podemos dizer que os cursos publicados aqui são levemente anteriores à virada que representou a privatização, em 1986, do canal de maior audiência [da televisão francesa], TF1. No começo da década de 1980, o espírito de serviço público herdado dos primórdios da televisão ainda era bastante potente. Ainda acontece de Bourdieu participar pontualmente de programas de televisão[532] ou discutir publicamente com jornalistas importantes. Em 1985, por exemplo, ele intervém num fórum organizado pelo Comitê de Informação para a Imprensa no Ensino[533] e, envolvido por seu colega do Collège de France Georges Duby, ele começa a participar do projeto de "televisão educativa" que resultará na criação do canal "La Sept", que posteriormente será transformado na emissora Arte[534] [emissora europeia de programação cultural].

## O quadro do Collège de France

Para compreender o espaço no qual Pierre Bourdieu se situa nesses anos de 1983 a 1986 é preciso mencionar o Collège de France. Nele, Georges Duby é um de seus colegas mais próximos. A relação entre eles é antiga: Duby foi um dos fundadores da revista *Études Rurales* na qual Bourdieu publicou um artigo muito longo (de mais de cem páginas) no começo da década de 1960, quando ainda era

---

531. CHAMPAGNE, P. "Sur la médiatisation du champ intellectuel – À propos de *Sur la télévision*" ["Sobre a midiatização do campo intelectual – A propósito de *Sobre a televisão*"]. *In*: PINTO, L.; SAPIRO, G.; CHAMPAGNE, P. (orgs.). *Pierre Bourdieu, sociologue*. Paris: Fayard, 2004, p. 431-458.

532. Durante o período correspondente ao curso, P. Bourdieu participa de duas edições do programa "Apostrophes" (discutindo *A economia das trocas linguísticas* e depois o relatório do Collège de France sobre o ensino) e apresenta dois de seus livros (*A economia das trocas linguísticas* e *Homo academicus*) em jornais televisivos (um regional e outro noturno).

533. Com base em suas análises dos campos de produção cultural, ele introduz uma reflexão sociológica sobre os temas do afastamento dos "jovens" em relação à imprensa e sobre as relações entre o jornalismo e a instituição escolar. Cf. BERNARD, P. "Exercice illégal de la pédagogie" ["Exercício ilegal da pedagogia"]. *Le Monde*, 16/05/1985.

534. Cf. *Pierre Bourdieu & les médias – Rencontres INA/Sorbonne (15 mars 2003)* [*Pierre Bourdieu e a mídia – Encontros INA/Sorbonne (15 de março de 2003)*]. Paris: L'Harmattan, 2004. Nos anos seguintes ao curso (e, portanto, durante o desenvolvimento dos canais privados na França), Bourdieu será um dos iniciadores do movimento "Para que a televisão pública viva" (BOURDIEU, P.; CASTA, A.; GALLO, M.; MARTI, C.; MARTIN, J.; PIERRET, C. "Que vive la télévision publique!" *Le Monde*, 19/10/1988).

quase desconhecido[535]. Nas aulas de 1986 em que elabora a noção de "campo do poder", o sociólogo cita com frequência o livro do medievalista: *As três ordens ou o imaginário do feudalismo* (1978). Ele também se refere às análises das tríades indo-europeias desenvolvidas por Georges Dumézil, que se aposentara em 1968 (ele falece em 1986) depois de quase vinte anos de ensino no Collège de France. As discussões das análises de Claude Lévi-Strauss são ainda mais frequentes (entretanto, Bourdieu sempre se referiu muito aos trabalhos do antropólogo em todas as épocas de sua obra, mesmo que tivesse deixado de participar de seu seminário). Claude Lévi-Strauss se aposenta do Collège de France em 1982, mas uma conferência que proferiu em 1983 marca um momento de tensão entre os dois, que fica marcado numa aula de 1986 (5 de junho de 1986). As aulas de Bourdieu também contêm alusões rápidas ou discussões de trabalhos de professores mais jovens do Collège de France: Emmanuel Le Roy Ladurie (18 de abril de 1985), Jacques Thuillier (2 de maio de 1985), que o sociólogo conhecia desde a École Normale Supérieure, e Gérard Fussman (28 de março de 1985).

Bourdieu participa da vida da instituição. Ele se refere em duas ocasiões a seminários ou colóquios que reúnem participantes vindos das diferentes disciplinas históricas e literárias representadas no Collège de France (22 de maio e 19 de junho de 1986). Ele participará até sua aposentadoria de diferentes manifestações desse gênero. Em 1984-1985, ele incita os ouvintes de suas aulas a assistirem às conferências que Francis Haskell vem dar no Collège de France (18 de abril de 1985, 2 de maio de 1985). As aulas não contêm referências aos trabalhos dos "cientistas do Collège", mas quando a direita retorna ao poder em 1986, Bourdieu assina junto a vários deles (o biólogo Jean-Pierre Changeux, o físico Claude Cohen-Tannoudji, o farmacólogo Jacques Glowinski e o químico Jean-Marie Lehn) um "apelo solene" ao governo que deseja reduzir os créditos públicos destinados à pesquisa. Além do mais, as aulas são contemporâneas à preparação das "Propostas para o ensino do futuro" que o presidente da República pede em fevereiro de 1984 aos professores do Collège de France e que são entregues em março de 1985[536]. Como

---

535. LENOIR, R. "Duby et les sociologues" ["Duby e os sociólogos"]. *In*: DALARUN, J.; BOUCHERON, P. (orgs.). *Georges Duby – Portrait de l'historien en ses archives*. Paris: Gallimard, 2015, p. 193-203.

536. "Proposições para o ensino do futuro". Trad. de Márcia Soares Guimarães. *Revista Brasileira de Estudos Pedagógicos*, 67, p. 152-169, 1986 ["Propositions pour l'enseignement de l'avenir. Rapport du Collège de France". Paris: Minuit, 1985. Também em *Le Monde de l'éducation*, 116, p. 61-68, maio de 1985].

especialista em educação, Bourdieu foi seu redator principal e até mesmo, em grande medida, quem tomou a iniciativa[537].

Durante esses anos, um dos membros do Collège de France cujos cursos são dos mais concorridos é Michel Foucault. Bourdieu mencionará muito mais tarde o que o aproximava e separava de Michel Foucault[538] – Bourdieu participara de um dos seminários de Foucault na École Normale Supérieure. Na década de 1980, Foucault e Bourdieu se encontraram em ações destinadas a apoiar os sindicalistas poloneses e questionar o governo francês, mas as aulas publicadas aqui demonstram bem uma mistura de estima e distância. Se Bourdieu faz referências explícitas aos trabalhos de Foucault, à noção de *épistémè*, por exemplo, o quarto e o quinto anos são atravessados por uma crítica das análises do poder desenvolvidas pelo filósofo: em particular, a frase "o poder vem de baixo" aparece como a expressão de um pensamento ingênuo, inspirado sobretudo pelo espírito de contradição (17 de abril de 1986). No final de junho de 1984, quando falece Foucault, o curso de Bourdieu já havia terminado há pouco mais de um mês. O sociólogo, junto com André Miquel, foi um dos professores do Collège de France a participarem da cerimônia parisiense que precedeu o sepultamento[539]. Ele publicará dois textos de homenagem a "um amigo, um colega" em *Le Monde* e *L'Indice*[540].

## O campo intelectual na primeira metade da década de 1980

Para além do Collège de France, o curso tem a marca do campo intelectual da época[541]. Ele contém alusões regulares a grandes figuras das décadas precedentes, como Jean-Paul Sartre e Jacques Lacan, que faleceram respectivamente em 1980

---

537. Sobre as origens, redação e recepção do relatório, cf. os trabalhos em preparação de Pierre Clément (para um primeiro estágio: "Réformer les programmes pour changer l'école? – Une sociologie historique du champ du pouvoir scolaire" ["Reformar os currículos para mudar a escola? – Uma sociologia histórica do campo do poder escolar"]. Tese de doutorado. Universidade de Picardie Jules-Verne, 2013, cap. 2, p. 155-240).

538. BOURDIEU, P. *Esboço de autoanálise*. *Op. cit.*, p. 104-107 [102-107].

539. P. Bourdieu menciona essa cerimônia em *Manet – Une révolution symbolique*. *Op. cit.*, p. 484.

540. BOURDIEU, P. "Le plaisir de savoir" ["O prazer de saber"]. *Le Monde*, 27/06/1984. • "Non chiedetemi chi sono – Un profilo de Michel Foucault" ["Não pergunte quem sou – Um perfil de Michel Foucault"]. *L'Indice*, p. 4-5, outubro de 1984.

541. Para uma análise detalhada do campo filosófico no momento em que os cursos acontecem, cf. PINTO, L. *Les Philosophes entre le lycée et l'avant-garde – Les métamorphoses de la philosophie dans la France d'aujourd'hui* [*Os filósofos entre o liceu e a vanguarda – As metamorfoses da filosofia na França de hoje*]. Paris: L'Harmattan, 1987.

e 1981, e a Louis Althusser, que foi internado em novembro de 1980 depois do assassinato de sua esposa. Bourdieu alude numa de suas aulas à problemática jornalística da época que consiste em procurar um "sucessor" de Sartre[542]. As figuras dominantes do momento que acumulam um reconhecimento intelectual[543] e uma notoriedade no público culto são essas pessoas de cerca de 50 anos entre as quais estava Bourdieu, incluindo, principalmente, Michel Foucault, Jacques Derrida, Gilles Deleuze (e Félix Guattari). Eles se tornaram conhecidos nos anos anteriores a maio de 1968 e compartilham daquilo que Bourdieu chama de "temperamento anti-institucional" (2 de maio de 1985). Esses "hereges consagrados", segundo uma outra frase do sociólogo[544], distanciaram-se da universidade e da filosofia tradicionais. Na primeira metade da década de 1980, eles muitas vezes se encontram assinando os mesmos apelos ou petições. Os jovens recém-chegados começam, entretanto, a enviá-los ao passado: no outono de 1985, um ensaio de grande repercussão na mídia tem como alvo o "pensamento anti-humanista de 1968" que eles representariam[545]. Bourdieu alude a esse livro numa aula (5 de junho de 1986) e menciona em várias ocasiões as temáticas do "retorno a Kant" e do "retorno ao sujeito" das quais seus autores participam.

Ainda que ele cite apenas de maneira alusiva (sobre obras de sociólogos das ciências que o mencionam e cujo relativismo ele critica) o desenvolvimento do "pós-modernismo" que data da segunda metade da década de 1970, ele faz várias referências ao aparecimento, mais ou menos no mesmo momento, dos "novos filósofos": "A partir do momento em que alguém surge no espaço, mesmo um 'novo filósofo', sua existência causa problemas e leva a pensar, faz pensar e corre o risco de fazer pensar torto – sem falar do fato dela se arriscar a consumir uma energia que poderia ser melhor empregada em outro lugar" (18 de abril de 1985). Assim, a atitude a se adotar diante desses concorrentes de um novo tipo, e de modo mais geral diante das ameaças a que a "filosofia" parece estar exposta nessa época, suscita debates; várias alusões nos cursos indicam reservas ou distâncias de Bour-

---

542. Cf. tb. BOURDIEU, P. "Sartre". *London Review of Books*, v. 2, n. 22, p. 11-12, 1980.

543. Esse reconhecimento intelectual se estende, a partir dessa época, às universidades norte-americanas. Em relação a Foucault, por exemplo, uma onda de traduções começa em 1977 nos Estados Unidos. Nessa época, Bourdieu, que é um pouco mais jovem e o único a não se chamar de "filósofo", ainda está um pouco mais afastado desse movimento.

544. Cf. BOURDIEU, P. *Homo academicus*. Op. cit., p. 143-151 [140-148].

545. FERRY, L.; RENAUT, A. *La Pensée 68 – Essai sur l'anti-humanisme contemporaine* [*O pensamento 68 – Ensaio sobre o anti-humanismo contemporâneo*]. Paris: Gallimard, 1985.

dieu em relação às declarações (para ele contraproducentes) de Gilles Deleuze sobre a "nulidade" dos "novos filósofos" ou sobre os "Estados Gerais da Filosofia" organizados por Jacques Derrida[546]. Sua análise da "parada de sucessos" mostra, entretanto, sua consciência das transformações estruturais que se aceleram nessa época[547] e do perigo que elas representam para a perpetuação do modelo de intelectual que ele encarna.

Nesse começo dos anos de 1980, seu próprio estatuto no campo intelectual muda, mas segundo uma lógica que não se deixa caracterizar de maneira unívoca. Sua eleição para o Collège de France, por exemplo, ou o sucesso obtido por *A distinção*, que se impõe como um livro marcante muito rapidamente e para além de um público de especialistas, aumentam o reconhecimento de sua obra, mas o transformam ao mesmo tempo na encarnação de uma disciplina e de um pensamento que muitas correntes intelectuais denunciam como um "sociologismo", como um pensamento "determinista", até "totalitário". Entre as várias críticas e ataques difusos (aos quais as aulas publicadas neste volume muitas vezes ecoam) podemos mencionar, ainda que sejam apenas dois entre vários exemplos possíveis, aqueles vindos de colaboradores ou intelectuais ligados à revista *Esprit* ou o livro publicado em 1984, *O império do sociólogo*[548].

## O subespaço da sociologia

Essa ambiguidade é reencontrada no subespaço da sociologia. Como sua obra já estava num estado que autorizava olhares retrospectivos, às vezes Bourdieu tenta em seu curso captar e formular o sentido geral de sua empreitada: ele insiste no esforço que teria feito para iluminar, contra a "análise econômica e economicista", o "papel determinante do simbólico nas trocas sociais", "todas essas lutas de que a história está cheia e nas quais os objetivos jamais são redutíveis à dimensão material desses objetivos" (22 de março de 1984 e 30 de maio de 1985); ocasionalmente

---

546. Sobre esse ponto cf. PEETERS, B. *Derrida*. Paris: Flammarion, 2010, p. 369-380.
547. Esse modelo é o do intelectual que acumula um reconhecimento propriamente intelectual e uma notoriedade para um público culto muito grande. O começo da década de 1980 (que corresponde, por exemplo, à ocasião em que François Maspero vende sua editora) é uma época em que os editores começam a deplorar a rarefação de autores acadêmicos consagrados de grandes tiragens, num contexto em que a especialização universitária parece aumentar.
548. VV.AA. "Les Révoltes logiques". *In*: *L'Empire du sociologue* ["As revoltas lógicas". *In*: *O império do sociólogo*]. Paris: La Découverte, 1984.

ele também enfatiza que sua "contribuição histórica" teria sido "[fazer] seu trabalho [de sociólogo] até o fim, [quer dizer], até a objetivação dos profissionais da objetivação" (19 de junho de 1986)[549] ou "introduzir uma relação muito respeitosa a tudo aquilo que poderia contribuir para ajudar a pensar melhor o mundo social" (14 de março de 1985). Além do mais, começava um trabalho de síntese e de vulgarização (do qual o curso participa). Bourdieu se põe a publicar, paralelamente a suas obras de pesquisa, livros destinados a dar uma ideia mais acessível de seu trabalho: em 1980, pela primeira vez, reuniu num volume intervenções orais proferidas em diversas circunstâncias[550]. Em 1983, um de seus primeiros alunos, Alain Accardo, publica o primeiro livro que tenta colocar à disposição de um público de estudantes e militantes os principais conceitos de sua sociologia[551]. Da mesma forma, aumenta sua notoriedade internacional. Assim, logo antes de começar seu quinto ano letivo, ele fez uma viagem de um mês para os Estados Unidos, durante a qual deu cerca de quinze seminários e conferências em universidades americanas (São Diego, Berkeley, Chicago, Princeton, Filadélfia, Baltimore, Nova York). Nos anos seguintes, ele fará viagens do mesmo tipo para outros países.

Essa consagração crescente não significa o exercício de um "magistério". Na sociologia, como no conjunto do campo intelectual, o reconhecimento crescente de Bourdieu parece gerar formas de rejeição que duplicam de intensidade. Na primeira metade da década de 1980, várias empreitadas buscam descrever sua sociologia como "superada", invocando às vezes um "retorno do ator". Esse é o caso principalmente do "individualismo metodológico", que pressupõe explicar os fenômenos sociais a partir das estratégias de um *homo sociologicus* dessocializado. Seu líder é Raymond Boudon que, depois de ter sido na década de 1960 um dos principais importadores franceses da "metodologia" de Paul Lazarsfeld (à qual Bourdieu opôs uma reflexão epistemológica[552]), desenvolveu na década de

---

549. Podemos mencionar também sua observação sobre o caráter "um pouco cubista" de sua sociologia (aula 9 de maio de 1985).

550. BOURDIEU, P. *Questões de sociologia. Op. cit.*

551. ACCARDO, A. *Initiation à la sociologie de l'illusionnisme social – Invitation à la lecture des œuvres de Pierre Bourdieu* [*Iniciação à sociologia do ilusionismo social – Convite* à leitura das obras de Pierre Bourdieu]. Bordeaux: Le Mascaret, 1983. A esse livro segue-se uma coletânea de textos comentados em ACCARDO, A.; CORCUFF, P. *La Sociologie de Bourdieu* [*A sociologia de Bourdieu*]. Bordeaux: Le Mascaret, 1986.

552. Sobre a oposição entre metodologia e epistemologia, cf. BOURDIEU, P.; CHAMBOREDON, J.-C.; PASSERON, J.-C. *O ofício de sociólogo. Op. cit.*, p. 11-12 [13-14]. Sobre a relação de P. Bourdieu com

1970 uma análise das desigualdades escolares que concorreu com aquela que se impôs depois de *Os herdeiros* e *A reprodução*. Se Bourdieu, em suas aulas, lembra em várias ocasiões suas críticas ao "individualismo metodológico" ou se afasta da visão que este tende a ter de seus trabalhos, é porque essa corrente que progride paralelamente nos Estados Unidos estava numa fase particularmente agressiva. Em 1982 foi publicado pela Editora Presses Universitaires de France um *Dicionário crítico da sociologia* organizado por Raymond Boudon e François Bourricaud que, em seu projeto de "investigar as imperfeições, incertezas e falhas das teorias sociológicas, mas também as razões de seu sucesso", tem como alvo a sociologia de inspiração marxista ou estruturalista.

Já as observações de Bourdieu sobre o "ultrassubjetivismo" e o "radicalismo fácil" que se desenvolvem na sociologia das ciências respondem à publicação em 1979 do livro *A vida de laboratório*[553]. Com base no estudo etnográfico de um laboratório de neuroendocrinologia, esse livro pretende fundamentar uma abordagem explicitamente diferente das análises que Bourdieu propunha desde meados da década de 1970 sobre "o campo científico e as condições sociais do progresso da razão"[554]. Para Bourdieu, essa empreitada radicaliza até chegar num relativismo, que ele rejeita, a tese segundo a qual os fatos científicos são construídos socialmente. A insistência sobre a busca da credibilidade pelos pesquisadores e sobre os instrumentos retóricos leva a negligenciar que, no campo científico, nem todas as estratégias são possíveis (28 de março de 1985 e 19 de junho de 1986). Quinze anos depois, quando essa "nova sociologia das ciências" já estará consideravelmente desenvolvida, Bourdieu voltará a essas críticas[555].

Nas aulas também se questiona as importações produzidas na sociologia na década de 1980. O período é marcado por uma onda de traduções na França de

---

a empreitada de Paul Lazarsfeld, cf. BOURDIEU, P. *Esboço de autoanálise. Op. cit.*, p. 101 [97-98]. E sobre o "imperativo metodológico" que tende a reunir os diferentes momentos da sociologia de Raymond Boudon, cf. HEILBRON, J. *French Sociology* [*Sociologia francesa*]. Ithaca: Cornell University Press, 2015, p. 193-197.

553. LATOUR, B.; WOOLGAR, S. *A vida de laboratório: a produção dos fatos científicos*. Trad. de Angela Ramalho Vianna. Rio de Janeiro: Relume-Dumará, 1997 [*Laboratory Life: The Social Construction of Scientific Facts*. Londres: Sage, 1979].

554. BOURDIEU, P. "La spécificité du champ scientifique et les conditions sociales du progrès de la raison" ["A especificidade do campo científico e as condições sociais do progresso da razão"]. *Actes de la Recherche en Sciences Sociales*, n. 2-3, p. 88-104, 1976. "O campo científico". *Art. cit.*

555. BOURDIEU, P. *Para uma sociologia da ciência. Op. cit.*, p. 37-50 [41-66].

Georg Simmel, um contemporâneo alemão de Durkheim, e pela "descoberta" do interacionismo e da etnometodologia, correntes "heterodoxas" da sociologia estadunidense que datam das décadas de 1950 e 1960. Na interseção entre a sociologia e a filosofia, as obras da Escola de Frankfurt, muito pouco conhecidas na França até a década de 1970, também passam a ser publicadas numerosamente no começo da década de 1980, particularmente pela Editora Payot sob o incentivo de Miguel Abensour. Durante uma aula, Bourdieu propõe uma análise dessas importações da década de 1980 (5 de junho de 1986). Se ele zomba do provincianismo francês que leva a traduzir obras quando elas já saíram de moda no seu país de origem, ele não deixa de se irritar com essas importações já que, iniciadas por concorrentes mais ou menos declarados no espaço da sociologia, elas são apresentadas como novidades que merecem uma atenção exclusiva. De fato, às vezes elas eram opostas explicitamente à sua própria sociologia, quando se tratavam de autores que ele já havia lido há muito tempo, que às vezes até contribuiu para que fossem conhecidos na França (o essencial da obra de Goffman foi traduzido nas décadas de 1970 e 1980 em sua coleção na Editora Minuit) e que, sobretudo, ele havia integrado à sua abordagem.

## O contexto político

A preocupação em propor um ensino teórico que não estivesse separado das realidades mais concretas inspira alusões frequentes ao contexto político da época, às questões e aos problemas constituídos como tais na mídia e no mundo político. Bourdieu encontra um exemplo quase perfeito de suas reflexões sobre a "ciência do Estado" nos dados de desemprego publicados pelo Insee. Esse indicador estatístico torna-se, com efeito, um objetivo central do debate político na época: muito baixa até 1973, a taxa de desemprego cresceu continuamente até meados da década de 1980. Entre outras coisas, o surgimento de um desemprego em massa na França contribuiu para uma reformulação da questão da "imigração", em relação à qual os resultados eleitorais registrados [pelo partido de extrema-direita] Fronte Nacional a partir de 1982 são apenas a manifestação mais espetacular. A "atualidade" ilustra assim muito diretamente uma das ideias que Bourdieu desenvolve: os princípios de visão do mundo social (e, no caso, a questão de saber se a divisão entre ricos e pobres pode ser substituída pela divisão entre imigrantes e não imigrantes) são objetos de luta. Na primeira metade da década de 1980, a estigmatização crescente dos imigrantes suscita mobilizações em sentido contrário às quais Bourdieu se associa. Assim, o sociólogo assina um texto de apoio à Marcha pela Igualdade e contra o Racismo que acontece no outono de 1983[556] e participa das iniciativas da associação SOS Racismo, ligada ao Partido Socialista e criada em 1984. Em novembro de 1985, por exemplo, ele participa de um encontro com a associação no qual adverte contra o risco de um "movimento ético-mágico" e denuncia a análise da imigração em termos de diferenças culturais que deixa de lado as desigualdades econômicas e sociais entre franceses e imigrantes.

O curso também comporta ecos sobre a progressão do neoliberalismo, cuja aceleração no começo da década de 1980 é simbolizada pela chegada ao poder de Margaret Thatcher na Grã-Bretanha e Ronald Reagan nos Estados Unidos. Os economistas da "escola de Chicago", mencionados em várias ocasiões por Pierre Bourdieu, são considerados os inspiradores de programas econômicos que, na contramão das políticas intervencionistas estabelecidas nas décadas do pós-guerra, consideram, segundo uma frase que se tornou célebre, que o Estado (ou pelo menos sua "mão esquerda") "é o problema, e não a solução". Ao tratar num momento da diferença entre a caridade privada e a assistência social (9 e 23 de maio de 1985), Bourdieu menciona os questionamentos que o Estado de bem-estar sofre na época. Na última aula do quarto ano, a aproximação que ele realiza entre o drama de Heysel que acabara de acontecer e a política da "Dama de ferro" anuncia o tema da "lei da conservação da violência" que ele vai opor às políticas neoliberais na década de 1990[557]. Além do mais, o curso muitas vezes ecoa eventos e fatos que aparecem na mídia francesa da época nas páginas dedicadas ao "estrangeiro". Assim, Bourdieu alude à revolução iraniana e ao conflito irlandês, e propõe elementos de reflexão sobre eles com base em suas análises teóricas.

No nível nacional, o período corresponde ao primeiro mandato de François Mitterrand. As aulas contêm poucas alusões aos eventos de política interna, com exceção de observações críticas sobre a restauração da escola da Terceira República proposta e reivindicada pelo ministro socialista da Educação Nacional, Jean-Pierre Chevènement (12 de junho de 1986). O último ano do curso contém algumas referências (anedóticas) ao retorno da direita ao governo como resultado

---

556. Sobre as tomadas de posição durante esse período, cf. BOURDIEU, P. *Interventions 1961-2001. Op. cit.*, p. 157-187.

557. Cf., por exemplo, BOURDIEU, P. *Contrafogos. Op. cit.*, p. 34 [46].

das eleições legislativas de maio de 1986. Entretanto, podemos indicar que, sem aludir a elas nos cursos, durante esses anos Bourdieu toma posições públicas sobre certos aspectos das políticas instituídas pelos sucessivos governos: ele assina várias petições que condenam a posição do governo socialista sobre os eventos na Polônia[558], e também um apelo relativo à situação carcerária na França e, depois do retorno da direita ao poder em 1986, textos contra as restrições orçamentárias para a pesquisa ou contra o projeto de suspensão da construção [do teatro] Opéra de la Bastille.

A aula de 19 de junho de 1986 encerra o Curso de Sociologia Geral que Bourdieu deu durante cinco anos e que constituiu a primeira introdução geral à sociologia proposta no Collège de France. No ano seguinte, Bourdieu utilizará a possibilidade que têm os membros dessa instituição de suspender provisoriamente seu ensino. Ele retomará seus cursos em março de 1988, sob um novo título: "A propósito do Estado". Esse será o começo de um ciclo de cinco anos dedicados à análise e à desconstrução dessa instituição e, de modo mais geral, do período em que os cursos de Bourdieu no Collège de France tratarão de temas específicos: depois da sociologia do Estado[559], a sociologia do campo econômico[560], a sociologia da dominação, a sociologia de uma revolução simbólica na pintura[561]; depois, numa espécie de conclusão do seu ensino, ele analisará os trabalhos dedicados à sociologia da ciência em geral e à sociologia da sociologia em particular[562], como para lembrar, contra um certo relativismo radical, que, apesar de certas condições sociais, as mesmas que constituem o campo científico, é possível produzir verdades que não sejam redutíveis ao mundo social que as produz.

---

558. Isto se refere à prisão pelo governo comunista dos líderes do Sindicato Solidariedade, primeiro sindicato independente da Polônia, ocorrida no final de 1981. Em 1983, o líder do sindicato, Lech Wałęsa, recebe o Prêmio Nobel da Paz [N.T.].

559. BOURDIEU, P. *Sobre o Estado. Op. cit.*

560. BOURDIEU, P. *Anthropologie économique. Op. cit.*

561. BOURDIEU, P. *Manet – Une révolution symbolique. Op. cit.*

562. BOURDIEU, P. *Para uma sociologia da ciência. Op. cit.*

# Anexo

## Resumo dos cursos publicados no Anuário do Collège de France

### 1984-1985

Depois de elaborar, durante os anos anteriores, os conceitos de *habitus* e de campo, podemos entrar na análise das relações entre as duas noções e assim superar a descrição puramente fisicalista do campo como campo de forças possíveis: os campos sociais são objetos de conhecimento para os agentes engajados neles, e as determinações associadas à ocupação de uma posição num espaço jamais se exercem mecanicamente. Trata-se portanto de fazer uma sociologia do conhecimento (ou da percepção) do mundo social. O conhecimento que os agentes têm do mundo social faz parte do ser e do vir-a-ser desse mundo. Isso contra a visão objetivista que tende a reduzir as representações dos agentes a ilusões mais ou menos bem fundamentadas (sociologia espontânea, ideologia) que bastaria a ciência descartar ao instaurar o ponto de vista objetivo. Mas também contra o perspectivismo radical (ou o marginalismo) que reduz o mundo social ao universo dos pontos de vista que podem ser tomados sobre ele. É no campo como campo de forças que reside o princípio das visões diferentes que fazem dele um campo de lutas: essas visões estão diretamente ligadas à posição pelo intermediário do interesse específico que está em seu princípio e do *habitus* que é, em parte, o produto das determinações associadas à posição. Essa relação entre o mundo percebido e as estruturas cognitivas permite compreender que o mundo social se apresenta normalmente sob o modo do "isso é óbvio".

Na medida em que os pontos de vista estão enraizados no próprio espaço que apreendem mas no qual são tomados, as visões do mundo social são necessariamente diferentes, até antagônicas, e o campo de forças é ao mesmo tempo princípio e objetivo de lutas envolvendo seu ser e seu vir-a-ser: a luta pela visão legítima e pelo conhecimento como poder, na qual o cientista, queira ou não, está ele mesmo envolvido, contribui a transformar ou a conservar o campo de forças que está no princípio das tomadas de posição. Nessa luta, os detentores do capital cultural, que confere em particular a capacidade de explicitar, de trazer as visões do mundo prático ao estado objetivado, público, oficial, portanto quase jurídico (cf. a ligação observada por Benveniste entre dizer e dizer o direito), detêm uma vantagem considerável. O efeito de teoria como poder de fazer ver (e de fazer crer) contribui para fazer existir plenamente, até a criar, as realidades sociais (em particular os grupos) através do poder de *nomeação* e de ratificação. Do fato de que o mundo social é objeto de conhecimento e de reconhecimento, existir socialmente é também ser percebido, ser visto e bem-visto, "conhecido" (como se diz de um escritor ou de artista) e reconhecido, *nobilis*: quer dizer, diferente (do comum, dos obscuros) mas uma diferença reconhecida, pertinente, portanto suscetível a ser percebida pelos agentes que possuem a capacidade de discernir as diferenças reconhecidas como pertinentes num universo social determinado (a boa diferença pode consistir na discrição – o burguês severo – como recusa das diferenças reprovadas socialmente, a vulgaridade ostentosa do exibido). A passagem da visão prática, silenciosa e obscura a si mesma à visão representada, na linguagem ou em alguma forma de objetivação (obra de arte, monumento etc.) é acompanhada por uma transmutação da coisa representada (daí a importância das questões de palavras, ou de eufemismos, nas lutas políticas). O efeito de teoria jamais é tão visível do que no uso político da previsão, como tentativa de fazer a coisa prevista existir ao vê-la antecipadamente.

    Podemos compreender nessa lógica todas as formas da luta das classificações, lutas que buscam conservar ou transformar as classificações em vigor (a respeito por exemplo de sexo, nação, região, idade e certamente de posição social), em particular ao transformar ou conservar as palavras – que muitas vezes são eufemismos – destinadas a designar os indivíduos, grupos ou instituições. A sociologia política é assim uma sociologia das formas simbólicas da percepção do mundo social e, através disso, da construção desse mundo ou, se quisermos, uma contribuição para a análise empírica das *ways of worldmaking*: é por exemplo todo o trabalho político cotidiano para impor seu ponto de vista, em particular sobre si mesmo (com o trabalho de apresentação e de representação – objetivada – de si) ou sobre seu próprio grupo, ou para impor uma visão das divisões, proximidades e distâncias (com as procissões, cortejos, as manifestações em que os grupos se exibem enquanto grupos, com suas divisões e hierarquias), ou para criar ligações ou separações reais (casamentos, divórcios etc.). Entre todas essas formas do trabalho de *constituição* dos grupos, é preciso prestar atenção especialmente àquelas que levam à produção de *corpos constituídos* (exercendo um efeito de corpo distinto do efeito de posição). O mundo social é um objetivo de lutas entre os agentes que engajam nessas lutas, por um lado, o poder que detêm sobre esse mundo adquirido nas lutas anteriores e, por outro, as estruturas cognitivas que são o produto da incorporação das próprias estruturas desse mundo.

A luta política tem como objetivo o monopólio da violência simbólica legítima, quer dizer, o *nomos*, como princípio de visão e de divisão (*nemo*) legítimo. Esse poder simbólico encarna-se no direito e em todas as formas de *nomeação* oficial, garantidas pelo Estado (títulos de propriedade, acadêmicos, profissionais etc.), que designam aos indivíduos sua identidade social conhecida e reconhecida. Vemos de passagem que o sociólogo não é o nomoteta que decide os conflitos pela visão legítima (por exemplo sobre a região, nação, classe etc.), mas aquele que faz a ciência da luta pelo monopólio do efeito nomotético (daí a antinomia entre o ponto de vista do jurista e o ponto de vista do sociólogo, que não opõe ao jurista apenas um ponto de vista concorrente, mas uma sociologia do ponto de vista jurídico).

O discurso jurídico é essencialmente performativo, ou seja, mágico: é um ato de constituição ou de consagração (das pessoas ou das coisas) que decide os conflitos e as negociações sociais sobre as palavras e as coisas sociais (por exemplo, com o estado civil, que fixa os nomes e os títulos constitutivos de uma identidade): o efeito mais típico da razão de Estado é o efeito de *homologação* (cf. *homologein*) ou de *codificação* (como objetivação de um consenso) que exerce-se através das operações sociais tão simples em aparência como a outorga de um certificado. O *técnico* (médico, jurista etc.) é aquele com o mandato social para produzir um ponto de vista reconhecido como transcendente aos pontos de vista singulares (o certificado de doença, de invalidez, de inaptidão – ou de aptidão) e que, por esse fato, designa ao indivíduo certificado direitos reconhecidos universalmente. O sistema de ensino, através da outorga de títulos acadêmicos, certificados de aptidão garantidos pelo Estado, exerce um efeito análogo, mas cuja especificidade é preciso analisar. Os economistas e os sociólogos de Estado (Insee), segundo o modelo do *censor* romano, produzem um *census*, um recenseamento, ou seja, uma visão homologada e autorizada, que consegue se fazer reconhecer como transcendente aos conflitos entre as visões concorrentes das divisões. O Estado aparece assim como uma espécie de banco central, que garante todos os atos de garantia (certificados); como a última instância que, através de seus vereditos, dá um termo, sobre um certo número de pontos decisivos, à luta de todos contra todos pela imposição da verdade sobre o mundo social.

Na segunda hora, analisou-se um caso de revolução simbólica: o empreendimento de subversão das estruturas sociais e mentais que Manet – e os impressionistas – realizaram contra a arte acadêmica (esse trabalho será objeto de uma publicação futura).

# Índice de nomes

Abensour, Miguel 343
Accardo, Alain 341
Adam, Adolphe 64
Adorno, Theodor W. 71, 128
Alain (Émile Chartier) 80, 254, 258-259
Allais, Alphonse 264
Althusser, Louis 36, 69, 241, 288, 339
Amiel, Henri-Frédéric 101, 102
Amselle, Jean-Loup 303
Aristóteles 47, 78, 183, 304
Aron, Raymond 179, 319

Bachelard, Gaston 28, 292
Bailbé, Joseph-Marie 245
Bakhtin, Mikhail 183
Bakunin, Mikhail 28
Balzac, Honoré de 130, 207, 251
Barthes, Roland 111, 148, 216, 285
Bataille, Georges 246
Baudelaire, Charles 51, 198, 247-248
Baudelot, Christian 196
Baumgarten, Eduard 290
Baxandall, Michael 102-103, 244
Beckett, Samuel 332
Bentham, Jeremy 115
Benveniste, Émile 69, 122, 154-157, 303, 307, 316, 348
Bergson, Henri 106, 112, 123
Berkeley, George 108
Berlioz, Hector 65, 176, 245
Bernard, Philippe 336

Billeter, Jean-François 164
Boas, Franz 201
Boime, Albert 55, 97, 126, 280
Boltanski, Luc 101, 135, 209, 266
Bonaparte, Napoleão 139, 256, 257
Bongard, Willi 33
Borel, Pétrus 245
Boudon, Raymond 127, 341-342
Boulanger, Louis 244
Bourdieu, Marie-Claire 330
Bourricaud, François 127, 342
Bruxelles, Sylvie 179

Cachin, Françoise 168
Canguilhem, Georges 166
Caravaggio 127
Cassagne, Albert 280
Cassirer, Ernst 147, 291, 293-294, 296-300, 305-306, 311
Cézanne, Paul 139, 172-173
Chamboredon, Jean-Claude 266, 326, 331, 341
Champagne, Patrick 336
Champollion, Jean-François 123
Changeux, Jean-Pierre 337
Charle, Christophe 49
Chassériau, Théodore 244
Chastaing, Maxime 37
Chateaubriand, François-René de 242-243
Chevalier, Louis 150

Chevènement, Jean-Pierre 227, 344
Christin, Olivier 87
Clément, Pierre 338
Cogniet, Léon 202
Cohen-Tannoudji, Claude 337
Coluche (Michel Colucci) 305
Combarieu, Jules 65
Combes, Émile 320
Condillac, Étienne Bonnot de 174
Convert, Bernard 25
Corcuff, Philippe 341
Courbet, Gustave 51, 54, 89, 272
Couture, Thomas 64, 92, 102, 139, 168, 282

Dahan, Gilbert 98
Dahl, Robert Alan 18
David, Jacques-Louis 103
Delacroix, Eugène 65, 90, 206, 245
Delaroche, Paul 209
Deleuze, Gilles 43, 68, 315, 339-340
Delsaut, Yvette 50, 59, 83, 326, 328
Derrida, Jacques 148, 236, 246, 288, 339-340
Descartes, René 34, 125, 306
Desrosières, Alain 71
Dos Reis Nunes, Géraldo 179
Dostoiévski, Fiodor 332
Duby, Georges 70, 79, 316, 336-337
Duchamp, Marcel 90, 250, 260
Duchet, Claude 88
Ducrot, Oswald 179
Dumesnil, René 65
Dumézil, Georges 70, 337
Durkheim, Émile 21, 25, 35-36, 48, 67-68, 70, 102, 136, 154, 158-159, 162, 188, 239, 269, 275, 289, 296-299, 304-305, 307-308, 309-311, 319-320, 333, 343
Duseigneur, Jean 175, 245

Eco, Umberto 250
Engels, Friedrich 29, 162, 313-314
Escarpit, Robert 211
Espinosa, Baruch 67, 123
Establet, Roger 198
Eugênia (imperatriz) 62

Fabiani, Jean-Louis 254
Fauconnet, Paul 135
Faulkner, William 333
Faye, Jean-Pierre 288
Fayolle, Roger 129
Ferry, Luc 127, 339
Feuerbach, Ludwig 162, 295
Fichte, Johann Gottlieb 127
Fidelius, Petr 148
Flaubert, Gustave 54, 94, 207-208, 211-212, 215-216, 247, 331, 333
Fócio 96, 100
Foucault, Michel 68, 78, 143, 148, 241, 246, 294, 305, 312, 353, 338-339
Fouquier, Éric 179
Francastel, Pierre 300
Freud, Sigmund 41, 173, 258
Furetière, Antoine 114, 124
Fussman, Gérard 87, 337

Gallo, Max 336
Gamboni, Dario 249
Garfinkel, Harold 27, 44, 291
Gautier, Théophile 137, 171, 207, 243, 245, 247
Gérôme, Jean-Léon 101
Gerschenkron, Alexander 274
Gide, André 91
Gilberto de la Porrée 98
Giraudoux, Jean 88
Glaser, Barney G. 36
Gleyre, Charles 202
Glowinski, Jacques 337

Glucksmann, André  86, 204
Goffman, Erving  27, 42, 76, 151, 159, 187, 194, 232, 274, 333, 343
Goldmann, Lucien  270
Gombrich, Ernst H.  63, 125
Goncourt, Edmond e Jules de  247
Goodman, Nelson  153, 181-182, 189
Goody, Jack  183
Gorbatchov, Mikhail  148
Gouazé, Jean  179
Gracq, Julien  88
Greuze, Jean-Baptiste  284
Grunchec, Philippe  200
Guattari, Félix  315, 339
Guilbaud, Georges-Théodule  114-115
Guizot, François  135, 137

Habermas, Jürgen  72, 128
Hamilton, George Heard  280, 284
Harding, James A.  52
Haskell, Francis  127, 209-210, 302, 337
Haydn, Joseph  49
Hegel, Georg Wilhelm Friedrich  54, 108, 113, 208-209, 258-259, 268-269, 333
Heidegger, Martin  142, 158, 211, 250, 257, 266
Heilbron, Johan  342
Helvétius, Claude-Adrien  319
Hochschild, Arlie Russell  165
Holbach, Paul-Henri Thiry (barão de)  319
Holtzapffel, Jules  164
Homero  183
Horácio  56, 244
Horkheimer, Max  72, 128
Hubert, Henri  158
Humboldt, Wilhelm von  293, 306
Hume, David  28, 43

Husserl, Edmund  262, 333
Huysmans, Joris-Karl  249

Ingres, Jean-Auguste-Dominique  202, 241

Johannot, Tony  245

Kafka, Franz  159, 164, 236, 238, 240, 319-320, 332-333
Kant, Immanuel  28, 68, 127, 147, 157, 162, 179, 209, 222-223, 240, 256-258, 269, 291, 294, 298, 302-303, 320, 333, 339
Kantorowicz, Ernst Hartwig  316
Kristeva, Julia  111

Lacan, Jacques  142, 246, 338
Laforgue, Jules  50, 89
Lamartine, Alphonse de  244, 280
Landelle, Charles  61, 63
Latour, Bruno  342
Laval, Pierre  132
Lazarsfeld, Paul  142, 179, 274, 341
Leconte de Lisle  247
Lecourt, Dominique  288
Lee, Rensselaer W.  96
Legendre, Pierre  312
Lehn, Jean-Marie  337
Leibniz, Gottfried Wilhelm  24-25, 68, 125, 267
Lenin, Vladimir Illitch  167
Leroux, Pierre  212
Le Roy Ladurie, Emmanuel  137, 337
Lesueur, Jean-François  64
Lethève, Jacques  61-62, 281
Levenson, Joseph R.  61
Lévi-Strauss, Claude  76, 78, 147, 241, 297, 299, 304, 333

Lévy-Bruhl, Lucien 78
Lindon, Jérôme 91
Liszt, Franz 244
Louÿs, Pierre 132
Lovejoy, Arthur Oncken 131
Lutero, Martinho 259
Lyotard, Jean-François 312

Mahler, Gustav 49
Maldidier, Pascale 209
Malemort, Jacques 198
Malinowski, Bronislaw 162
Mallarmé, Stéphane 57, 59, 170
Manet, Édouard 54, 55, 57, 90, 92, 102, 125, 128-129, 135, 139-140, 167-170, 172, 176, 206, 270, 272, 279-284, 308, 330, 338, 350
Marcuse, Herbert 72, 128
Marin, Louis 78, 87
Marti, Claude 336
Martin, Jean 336
Marx, Groucho 194
Marx, Karl 25, 28, 36-37, 54, 69, 75, 83, 95, 136, 147, 154, 156, 162, 193-194, 227, 271, 272, 275, 289, 290, 294-295, 299, 308-311, 313, 318, 333
Maspero, François 340
Mauss, Marcel 36, 135, 158, 295, 297-298
M'Bokolo, Elikia 303
Merleau-Ponty, Maurice 25, 68, 110
Merton, Robert K. 274
Miquel, André 338
Miró, Juan 261
Mitterrand, François 218, 344
Moffett, Charles S. 168
Molière (Jean-Baptiste Poquelin) 109
Mondrian, Piet 100

Monet, Claude 63, 90, 260, 269-270, 276, 285
Moréas, Jean 175
Mourousi, Yves 85
Murger, Henry 207, 208, 211, 246
Musset, Alfred de 243

Nerval, Gérard de 245
Nicolau de Cusa 797
Nietzsche, Friedrich 26, 67-68, 241, 290, 309

O'Boyle, Lenore 130

Panofsky, Erwin 144, 299-300, 302
Pareto, Vilfredo 79, 110
Parsons, Talcott 274
Pascal, Blaise 24, 78, 85, 101, 270, 319
Passeron, Jean-Claude 225, 326, 331, 341
Peeters, Benoît 340
Pevsner, Nikolaus 64
Piero della Francesca 209
Pierret, Christian 336
Pinto, Louis 336, 338
Platão 75, 118, 127, 210, 215, 258, 333
Poe, Edgar Allan 51
Ponge, Francis 332
Ponton, Rémy 245
Popper, Karl 47
Poussin, Nicolas 96
Proudhon, Pierre-Joseph 55
Proust, Marcel 160, 161
Puccini, Giacomo 207

Racan, Honorat de Bueil de 209
Racine, Jean 100, 102, 270
Radcliffe-Brown, Alfred 307, 309, 310
Rawls, John 48
Reagan, Ronald 344

Redon, Odilon  249, 250
Rémis, Anna  179
Renaut, Alain  127
Renoir, Pierre-Auguste  90, 261, 270, 285
Rewald, John  55
Richard, Maurice  51
Robbe-Grillet, Alain  285, 333
Robert, Louis Léopold  244
Rogers, Maria  173
Romilly, Jacqueline de  282
Rosen, Lawrence  160, 187
Rossini, Gioachino  244
Rotrou, Jean de  209
Roussel, Louis  189
Roustang, François  173

Sade, Donatien Alphonse François de  213
Saint Martin, Monique de  130, 152, 170, 315
Salomão  222, 263, 334
Samuelson, Paul A.  67
Sapir, Edward  293
Sartre, Jean-Paul  134, 177, 286, 320, 333, 338-339
Saussure, Ferdinand de  110, 111, 147, 293, 295, 298, 304, 306
Savary, Alain  262
Schelling, Friedrich  305
Schlegel, Friedrich  103, 130
Schmidt, Conrad  313
Schopenhauer, Arthur  26, 292
Schorske, Carl E.  49, 258
Schücking, Levin Ludwig  167
Schütz, Alfred  27, 39, 44-45
Simmel, Georg  41, 127, 343
Sócrates  83, 144, 215
Sófocles  231
Sollers, Philippe  213, 214, 246

Stalin, Josef  87, 132
Stendhal  100, 134
Strauss, Anselm L.  36
Suisse, Charles  138

Thatcher, Margaret  219, 287, 344
Thélot, Claude  225
Thomas, Ambroise  64
Thoreau, Henry David  167
Thuillier, Jacques  52, 199-204, 337
Ticiano  94
Tomás de Aquino  143
Troeltsch, Ernst  259
Tylor, Edward B.  162

Valéry, Paul  113, 253-259, 264, 267, 276
Van Gennep, Arnold  155
Veblen, Thorstein  193
Vernet, Horace  244
Vigny, Alfred de  206
Villiers, Gérard de  42
Voltaire (François-Marie Arouet)  101

Wahl, Jean  288
Watt, Ian  133
Watteau, Antoine  174
Weber, Max  25, 71, 156, 192-193, 204, 206, 222, 232-233, 255, 256, 258, 259, 263-264, 266, 269, 275, 289, 290, 309, 311, 313, 314-316, 322, 333-334
Wendel, François de  152
Whorf, Benjamin Lee  293
Willener, Alfred  49
Wittgenstein, Ludwig  276
Wittkower, Rudolf e Margot  247
Woolf, Virginia  37, 332

Zola, Émile  54-58, 90-92, 99, 170, 173, 176, 250

# Índice de conceitos

Academia de Belas-Artes 51, 56, 139, 163-164, 202, 214, 237-251, 273-277
Academicismo 61
 cf. tb. *Pompier* (arte)
Adolescentes 143
Alianças e separações 59, 150-152, 160, 175, 192-199, 205-206, 214, 296
Amor puro 207-208, 246
Anacronismos 126-127, 129, 200-203, 213
Análise
 - componencial 293
 - tautegórica *vs.* alegórica 305-306
 -s de essência 301, 302
 -s internas *vs.* externas 123-124, 306
*Analysis situs* 24, 35
Anomia 239, 241, 272, 273-275, 320-321
Antiutilitarismo 246-247
Aparelho 229
Apresentação de si 151, 194
Apriorismo *vs.* aposteriorismo 296
Arbitrário 295
 - do signo linguístico 298
Arte
 - como discurso político 87
 "- e sociedade" 277
 - pela - 175, 245
Artista
 - e artesão 63, 243-244
 - e burguês 23, 214, 248
 - e mercado 214, 243, 277-279

invenção do - moderno e da arte do viver artístico 49, 61-62, 203-204, 206-208, 212-216, 242-243
 papel do - 213
 - saturnino 247
 -s e professores de desenho 95, 248
Assinatura 260-262, 268
Atos de conhecimento 31, 33-34, 310, 313
*Auctor vs. lector* 98, 136, 255
Autenticidade (filosofias da -) 257, 266
Autodidata 63, 288
Autonomia
 - da pintura no século XIX 52, 56-63, 89, 93, 103-104, 243-244, 249-251, 273-279
 - da sociologia 224, 298
 - de um campo 22, 145-146, 161, 313
 - do campo literário 238
 noção de - relativa 313-314
*Awareness context* 36

*Bellatores, oratores* e *laboratores* 70
Biografia 147, 286
 -s e artistas 93
Boemia 134, 138
 *Cenas da vida de* - 207, 209, 246
Burguês; cf. Artista; Pequena burguesia
Burocracia 222-225, 236, 253-266, 277-279

Cafés (e artistas no século XIX)  90, 207, 276
Campo  238, 241
   axiomática dos -s, "enquanto (*als*)"  22, 56, 283
   - como lugar de luta  273-274
   construção e limites de um -  103-104, 196, 211, 286, 314
   - e capital  21
   - e diferenciação  21-23
   - e *habitus*  24
   grau de institucionalização de um -  32
   teoria geral dos -s  238
   trocas e circulação entre os -s;  176
   cf. tb. Autonomia
Campo da pintura  22, 238
   - no século XIX  48-65, 88-104, 122-140, 163-176, 199-216, 237-252, 269-286
Campo do poder
   análise comparada dos -s  23, 70
   - e "classe dominante"  19-21
   - simbólico e - político  316
Campo econômico  22
Campo intelectual  32-33, 126, 161
Campo literário  132, 161, 238
   relações do - com o campo da pintura no século XIX  49, 89-92, 175-176, 207, 212-216, 242-243, 244-245, 249-252
Campo político  74-75, 313-314
Campo religioso  314, 316
Campo universitário  22
Canonização (de autores literários)  210
Capital
   - e campo  21
   - informacional  42, 43
   - simbólico  155, 156

- social  19, 195-196
sociedade sem -  32
Caridade  220, 221, 223, 232
Carisma  156, 238, 240, 256
Casa individual (pesquisa sobre a -)  178-181
Casamento  92, 152, 185, 188-198, 296
   -s teóricos  296
Categorias
   - científicas e - oficiais  71-73
   - de percepção  40, 57, 94, 112, 117, 129, 200, 209, 259, 279, 300, 301, 304
Celebração  113, 212
*Census* e *censor*  224, 311, 350
Certificado  217-235, 260, 283, 319
Cesaropapismo  23
Ciência  231
   - de Estado  199, 267-268, 273
   - dos costumes  48
Ciências sociais (atraso das)  34
   cf. tb. Sociologia
Citações (de textos)  259
Classe
   - dominante  19-20
   luta de -s  23
   -s sociais e teoria das -s sociais  28, 122, 148, 150, 184, 195, 198
Clubes  193, 196-198, 245
   - de admiração mútua  167
Codificação (estatística)  79-80
Código e codificação  161, 175, 199, 223
Colonização e descolonização  167
Comparativo (método -)  259
Competência  233-234, 240, 249
*Conatus*  263
Concentração
   - do capital  319
   - parisiense  134
Concurso  64, 139, 164, 200-202

Confiança 156, 256
  funções da - 187
Conformidade e conformismo 172, 202, 304
Conhecimento 25-26, 28-29, 31, 33-34, 288, 308-313
Consagração 163-167, 196, 285
Consciência
  - confusa dos agentes sociais 130
  tomada de - 205
Consenso 162, 274-275, 304, 307-308
Continuísta
  caráter des- da percepção 110
  concepções -s e des- do mundo social 187
Conversão 95, 163, 169-171, 174, 205, 212
Corpo (biológico) 164-165
  cf. tb. Incorporação
Corpos sociais, corpos profissionais 195-198, 313-315
Cortejos e procissões 87, 152-153, 192
Crítica
  - científica 44, 204
  - *da faculdade de julgar* de I. Kant 258
  dimensão - da percepção 110-125
  - literária e artística 77-78, 92-95, 129, 140, 169-172, 202, 260, 271, 273-286
  situações -s 54, 153
  sociologia e visão da - 269
  teoria - da Escola de Frankfurt 71-72
  cf. tb. *Diacrisis*
Cubismo 242
Cultura
  - acadêmica 63
  funções da - teórica 113, 288
Culturalismo 294-295
*Cursus honorum* 93
Cumplicidade 178, 185, 312

Dança 84
Decisão 178-181, 196
Deficiência e deficientes 219, 223, 227, 230-232, 235, 264
Demografia; cf. Morfologia social
Desconhecimento 31, 108, 272, 311-312, 319
Desrealização 101-104
Destino 138, 140, 173, 219, 223
Determinismo 229
Deus
  "a sociedade é -" 159, 319-321
  - cartesiano 306
  - como poder absoluto e como último recurso 238
  - cria ao ver 157, 240, 303
  - dotado de ubiquidade e onisciência 29
  - escondido 319
  - leibniziano 25, 267
  morte de - 241-242
*Diacrisis*; 110, 113, 116, 152, 154, 193, 219, 230, 240, 296, 301, 315-316
  cf. tb. Crítica
Diagnóstico médico 219, 221, 223, 227, 231, 234
Diferenciação
  - do mundo social e dos campos 21-23, 145
  princípios de - 117
Direito
  - de entrada 193
  - e luta pela identidade 158-160
  - e práticas 158
  - e sociologia 159
  - racional *vs.* - de costumes 233, 263
Discernimento 112-119, 154

Disciplina (no sentido de domínio de ensino na universidade) 90, 94, 97, 101, 133
Discurso
- manifesto e - escondido 258
lição correta de um - 183
- sobre a pintura 96-97, 170
Disposição estética 302
Distinção 111, 113
Divisão do trabalho entre os sexos 40-41
Dominação 166, 308, 309, 311, 316
*Doxa* 53

Economistas, ciência econômica 67-69
Editor 21, 161
Efeito
- de limite 171
- Dom Quixote 39
- Gerschenkron 274
- Zeigarnik 235
Emoção 55, 165-166
Encomenda (a artistas) 62, 214, 243, 245, 278
"Enfim" 179-181
Ensino 147
questão da remuneração do - 215
reflexões de P. Bourdieu sobre seu - 105-107, 141-145
Envelhecimento (dos produtores culturais) 172-173, 285
Epistemocratismo 68-70, 72, 175
*Épochè* 142
Erotismo
- acadêmico 101
- e artistas 207, 213, 246
Escândalo 101
Escolar
certificado - 218
neutralização - 102
programas -s 317
sistema - 130-137, 165, 202, 221, 240, 263, 317
Escrita
- como objetivação 183, 184
- e manipulações do leitor 182
- nas ciências sociais 112
Escritores
- e filósofos 254-256
- e pintores no século XIX 50-51, 53-57
- e prostitutas 214
cf. tb. Campo literário; Romance e romancistas
Especialização (no campo científico) 131
Espontaneísmo 148, 275
Esquerdismo 28
Estado 142, 159-161, 232, 236, 265-269, 318-322
análises do - pelos filósofos 228
caráter totalitário do - 148
- como campo da técnica ou da certificação legítima 232-235
- e luta pela identidade 159-161
- e monopolização da violência 93
filósofos e cientistas de - 199, 267-268, 273
- garante curso dos pintores 94
sociedades pré-capitalistas sem - 183, 199
cf. tb. Violência - simbólica
Estado civil 160
Estatística
- espontânea 42
independência - 225
Estilo 186

Estratégias
- de blefe 32, 232
- de simulação 219, 232
- matrimoniais 189-191
Estruturalismo 297, 304-306
Estruturas cognitivas 52, 291-292, 296, 297, 299
Etimologia 114, 149
Etnocentrismo da sincronia 126, 127, 200-205, 213
Etnologia e etnólogos 39-40, 77, 101, 189
Etnologismo 309
Etnometodologia 26, 291, 293, 343
Eufemização
- da sexualidade 101
instrumentos de - 101
Exclusão 164
Execração 166-167
Executivos (como categoria social) 133-134, 150
Experiência dóxica do mundo social 299, 300
Explicitação 83-87, 90, 118-119

Família
- como corpo 195-197
relação à - 202, 246
transmissão dentro da - 152, 263
cf. tb. Parentesco
Feiticeiro 239, 315
Fenomenologia 39, 299, 301
- da experiência ordinária do mundo social 44-45, 265
- e sociologia 27, 143
Fetiche e fetichismo 261
Ficção 181
*Fidēs* 156
Filantropos 219, 223

Filologismo 183
Filosofia
"atualidade" da - 127, 204
- da história 169, 270, 289
- escolástica 98, 105, 299
interesses na existência da - 236
utilidade das referências à - 68
cf. tb. Sujeito
Filósofos 254-256
Fisicalismo 24
Forma
pôr em - e formalização 143-145
-s primitivas de classificação 297, 298, 305
-s simbólicas 290-298
Fotografia 270, 283, 300
Funcionalismo
- na pintura 286
- na sociologia 307-310
Funcionário 260

Genealogia 183-192, 303
-s como objetivações 183-192, 303
-s intelectuais 147, 296
Geometral (das perspectivas) 25, 68, 267
Gerações 202
Gosto 114, 117, 246, 301
*Grandes écoles* 197, 201
aulas preparatórias para - 64, 202
Grupo 172, 198, 298, 303, 307
- e má-fé coletiva 185
-s de estatuto 192
Guerra
-s de religião 314
-s irredutíveis a seus objetivos materiais 321

*Habitus* 35
- e campo 23-24
- e instituição 105-107

Herança 249

Herege 172, 278
dúvidas do - 173
estratégias do - 166-169
exclusão do - 140, 166, 168, 242
-s e heresiarcas 172

Hipocrisia 96, 186

História 101
artimanhas da - 286
- como analisadora 53-54
- da filosofia 208
- da literatura 88, 127-128, 208
-s de vida 187
cf. tb. Filosofia - da história

Historicização e historicismo 101-102, 295

Homologação 264-265, 267, 304

Homologia 204, 318

Honra 151, 197

Idealismo 26-27, 41, 292, 294-295

Identidade 160, 161, 192, 232
carteira de - 160, 265
corpo como - coletiva 197
-s pessoais e -s coletivas 194

Ideologia 25, 309
- carismática 238

*Illusio* 115, 118

Impressionismo 48, 173
cf. tb. Campo da pintura - no século XIX

Incorporação 81

Indignação 92

Indivíduo e coletivo 171, 174, 205-206

Influência 37, 51

Infraestrutura *vs.* superestrutura 74, 271

Ingenuidade 275

Injustiça 74-78

Insee [Instituto Nacional da Estatística e dos Estudos Econômicos] 71-73, 224, 268, 273

Institucionalização da anomia 273, 275, 281

Instituição 232, 264
amor-ódio da - 242
arbitrário da - 105-107
- da má-fé coletiva 178
- de duplicação 138
- e produção acadêmica 58, 88, 122
período, humor anti-institucional da - 201-204
poder psicossomático da - 163-169
relação com a - 202

Integridade cognitiva 281-284

Inteligência 220

Interacionismo 26, 36, 151, 187

Interesse 114, 115, 117-118

Interlegitimação 229

*Intuitus derivatus vs. originarius* 157, 240, 303

Invalidez 218-221, 233, 262

Jogada dupla 318

Jogo (analogia com o - da roleta) 32

Jornalismo 21

Juiz 155, 230

Juridismo 158

Justiça 46-48
- distributiva 223-226
sentimento de - 231

*Kadijustiz* 222, 256

Latim 101
*Lector*; cf. *Auctor vs. lector*
Legitimidade 48, 229, 236, 237, 273, 319
Leigos (*vs.* clérigos) 315, 318
Leitura
 - e viés do leitor 98-99
 -s das obras culturais 259
Liberdade 145-146
Libido 116, 266
Língua 306
Linguagem 142-143, 293, 307
Literatura; cf. Campo literário; Sociologia - e literatura
Lógica e logicismo 77, 148, 298-299, 304
Lutas
 - de classes 23
 - pela verdade e sobre o sentido do mundo 47, 272
 - políticas 46, 85, 87, 108, 119, 121-122, 131, 149-161

Má-fé coletiva 154, 177-178, 187
 cf. tb. Instituição
Magia 158, 161-162, 188
Maio de 1968 21, 57, 93, 94, 123, 174, 271, 279, 281-282
Mandatários 95-96
Manifestação 150-151
Manifesto artístico 174-175
Manipulação
 - da identidade 192, 194-199
 - do leitor 182
 - dos bens de salvação 316
 - pelo mandatário 153-154
Marxismo
 distinção entre o mérito e as necessidades no - 227
 efeito de teoria exercido pelo - 147, 150

Max Weber e o - 192-193, 289-290
 morfologia durkheimiana e - 136
 o simbólico na tradição do - 308-311
 teoria marxista do reflexo 294
Masculino/feminino (como oposição) 39, 80-81, 188, 301
 cf. tb. Divisão do trabalho entre os sexos; Sexualidade, divisão e dominação sexual
Materialismo
 - das formas simbólicas 107-108, 173
 drama do - 294
 - histórico 290
Médico 218-219, 223, 228, 229, 230, 233, 234
 a medicina no espaço universitário 221
 Ordem dos -s 218, 234
 -s e certificados 218, 227
 -s legais e ilegais 233
Mercado 22
 artistas e - 214-216, 242, 276-279 283
 - da pintura 33, 61
 - de trabalho 133, 134
 - escolar 21
 - matrimonial 185
Mestre
 - acadêmico 203
 - pensador 86
*Metanoia* 69, 174
Moeda 160
 garantia da - 94, 142, 159, 321
 palavra "-" 122, 321
Morais da simpatia 222, 257
Morfologia social 132, 135-137, 163, 174
Museu
 - como invenção histórica 302
 direito de entrada ao - 100
Música 44, 49, 64-65, 176, 244

363

Nada social (promoção do) 284
Neutralidade axiológica 204-205
Nomeação 45
*Nomos* 122, 144, 149, 157, 159, 181, 217, 220, 223, 231, 239, 240, 264, 267, 271, 303, 311, 321
Nomoteta 174-175
   diferença entre o sociólogo e o - 145
*Numerus clausus* 136, 138, 198
Nus (pintura) 92, 101

Oblatas 278
Ontológico 266
   salto - 81, 85, 284
Opinião 75, 84-85, 187
Ordem social 57, 135, 188
Oriente 103, 244
Origens sociais dos pintores no século XIX 206, 248, 278
Orquestração 44, 175
Ortodoxia 122, 273

Palavras 189, 205
   cf. tb. Linguagem; Polilogia (mudar palavras)
Parentesco 22, 121, 152, 184-196, 303-304
Pequena burguesia 152, 278
Percepção social 26, 35-47, 75, 81 107-113, 117, 128-130, 155, 165, 223, 231-232, 240-242, 264-266, 300-305, 307-308, 321-322
   cf. tb. Categorias
Performativo 304
Periodizações 270
Perspectiva na pintura 168, 282-283, 299-300
Perspectivismo 25-28, 37, 68-74, 144, 151, 241-242, 267-269

Peso e volume no espaço social representação por um agente de seu - 84
Pesquisa (lógica da -) 147
Pesquisa de opinião 75, 231
Pessoa
   a - do pintor 140, 169, 281
   totalidade da - 197
Planta de uma cidade 87
Pobreza
   - e redistribuição 320
   políticas de assistência à - 219-221
   reconhecimento da - 230
   retórica da - 99
Poder 18-19, 154, 161, 194, 310-313
   antinomia do - e da teoria 289
   críticas das concepções existentes do - 18, 143
   - da Academia 164
   - e conhecimento 289
   "o - vem de baixo" 312, 319
   - simbólico 86, 146, 147, 234, 311, 312, 315
   cf. tb. Campo do poder; Legitimidade
Poeta 124
   - nas sociedades pré-capitalistas 153
   - no século XIX 91-92, 277
Policentrismo 273-276
Polilogia (mudar palavras) 149
*Pompier* (arte) 52-52, 58-65, 88-96, 122-129, 168, 200-203
Ponto de vista 36-41
   concorrência pelo - correto 44
   - do cientista 67, 72
Porta-voz 91, 154, 156, 162, 175, 212
Posições 38
Prefácio 50, 161, 247
Pré-noções 25

Previdência Social 219-235
Previsões 46
Primeiro nome 151-152, 184
Privado *vs.* público 232, 233
Problemas de escola 63
Professor 20
- e *libido protestandi* 266
etnocentrismo e ideologia profissional de - 45, 98, 255
filósofo e - 236-237, 248
pesquisa sobre os -s da Universidade de Paris 282
-s *vs.* artistas 95, 248
veredito do - 230
Profeta e profetismo 206, 255
Profissão
- e ovelhas negras 198, 199
profissionais *vs.* profanos 315
Pseudônimo 151, 268
Psicanálise 187
- do espírito científico 40
- e sociologia 124
Publicação 158-159, 188-189, 232
Publicidade e publicitários 271

Questionário 75, 119-120

Radicalismo 73, 267
Razão suficiente (princípio da -) 116, 322
Reabilitação (estratégias de - nos campos culturais) 96, 127-128, 174, 201-205, 210, 213, 242
Reconhecimento 272, 311
cf. tb. Desconhecimento
Recuperação política 271
Redistribuição 219-221, 226-227, 320
Reducionismo sociológico 246, 276
Reflexividade sociológica 70

Regras e regularidades 185-186
Religião 314-316
- como "ópio do povo" 290, 308, 311
- como paradigma das produções simbólicas 322
- *vs.* magia 158, 188
cf. tb. Campo religioso
Repressão 333
Reprodução das classes sociais 263
Responsabilidade (questão da -) 229
Ressentimento 166, 242, 285, 309
Retórica 342
Revolução
- cultural 100, 270, 273, 277, 281
dimensão econômica das -s artísticas 94
- estética e - política 270-272
- parcial 95, 271
- permanente num campo 32
-s específicas 58, 271
-s simbólicas 94-95, 122-128, 139, 163, 174-176, 205, 308
*Rex* 69, 154-155, 303, 316
Romance e romancistas 91
Românticos 103, 173, 206, 242-244, 247, 251, 277
Rótulo e rotulação 139, 173, 181, 183
Ruptura (ou corte) epistemológica 26-28, 69

Sagrado 154, 181, 188, 197, 210, 255, 302, 315
Salão
- dos Recusados 50-61, 139, 166-171, 201, 214, 275
- ões 160-161
Segredo 40, 188-189, 194, 198
cf. tb. Publicação
*Self-fulfilling prophecy* 47

365

Semiologia 55, 98, 124
Senso de lugar 42, 172
Sexualidade, divisão e dominação
  sexual 41, 246-247
  cf. tb. Masculino/feminino
Significação
  - aberta da obra 250-251
  imperativo da - na pintura e na
  literatura 89-92, 96-98, 284
Simbólico 146, 149
  cf. tb. Capital - simbólico; Poder -
  simbólico; Violência - simbólica
Sinceridade 169, 177, 284
*Skeptron* 156
Sociedades pré-capitalistas não
  divididas e sociedades diferenciadas
  (comparação e transição de umas
  para as outras) 23, 160, 313
Sociologia
  autonomia da - 224, 298
  - comparada das civilizações 70
  compreensão da - 107
  - da arte 209
  - da ciência 73
  - da percepção social 75, 107
  - das formas simbólicas 155, 157,
  296, 301
  dimensão crítica da - 268-269
  - do conhecimento 237
  - do direito 158
  - e certificação de Estado 269
  - e ciências de Estado 267
  - e etnologia 101
  - e filosofia 142-143
  - e história 101
  - e interesses dos sociólogos 236
  - e literatura 211, 259
  - e pretensão à objetividade 26
  - e psicanálise 26, 124

- e técnica 235
- e teologia 240, 321
- política 155
relação aos precursores na - 44, 136,
  289
-s americanas e europeias 178-179,
  274
sedução exercida pela - 26, 69, 267
tentações contra as quais a - deve se
  proteger 275, 276
Sofistas 144, 215
Sofrimento 228, 245, 282
Solidariedade social 307
Subjetivismo 27-28, 38
  - *vs.* objetivismo 25-30
Substancialismo 18, 113
Subversão 32, 51, 61, 118, 129, 138,
  182, 272, 278
Suicídio 164, 165, 247
Sujeito
  - das políticas 229
  - histórico na pintura acadêmica
  96-98, 101-104
  - transcendental 294, 301
  cf. tb. Subjetivismo
Superestrutura; cf. Infraestrutura *vs.*
  superestrutura
Superprodução de diplomados 130-137

Taxonomias 77, 172
Teatro 38, 211
  metáfora do - 27
Técnico e técnicas 217-235
Teodiceia 311
Teoria
  - do reflexo 270, 276, 294, 313-314
  efeito de - 34-35, 45-46, 83-85,
  147-148, 175

Título
  - e Estado  160-161
  -s positivos e negativos  231
Trabalho teórico  288
Transgressão  188
  - e artistas  212-213, 246

Última instância  251, 319, 320
Unicidade da obra artística  62
Universal
  caso particular constituído como caso -  44, 45
  - e codificação  263
  estratégias para se apropriar do -  25, 310, 318
Usurpação
  - dos mandatários  96
  estratégias de -  232, 255, 315

Vanguarda  59, 167, 169, 172, 213, 242, 247-248, 281
Veredito  159-160, 184, 236-237, 267, 288, 319
  - categorial *vs.* - individual  221
  - de técnico  230, 233, 268, 321
  - dos -s  237, 267, 288, 319
  - estatal  236
  legitimidade do -  266, 320
  revolta contra o -  163, 171, 249
Violência  232-233
  - pura  287
  - simbólica  86
  - simbólica legítima  93, 233-235, 266
  - suscitada por Manet  272
Virtuosidade  63, 96

*Worldmaking*  153

Conecte-se conosco:

f facebook.com/editoravozes

@editoravozes

@editora_vozes

youtube.com/editoravozes

+55 24 2233-9033

www.vozes.com.br

Conheça nossas lojas:
www.livrariavozes.com.br

Belo Horizonte – Brasília – Campinas – Cuiabá – Curitiba
Fortaleza – Juiz de Fora – Petrópolis – Recife – São Paulo

**EDITORA VOZES LTDA.**
Rua Frei Luís, 100 – Centro – Cep 25689-900 – Petrópolis, RJ
Tel.: (24) 2233-9000 – E-mail: vendas@vozes.com.br